全国水利行业规划教材　高职高专水利水电类
中国水利教育协会策划组织

水工建筑物

主　编　白继中　田利萍　张保同
副主编　陆克芬　谷云香　何姣云
　　　　徐瑛丽　周爱玲
主　审　毕守一

黄河水利出版社
·郑州·

内容提要

本书是全国水利行业规划教材，是根据中国水利教育协会全国水利水电高职教研会拟定的水工建筑物课程教学大纲编写完成的。全书分10章，[illegible]件、设计方法和工程枢纽布置。每章后均附有习题，[illegible]选做。

本书为水利水电建筑工程、水利工程、水利工程施工技术、水利工程管理、水利工程监理、[illegible]城市水利等专业的教学用书，也可供其他相关专业的师生和工程技术人员阅读参考。

图书在版编目(CIP)数据

水工建筑物/白继中，田利萍，张保同主编. —[illegible]

Ⅰ.①水… Ⅱ.①白… ②田… ③[illegible] Ⅲ.①水工建筑物[illegible]

[illegible]高等学校：技术学校—教材 Ⅳ.①TV6[illegible]

中国版本图书馆CIP数据核字[illegible]

E-mail:hhslcbs@126.com

承印单位：黄河水利委员会印刷厂

开本：787 mm×1 092 mm 1/16

印张：17.5

字数：400千字　　印数：18 001—22 000

版次：2010年2月第1版　　印次：2014年6月第5次印刷

[illegible]年1月修订

定价：31.00元

目 录

第一章 绪 论

【学习重点】 了解我国的水资源状况,水利工程的概念;掌握水利枢纽及水工建筑物的概念,水工建筑物的分类;了解我国水利工程建设的成就与发展;掌握水利枢纽的分等和水工建筑物的分级。

第一节 我国的水资源及水利工程建设

一、水资源

水既是自然界一切生命赖以生存不可替代的物质,又是社会发展不可缺少的重要资源。在目前的经济技术条件下,人类可利用的水资源主要是指地表水体(如江、河、湖、海)和地下水体中的淡水资源。水资源在自然循环过程中是一种可利用和可再生的重要能源,也是改善环境和发展旅游事业的必要条件。地球总水量约为13.86亿km^3,但绝大部分是占全球总水量96.5%的海洋中的咸水,其中通过太阳做功、大气循环,而以降水、径流方式在陆地运行的陆地水仅为0.48亿km^3,占全球总水量的3.5%。在陆地水中淡水为0.35亿km^3,占全球总水量的2.53%。陆地水中淡水的69.6%分布在南北两极冰川中以及陆地高山上的永久冰川与积雪中,仅有30.4%即0.106 4亿km^3的陆地淡水分布在陆地河、湖、水库、土壤及地下含水层中,可供人类生存开发利用。

我国幅员辽阔,但水资源并不丰富,河流也不少(流域面积超过1 000 km^2的大河有1 598条),年径流总量约27 800亿m^3,而按人口平均只有2 300 m^3,仅约相当于全球平均数的1/4。我国是一个严重缺水的国家,已被列入全世界13个人均水资源贫水国家之一。但受气候影响,在时间、空间上分布不均匀,不同地区之间、同一地区年际及年内汛期和枯水期的水量可能相差很大,水量偏多或偏少往往造成洪涝或干旱等自然灾害。因此,必须认识水资源的变化规律,根据天然的时、空分布特点,国民经济各用水部门的用水需要,修建必要的蓄水、引水、提水或跨流域调水工程,以使水资源得到合理开发、综合利用和有效保护。

中国水资源分布的总体特点是:年内分布集中,年际变化大;黄河、淮河、海河、辽河四流域水量小,长江、珠江、松花江流域水量大;西北内陆干旱区水量缺少,西南地区水量丰富。

由于从青藏高原到海平面的巨大落差,我国可用于发电的水能资源十分丰富。全国水能理论蕴藏量达6.8亿kW,其中可开发的达3.78亿kW,年发电量可达19 100亿kWh以上,这些数字均居世界首位。因此,利用我国这一能源优势,大力开发水电资源,对解决我国新世纪经济发展中的能源问题及带动区域经济的快速发展具有决定性意义。

二、水利工程分类及特点

水利工程是指对自然界的地表水和地下水进行控制与调配，以达到兴利除害的目的而修建的工程。兴建水利工程是除水害、兴水利最有效的工程措施。在时间上重新分配水资源，做到蓄洪补枯，以防止洪涝灾害和发展灌溉、发电、供水等事业；改善水域环境，疏浚航道，建造码头，以利于水上运输；以及为防止水质污染、维护生态平衡，都需要因地制宜地修建一系列水利工程。

（一）水利工程的分类

水利工程按其承担的任务可分为防洪工程、灌溉排水工程或农田灌溉工程、水力发电工程、供水和排水工程、水质净化和污水处理工程等。按其对水的作用分为蓄水工程、排水工程、取水工程、输水工程、提水工程、水质净化和污水处理工程。

（二）水利工程的特点

水利工程与一般土建工程相比，除工程量大、投资多、工期较长外，还具有以下几个方面的特点：①工作条件的复杂性；②受自然条件制约，施工难度大；③效益大，对环境的影响也大；④失事后果严重。

三、我国水利工程建设的成就

几千年来，勤劳勇敢的中国人民为兴水利、除水害进行着坚持不懈的努力，做出了突出的成绩，并积累了宝贵的经验。例如：①从春秋时期开始，在黄河下游沿岸修建的堤防，经历代整修加固，已形成1 800多千米的黄河大堤，为治河防洪、堤防工程的建设与管理提供了丰富的经验；②公元前485年开始兴建到公元1293年全线通航的京杭大运河，全长1 794 km，是世界上最长的运河，为当时及以后的南北交通、发展航运等发挥了重要作用；③目前，灌溉面积达1 000多万亩❶的四川都江堰工程已有2 250多年的历史，仍为我国的农业发展发挥着巨大的效益。水利工程建设的成就是我国劳动人民智慧的结晶，在繁荣我国经济、发展祖国文化等方面都起到了很好的作用。

新中国成立以来，我国的水利事业建设得到了较快的发展。20世纪50年代初，开始对黄河和淮河进行全流域的规划与治理，根据“统一规划，蓄泄兼顾”的原则，修建了许多山区水库和洼地蓄洪工程，改变了淮河“大雨大灾，小雨小灾，无雨旱灾”的悲惨景象；人民治黄功绩卓著，保证了黄河“伏秋大汛不决口，大河上下报安澜”；1963年开始根治海河，现在全流域已初步形成了防洪除涝体系。到2007年底，全国整修、新建各类江河堤防28.38万km，累计达标堤防10.9万km；水库85 412座，总库容6 345亿m^3，其中大型水库493座，库容4 836亿m^3；水闸41 110多座，其中大型水闸438座；水电装机由1949年的16万kW增加到14 523万kW；灌溉面积由1949年的2.4亿亩增加到9.51亿亩，其中

❶ 1亩=1/15 hm^2。

50 万亩以上灌区 148 处；全国蓄、引、提等水利工程年供水能力达到 744 亿 m^3；水土流失综合治理面积达到 99.9 万 km^2，累计实施生态修复面积达 70 多万 km^2，建成黄土高原淤地坝 2.9 万座。举世瞩目的三峡水利枢纽是目前世界最大的水利枢纽工程，而正在兴建的宏伟的南水北调工程又将是世界最大的水利工程。这些成就都为我国国民经济和社会发展提供了必要的基础条件。同时，水利工程建设的发展，使我国水利水电科学技术水平也得到迅速发展和提高。

四、水利工程建设的发展

现代水利工程建设的发展，主要表现在两个方面：一是水利工程建设观念上的转变，二是水利工程建设科学技术水平的提高。

虽然经过几十年的努力，我们在水利水电工程建设方面取得了辉煌的成就，水利工程和水电设施在国民经济中发挥着巨大的作用。但是，从可持续发展的目标来说，水利建设与世界先进水平的差距还很大。第一，我国大江大河的防洪问题还没有真正解决，堤坝和城市防洪标准还比较低，随着河流两岸经济建设的发展，一旦发生洪灾，造成的损失将越来越大。第二，我国农业目前仍在很大程度上受制于自然地理和气候条件，抗御自然灾害能力很低。第三，水污染问题日益严重，七大江河都不同程度地受到污染，使有限的水资源达不到生活和工农业用水的要求，水资源短缺问题更为加剧。第四，水土流失严重，水生态失衡。第五，水资源利用率低下。解决当前水的问题，是关系到整个国民经济可持续发展的系统工程，仅靠局部的、单一的工程水利的建设思想是难以实现的，必须从宏观上、战略思想上实现工程水利向资源水利的转变，从单纯建造水利工程到强调治水中人与自然的和谐相处；从统一和全局的高度来解决问题，注重水资源的节约、保护和优化配置。所谓资源水利，就是从水资源开发、利用、治理、配置、节约、保护等六个方面系统分析综合考虑，实现水资源的可持续利用。由工程水利转向资源水利，是一个生产力发展的过程。当前生产力发展了，更需要我们宏观地看问题，需要我们在原有水利工作的基础上更进一步、更上一个台阶，做好水利工作。

从国内外水利工程的建设和发展看，科学技术水平的提高主要体现在以下几个方面：

(1)大型水库、水电站和高坝建设逐年增多。

(2)新坝型、新材料研究不断取得可喜成果。

(3)随着对高速水流问题研究的不断深入，在体型设计、掺气减蚀等方面的技术日益成熟，泄水建筑物的过流能力不断提高。

(4)地基处理和加固技术不断发展，使得处理效果更加可靠，造价进一步降低。

(5)随着高速度、大容量计算机的出现和数值分析方法的不断发展，水工结构、水力学和水利施工中的许多复杂问题都可以通过电算得到解决。

(6)由于大型试验设备和现场量测设备的发展，水工建筑物的模型试验和原型观测也得到相应的发展。

第二节　水利枢纽和水工建筑物

一、基本概念

水工建筑物：任何水利工程，都要在水的静力或动力作用下工作，并与水发生相互影响的各种建筑物，这就是水工建筑物。

水利枢纽：对于开发河川水资源来说，常须在河流适当地段集中修建几种不同类型与功能的水工建筑物，以控制水流并便于协调运行和管理，这一多种水工建筑物组成的综合体就称为水利枢纽。

水利枢纽有高、中、低水头之分，一般以水头 70 m 以上者为高水头枢纽，30 ~ 70 m 者为中水头枢纽，30 m 以下者为低水头枢纽。

水利枢纽功能可以是单一的，如防洪枢纽、水力发电枢纽、取水枢纽等。一般情况下，一个枢纽可能为实现多目标兼有几种功能，这种枢纽称为综合水利枢纽，多数是综合利用的水利枢纽。枢纽正常运行中各部门之间对水的要求有所不同，如防洪部门希望汛前降低水位加大防洪库容，而兴利部门则希望扩大兴利库容而不愿汛前过多降低水位；水力发电只是利用水的能量而不消耗水量，发电后的水仍可用于农业灌溉或工业供水，但发电、灌溉和供水的用水时间不一定一致。因此，在进行水利枢纽设计时，应使上述矛盾能得到合理解决，以做到降低工程造价，满足国民经济各部门的需要。

丹江口水利枢纽是南水北调中线渠首蓄水工程，具有防洪、灌溉、发电、航运、渔业等综合效益，总库容 209 亿 m^3，枢纽主要组成如图 1-1 所示。

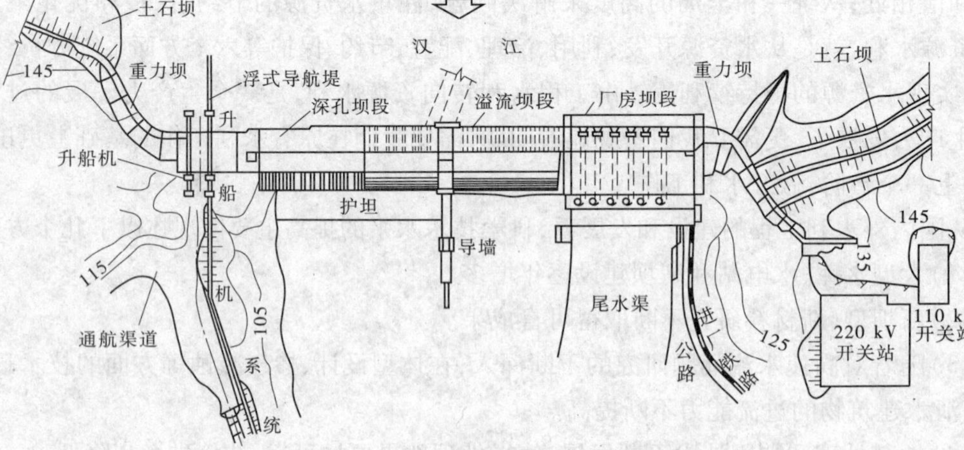

图 1-1　丹江口水利枢纽布置图

拦河坝段为宽缝重力坝，长 1 141 m，高 97 m，用以截断水流，挡水蓄水形成水库。

溢流坝段位于河床中部，总长 264 m，设有 20 个宽 8.5 m 的开敞式溢流孔和 12 个宽 5 m、高 6 m 的深孔，用以宣泄洪水期入库洪量超过水库调蓄能力的多余洪水，以保证大坝及有关建筑物安全。

水电站是将水能转变为电能的专门水工建筑物，坝后式厂房位于河床左部，装机容量90万kW。

升船机的作用是向上、下游运送过坝船只。采用垂直升船机与斜面升船机相结合的形式，布置在右岸。

二、水工建筑物的分类

（一）按建筑物的用途分类

按建筑物的用途分，水工建筑物分为以下几类：

（1）挡水建筑物。用以拦截江河，形成水库或壅高水位，如各种坝和闸，以及为抗御洪水或挡潮，沿江河海岸修建的堤防、海塘等。

（2）泄水建筑物。用以宣泄在各种情况下，特别是洪水期的多余入库水量，以确保大坝和其他建筑物的安全，如溢流坝、溢洪道、泄洪洞等。

（3）输水建筑物。为灌溉、发电和供水的需要从上游向下游输水用的建筑物，如输水洞、引水管、渠道、渡槽等。

（4）取水建筑物。是输水建筑物的首部建筑，如进水闸、扬水站等。

（5）整治建筑物。用以整治河道，改善河道的水流条件，如丁坝、顺坝、导流堤、护岸等。

（6）专门建筑物。专门为灌溉、发电、供水、过坝需要而修建的建筑物，如电站厂房、沉沙池、船闸、升船机、鱼道、筏道等。

（二）按建筑物使用时间分类

按建筑物使用时间分，水工建筑物分为以下几类：

（1）永久性建筑物。这种建筑物在运用期长期使用，根据其在整体工程中的重要性又分为主要建筑物和次要建筑物。主要建筑物是指该建筑物失事后将造成下游灾害或严重影响工程效益，如闸、坝、泄水建筑物、输水建筑物及水电站厂房等；次要建筑物是指失事后不至于造成下游灾害和对工程效益影响不大且易于检修的建筑物，如挡土墙、导流墙、工作桥及护岸等。

（2）临时性建筑物。这种建筑物仅在工程施工期间使用，如围堰、导流建筑物等。

有些水工建筑物在枢纽中的作用并不是单一的，如溢流坝既能挡水，又能泄水；水闸既可挡水，又能泄水，还可做取水之用。

三、水工建筑物的特点

（一）工作条件复杂

由于水的作用，水工建筑物有其特殊的工作条件：挡水建筑物蓄水以后，除承受一般的地震力和风压力等水平推力外，还承受很大的水压力、浪压力、冰压力、地震动水压力等水平推力，对建筑物的稳定性影响极大；通过水工建筑物和地基的渗流，对建筑物和地基产生渗透压力，还可能产生浸蚀和渗透破坏；当水流通过水工建筑物下泄时，高速水流可能引起建筑物的空蚀、振动及对下游河床和两岸的冲刷；对于特定的地质条件，水库蓄水后可能诱发地震，进一步恶化建筑物的工作条件等。

(二)施工条件复杂

水工建筑物的兴建,第一,需要解决好施工导流问题,要求在施工期间,保证建筑物安全的前提下,河水应能顺利下泄,必要的通航、过木要求应能满足,这是水利工程设计和施工中的一个重要课题;第二,工程进度紧迫,工期也比较长,截流、度汛需要抢时间、争进度,否则将导致拖延工期;第三,施工技术复杂,受气候影响较大,如大体积混凝土的温度控制,复杂的地基较难以处理,填土工程要求一定的含水量和一定的压实度,雨季施工有很大的困难等;第四,地下、水下工程多,排水施工难度比较大;第五,交通运输比较困难,高山峡谷地区更为突出等。

(三)对自然环境及社会环境影响大

水利枢纽工程和单项的水工建筑物可以承担防洪、灌溉、发电、航运等任务,同时又可以绿化环境,改良土壤植被,发展旅游,甚至建成优美的城市等。但是,如果处理不当,也可能产生消极的影响。如水库蓄水越多,则效益越高,淹没损失也越大,不仅导致大量移民和迁建,还可能引起库区周围地下水位的变化,直接影响到工农业生产,甚至影响生态环境;库尾的泥沙淤积,可能会使航道恶化。

(四)失事后果严重性

拦蓄巨大水量的挡水建筑物万一失事,将会给下游带来巨大的灾害,其损失远远超过建筑物本身的价值,并使以该水利枢纽为基础而建立起来的经济事业处于瘫痪状态。1975 年 8 月我国河南省部分地区遭遇特大洪水,加之板桥、石漫滩两座水库垮坝,使下游 1 100 万亩农田受淹,京广铁路中断,死亡达 9 万人。因此,水工建筑物的设计工作必须充分重视勘测、试验和研究分析工作,以高度负责的精神,精心设计、精心施工、加强管理,确保工程安全。

四、水利枢纽对环境的影响

(一)物理影响

河流中筑坝建库后,上下游水文状态将发生变化。如果水库不具有较大的径流调节性能,则变化只表现为上游有一壅水段,而一般具有季、年或多年调节性能的水库,上游水位将有很大的变化幅度,这就会造成一片淹没、浸没区,也就使原来的居民要迁移。与此同时,下游河流水位及地下水位都可能下降,甚至带来干旱。

上游水库水深加大,流速降低,河流带入水库的泥沙会淤积下来,逐渐减少水库库容,这实际上最终决定水库的寿命。据美国、印度等国 130 座水库的调查,每年淤积损失的库容为 2% ~14.33% 。水库的“沉沙池”作用,使过坝调节下放的水流成为“清水”,冲刷能力加大,从而会使下游河床刷深,也可能影响到河势变化乃至河岸稳定。经水库再下泄的水,水质一般有所改善;但随着库区不同的条件,也可能受某些盐分污染。深水库底孔下放的水,水温会较原天然状态有所变化。

大面积的水库还会引起小气候的变化,例如可能增加雾天的出现频率,大水库可能诱发地震也是国内外广泛关注的问题。据调查,在已建的坝高超过 100 m 和库容超过 10 亿 m^3 的水库中,发生水库地震的达 17% ,但烈度不高。

(二)生态影响

高坝大库对生态的影响问题涉及范围很广,包含许多人们认识不足的未知数。较天然河流大大增加了水库面积与容积,可以养鱼,对渔业有利,但坝对原河鱼的洄游造成障碍,任何过鱼设施也难以维持原状,某些鱼类品种因此消失了。水库调蓄的水量增加农作物灌溉的机会,但水温可能不如原来情况更适宜作物生长。钉螺、疟蚊等传播疾病的媒介物可能得到新的有利的繁殖条件,从而增加了血吸虫病、疟疾等的传染危险性。此外,库水化学成分的改变、营养物质浓集导致水的异味或缺氧等,也会对生物带来影响。

第三节　水利水电工程的分等和水工建筑物的分级

一项水利枢纽工程的成败对国计民生有直接的影响,但不同规模的工程影响程度也不同,为使工程的安全可靠性与其造价的经济合理性适当统一起来,水利枢纽及其组成建筑物要分等分级。即先按工程的规模、效益及其在国民经济中的重要性,将水利工程分等,而后对各组成建筑物按其所属枢纽等别、建筑物作用及重要性进行分级。

枢纽工程和建筑物的等级不同,对其规划、设计、施工、运行管理的要求也不同,等级越高者要求也越高。这种分等分级、区别对待的方法,也是国家经济政策和技术政策的一种重要体现。

水利水电工程的等别,应根据其工程规模、效益及在国民经济中的重要性进行划分。按照《水利水电工程等级划分及洪水标准》(SL 252—2000),共分为五等(见表1-1)。

表1-1　水利水电枢纽工程分等指标

工程等别	工程规模	分等指标						
		水库总库容(亿 m^3)	防洪		治涝	灌溉	供水	发电
			保护城镇及工矿企业的重要性	保护农田面积(万亩)	治涝面积(万亩)	灌溉面积(万亩)	供水对象的重要性	装机容量(万 kW)
Ⅰ	大(1)型	≥10	特别重要	≥500	≥200	≥150	特别重要	≥120
Ⅱ	大(2)型	10~1.0	重要	500~100	200~60	150~50	重要	120~30
Ⅲ	中型	1.0~0.1	中等	100~30	60~15	50~5	中等	30~5
Ⅳ	小(1)型	0.1~0.01	一般	30~5	15~3	5~0.5	一般	5~1
Ⅴ	小(2)型	0.01~0.001		<5	<3	<0.5		<1

注:1. 总库容是指校核洪水位以下的静态库容。

2. 灌溉面积与治涝面积是指设计面积。

3. 挡潮工程等级可参照防洪工程的规定,在潮灾比较严重的地区,工程等级可适当提高。

4. 供水工程的重要性应根据城市及工况区和生活区供水规模、经济效益和社会效益分析决定。

对于综合利用的水利水电工程,如按表1-1中指标分属几个不同等别,整个枢纽的等别应按其中的最高等别确定。

水利水电工程的永久性水工建筑物的级别,应根据其所在的工程等别和建筑物的重要性划分,共分为五级(见表1-2)。

永久性水工建筑物级别确定时,对于下述情况可提高或降低其主要建筑物级别。

(1)对于失事后损失巨大或影响十分严重的水利水电工程的2~5级主要永久性水工建筑物,经过论证,可提高一级;失事后损失不大的水利水电工程的1~4级主要永久性水工建筑物,经论证后可降低一级。

(2)对于永久性水工建筑物的工程地质条件特别复杂,或采用缺少实践经验的新坝型、新结构时,对2~5级水工建筑物可提高一级,但洪水标准可不提高。

(3)对于水库大坝按表1-2规定为2级、3级的永久性水工建筑物,如坝高超过表1-3中数值者可提高一级,但洪水标准不予提高。

表1-2　水工建筑物级别的划分

工程等别	建筑物级别	
	主要建筑物	次要建筑物
Ⅰ	1	3
Ⅱ	2	3
Ⅲ	3	4
Ⅳ	4	5
Ⅴ	5	5

表1-3　水库大坝级别提高的界限

级别	坝型	坝高(m)
2	土石坝	90
	混凝土坝、浆砌石坝	130
3	土石坝	70
	混凝土坝、浆砌石坝	100

水利水电工程施工期使用的临时挡水和泄水建筑物的级别,就根据保护对象的重要性、失事后果、使用年限和临时性建筑物规模,按表1-4来确定。表中指标分属不同级别时,其级别应按其中最高级别确定,但对3级临时性水工建筑物,符合该级别规定的指标不得少于两项。

表1-4　临时性水工建筑级别划分

级别	保护对象	失事后果	使用年限(年)	临时性水工建筑物规模	
				高度(m)	库容(亿m^3)
3	有特殊要求的1级永久性水工建筑物	淹没重要城镇、工矿企业、交通干线或推迟总工期及第一台(批)机组发电,造成重大灾害和损失	>3	>50	>1.0
4	1、2级永久性水工建筑物	淹没一般城镇、工矿企业或影响工程总工期及第一台(批)机组发电,造成较大经济损失	3~1.5	50~15	1.0~0.1
5	3、4级永久性水工建筑物	淹没基坑,但对总工期及第一台(批)机组发电影响不大,经济损失较小	<1.5	<15	<0.1

第四节　本课程的学习方法和学科研究途径

一、本课程的学习方法

水工建筑物又称水工结构，是一门综合性很强的学科，涉及的知识面很宽，并需要较深的数学及力学基础。它同时又是一门实践性很强的课程，掌握它的标志是工作中具有对各种水工建筑物进行设计、施工和运行管理的良好能力。为此，在学习过程中要综合运用基础理论，并通过作业、实习、设计等教学环节，锻炼培养解决实际问题的独立工作能力。

课程基本要求：

(1)掌握水工建筑物的基本概念、工作原理，荷载特点。

(2)对水工建筑物组成、细部构造等要有充分的了解。

(3)对水工建筑物的水力计算、应力计算、稳定分析要有清晰的思路。

(4)了解水工建筑物设计应考虑的因素，掌握设计的步骤。

(5)基本上能完成小型工程初步设计，并能熟练阅读水工建筑物图纸。

(6)学会独立思考问题的方法，能够在设计中查阅规范及相关资料，达到自学的目的。

(7)了解国内外水利水电发展的趋势。

本课程与其他课程的联系和分工：本课程的先修课程包括工程制图、工程测量、材料力学、结构力学、工程地质、工程水文、水力学、土力学、建筑材料、建筑结构等。这些课程为本课程提供了理论计算依据，应用这些理论计算方法完成水工建筑物的水力计算、应力计算、稳定计算和结构计算。

二、本学科的研究途径

水利工程科学技术水平在不断提高，但随着水工建筑物的规模不断加大，亟待解决的各种水工问题的难度也在不断增加。研究解决水工问题的途径可归结为以下几点：

(1)理论分析与计算。对实际问题通过已知的理论进行分析计算，目前可采用计算机仿真计算。

(2)试验研究。用水工水力学模型、水工结构模型等物理模型试验途径来解决理论计算尚不能解决的问题，并有结果直观、明显的优点。

(3)原型观测。对已建或在建的水工建筑物进行水流、结构或地基的各种观测，分析观测成果，找出一般规律，用以验证理论分析计算或物理明显试验成果，进而引用于其他工程。

(4)工程类比。通过调查研究，了解与本工程类似的已建并运行良好工程的参数、尺寸，归纳总结经验，从而参照进行本工程的设计。

小　结

本章从我国水资源特点入手，介绍了我国水利建设的成就，结合实际工程，着重介绍了典型水利枢纽和水工建筑物的概念及其等级划分方法，并指出了本课程的学习方法及本门学科的研究途径。

复习思考题

一、名词解释

1. 水利工程
2. 水利枢纽
3. 水工建筑物

二、简答题

1. 我国水资源分布的特点是什么？
2. 水利工程按所承担的任务分为哪几类？
3. 水工建筑物的特点是什么？
4. 水工建筑物按用途分为哪几类？
5. 说明分等、分级的意义、对象、依据。

第二章　重力坝

【学习重点】　了解重力坝的概念、工作特点、类型、构造设计；掌握重力坝的工作原理，作用在重力坝上的主要荷载及其组合，非溢流重力坝、溢流重力坝的剖面设计，重力坝的稳定分析及应力分析的材料力学法，溢流重力坝的水力学问题及解决措施，重力坝的地基处理内容。

第一节　概　述

重力坝是世界坝工史上最古老，也是采用最多的坝型之一。如图 2-1 所示。

世界上最高的重力坝是瑞士（1962 年建成）的大狄克逊（Grand Dixence）整体式重力坝，坝高 284 m。我国已建的重力坝有三峡（185 m）、刘家峡（148 m）、新安江（105 m）、三门峡（106 m）、丹江口（110 m）等，其中高坝有 20 余座。正在兴建的龙滩碾压混凝土重力坝高达 216. 5 m。

一、重力坝的工作原理及特点

（一）重力坝的工作原理

重力坝在水压力及其他荷载作用下，主要依靠坝体自重产生的抗滑力来满足稳定要求。

（二）重力坝的工作特点

（1）安全可靠。重力坝剖面尺寸大，坝内应力较低，筑坝材料强度高，耐久性好，因而抵抗洪水漫顶、渗漏、地震和战争破坏的能力都比较强。据统计，在各种坝型中，重力坝的失事率是较低的。

（2）对地形、地质条件适应性强。任何形状的河谷都可以修建重力坝。因为坝体作用于地基面上的压应力不高，所以对地质条件的要求也较拱坝低，甚至在土基上也可以修建高度不大的重力坝。

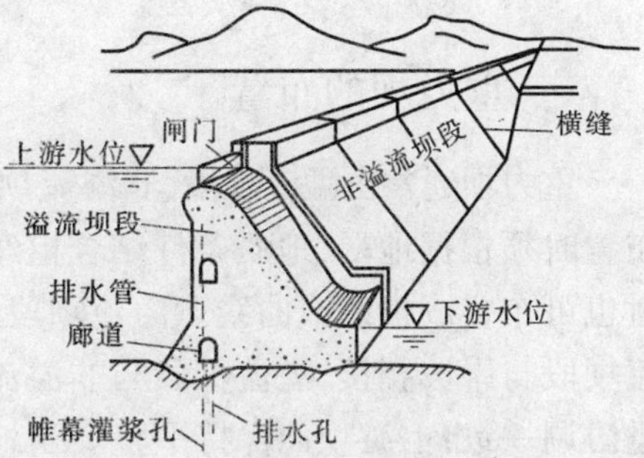

图 2-1　混凝土重力坝示意图

（3）枢纽泄洪问题容易解决。重力坝可以做成溢流的，也可以在坝内不同高程设置泄水孔，一般不需另设溢洪道或泄水隧洞，枢纽布置紧凑。

（4）便于施工导流。在施工期可以利用坝体导流，一般不需要另设导流隧洞。

（5）施工方便。大体积混凝土可以采用机械化施工，在放样、立模和混凝土浇筑方面都比较简单，并且补强、修复、维护或扩建也比较方便。

（6）结构作用明确。重力坝沿坝轴线用横缝分成若干坝段，各坝段独立工作，结构作用明确，稳定和应力计算都比较简单。

(7)坝体应力较低,材料强度不能充分发挥作用。

(8)坝体与地基接触面积大,对坝底稳定不利的扬压力相应大。

(9)坝体体积大,由于施工期混凝土的水化热和硬化收缩,将产生不利的温度应力和收缩应力。因此,在浇筑混凝土时,需要有较严格的温度控制措施。

二、重力坝的类型

(1)按坝的高度分类。坝高低于 30 m 的为低坝,高于 70 m 的为高坝,介于 30 ~ 70 m 的为中坝。

(2)按泄水条件分类。有溢流重力坝和非溢流重力坝。溢流坝段和坝内设有泄水孔的坝段统称为泄水坝段,非溢流坝段也叫挡水坝段。

(3)按筑坝材料分类。有混凝土重力坝和浆砌石重力坝。

(4)按坝体结构形式分类(见图 2-2)。有实体重力坝、宽缝重力坝、空腹(腹孔)重力坝及预应力锚固重力坝。

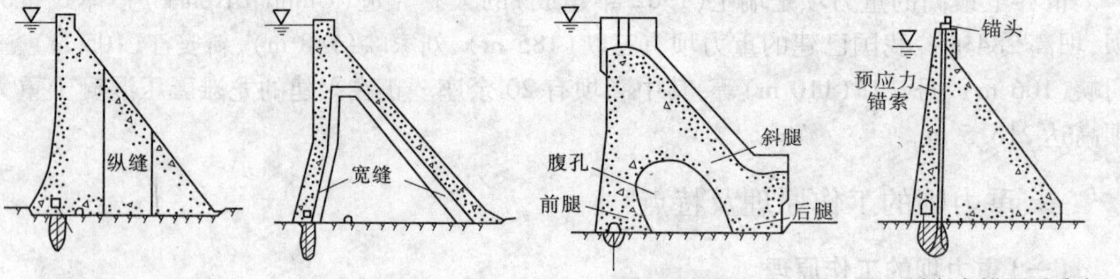

(a)实体重力坝　(b)宽缝重力坝　(c)空腹重力坝　(d)预应力锚固重力坝

图 2-2　重力坝按坝体结构形式分类

三、重力坝的布置

重力坝通常由溢流坝段、非溢流坝段和二者之间的连接边墩、导墙等组成(见图 2-3),布置时须根据地形、地质条件结合枢纽其他建筑物综合考虑。坝轴线一般采用直线,必要时也可布置成折线或曲线。溢流坝段通常布置在中部对准原河道主流位置,两端用非溢流坝段与岸坡相接,溢流坝段与非溢流坝段之间用边墩、导墙隔开。各个坝段的外形应尽量协调一致,上游坝面保持平整。当地形、地质及运用条件有显著差别时,可按不同情况分别采用不同的下游坝坡,使各坝段均达安全和经济的目的。

四、重力坝的设计内容

重力坝设计包括以下主要内容:

(1)剖面设计。初步参照已建类似工程,拟定剖面尺寸。

(2)稳定分析。验算坝体沿地基面或地基中软弱结构面抗滑稳定的安全度。

(3)应力分析。使应力条件满足设计要求,保证坝体和坝基有足够的强度。

(4)构造设计。根据施工和运用要求确定坝体的细部构造,如廊道系统、排水系统、坝体分缝等。

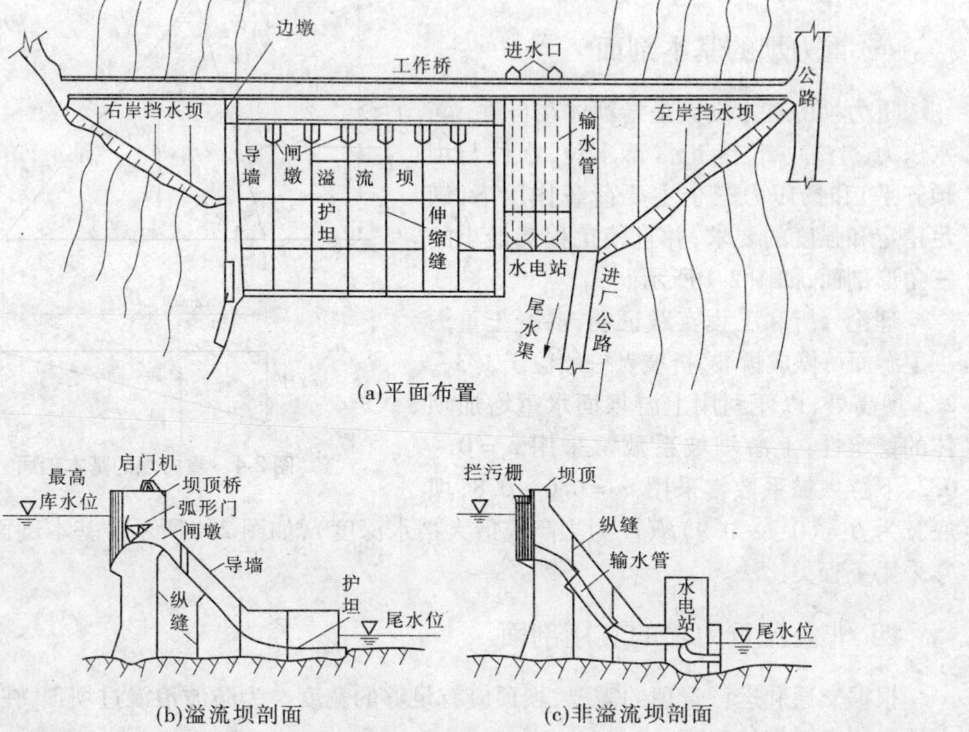

图 2-3　重力坝的布置

(5)地基处理。根据地质条件和受力情况,进行地基的防渗、排水、断层处理等。

(6)溢流重力坝和泄水孔的孔口设计。包括堰顶高程、孔口尺寸、体型及消能、防护设计等。

(7)监测设计。包括坝体内部和外部的监测设计,制定大坝的运行、维护和监测条例。

第二节　非溢流坝的剖面及布置

非溢流坝剖面形式、尺寸的确定,将影响到荷载的计算、稳定和应力分析。因此,非溢流坝剖面的设计及其他相关结构的布置,是重力坝设计的关键步骤。

一、剖面设计的基本原则

非溢流坝剖面设计的基本原则是:①满足稳定和强度要求,保证大坝安全;②工程量小,造价低;③结构合理,运用方便;④利于施工,方便维修。

二、剖面拟定的步骤

首先拟定基本剖面;其次根据运用及其他要求,将基本剖面修改成实用剖面;最后对实用剖面进行应力分析和稳定验算,按规范要求,经过几次反复修正和计算后,得到合理的设计剖面。

三、重力坝的基本剖面

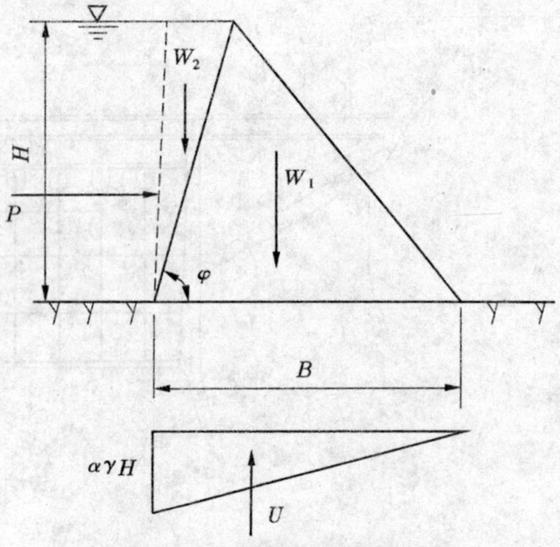

图 2-4　重力坝的基本剖面

重力坝的基本剖面是指坝体在自重、静水压力(上游水位为正常蓄水位,水位与坝顶齐平)和扬压力三个主要荷载作用下,满足稳定和强度的要求,并且使工程量最小的三角形剖面,如图 2-4 所示。

理论分析和工程实践证明,混凝土重力坝上游面可做成折坡,折坡点一般位于 1/3 ~ 2/3 坝高处,以便利用上游坝面水重增加坝体的稳定性;上游坝坡系数常采用 $n = 0 \sim 0.2$,下游坝坡系数常采用 $m = 0.6 \sim 0.8$,坝底宽为 $B = (0.7 \sim 0.9)H$(H 为坝高或最大挡水深度),如图 2-4 所示。基本剖面的拟定,常采用工程类比法。

四、非溢流重力坝的实用剖面

根据交通和运行管理的需要,坝顶应有足够的宽度。为防波浪漫过坝顶,在静水位以上还应留有一定的超高。

(一)坝顶宽度

一般情况坝顶宽度可采用坝高的 8% ~10%,且不小于 3 m。碾压混凝土坝坝顶宽不小于 5 m;当坝顶布置移动式启闭机时,坝顶宽度要满足安装门机轨道的要求。

(二)坝顶高程

坝顶或坝顶上游防浪墙高于静水位的超高 Δh,可按下式计算

$$\Delta h = h_l + h_z + h_c \tag{2-1}$$

式中　h_l、h_z、h_c——波浪高度、波浪中心线至静水位的高度、安全加高,m。

波浪的几何要素如图 2-5 所示,波高 h_l 为波峰到波谷的高度,波长 L 为波峰到波峰的

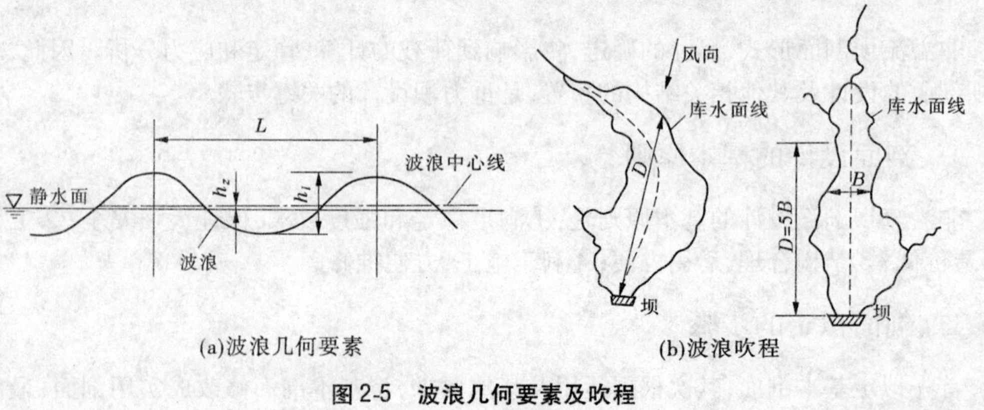

图 2-5　波浪几何要素及吹程

距离，因空气阻力比水的阻力小，所以波浪中心线高出静水面一定高度 h_z。

平原、滨海地区水库，宜采用南京水利科学研究院的莆田试验站公式：

$$\frac{gh_m}{v_0^2} = 0.13\text{th}(0.7\frac{gH_m}{v_0^2})\text{th}\left\{\frac{0.0018(\frac{gD}{v_0^2})^{0.45}}{0.13\text{th}[0.7(\frac{gH_m}{v_0})^{0.7}]}\right\} \tag{2-2}$$

$$\frac{gT_m}{v_0} = 13.9(\frac{gh_m}{v_0^2})^{0.5} \tag{2-3}$$

式中 h_m——平均波高，m；

H_m——水域平均水深，m；

T_m——平均波周期，s；

v_0——计算风速，m/s，在正常运用条件下，采用相应季节 50 年重现期的最大风速，在非常运用条件下，采用相应洪水期多年平均最大风速；

D——风区长度（有效吹程），m，是指风作用于水域的长度，为自坝前沿风向到对岸的距离，当风区长度内水面局部缩窄，且缩窄处的宽度 $B < 12L$ 时，可采用 $D = 5B$（且不小于坝前到缩窄处的距离）。

内陆峡谷水库，宜用官厅水库公式计算频率波高和平均波长（用于 $v_0 < 20$ m/s，$D <$ 20 000 m）：

$$\frac{gh}{v_0^2} = 0.0076\, v_0^{-\frac{1}{12}}(\frac{gD}{v_0^2})^{\frac{1}{3}} \tag{2-4}$$

$$\frac{gL_m}{v_0^2} = 0.331\, v_0^{-\frac{1}{2.15}}(\frac{gD}{v_0^2})^{\frac{1}{3.75}} \tag{2-5}$$

式中 h——当 $gD/v_0^2 = 20 \sim 250$ 时，为累积频率 5% 的波高 $h_{5\%}$，当 $gD/v_0^2 = 250 \sim 1\ 000$ 时，为累积频率 10% 的波高 $h_{10\%}$；

其他符号意义同前。

累积频率为 p(%) 的波高 h_p 与平均波高 h_m 的比值，按表 2-1 查取。

表 2-1　累积频率为 p(%) 的波高与平均波高的比值

h_m/H_m	p(%)									
	0.1	1	2	3	4	5	10	13	20	50
0	2.97	2.42	2.23	2.11	2.02	1.95	1.71	1.61	1.43	0.94
0.1	2.70	2.26	2.09	2.00	1.92	1.87	1.65	1.56	1.41	0.96
0.2	2.46	2.09	1.96	1.88	1.81	1.76	1.59	1.51	1.37	0.98
0.3	2.23	1.93	1.82	1.76	1.70	1.66	1.52	1.45	1.34	1.00
0.4	2.01	1.78	1.68	1.64	1.60	1.56	1.44	1.39	1.30	1.01
0.5	1.80	1.63	1.56	1.52	1.49	1.46	1.37	1.33	1.25	1.01

由 H_m 和 T_m 可用理论公式算出平均波长 L_m：

$$L_m = \frac{gT_m^2}{2\pi}\text{th}\frac{2\pi H_m}{L_m} \tag{2-6}$$

波浪中心线高出计算静水位 h_z 按下式计算：

$$h_z = \frac{\pi h_{1\%}^2}{L_m}\text{cth}\frac{2\pi H}{L_m} \tag{2-7}$$

式中 $h_{1\%}$——累积频率 1% 的波高，m；

H——坝前水深，m。

因设计与校核情况计算 h_l 和 h_z 用的计算风速不同，由表 2-2 查出的安全超高值 h_c 不同，故 Δh 的计算结果不同，因此坝顶高程按下式计算，并选用较大值作为选定高程：

表 2-2 安全超高 h_c 值 （单位：m）

水工建筑物安全级别	Ⅰ	Ⅱ	Ⅲ
正常蓄水位（设计洪水位）	0.7	0.5	0.4
校核洪水位	0.5	0.4	0.3

$$坝顶高程 = 设计洪水位 + \Delta h_{设}$$
$$坝顶高程 = 校核洪水位 + \Delta h_{校}$$

式中 $\Delta h_{设}$、$\Delta h_{校}$ 按式(2-1)分别计算。当坝顶有与之连成整体的浆砌石或钢筋混凝土防浪墙时，墙顶高程可代替坝顶高程，但坝顶高程不得低于最高静水位。

（三）剖面形态

剖面形态见图 2-6。

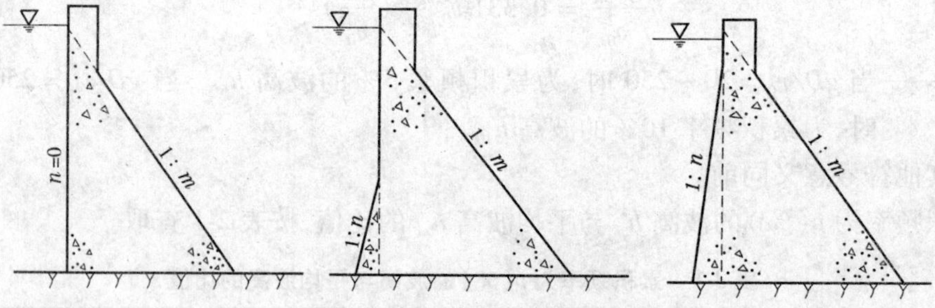

图 2-6 非溢流重力坝剖面形态

（1）图 2-6(a)采用铅直上游坝面，适用于坝基摩擦系数较大，由应力条件控制坝体剖面的情况。优点：便于布置和操作坝身过水管道进口控制设备。缺点：在上游面铅直的基本三角形剖面上增加坝顶重量，空库时下游坝面可能产生拉应力。

（2）图 2-6(b)是工程上常用实用剖面，上游坝面上部铅直、下部倾斜。优点：既可以利用部分水重增加坝的稳定，又可保留铅直的上部便于管道进口布置设备和操作。上游坡起坡点位置应结合应力控制条件和引水、泄水建筑物的进口高程确定，一般在坝高的 1/3 ~ 2/3 范围内。设计时也要验算起坡点高程水平截面的强度和稳定条件。

（3）图 2-6(c)是上游略呈倾斜的基本三角形加坝顶而成，适用于坝基摩擦系数较小的情况。优点:倾斜的上游坝面可增加坝体自重和利用一部分水重,以满足抗滑要求。修建在地震区的重力坝,为避免空库时下游坝面拉应力过大,可采用此剖面。

实用剖面不拘泥于这些形式,应根据具体条件,参考已建工程,选取合理剖面。

第三节 重力坝的荷载及组合

一、重力坝的荷载(作用)

重力坝的荷载(作用)主要有自重、静水压力、动水压力、淤沙压力、浪压力、扬压力、冰压力、地震作用和其他荷载。取单位坝长(1 m)计算如下。

(一)自重(包括永久设备自重)

单位宽度上坝体自重 W(单位:kN/m)标准值计算公式如下:

$$W = \gamma_c A \tag{2-8}$$

式中 A——坝体横剖面的面积,m^2;

γ_c——坝体混凝土的重度,kN/m^3,根据选定的配合比通过试验确定,一般采用 $23.5 \sim 24\ kN/m^3$。

计算自重时,坝上永久性固定设备,如闸门、固定式启闭机的重量也应计算在内,坝内较大的孔洞应该扣除。

(二)静水压力

静水压力是作用在上、下游坝面的主要荷载,如图 2-7(a)所示,计算时常分解为水平水压力 P_H(单位:kN/m)和垂直水压力 P_V(单位:kN/m)两种。溢流堰前水平水压力以 P_{H1}(单位:kN/m)表示:

$$P_V = A_w \gamma_w \tag{2-9}$$

$$P_H = \frac{1}{2}\gamma_w H^2 \tag{2-10}$$

$$P_{H1} = \frac{1}{2}\gamma_w (H^2 - h^2) \tag{2-11}$$

式中 A_w——坝踵处所作的垂线与上游水面和上游坝面所围成图形的面积,m^2;

H——计算点处的作用水头,m;

h——堰顶溢流水深,m;

γ_w——水的重度,kN/m^3,常用 $9.81\ kN/m^3$。

(三)动水压力

当水流流经曲面(如溢流坝面或泄水隧洞的反弧段)时,由于流向改变,在该处产生动水压力。动水压力的水平分力代表值 P_{xr}(单位:N/m)和垂直分力代表值 P_{yr}(单位:N/m)为

$$P_{xr} = q\rho_w v(\cos\varphi_2 - \cos\varphi_1) \tag{2-12}$$

$$P_{yr} = q\rho_w v(\sin\varphi_2 + \sin\varphi_1) \tag{2-13}$$

式中 q——相应设计状况下反弧段上的单宽流量,$m^3/(s \cdot m)$;

ρ_w——水的密度，kg/m³；

v——反弧段最低点处的断面平均流速，m/s；

φ_1、φ_2——反弧段圆心竖线左、右的中心角，取其绝对值。

P_{xr}和P_{yr}的作用点可近似地认为在反弧段长度的中点，图2-7(b)所示方向为正。

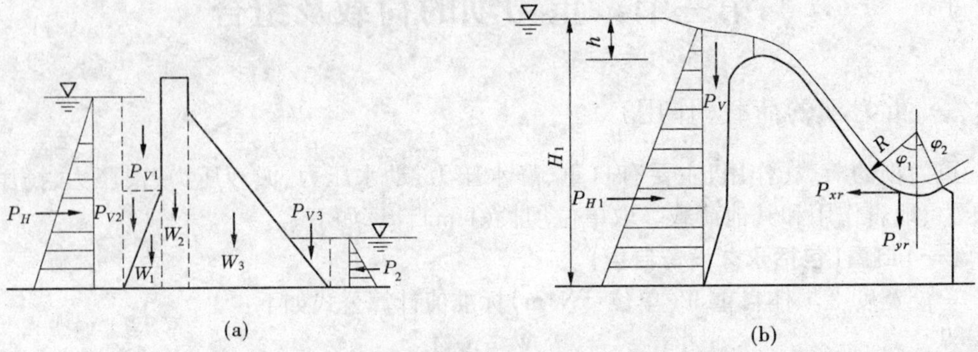

图2-7　坝体自重和坝面水压力计算图

(四)淤沙压力

入库水流挟带的泥沙在水库中淤积，淤积在坝前的泥沙对坝面产生的压力叫淤沙压力。淤积的规律是从库首至坝前，随水深的增加而流速减小，沉积的粒径由粗到细，坝前淤积的是极细的泥沙，淤积泥沙的深度和内摩擦角随时间在变化，一般计算年限取50～100年，单位坝长上的水平淤沙压力标准值P_{sk}(单位:kN/m)为

$$\left.\begin{aligned} P_{sk} &= \frac{1}{2}\gamma_{sb}h_s^2\tan^2\left(45^\circ - \frac{\varphi_s}{2}\right) \\ \gamma_{sb} &= \gamma_{sd} - (1-n)\gamma_w \end{aligned}\right\} \tag{2-14}$$

式中　γ_{sb}——淤沙的浮重度，kN/m³；

γ_w——水的重度，kN/m³；

γ_{sd}——淤沙的干重度，kN/m³；

h_s——坝前泥沙淤积厚度，m；

n——淤沙孔隙率；

φ_s——淤沙的内摩擦角，(°)。

当上游坝面倾斜时，应计入竖向淤沙压力，按淤沙的浮重度计算。

(五)浪压力

水库表面波浪对建筑物产生的拍击力叫浪压力。随着水深的不同，坝前有三种可能的波浪发生，即深水波、浅水坡、破碎波。不同的波浪分布如图2-8所示。

临界水深H_{cr}的计算公式为

$$H_{cr} = \frac{L}{4\pi}\ln\left(\frac{L + 2\pi h_{1\%}}{L - 2\pi h_{1\%}}\right) \tag{2-15}$$

当坝前水深大于半坡长，即$H \geqslant H_{cr}$和$H \geqslant L/2$时，波浪运动不受库底的约束，这样条件下的波浪称为深水波，如图2-8(a)所示。

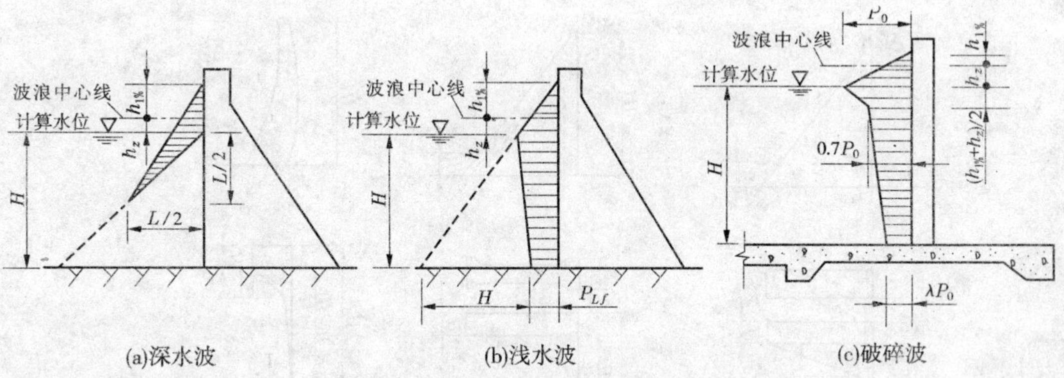

图 2-8 波浪压力分布

$$P_L = \frac{\gamma_w L}{4}(h_{1\%} + h_z) \tag{2-16}$$

当 $L/2 > H > H_{cr}$ 时，波浪运动受到库底的影响，称为浅水波，如图 2-8(b)所示。

$$P_L = \frac{1}{2}[(h_{1\%} + h_z)(\gamma_w H + P_{Lf}) + HP_{Lf}] \tag{2-17}$$

$$P_{Lf} = \gamma_w h_{1\%} \operatorname{sech} \frac{2\pi H}{L}$$

式中 P_{Lf}——水下底面处浪压力的剩余强度，kN/m²。

水深小于临界水深，即 $H < H_{cr}$ 时，波浪发生破碎，称为破碎波，如图 2-8(c)所示。

$$P_L = \frac{P_0}{2}[(1.5 - 0.5\lambda)h_{1\%} + (0.7 + \lambda)H] \tag{2-18}$$

$$P_0 = K_0 \gamma_w h_{1\%}$$

式中 λ——水下底面处浪压力强度的折减系数，当 $H \leqslant 1.7h_{1\%}$ 时，采用 0.6，当 $H > 1.7h_{1\%}$ 时，采用 0.5；

P_0——计算水位处的浪压力强度，kN/m²；

K_0——建筑物前底坡影响系数，与坝前一定距离库底纵坡平均值 i 有关，如表 2-3 所示。

表 2-3 河底坡 i 对应的 K_0 值

底坡 i	1/10	1/20	1/30	1/40	1/50	1/60	1/80	<1/100
K_0 值	1.89	1.61	1.48	1.41	1.36	1.33	1.29	1.25

(六)扬压力

扬压力包括渗透压力和浮托力两部分。渗透压力是由上、下游水位差产生的渗流在坝内或坝基面上形成的向上的压力。浮托力是由下游水深淹没坝体计算截面而产生的向上的压力。

扬压力的分布与坝体结构、上下游水位、防渗排水设施等因素有关。不同计算情况有不同的扬压力，扬压力代表值是根据扬压力分布图形面积计算的，如图 2-9 所示。

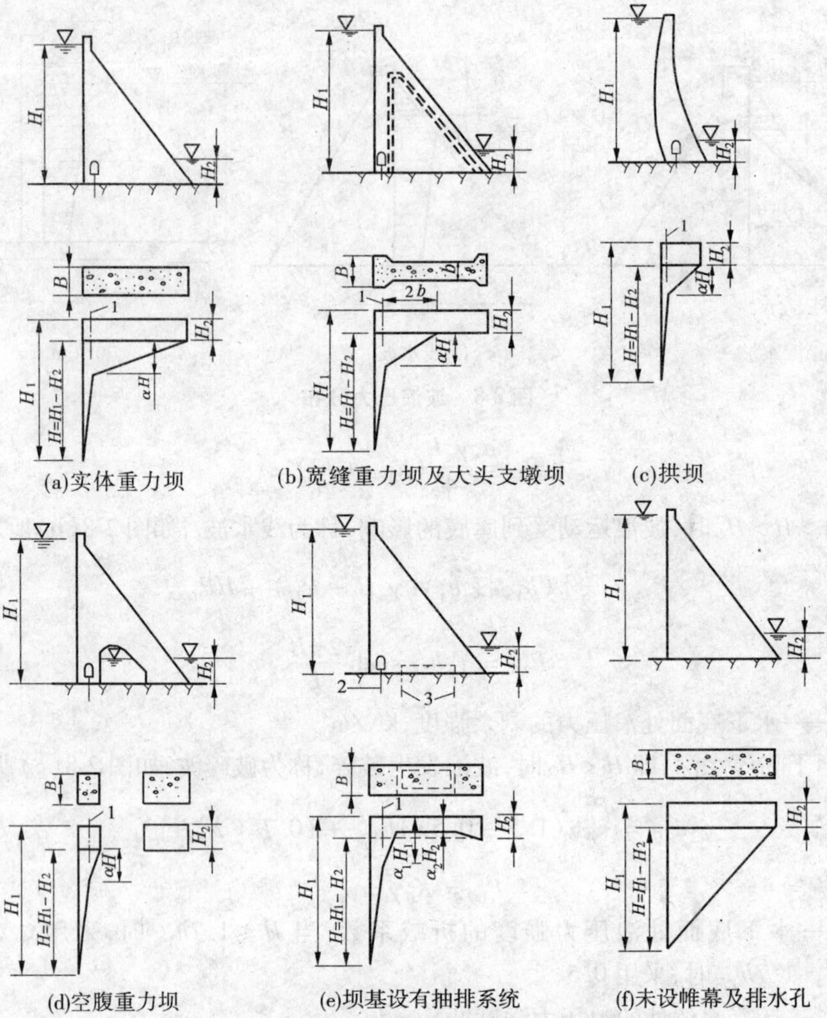

1—排水孔中心线；2—主排水孔；3—副排水孔

图 2-9　坝底面扬压力分布图

1. 坝底面上的扬压力

岩基上坝底扬压力按下列三种情况确定：

(1)当坝基设有防渗帷幕和排水孔幕时，坝底面上游(坝踵)处的扬压力作用水头为 H_1，排水孔中心线处的扬压力作用水头为 $H_2+\alpha(H_1-H_2)$，下游(坝趾)处为 H_2，三者之间用直线连接，如图 2-9(a)、(b)、(c)、(d)所示。

(2)当坝基设有防渗帷幕、上游主排水孔幕、下游副排水孔及抽排系统时，坝底面上游处的扬压力作用水头为 H_1，下游坝趾处为 H_2，主、副排水孔中心线处分别为 $\alpha_1 H_1$、$\alpha_2 H_2$，其间各段用直线连接，如图 2-9(e)所示。

(3)当坝基无防渗帷幕、排水孔幕时，坝底面上游处的扬压力作用水头为 H_1，下游处为 H_2，其间用直线连接，如图 2-9(f)所示。

上述(1)、(2)中的渗透压力系数 α、扬压力强度系数 α_1 及残余扬压力强度系数 α_2 可参照表 2-4 采用。应注意，对河床坝段和岸坡坝段，α 取值不同，后者计及三向渗流作用，α_2 取值应大些。

2. 坝体内部扬压力

由于坝体混凝土是透水的，在水头差的作用下，产生坝体渗流，引起坝内扬压力，其计算截面处扬压力分布如图 2-10 所示。其中，排水管线处的坝体内部，渗透压力强度系数 α_3 按下列情况采用：实体重力坝、拱坝及空腹重力坝的实体部位采用 $\alpha_3 = 0.2$，宽缝重力坝、大头支墩坝的宽缝部采用 $\alpha_3 = 0.15$。

表 2-4　坝底面的渗透压力和扬压力强度系数

坝型及部位		坝基处理情况		
		设置防渗帷幕及排水孔	设置防渗帷幕及主、副排水孔并抽排	
部位	坝型	渗透压力强度系数 α	主排水孔前扬压力强度系数 α_1	残余扬压力强度系数 α_2
河床坝段	实体重力坝	0.25	0.20	0.50
	宽缝重力坝	0.20	0.15	0.50
	大头支墩坝	0.20	0.15	0.50
	拱　　坝	0.25	0.20	0.50
岸坡坝段	实体重力坝	0.35		
	宽缝重力坝	0.30		
	大头支墩坝	0.30		
	拱　　坝	0.35		

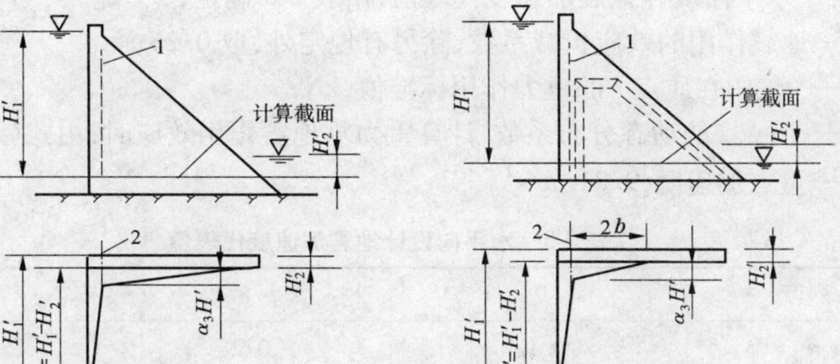

1—坝内排水管；2—排水管中心线

图 2-10　坝体计算截面处扬压力分布

（七）地震作用

在地震区建坝，必须考虑地震的影响。重力坝抗震计算应考虑地震惯性力和地震动水压力。一般情况下，进行抗震计算时的上游水位可采用正常蓄水位。地震对建筑物的影响程度，常用地震烈度表示。地震烈度共分为 12 度。烈度越大，对建筑物的破坏越大，抗震设计要求越高。

抗震设计中常用到基本烈度和设计烈度两个基本概念。基本烈度是水工建筑物所在地区一定时期内(约100年)可能遇到的地震最大烈度;设计烈度是抗震设计时实际采用的地震烈度,一般情况采用基本烈度作为设计烈度。《水工建筑物抗震设计规范》(SL 203—97)规定,水工建筑物的工程抗震设防类别根据其重要性和工程场地基本烈度按表2-5确定。

表2-5　工程抗震设防类别

工程抗震设防类别	建筑物级别	场地基本烈度
甲	1(壅水)	≥6
乙	1(非壅水)、(壅水)	
丙	2(非壅水)、3	≥7
丁	4、5	

1. 地震惯性力

地震时,重力坝随地壳做加速运动时,产生了地震惯性力。地震惯性力的方向是任意的,一般情况下只考虑水平向地震作用,对于设计烈度为8、9度的1、2级重力坝,应同时计入水平和竖向地震作用。

当采用拟静力法计算地震作用效应时,沿建筑物高度作用于质点i的水平向地震惯性力代表值应按下式计算:

$$F_i = \frac{\alpha_h \xi G_{Ei} \alpha_i}{g} \tag{2-19}$$

式中　F_i——作用在质点i的水平向地震惯性力代表值,kN/m;

α_h——水平向设计地震加速度代表值,由表2-6确定;

ξ——地震作用的效应折减系数,除另有规定外,取0.25;

G_{Ei}——集中在质点i的重力作用标准值,kN;

α_i——质点i的动态分布系数,计算重力坝地震作用效应时,由式(2-20)确定;

g——重力加速度,9.81 m/s^2。

表2-6　水平向设计地震加速度代表值

设计烈度	7	8	9
α_h	0.1g	0.2g	0.4g

$$\alpha_i = 1.4 \times \frac{1 + 4(h_i/H)^4}{1 + 4\sum_{j=1}^{n} \frac{G_{Ej}}{G_E}(h_j/H)^4} \tag{2-20}$$

式中　n——坝体计算质点总数;

H——坝高,m,溢流坝的H应算至闸墩顶;

h_i、h_j——质点i、j的高度,m;

G_E——产生地震惯性力的建筑物总重力作用的标准值,kN。

竖向设计加速度的代表值 α_v 应取水平设计地震加速度代表值的2/3。

当同时计算水平和竖向地震作用效应时,总的地震作用效应可将竖向地震作用效应乘以0.5的遇合系数后与水平向地震作用效应直接相加。

2. 地震动水压力

地震时,坝前、坝后的水体随着震动,形成作用在坝面上的激荡力。

采用拟静力法计算重力坝地震作用效应时,直立坝面水深 h 处的地震动水压力代表值按式(2-21)计算:

$$P_w(h) = a_h \xi \psi(h) \rho_w H_0 \tag{2-21}$$

式中 $P_w(h)$——作用在直立迎水坝面水深 h 处的地震动水压力代表值,kN/m;

$\psi(h)$——水深 h 处的地震动水压力分布系数,应按表2-7的规定取值;

ρ_w——水体密度标准值,kN/m^3;

H_0——水深,m;

其他符号意义同前。

表2-7　重力坝地震动水压力分布系数 $\psi(h)$

h/H_0	$\psi(h)$	h/H_0	$\psi(h)$
0.0	0.00	0.6	0.76
0.1	0.43	0.7	0.75
0.2	0.58	0.8	0.71
0.3	0.68	0.9	0.68
0.4	0.74	1.0	0.67
0.5	0.76		

单位宽度坝面和总地震动水压力作用在水面以下 $0.54H_0$ 处,其代表值 F_0(单位:kN/m)按下式计算:

$$F_0 = 0.65\alpha_h \xi \rho_w H_0^2 \tag{2-22}$$

与水平面夹角为 θ 的倾斜迎水坝面,按式(2-22)的规定计算的动水压力代表值应乘以折减系数 η_c,则 η_c 的计算式为

$$\eta_c = \frac{\theta}{90} \tag{2-23}$$

迎水坝面有折坡时,若水面以下直立部分的高度等于或大于水深 H_0 的一半,可近似取做直立坝面,否则应取水面点与坡脚点连线代替坡度。

作用在坝体上、下游的地震动水压力均与坝面垂直,且两者的作用方向一致。例如,当地震加速度的方向指向上游时,作用在上、下游坝面的地震动水压力方向均指向下游。

(八)冰压力

冰对建筑物的作用力称为冰压力。冰压力分静冰压力和动冰压力两种。水库表面结冰后,体积增加约9%,在气温回升时,冰盖加速膨胀,受到坝面和库岸的约束,在坝面上

产生的压力称静冰压力。冰盖解冻,冰块顺风顺水漂流撞击在坝面、闸门或闸墩上的撞击力称为动冰压力。冰压力的计算详见《水工建筑物荷载设计规范》(DL 5077—1997)。

(九)其他荷载

常见的其他荷载有:土压力、温度荷载、灌浆压力、风荷载、雪荷载、坝顶车辆荷载、永久设备荷载等。它们对重力坝的影响是次要的,当需要计算时,查相应规范。

二、重力坝的荷载(作用)组合

(一)荷载(作用)的分类

重力坝的荷载,除坝体自重外,其大小和出现的几率都有一定的变化。重力坝主要荷载,按随时间变异分三类:

(1)永久荷载。包括:①坝体自重和永久性设备自重;②淤沙压力(有排沙设施时可列为可变作用);③土压力。

(2)可变荷载。包括:①静水压力;②扬压力(包括渗透压力和浮托力);③动水压力;④浪压力;⑤冰压力(包括静冰压力和动冰压力);⑥风雪荷载;⑦机动荷载。

(3)偶然荷载。包括:①地震作用;②校核洪水位时的静水压力。

(二)荷载(作用)的组合

在设计混凝土重力坝坝体剖面时,荷载组合分基本组合和特殊组合。基本组合属永久荷载与可变荷载的效应组合,即设计情况和正常情况;特殊组合,除一些永久荷载与可变荷载外,尚包括可能同时出现的一种或几种偶然荷载,属校核情况和非常情况。

1.荷载(作用)的基本组合

(1)坝体及永久性设备的自重。

(2)以发电为主的水库,上游用正常蓄水位,下游按照运用要求泄放最小流量时的水位,且防渗及排水设施正常工作时的水作用:①大坝上、下游面的静水压力;②扬压力。

(3)大坝上游淤沙压力。

(4)大坝上、下游侧向土压力。

(5)以防洪为主的水库,上游用防洪高水位,下游用其相应的水位,且防渗及排水设施正常工作时的水作用:①大坝上、下游面的静水压力;②扬压力;③相应泄洪时的动水压力。

(6)浪压力:①取50年一遇风速引起的浪压力(相当于多年平均最大风速的1.5~2倍引起的浪压力);②多年平均最大风速引起的浪压力。

(7)冰压力:取正常蓄水位时的冰作用。

(8)其他出现机会较多的作用。

2.荷载(作用)的特殊组合

除计入一些永久作用和可变荷载外,还应计入下列的一个偶然荷载。

(9)当水库泄放校核洪水(偶然状况)流量时,上下游水位的作用,且防渗排水正常工作时的水作用:①坝上下游面的静水压力;②扬压力;③相应泄洪时的动水压力。

(10)地震力。一般取正常蓄水情况时相应的上、下游水深。

(11)其他出现机会很少的作用。

将上述各种荷载的作用组合列入表2-8。

表2-8 荷载(作用)组合

荷载组合	主要考虑情况	荷载类别									注意
		自重	静水压力	扬压力	泥沙压力	浪压力	冰压力	动水压力	土压力	地震作用	
基本组合	1. 正常蓄水位情况	(1)	(2)	(2)	(3)	(6)	—	—	(4)	—	以发电为主的水库,土压力根据坝体外是否有填土而定(下同)
基本组合	2. 防洪高水位情况	(1)	(5)	(5)	(3)	(6)	—	(5)	(4)	—	以防洪为主的水库,正常蓄水位较低
基本组合	3. 冰冻情况	(1)	(2)	(2)	(3)	—	(7)	—	(4)	—	静水压力及扬压力按相应冬季水位计算
基本组合	施工期临时挡水情况	(1)	(2)	(2)					(4)		
特殊组合	1. 校核洪水情况	(1)	(9)	(9)	(3)	(6)	—	(9)	(4)	—	
特殊组合	2. 地震情况	(1)	(2)	(2)	(3)	(6)	—	—	(4)	(10)	静水压力、扬压力和浪压力按正常蓄水位计算,有论证时可另作规定

注:1. 应根据各种荷载作用同时发生的概率,选择计算中最不利的组合。

2. 根据地质和其他条件,如考虑运用时排水设备易于堵塞,需经常维修时,应考虑排水失效的情况,作为特殊组合。

第四节 重力坝的抗滑稳定及应力分析

重力坝的抗滑稳定及应力分析即在各种荷载组合情况下,对初拟的断面尺寸进行稳定计算、强度校核,最终定出经济断面。

一、重力坝的抗滑稳定分析

抗滑稳定分析是重力坝设计中的一项重要内容,其目的是核算坝体沿坝基面或沿地基深层软弱结构面抗滑稳定的安全度。

(一)抗滑稳定计算截面的选取

重力坝的稳定应根据坝基的地质条件和坝体剖面形式,选择受力大、抗剪强度较低、容易产生滑动的截面作为计算截面。重力坝抗滑稳定计算主要是核算沿坝基面及混凝土面(包括常态混凝土水平施工缝或碾压混凝土层面)的抗滑稳定性。另外,当坝基内有软弱夹层、缓倾角结构面时,也应核算其深层抗滑稳定性。

(二)重力坝的沿坝基面抗滑稳定分析

以一个坝段或取单宽作为计算单元。计算公式有抗剪强度公式和抗剪断公式。

1. 抗剪强度公式

将坝体与基岩间看成是一个接触面，而不是胶结面。

当接触面呈水平时（见图 2-11(a)），其抗滑稳定安全系数 K_s 为

$$K_s = \frac{f(\sum W - U)}{\sum P} \tag{2-24}$$

式中 $\sum W$——接触面以上的总铅直力（不包括扬压力），kN；

$\sum P$——接触面以上的总水平力，kN；

U——作用在接触面上的扬压力，kN；

f——接触面间的摩擦系数。

当接触面倾向上游时（见图 2-11(b)），其抗滑稳定安全系数 K_s 为

$$K_s = \frac{f(\sum W\cos\beta - U + \sum P\sin\beta)}{\sum P\cos\beta - \sum W\sin\beta} \tag{2-25}$$

式中 β——接触面与水平面间的夹角。

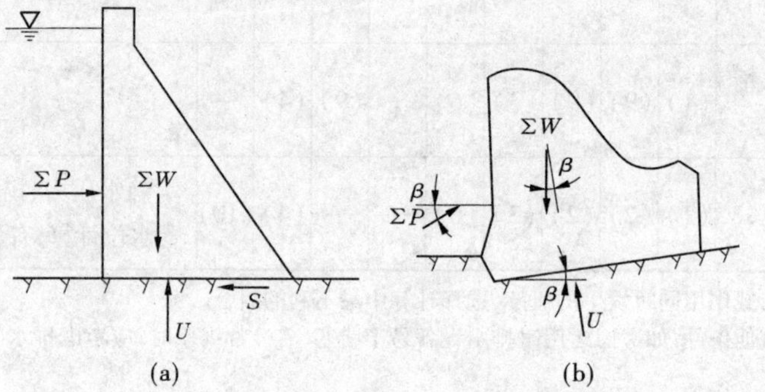

图 2-11 重力坝抗滑稳定计算简图

由式(2-25)可以看出，当接触面倾向上游时，对坝体抗滑有利；而当接触面倾向下游时，β 为负值，使抗滑力减小，滑动力增大，对坝体稳定不利。

混凝土与基岩间的摩擦系数 f 值常取为 0.5～0.8，摩擦系数的选定直接关系到大坝的造价与安全，f 值愈小，为维持稳定所需的 $\sum W$ 愈大，即坝体剖面愈大。以新安江工程重力坝为例，若 f 值减小 0.01，坝体混凝土就要增多 2 万 m^3。

由于抗剪强度公式未考虑坝体混凝土与基岩间的凝聚力，而将其作为安全储备，因此相应的安全系数 K_s 值就不应再定得过高。用抗剪强度公式设计时，各种荷载组合情况下的安全系数不小于表 2-9 的规定。

表 2-9 抗滑稳定安全系数 K_s

荷载组合		坝的级别 1	坝的级别 2	坝的级别 3
基本组合		1.10	1.05	1.05
特殊组合	(1)	1.05	1.00	1.00
	(2)	1.00	1.00	1.00

2. 抗剪断公式

利用抗剪断公式时，认为坝体混凝土与基岩接触良好，直接采用接触面上的抗剪断参数 f' 和 C' 计算抗滑稳定安全系数。此处，f' 为抗剪断摩擦系数，C' 为抗剪断凝聚力。

$$K'_s = \frac{f'(\sum W - U) + C'A}{\sum P} \tag{2-26}$$

对于大、中型工程，在设计阶段，强度参数 f' 和 C' 应有野外及室内试验成果；在规划阶段和可行性研究阶段可参照规范给定的数值选用。我国设计规范用统计的方法给出了不同级别岩石的抗剪断参数的计算参考值，规范规定 K'_s 值不分坝的级别，基本组合为 3.0，特殊组合(1)为 2.5，特殊组合(2)为 2.3。

上述抗剪强度公式(2-24)，形式简单，对摩擦系数 f 的选择，多年来积累了丰富的经验，在国内外应用广泛。但该式忽略了坝体与基岩间的胶结作用，不能完全反映坝的实际工作性态。抗剪断公式(2-26)，直接采用接触面上的抗剪强度参数，物理概念明确，比较符合坝的实际工作情况，已日益为各国所采用。

(三)坝基深层抗滑稳定计算

在很多情况下，重力坝的最危险滑动面往往不在坝身与地基的接触面，而是在地基内部。因为基岩内经常有各种形式的软弱面存在，坝体将带动一部分基岩沿这些软弱面滑动，即所谓的深层滑动。

(1)当深层滑动面为一简单的平面时(见图 2-12)，可用式(2-24)及式(2-25)进行计算。

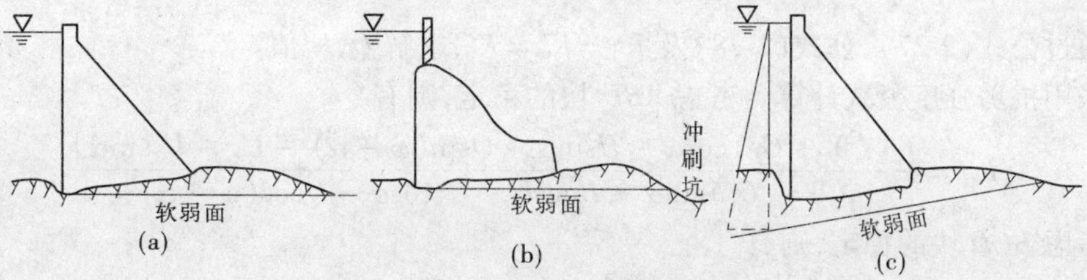

图 2-12　重力坝的深层滑动

(2)在实际工程中，深层滑动不是一个简单的平面，而是呈复杂的形状，如由两个斜面组成。双滑动面为最常见情况，如图 2-13 所示。深层抗滑稳定采用等安全系数，按下列抗剪断强度公式或抗剪强度公式进行计算。

采用抗剪断强度公式计算。考虑 ABD 块的稳定，则有

$$K'_1 = \frac{f'_1[(W+G_1)\cos\alpha - H\sin\alpha - Q\sin(\varphi-\alpha) - U_1 + U_3\sin\alpha] + C'_1A_1}{(W+G_1)\sin\alpha + H\cos\alpha - U_3\cos\alpha - Q\cos(\varphi-\alpha)} \tag{2-27}$$

考虑 BCD 块的稳定，则有

$$K'_2 = \frac{f'_2[G_2\cos\beta + Q\sin(\varphi+\beta) - U_2 + U_3\sin\beta] + C'_2A_2}{Q\cos(\varphi+\beta) - G_2\sin\beta + U_3\cos\beta} \tag{2-28}$$

式中　K'_1、K'_2——按抗剪断强度计算的抗滑稳定安全系数；

W——作用于坝体上全部荷载(不包括扬压力，下同)的垂直分值，kN；

H——作用于坝体上全部荷载的水平分值,kN;

G_1、G_2——岩体 ABD、BCD 重量的垂直作用力,kN;

f'_1、f'_2——AB、BC 滑动面的抗剪断摩擦系数;

C'_1、C'_2——AB、BC 滑动面的抗剪断凝聚力,kPa;

A_1、A_2——AB、BC 面的面积,m^2;

α、β——AB、BC 面与水平面的夹角;

U_1、U_2、U_3——AB、BC、BD 面上的扬压力,kN;

Q——BD 面上的作用力,kN;

φ——BD 面上的作用力 Q 与水平面的夹角,夹角 φ 值需经论证后选用,从偏于安全考虑 φ 可取 0°。

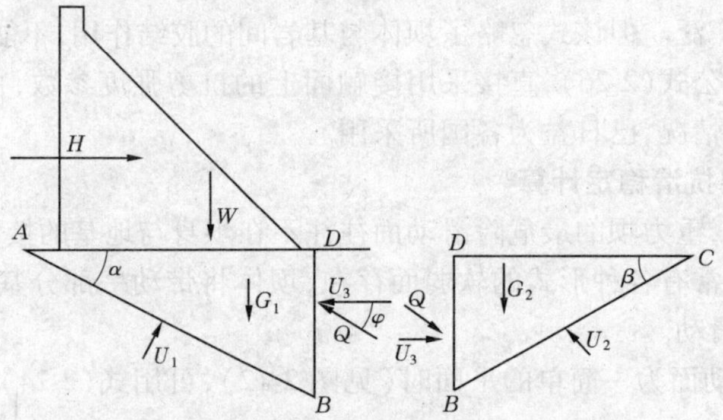

图 2-13　双层滑动面深层抗滑稳定计算示意图

通过公式(2-27)、公式(2-28)及 $K'_1 = K'_2 = K'$,求解 Q、K'值。

采用抗剪强度公式计算。考虑 ABD 块的稳定,则有

$$K_1 = \frac{f_1[(W + G_1)\cos\alpha - H\sin\alpha - Q\sin(\varphi - \alpha) - U_1 + U_3\sin\alpha]}{(W + G_1)\sin\alpha + H\cos\alpha - U_3\cos\alpha - Q\cos(\varphi - \alpha)} \tag{2-29}$$

考虑 BCD 块的稳定,则有

$$K_2 = \frac{f_2[G_2\cos\beta + Q\sin(\varphi + \beta) - U_2 + U_3\sin\beta]}{Q\cos(\varphi + \beta) - G_2\sin\beta + U_3\cos\beta} \tag{2-30}$$

式中　K_1、K_2——按抗剪强度计算的抗滑稳定安全系数;

f_1、f_2——AB、BC 滑动面的抗剪摩擦系数。

通过式(2-29)、式(2-30)及 $K_1 = K_2 = K$,求解 Q、K 值。

多滑面的情况比较复杂,可参照双滑面的计算方法求解 K 值。

(四)提高坝体抗滑稳定的工程措施

为了提高坝体的抗滑稳定性,常采取以下工程措施:

(1)设置倾斜的上游坝面,利用坝面上水重增加稳定。但应注意,上游面的坡度不宜过缓,应控制在 1∶0.1～1∶0.2,否则在上游坝面容易产生拉应力,对强度不利。

(2)采用有利的开挖轮廓线。开挖坝基时,最好利用岩面的自然坡度,使坝基面倾向上游,如图 2-14(a)所示。有时,有意将坝踵高程降低,使坝基面倾向上游,如图 2-14(b)所示,但这种做法将加大上游水压力,增加开挖量和浇筑量,故较少采用。当基岩比较固

定时,可以开挖成锯齿状,形成局部倾向上游的斜面,如图 2-14(c)所示,但能否开挖成锯齿状,主要取决于基岩节理裂隙的产状。

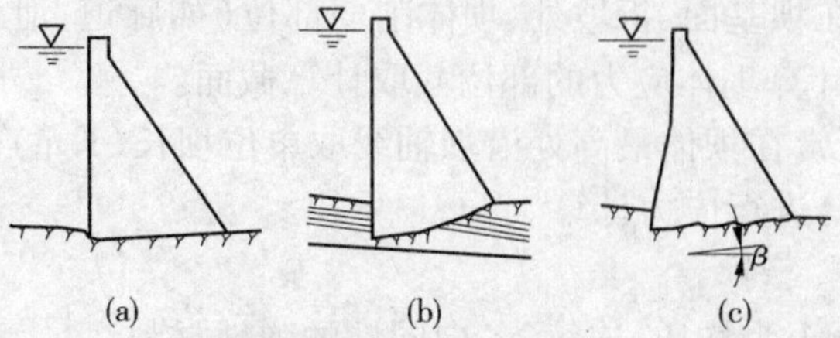

图 2-14　坝基开挖轮廓

(3)设置齿墙。如图 2-15(a)所示,当基岩内有倾向下游的软弱面时,可在坝踵部位设齿墙,切断较浅的软弱面,迫使可能的滑动面由 abc 成为 $a'b'c'$,这样既增大了滑动体的重量,同时也增大了抗滑体的抗力。如在坝趾部位设置齿墙,将坝趾放在较好的岩层上,如图 2-15(b)所示,则可更多地发挥抗力体的作用,可在一定程度上改善坝踵应力。同时,由于坝趾的压应力较大,设在坝趾下的齿墙抗剪能力也会相应增加。

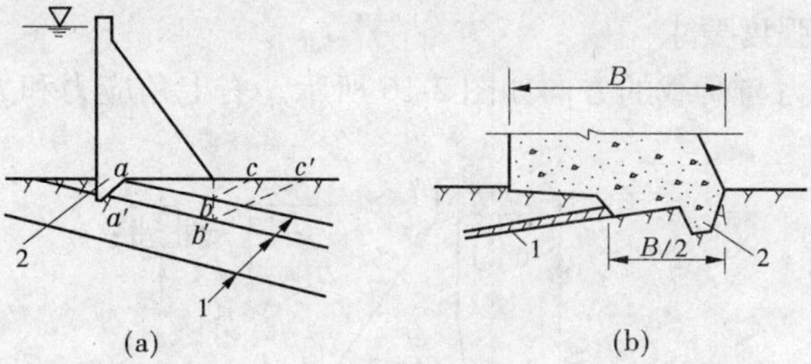

1—泥化夹层;2—齿墙

图 2-15　齿墙设置

(4)抽水降压措施。当下游水位较高,坝体承受的浮托力较大时,可考虑在坝基面设置排水系统,定时抽水以减小坝底浮托力。如我国的龚嘴工程,下游水深达 30 m,采取抽水措施后,浮托力只按 10 m 水深计算,节省了许多浇筑量。

(5)加固地基。包括帷幕灌浆、固结灌浆及断层、软弱夹层的处理等。

二、重力坝的应力分析

(一)重力坝应力分析的目的和方法

重力坝应力分析的目的,是检验坝体在施工期和运用期各部位的应力是否超过坝体材料的容许值,根据坝体应力大小的分布规律进行坝体材料标号的区分设计,同时为设计穿过坝体的廊道、管道、孔口等提供依据。

重力坝应力分析方法,有理论计算和模型试验两大类。理论计算方法主要有材料力学法和有限元计算法。对于中、低坝,当地质条件较简单时,可只按材料力学方法计算坝的应力,有时可只计算坝的边缘应力。对于高坝,尤其当地质条件复杂时,除用材料力学方法计算外,宜同时进行模型试验或采用有限元法进行计算。对于修建在复杂地基上的中、低坝,亦可根据需要进行上述研究。

(二)材料力学法计算坝体应力

材料力学法计算坝体应力，首先在坝的横剖面上截取若干个控制性水平截面进行应力计算。一般情况应在坝基面、折坡处、坝体削弱部位（如廊道、泄水管道、坝内有孔洞的部位），以及认为需要计算坝体应力的部位截取计算截面。

对于实体重力坝，常在坝体最高处沿坝轴线取单位坝长（1 m）作为计算对象，选定荷载组合，确定计算截面，进行应力计算。

1. 基本假定

(1)假定坝体混凝土为均质、连续、各向同性的弹性材料。

(2)视坝段为固定于坝基上的悬臂梁，不考虑地基变形对坝体应力的影响，并认为各坝段独立工作，横缝不传力。

(3)假定坝体水平截面上的正应力 σ_y 按直线分布，不考虑廊道等对坝体应力的影响。

2. 边缘应力的计算

一般情况下，坝体的最大和最小应力都出现在坝面，所以对于重力坝首先应校核坝体边缘应力是否满足强度要求。

计算图形及应力与荷载的方向如图 2-16 所示。右上角应力和力的箭头方向为正。

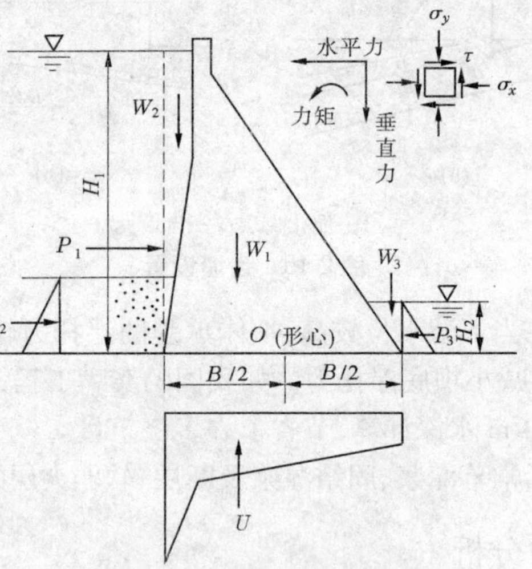

图 2-16　坝体应力计算图

(1) 水平截面上的正应力。因为假定 σ_y 按直线分布，所以可按偏心受压公式(2-31)、式(2-32)计算上、下游边缘应力 σ_{yu}（单位：kPa）和 σ_{yd}（单位：kPa）：

$$\sigma_{yu} = \frac{\sum W}{B} + \frac{6\sum M}{B^2} \tag{2-31}$$

$$\sigma_{yd} = \frac{\sum W}{B} - \frac{6\sum M}{B^2} \tag{2-32}$$

式中　$\sum W$——作用于计算截面以上全部荷载的铅直分力的总和，kN；

$\sum M$——作用于计算截面以上全部荷载对截面形心的力矩总和，kN · m；

B——计算截面的长度,m。

(2)剪应力。已知 σ_{yu} 和 σ_{yd} 以后,可以根据边缘微分体的平衡条件,解出上、下游边缘剪应力 τ_u(单位:kPa)和 τ_d(单位:kPa),如图 2-17(a)所示。

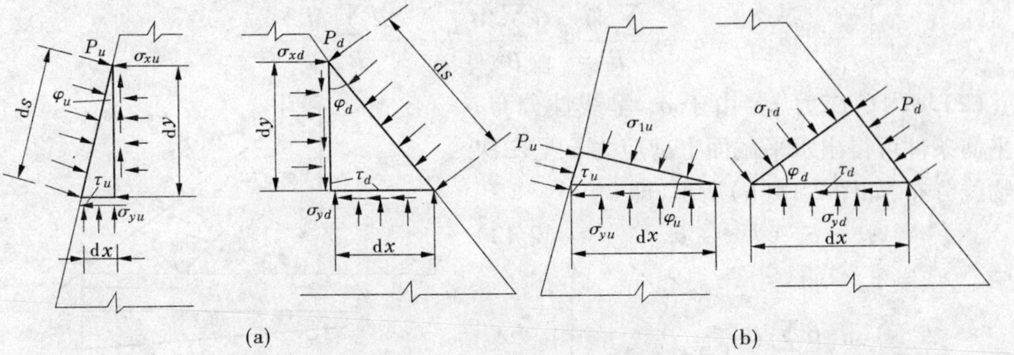

图 2-17　边缘应力计算示意图

$$\tau_u = (P_u - \sigma_{yu})n \tag{2-33}$$

$$\tau_d = (\sigma_{yd} - P_d)m \tag{2-34}$$

式中　P_u——上游面水压力强度,kPa;

P_d——下游面水压力强度,kPa;

n——上游坝坡坡率,$n = \tan\varphi_u$;

m——下游坝坡坡率,$m = \tan\varphi_d$;

φ_u、φ_d——上、下游坝面与铅直面的夹角。

(3)水平正应力。已知 τ_u 和 τ_d 以后,可以根据平衡条件,求得上、下游边缘的水平正应力 σ_{xu}(单位:kPa)和 σ_{xd}(单位:kPa)。

$$\sigma_{xu} = P_u - \tau_u n \tag{2-35}$$

$$\sigma_{xd} = P_d + \tau_d m \tag{2-36}$$

(4)主应力。取微分体,如图 2-17(b)所示,根据平衡条件,则

$$\sigma_{1u} = (1 + n^2)\sigma_{yu} - P_u n^2 \tag{2-37}$$

$$\sigma_{1d} = (1 + m^2)\sigma_{yd} - P_d m^2 \tag{2-38}$$

显然,上、下游坝面水压力强度是另一个主应力,分别为

$$\sigma_{2u} = P_u \tag{2-39}$$

$$\sigma_{2d} = P_d \tag{2-40}$$

由式(2-37)可以推得,当上游坝面倾向上游(坡率 $n > 0$)时,随着 n 的增大,上游面主应力 $\sigma_{1u} < 0$,即为拉应力。因此,岩基上的重力坝常把上游面做成铅直的($n = 0$),或小坡率($n < 0.2$)的折坡坝面。

3. 内部应力计算

应用偏心受压公式求出坝体水平截面上的 σ_y 以后,便可利用平衡条件求出截面上内部各点的应力分量 τ 和 σ_x。

(1)坝内水平截面上的正应力 σ_y。假定 σ_y 在水平截面上按直线分布,即

$$\sigma_y = a + bx \tag{2-41}$$

坐标原点设在下游坝面,由偏心受压公式可以得出系数 a 和 b,如图 2-18(a)所示。

$$a = \frac{\sum W}{B} - \frac{6\sum M}{B^2},b = \frac{12\sum M}{B^3}$$

(2)坝内剪应力 τ。由于 σ_y 呈线性分布,由平衡条件可得出水平截面上剪应力 τ 呈二次抛物线分布,如图 2-18(b)所示,即

$$\tau = a_1 + b_1 x + c_1 x^2 \tag{2-42}$$

其中

$$\left.\begin{aligned} a_1 &= \tau_d \\ b_1 &= -\frac{1}{B}\left(\frac{6\sum P}{B} + 2\tau_u + 4\tau_d\right) \\ c_1 &= \frac{1}{B^2}\left(\frac{6\sum P}{B} + 3\tau_u + 3\tau_d\right) \end{aligned}\right\}$$

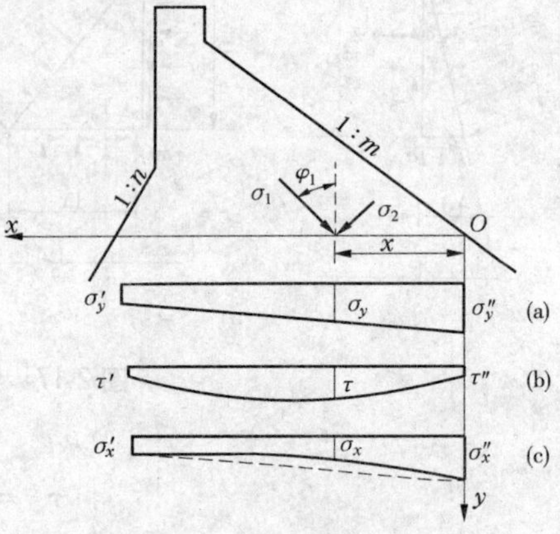

图 2-18 坝内应力分布图

(3)坝内水平正应力 σ_x。σ_x 的分布接近直线,如图 2-18(c)所示。因此,对中、小型坝可近似假定:

$$\sigma_x = a_2 + b_2 x \tag{2-43}$$

其中

$$a_2 = \sigma_{xd}, b_2 = \frac{\sigma_{xu} - \sigma_{xd}}{B}$$

(4)坝内主应力 σ_1 和 σ_2。求得任意点的三个应力分量 σ_x、σ_y 和 τ 以后,即可计算该点的主应力和第一主应力的方向 φ_1:

$$\left.\begin{aligned} \sigma_1 &= \frac{\sigma_x + \sigma_y}{2} + \sqrt{\left(\frac{\sigma_y - \sigma_x}{2}\right)^2 + \tau^2} \\ \sigma_2 &= \frac{\sigma_x + \sigma_y}{2} - \sqrt{\left(\frac{\sigma_y - \sigma_x}{2}\right)^2 + \tau^2} \\ \varphi_1 &= \frac{1}{2}\arctan\left(-\frac{2\tau}{\sigma_y - \sigma_x}\right) \end{aligned}\right\} \tag{2-44}$$

φ_1 以顺时针方向为正,当 $\sigma_y > \sigma_x$ 时,自竖直线量取;当 $\sigma_y < \sigma_x$ 时,自水平线量取。

求出各点的主应力后,即可在计算点上用矢量表示其大小,构成主应力图。必要时,还可根据此绘出主应力轨迹线和等应力图。

4. 考虑扬压力时的应力计算

上列应力计算公式均未计入扬压力。当需要考虑扬压力时,可将计算截面上的扬压力作为外荷载计入,根据边缘微分体的平衡条件,求得应力公式。

(1)求边缘应力:

上游边缘 τ_u、σ_{xu} 为

$$\left.\begin{aligned}\tau_u &= -\sigma_{yu}n \\ \sigma_{xu} &= \sigma_{yu}n^2\end{aligned}\right\} \tag{2-45}$$

下游边缘 τ_d、σ_{xd} 为

$$\left.\begin{aligned}\tau_d &= -\sigma_{yd}m \\ \sigma_{xd} &= \sigma_{yd}m^2\end{aligned}\right\} \tag{2-46}$$

上、下游边缘主应力 σ_{1u}、σ_{2u}、σ_{1d}、σ_{2d} 为

$$\left.\begin{aligned}\sigma_{1u} &= (1+n^2)\sigma_{yu} \\ \sigma_{2u} &= 0 \\ \sigma_{1d} &= (1+m^2)\sigma_{yd} \\ \sigma_{2d} &= 0\end{aligned}\right\} \tag{2-47}$$

可见，考虑与不考虑扬压力时，τ、σ_x 和 σ_1、σ_2 的计算公式是不相同的。

(2)求坝内压力。可先不计扬压力，按上述有关公式计算各点应力，然后叠加扬压力引起的应力。

(三)坝体和坝基的应力控制

1. 重力坝坝基面坝踵、坝趾的垂直应力控制

1)运用期

(1)在各种荷载组合下(地震荷载除外)，坝踵垂直应力不应出现拉应力，坝趾垂直应力应小于坝基容许压应力。

(2)在地震荷载作用下，坝踵、坝趾的垂直应力应符合《水工建筑物抗震设计规范》(SL 203—97)。

2)施工期

坝趾垂直应力允许有小于0.1 MPa的拉应力。

2. 重力坝坝体应力控制

1)运用期

(1)坝体上游面的垂直应力不出现拉应力(计扬压力)。

(2)坝体最大主压应力不应大于混凝土的允许压应力值。

(3)在地震情况下，坝体上游面的应力控制标准应符合《水工建筑物抗震设计规范》(SL 203—97)的要求。

2)施工期

(1)坝体任何截面上的主压应力不应大于混凝土的允许压应力。

(2)在坝体的下游面，允许有不大于0.25 MPa的主拉应力。

混凝土的允许应力应按混凝土的极限强度除以相应的安全系数确定。坝体混凝土抗压安全系数，基本组合不应小于4.0，特殊组合(不含地震情况)不应小于3.5。当局部混凝土有抗拉要求时，抗拉安全系数不应小于4.0。

第五节　溢流重力坝

溢流重力坝既是挡水建筑物又是泄水建筑物。其泄水方式有坝顶溢流和坝身泄水孔泄水。在水利枢纽中，它可承担泄洪、向下游输水、排沙、放空水库和施工导流等任务。

溢流坝是枢纽中最重要的泄水建筑物之一，将规划库容所不能容纳的大部分洪水经坝顶泄向下游，以保证大坝安全。溢流坝应满足泄洪的几个设计要求：①有足够的孔口尺寸、良好的孔口体型和泄水时具有较大的流量系数；②使水流平顺地通过坝体，不允许产生不利的负压和振动，避免发生空蚀现象；③保证下游河床不产生危及坝体安全的冲坑和冲刷；④溢流坝段在枢纽中的位置，应使下游流态平顺，不产生折冲水流，不影响枢纽中其他建筑物的正常运行；⑤有灵活控制水流下泄的设备，如闸门、启闭机等。

因此，坝体剖面设计除要满足稳定和强度要求外，还要满足泄水的要求，同时要考虑下游的消能问题。当溢流坝段在河床上的位置确定后，先选择合适的泄水方式，并根据洪水标准和运用要求确定孔口尺寸及溢流堰顶高程。

一、孔口设计

溢流坝的孔口设计涉及很多因素，如洪水设计标准、下游防洪要求、库水位壅高的限制、泄水方式、堰面曲线及枢纽所在地段的地形、地质条件等。设计时，先选定泄水方式，拟定若干个泄水布置方案（除堰面溢流外，还可配合坝身泄水孔或泄洪隧洞泄流）。初步确定孔口尺寸，按规定的洪水设计标准进行调洪演算，求出各方案的防洪库容、设计和校核洪水位及相应的下泄流量，然后估算淹没损失和枢纽造价，进行综合比较，选出最优方案。

（一）孔口形式

溢流坝的泄水方式有堰顶溢流式和大孔口溢流式两种，如图 2-19 所示。

1. 坝顶溢流式

根据运用要求（见图 2-19（a）），堰顶可以设闸门，也可以不设闸门。

不设闸门时，堰顶高程等于水库的正常蓄水位，泄水时，靠壅高库内水位增加下泄量，这种情况增加了库内的淹没损失、非溢流坝的坝顶高程和坝体工程量。但泄洪时不仅用于排泄洪水，而且用于排泄其他漂浮物。它结构简单，可自动泄洪，管理方便。适用于洪水流量较小，淹没损失不大的中、小型水库。

当堰顶设有闸门时，堰顶高程较低，可利用闸门不同开启度调节库内水位和下泄流量，减少上游淹没损失和非溢流坝的高度及坝体的工程量。与深孔闸门比较，堰顶闸门承受的水头较小，其孔口尺寸较大，由于闸门安装在堰顶，操作、检验均比深孔闸门方便。当闸门全开时，下泄流量与堰上水头 H_0 的 1.5 次方成正比。随着库水位的升高，下泄流量增加较快，具有较大的超泄能力。在大、中型水库工程中得到广泛的应用。

2. 大孔口溢流式

大孔口溢流式在闸墩上部设置胸墙（见图 2-19（b）），既可利用胸墙挡水，又可减少闸门的高度和降低堰顶高程。它可以根据洪水预报提前放水，腾出较大的防洪库容，提高水

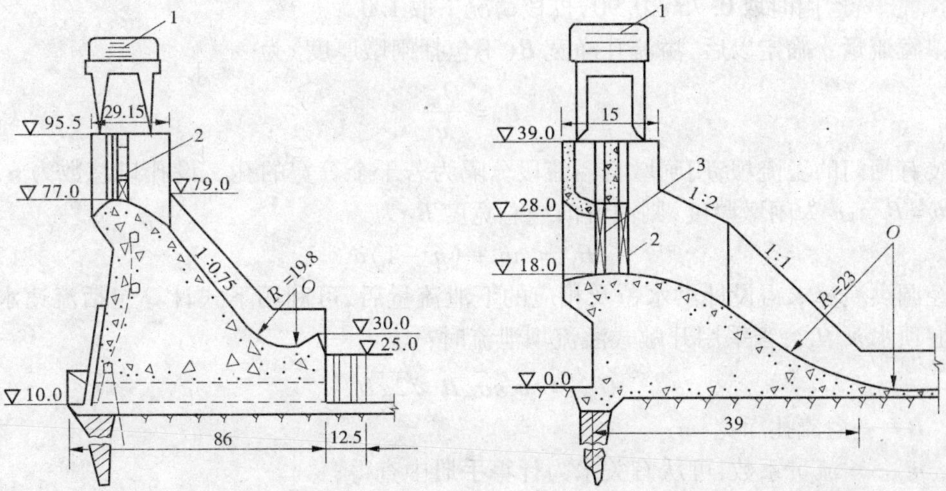

(a)坝顶溢流式　　　　(b)大孔口溢流式

1—门机;2—工作闸门;3—检修闸门

图 2-19　溢流坝泄水方式　(单位:m)

库的调洪能力,适用于挡水位较高而流量相对较小的水闸。当库水位低于胸墙下缘时,下泄水流流态与堰顶开敞溢流式相同;当库水位高于孔口一定高度时,呈大孔口出流。胸墙多为钢筋混凝土结构,常固接在闸墩上,也有做成活动式的。遇特大洪水时可将胸墙吊起,以加大泄洪能力,利于排放漂浮物。

(二)孔口尺寸

1. 单宽流量的确定

单宽流量一经选定,就可以初步确定溢流坝段的净宽和堰顶高程。单宽流量愈大,下泄水流的动能愈集中,消能问题就愈突出,下游局部冲刷就会愈严重,但溢流前缘短,对枢纽布置有利。因此,一个经济而又安全的单宽流量,必须综合地质条件、下游河道水深、枢纽布置和消能工设计多种因素,通过技术经济比较后选定。

工程实践证明,对于软弱岩石常取 $q=20\sim50\ m^3/(s\cdot m)$,中等坚硬的岩石取 $q=20\sim100\ m^3/(s\cdot m)$,特别坚硬的岩石取 $q=100\sim150\ m^3/(s\cdot m)$,地质条件好可以选取更大的单宽流量。近年来,随着消能技术的进步,选用的单宽流量也不断增大。在我国已建成的大坝中,龚嘴水电站的单宽流量达 254.2 $m^3/(s\cdot m)$,安康水电站单宽流量达 282.7 $m^3/(s\cdot m)$。而委内瑞拉的古里坝,其单宽流量已突破了 300 $m^3/(s\cdot m)$的界限。

2. 孔口尺寸的确定

溢流孔口尺寸主要取决于通过溢流孔口的下泄洪水流量 $Q_{溢}$,根据设计和校核情况下的洪水来量,经调洪演算确定下泄洪水流量 $Q_{总}$,再减去泄水孔和其他建筑物下泄流量之和 Q_0,即得 $Q_{溢}$:

$$Q_{溢} = Q_{总} - \alpha Q_0 \tag{2-48}$$

式中　Q_0——经由电站、船闸及其他泄水孔下泄的流量,m^3/s;

α——系数,考虑电站部分运行,或由于闸门障碍等因素对下泄流量的影响,正常运用时取0.75～0.90，校核情况下取1.0。

单宽流量 q 确定以后，溢流孔净宽 B（不包括闸墩厚度）为

$$B = \frac{Q_{溢}}{q} \tag{2-49}$$

装有闸门的溢流坝，用闸墩将溢流段分隔为若干个等宽的孔。设孔口总数为 n，孔口宽度 $b = B/n$，d 为闸墩厚度，则溢流前缘总宽度 B_l 为

$$B_l = nb + (n-1)d \tag{2-50}$$

经调洪演算求得设计洪水位及相应的下泄流量后，可利用下式计算包括流速水头在内的堰顶水头 H_z。当采用开敞式溢流坝泄流时：

$$Q_{溢} = m_z \varepsilon \sigma_m B \sqrt{2g} H_z^{3/2} \tag{2-51}$$

式中 B——溢流孔净宽，m；

m_z——流量系数，可从有关水力计算手册中查得；

ε——侧收缩系数，根据闸墩厚度及闸墩头部形状而定，初设时可取为0.90～0.95；

σ_m——淹没系数，视淹没程度而定；

g——重力加速度，9.81 m/s^2。

用设计洪水位减去堰顶水头 H_z（此时堰顶水头应扣除流速水头）即得堰顶高程。

当采用孔口泄流时：

$$Q_{溢} = \mu A_k \sqrt{2gH_z} \tag{2-52}$$

式中 A_k——出口处的面积，m^2；

μ——孔口或管道的流量系数，初设时对有胸墙的堰顶孔口，当 $H_z/D = 2.0～2.4$ 时（D 为孔口高，m），取 $\mu = 0.74～0.82$，对深孔取 $\mu = 0.83～0.93$，当为有压流时，μ 值必须通过计算沿程及局部水头损失来确定；

H_z——自由出流时为孔口中心处的作用水头，淹没出流时为上下游水位差，m。

二、溢流坝的剖面设计

溢流坝的基本剖面也呈三角形。上游坝面可以做成铅直面，也可以做成折坡面。溢流面由顶部曲线段、中间直线段和底部反弧段三部分组成，如图2-20所示。

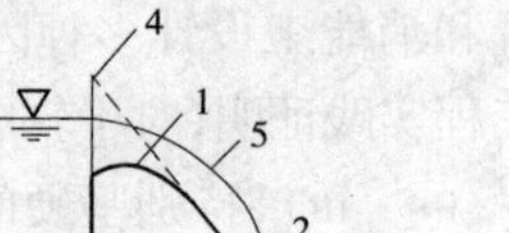

1—顶部曲线段；2—直线段；3—反弧段；4—基本剖面；5—溢流水舌

图2-20 溢流坝剖面

（一）溢流坝的堰面曲线

1. 顶部曲线段

溢流堰面曲线常采用非真空剖面曲线。采用较广泛的非真空剖面曲线有克—奥曲线和幂曲线（或称WES曲线）两种。克—奥曲线与幂曲线在堰项以下 $(2/5～1/2)H_d$（H_d 为定型设计水头）范围内基本重合，在此范围以外，克—奥曲线不给出曲线方程，只给定曲线坐标值，插值计算和施工放样均不方便。而幂曲线给定曲线方程，

如式(2-53),便于计算和放样。克—奥曲线流量系数小于幂曲线流量系数(最大值0.502),故近年来堰面曲线多采用幂曲线。

(1)开敞式溢流堰面曲线。如图2-21所示,采用幂曲线时按下式设计:

$$x^n = KH_d^{n-1}y \tag{2-53}$$

式中 H_d——定型设计水头,按堰顶最大作用水头 H_{zmax} 的75%~95%计算,m;

n、K——与上游坝面坡度有关的指数和系数,见表2-10;

x、y——溢流面曲线的坐标,其原点设在堰面曲线的最高点。

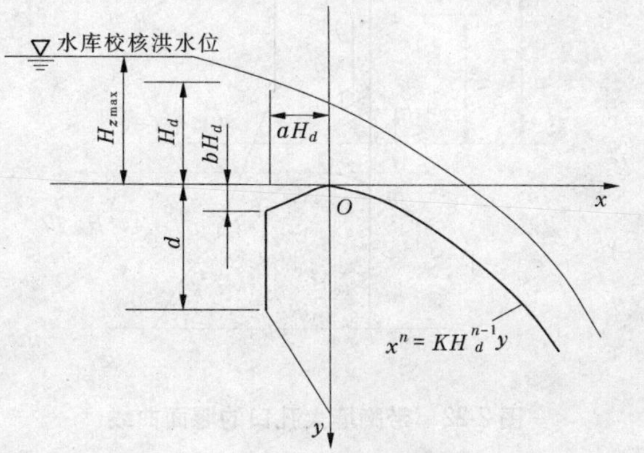

图2-21 开敞式溢流堰面曲线

表2-10 K、n 值表

上游坝面坡度	K	n	上游坝面坡度	K	n
铅直面(3:0)	2.000	1.850	倾斜面(3:1)	1.936	1.836

原点上游宜有椭圆曲线,其方程式为

$$\frac{x^2}{(aH_d)^2} + \frac{(bH_d - y)^2}{(bH_d)^2} = 1 \tag{2-54}$$

式中 aH_d、bH_d——椭圆曲线的长轴和短轴,若上游面铅直,a、b 可按下式选取:

$$a/b = 0.87 + 3a, a \approx 0.28 \sim 0.30$$

当采用倒悬堰顶时(见图2-21),应满足 $d > H_{zmax}/2$ 的条件,仍可采用式(2-53)计算。

(2)设有胸墙的堰面曲线。如图2-22所示,当堰顶最大作用水头 H_{zmax}(孔口中心线以上)与孔口高度(D)的比值 $H_{zmax}/D > 1.5$,或闸门全开仍属孔口泄流时,可按下式设计堰面曲线:

$$y = \frac{x^2}{4\varphi^2 H_d} \tag{2-55}$$

式中 H_d——定型设计水头,一般取孔口中心线至水库校核洪水位水头的75%~95%;

φ——孔口收缩断面上的流速系数,一般取 $\varphi = 0.96$,若孔前设有检修闸门,取 $\varphi = 0.95$;

x、y——曲线坐标,其原点设在堰顶最高点,如图2-22所示;

其余符号意义同前。

坐标原点的上游段可采用单圆曲线、复合圆曲线或椭圆曲线与上游坝面连接，胸墙底缘也可采用圆弧或椭圆曲线外形，原点上游曲线与胸墙底缘曲线应通盘考虑，若 $1.2 < H_{zmax}/D < 1.5$，堰面曲线应通过试验确定。

按定型设计水头确定的溢流面顶部曲线，当通过校核洪水时将出现负压，一般要求负压值不超过 3～6 m 水柱高。

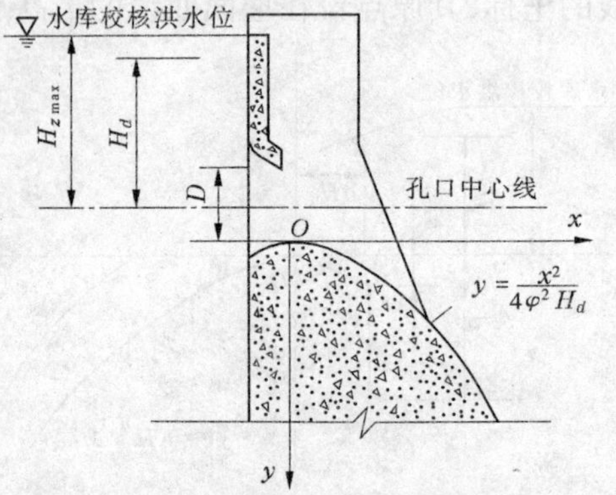

图 2-22　带胸墙大孔口的堰面曲线

2. 中间直线段

中间直线段的上端与堰顶曲线相切，下端与反弧段相切，坡度与非溢流坝段的下游坡相同。

3. 底部反弧段

溢流坝面反弧段是使沿溢流面下泄水流平顺转向的工程设施，要求沿程压力分布均匀，不产生负压和不致引起有害的脉动压力。通常采用圆弧曲线，其反弧半径 $R=(4\sim10)h$，h 为校核洪水闸门全开时反弧最低点的水深。反弧最低点的流速愈大，要求反弧半径愈大。当流速小于 16 m/s 时，取下限；流速大时，宜采用较大值。当采用底流消能，反弧段与护坦相连时，宜采用上限值。

（二）溢流坝实用剖面拟定

溢流坝的实用剖面，是在三角形基本剖面基础上结合堰面曲线拟合修改而成的。

（1）溢流坝堰面曲线超出基本三角形剖面。如图 2-23（a）所示，在坚固完好的岩基上，会出现这种情况，设计时需对基本剖面进行修正。

根据溢流坝的定型设计水头 H_d 和选定的堰面曲线形式，点绘出堰面曲线 ABC，将基本三角形的下游边与溢流坝面的切线重合，坝上游阴影部分可以省去。为了不影响堰顶泄流，保留高度 d 的悬臂实体，且要求 $d \geqslant H_{zmax}/2$（H_{zmax} 为堰顶最大作用水头）。

（2）溢流堰面曲线落在三角形基本剖面以内，如图 2-23（b）所示。当溢流坝剖面小于基本三角形剖面时，可适当调整堰顶曲线。通常是在溢流坝顶加一斜直线 AA'，使之与溢流曲线相切于 A 点，增加上游阴影部分坝体体积，且有利于坝体稳定。

（3）具有挑流鼻坎的溢流坝。当鼻坎超出基本三角形剖面以外时，如图 2-24 所示，若 $l/h>0.5$，须核算 $B—B'$ 截面处的应力；若拉应力较大，可考虑在 $B—B'$ 截面处设置结构

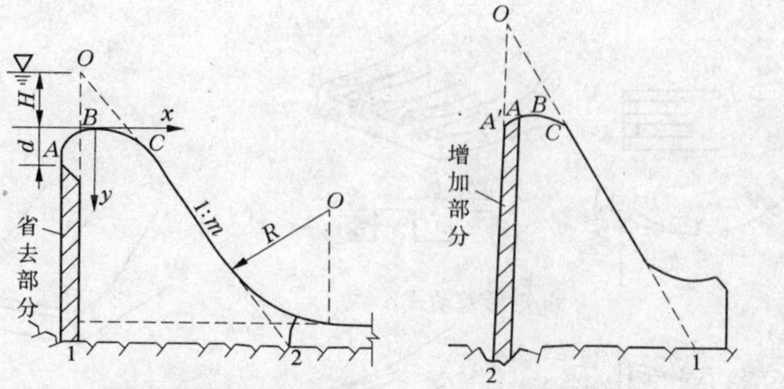

(a)反弧与护坦连接　(b)反弧与挑流鼻坎连接

图 2-23　溢流坝剖面绘制

缝，把鼻坎与坝体分开；若拉应力不大，也可采取局部加强措施，不设结构缝。

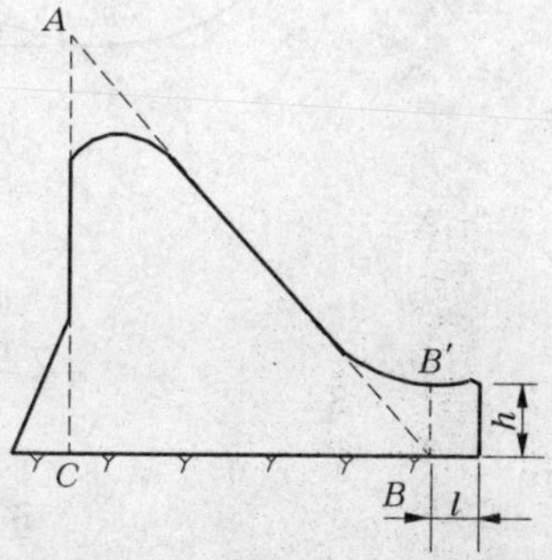

图 2-24　挑流鼻坎设置结构缝

溢流坝和非溢流坝的上游坝面要求应尽量一致对齐。

三、溢流坝的消能防冲

因为溢流坝下泄的水流具有很大的动能，如此巨大的能量，若不妥善进行处理，势必导致下游河床被严重冲刷，甚至造成岸坡坍塌和大坝失事。所以，消能措施的合理选择和设计，对枢纽布置、大坝安全及工程造价都有重要意义。

消能工的设计原则是：①尽量使下泄水流的大部分动能消耗在水流内部的紊动中，以及水流与空气的摩擦上；②不产生危及坝体安全的河床或岸坡的局部冲刷；③下泄水流平稳，不影响枢纽中其他建筑物的正常运行；④结构简单，工作可靠；⑤工程量小，造价低。

常用的消能方式有：底流消能、挑流消能、面流消能和消力戽消能等。消能方式的选择主要取决于水利枢纽的具体条件，根据水头及单宽流量的大小，下游水深及其变幅，坝基地质、地形条件以及枢纽布置情况等，经技术经济比较后选定。挑流消能应用最广，底流消能次之，面流消能和消力戽消能一般应用较少。

（一）挑流消能

挑流消能是利用溢流坝下游反弧段的鼻坎，将下泄的高速水流挑射抛向空中，抛射水流在掺入大量空气时消耗部分能量，而后落到距坝较远的下游河床水垫中产生强烈的旋滚，并冲刷河床形成冲坑，随着冲坑的逐渐加深，大量能量消耗在水流旋滚的摩擦之中，冲坑也逐渐趋于稳定。挑流消能一般适用于基岩比较坚固的中、高溢流重力坝。

挑流消能设计主要包括：选择合适的鼻坎形式、鼻坎高程、挑射角度、反弧半径、鼻坎构造和尺寸、挑射距离和最大冲坑深度，如图 2-25、图 2-26 所示。本节主要介绍连续式挑流消能的设计。

（1）鼻坎形式：常用的挑流鼻坎形式有连续式和差动式两种。连续式挑流鼻坎构造简单、射程较远，鼻坎上水流平顺。差动式挑流鼻坎，它与连续式挑流鼻坎不同之处在于

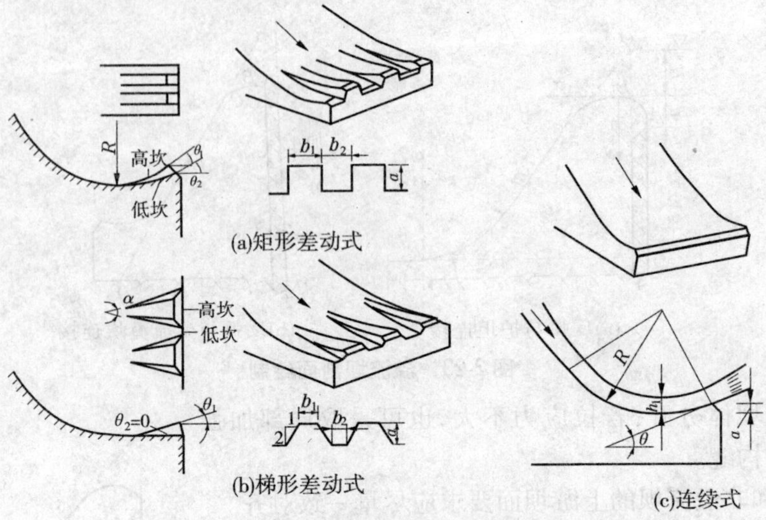

图 2-25　挑流鼻坎示意图

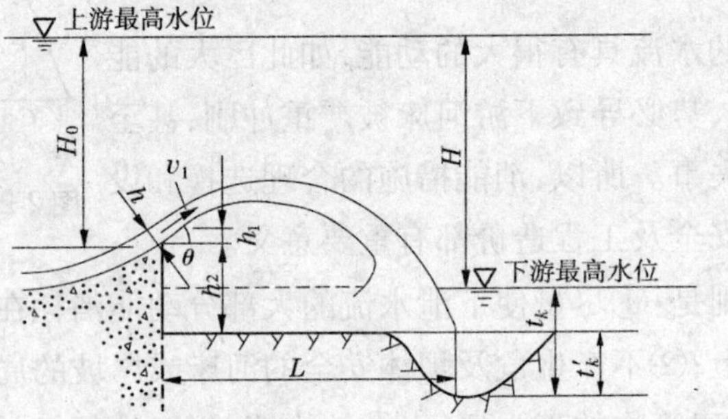

图 2-26　连续式挑流鼻坎的水舌及冲刷坑示意图

鼻坎末端设有齿坎，挑流时射流分别经齿台和凹槽挑出，形成两股具有不同挑射角的水流，两股水流除在垂直面上有较大扩散外，在侧向也有一定的扩散，加上高低水流在空中相互撞击，使掺气现象加剧，增加了空中的消能效果；同时也增加了水舌的入水范围，减小了河床的冲刷深度，但施工复杂，易气蚀。

（2）鼻坎挑射角度：一般情况下取 $\theta=20°\sim25°$。深水河槽，以选用 $\theta=15°\sim20°$ 为宜。加大挑射角，虽然可以增加挑射距离，但由于水舌与下游水面的交角加大，使冲坑加深。

（3）鼻坎反弧半径 R：一般采用 $(8\sim10)h$，h 为反弧最低点处的水深。R 太小的鼻坎水流转向不顺畅；R 过大时，将迫使鼻坎向下延伸太长，增加了鼻坎工程量。鼻坎反弧也可采用抛物线，曲率半径由大到小，这样，既可以获得较大的挑射角 θ，又不至于增加鼻坎工程量，但鼻坎施工复杂，在实际运用中受到限制。

（4）鼻坎高程：应高于鼻坎附近下游最高水位 1 ~ 2 m。

（5）挑射距离：由于冲坑最深点大致落在水舌外缘的延长线上，故挑射距离按以下公式估算：

$$L = \frac{1}{g}\left[v_1^2 \sin\theta\cos\theta + v_1\cos\theta\sqrt{v_1^2\sin^2\theta + 2g(h_1 + h_2)} \right] \qquad (2\text{-}56)$$

式中　L——水舌挑射距离，m，挑流鼻坎下垂直面至冲坑最深点的水平距离；

v_1——坎顶水面流速，m/s，按鼻坎处平均流速 v 的 1.1 倍计，即 $v_1 = 1.1v$，$v_1 = 1.1\varphi\sqrt{2gH_0}$，$H_0$ 为库水位至坎顶的落差，φ 为堰面流速系数；

θ——鼻坎的挑角，(°)；

h_1——坎顶平均水深 h 在铅直方向的投影，m，$h_1 = h\cos\theta$；

h_2——坎顶至下游河床面高差，m，如冲坑已经形成，在计算冲坑进一步发展时，可算至坑底。

(6)最大冲坑深度。最大冲坑水垫厚度 t_k 工程上常按下式估算：

$$t_k = \alpha q^{0.5} H^{0.25} \qquad (2\text{-}57)$$

式中　t_k——水垫厚度，自水面算至坑底，m；

q——单宽流量，$m^3/(s \cdot m)$；

H——上下游水位差，m；

α——冲坑系数，坚硬完整的基岩，$\alpha = 0.9 \sim 1.2$，坚硬但完整性较差的基岩，$\alpha = 1.2 \sim 1.5$，软弱破碎、裂缝发育的基岩，$\alpha = 1.5 \sim 2.0$。

最大冲坑水垫厚度 t_k 求出后，根据河床水深即可求得最大冲坑深度 t'_k。

射流形成的冲坑是否会延伸到鼻坎处以致危及坝体安全，主要取决于最大冲坑深度 t'_k 与挑射距离 L 的比值，即 L/t'_k 值。一般认为，基岩倾角较陡时要求 $L/t'_k > 2.5$，基岩倾角较缓时要求 $L/t'_k > 5.0$。

(二)底流消能

底流消能是在坝下设置消力池、消力坎或综合式消力池和其他辅助消能设施，促使下泄水流在限定的范围内产生水跃。主要通过水流内部的旋滚、摩擦、掺气和撞击达到消能的目的，以减轻对下游河床的冲刷。底流消能工作可靠，但工程量较大，多用于低水头、大流量的溢流重力坝。

第六节　重力坝的材料及构造

一、重力坝的材料

重力坝的建筑材料主要是混凝土。对于水工混凝土，尤其是筑坝混凝土，除应有足够的强度保证其安全承受荷载外，还应按其所处的部位和工作条件，在抗渗、抗冻、抗冲刷、抗侵蚀、低热、抗裂性能方面提出不同的要求。

(一)混凝土强度等级

大坝常用混凝土强度等级有 C7.5、C10、C15、C20、C25、C30，高于 C30 的混凝土用于重要构件和部位。

(二)混凝土的耐久性

(1)抗渗性。对于大坝的上游面、基础层和下游水位以下的坝面均为防渗部位,其混凝土应具有抵抗压力水渗透的能力。抗渗性能通常用“W”,即抗渗等级表示。

大坝混凝土抗渗等级应根据所在部位和水力坡降确定,抗渗等级有 W2、W4、W6、W8、W10。

(2)抗冻性。混凝土的抗冻性能指混凝土在饱和状态下,经多次冻融循环而不破坏,不严重降低强度的性能。通常用“F”,即抗冻等级来表示。

抗冻等级一般应视气候分区、冻融循环次数、表面局部小气候条件、水分饱和程度、结构构件重要性和检修的难易程度确定,抗冻等级有 F50、F100、F150、F200、F300。

(3)抗磨性。抗磨性指抵抗高速水流或挟沙水流的冲刷、磨损的能力。目前,尚未制定出定量的技术标准,一般而言,对于有抗磨要求的混凝土,应采用高强度混凝土或高强硅粉混凝土,其抗压强度等级不应低于 C20,要求高的则不应低于 C30。

(4)抗侵蚀性。抗侵蚀性指抵抗环境水的侵蚀性能。当环境水具有侵蚀性时,应选用适宜的水泥和尽量提高混凝土的密实性。

(5)抗裂性。为防止大体积混凝土结构产生温度裂缝,除采取合理分缝、分块和温控措施外,还应选用发热量低的水泥、合理的掺合料,减少水泥用量,提高混凝土的抗裂性能。

(三)混凝土重力坝的材料分区

由于坝体各部分的工作条件不同,因而对混凝土强度等级、抗掺、抗冻、抗冲刷、抗裂等性能要求也不同,为了节省和合理使用水泥,通常将坝体不同部位按不同工作条件分区,采用不同等级的混凝土,图 2-27 为重力坝的三种坝段的材料分区。Ⅰ区为上、下游以上坝体外部表面混凝土,Ⅱ区为上、下游变动区的坝体外部表面混凝土,Ⅲ区为上、下游水位以下坝体外部表面混凝土,Ⅳ区为坝体基础,Ⅴ区为坝体内部,Ⅵ区为抗冲刷部位(例如溢洪道溢流面、泄水孔、导墙和闸墩等)。大坝分区特性见表 2-11。

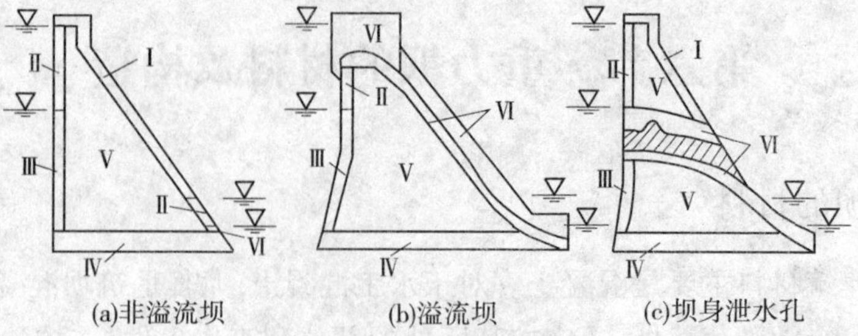

图 2-27　坝体分区示意图

坝体为常态混凝土的强度等级不应低于 C7.5,碾压混凝土强度等级不应低于 C5。同一浇筑块中混凝土强度等级不宜超过两种,分区厚度尺寸最少为 2 ~ 3 m。

表 2-11　大坝分区特性

分区	强度	抗渗	抗冻	抗冲刷	抗侵蚀	低热	最大水灰比	选择各分区的主要因素
Ⅰ	+	−	+ +	−	−	+	+	抗冻
Ⅱ	+	+	+ +	+		+	+	抗冻、抗裂缝
Ⅲ	+ +	+ +	+	+		+	+	抗渗、抗裂
Ⅳ	+ +	+	+	+	+ +		+	抗裂
Ⅴ	+ +	+	+	−	+ +		+	
Ⅵ	+ +	−	+ +	+ +	+		+	抗冲耐磨

注:表中有“ + + ”的项目为选择各区等级的主要控制因素,有“ + ”的项目为需要提出要求的,有“ - ”的项目为不需提出要求的。

二、重力坝的构造

(一)坝体的防渗与排水设施

1. 坝体的防渗

在混凝土重力坝坝体上游面和下游面最高水位以下部分,多采用一层具有防渗、抗冻、抗侵蚀的混凝土作为坝体防渗设施,防渗指标根据水头和防渗要求而定,防渗厚度一般为作用水头的 1/20 ~ 1/10,但不小于 2 m。

2. 坝体排水设施

靠近上游坝面设置排水管幕,以减小坝体渗透压力。排水管幕距上游坝面的距离一般为作用水头的 1/15 ~ 1/25,且不小于 2 m。排水管间距为 2 ~ 3 m,管径为 15 ~ 20 cm。排水管幕沿坝轴线一字排列,管孔铅直,与纵向排水、检查廊道相通,上下端与坝顶和廊道直通,便于清洗、检查和排水(见图 2-28(a))。

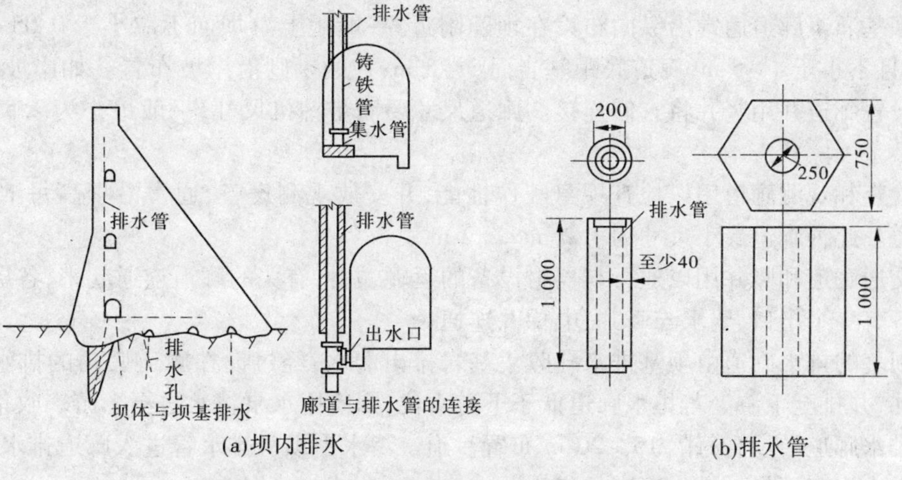

图 2-28　重力坝内部排水构造　(单位:mm)

排水管一般用无砂混凝土管，可预制成圆筒形和空心多棱柱形(见图 2-28(b))。在浇筑坝体混凝土时，应保护好排水管，防止水泥浆漏入排水管内，阻塞排水管道。

(二)重力坝的坝身廊道及泄水孔

1. 坝内廊道

重力坝的坝体内部，为了满足灌浆、排水、观测、检查和交通等要求，在坝体内设置了不同用途的廊道，这些廊道相互连通，构成了坝体内部廊道系统，如图 2-29 所示。

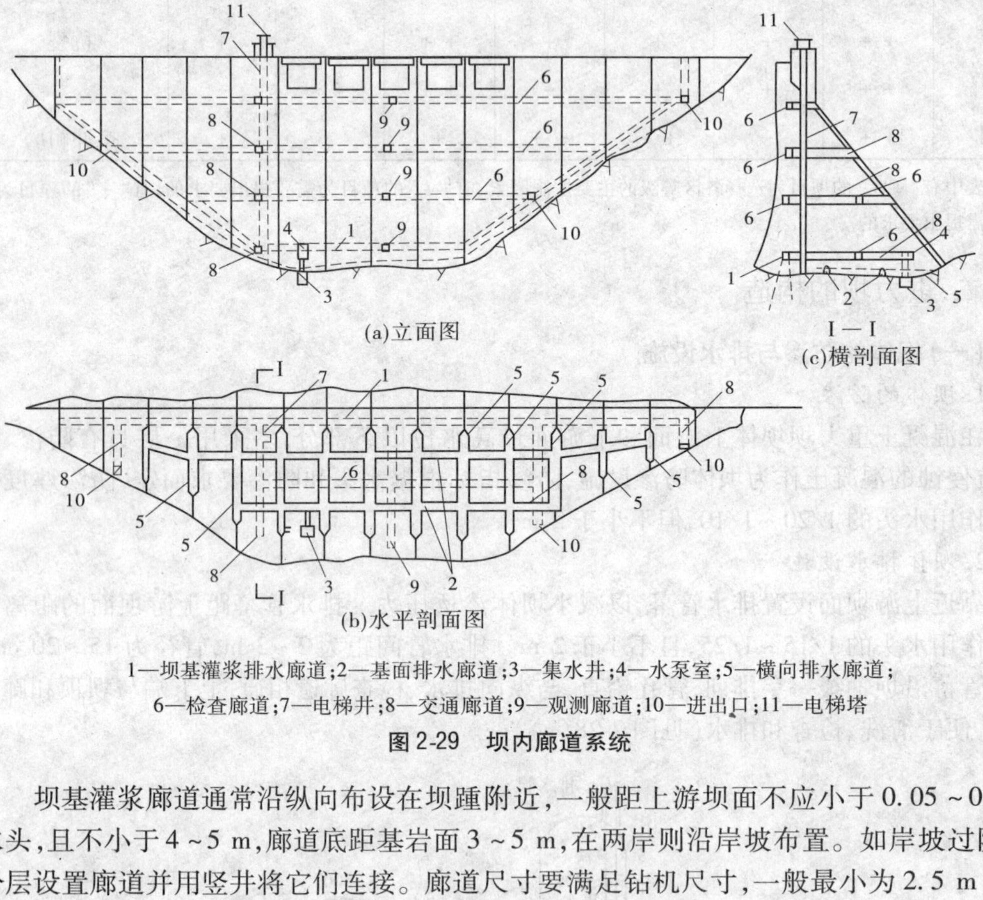

1—坝基灌浆排水廊道；2—基面排水廊道；3—集水井；4—水泵室；5—横向排水廊道；6—检查廊道；7—电梯井；8—交通廊道；9—观测廊道；10—进出口；11—电梯塔

图 2-29 坝内廊道系统

坝基灌浆廊道通常沿纵向布设在坝踵附近，一般距上游坝面不应小于 0.05 ~ 0.1 倍水头，且不小于 4 ~ 5 m，廊道底距基岩面 3 ~ 5 m，在两岸则沿岸坡布置。如岸坡过陡，则分层设置廊道并用竖井将它们连接。廊道尺寸要满足钻机尺寸，一般最小为 2.5 m × 3.0 m(宽 × 高)。

检查和观测廊道用以检查坝身工作性能，并安放观测设备，通常沿坝高每 15 ~ 30 m 设一道。此种廊道最小尺寸为 1.2 m × 2.2 m。

交通廊道和竖井用以通行与器材设备的运输，并将有关的廊道连通起来，各层廊道左右岸各有一个出口，要求与竖井、电梯井连通。

坝基的排水廊道由坝基排水孔收集基岩排出的水，经过设在廊道底角的排水沟流入集水井，并排至下游。若排水廊道低于下游水位，则应用水泵将水送至下游。收集坝身渗水的排水廊道沿坝高每隔 15 ~ 20 m 布置一道。渗水由坝身排水管进入廊道排水沟，再沿岸坡排水沟流至最低排水廊道的集水井。

坝内廊道的布置应力求一道多用，综合布置，以减少廊道的数目。一般廊道离上游的坝面不应小于 2 ~2. 5 m。廊道的断面形式，一般采用城门洞形，这种断面应力条件较好。也可采用矩形断面。

此外，还可根据需要设专门性廊道。

2. 坝内泄水孔

在水利枢纽中为了满足泄洪、灌溉、发电、排沙、放空水库及施工导流等要求，需在重力坝身设置多种泄、放水的孔口。这些孔口一般布置在设计水位以下较深的部位，工程上称为深式泄水孔，如图 2-30 所示。泄水孔无论孔口的用途如何，按孔内水流状态分为有压或无压泄水孔两大类。发电压力输水孔为有压孔，其他用途的泄水、放水孔可以是有压或无压。有关泄水孔布置结构组成、高程及应力计算，可参考有关技术手册。

尽管各种泄水孔口用途不同，但在技术允许的条件下，应尽可能一孔多用，如导流与泄洪孔结合，放空水库与排沙相结合，或放空水库与导流相结合，灌溉与发电相结合等。

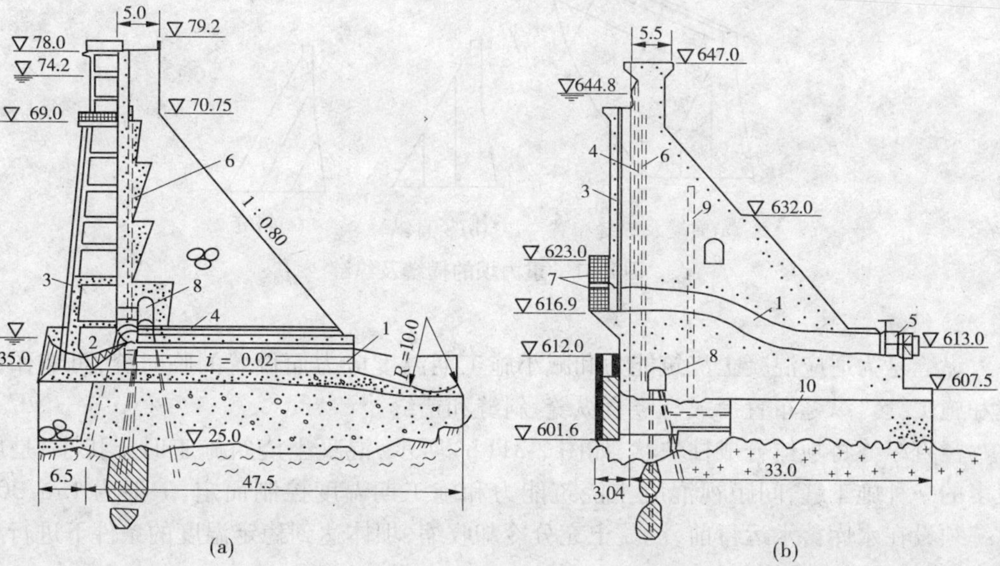

1—泄水孔；2—弧形门；3—检修门槽；4—通气孔；5—锥形阀；
6—排水管；7—拦污栅；8—廊道；9—检查井；10—导流底孔

图 2-30 坝身泄水孔 （单位：m）

（三）重力坝的分缝与止水

1. 坝体分缝

由于地基不均匀沉降和温度变化，施工时期的温度应力、施工浇筑能力和温度控制等，一般要求将重力坝坝体进行分缝。

按缝的作用可分为沉降缝、温度缝及工作缝。沉降缝是将坝体分成若干段，以适应地基的不均匀沉降，防止产生沉降裂缝，常设在地基岩性突变处。温度缝是将坝体分块，以减小坝体伸缩时地基对坝体的约束，以及新旧混凝土之间的约束，从而防止产生裂缝。工作缝（施工缝）主要是便于分期分块浇筑、装拆模板及混凝土的散热而设的临时缝。

按缝的位置坝体分缝可分为横缝、纵缝、水平缝。

1）横缝

横缝是垂直于坝轴线的竖向缝，如图 2-31（a）所示，可兼作沉降缝和温度缝，一般有永久性和临时性两种。永久性横缝是指从坝底至坝顶的贯通缝，将坝体分若干独立的坝段，若缝面为平面，不设缝槽，不进行灌浆，使各坝段独立工作。横缝间距（坝段长度）一般可为 12～20 m，有时可达到 24 m（温度缝）。若做沉降缝考虑间距可达 50～60 m。当坝内设有泄水孔或电站引水管道时，还应考虑泄水孔和电站机组间距；对于溢流坝，可将缝设在闸墩中；地基若为坚硬的基岩也可将缝布置在闸孔中央。

横缝也可做成临时缝。主要用于当岸坡较陡、坝基地质条件较差或强地震区，为提高坝体的抗滑稳定性，在施工期用横缝将坝体沿轴线分段浇筑，以利于温度控制，然后对横缝进行灌浆，形成整体重力坝。

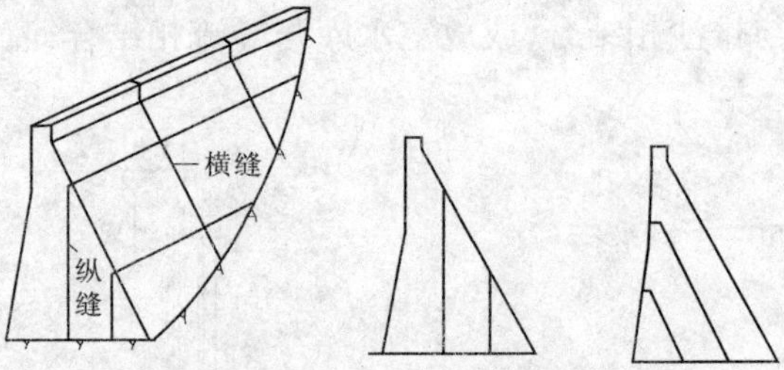

(a)横缝及纵缝布置　(b)竖直纵缝　(c)斜缝

图 2-31　重力坝的横缝及纵缝

2）纵缝

纵缝是为适应混凝土浇筑能力和减小施工期温度应力而设置的临时缝，可兼作温度缝和施工缝。纵缝布置形式有竖直纵缝、斜缝和错缝。

竖直纵缝将坝体分成柱块状，如图 2-31（b）所示，混凝土浇筑施工时干扰小，是应用最多的一种施工缝，间距视混凝土浇筑能力和施工期温度控制而定，一般为 15～30 m。纵缝须设在水库蓄水运行前，混凝土充分冷却收缩，坝体达到稳定温度的条件下进行灌浆填实，使坝段成为整体。

斜缝是大致沿主应力方向设置的缝，如图 2-31（c）所示。由于缝面剪应力很小，从结构的观点看，斜缝比直缝合理。斜缝张开度很小，一般不必进行水泥灌浆。但斜缝对相邻坝块施工干扰较大，对施工程序要求严格，加之缝面应力传递不够明确，故目前已很少采用。

错缝浇筑类似砌砖方式是采用小块分缝，交错地向上浇筑。缝的间距一般为 10～15 m，浇筑高度一般为 3～4 m，在靠近基岩面附近为 1.5～2.0 m。错缝浇筑是在坝段内没有通到顶的纵缝，结构整体性较强，可不进行灌浆。由于错缝在施工中各浇筑块相互干扰大，温度应力较复杂，故此法只在低坝中应用，我国用得极少。

3）水平工作缝

水平工作缝是上下层新老混凝土浇筑块之间的施工接缝，是临时性的。施工时需先将下块混凝土表面的水泥浮皮及浮渣用风水枪或压力水冲洗并使表面成为干净的麻面，再铺一层 2～3 cm 厚的水泥砂浆，然后在上面浇混凝土。国内外普遍采用薄层浇筑，每层厚 1.5 ~4.0 m,以便通过表面散热,降低混凝土温度。

2. 止水

重力坝横缝的上游面、溢流面、下游面最高尾水位以下及坝内廊道和孔洞穿过分缝处的四周等部位应设置止水设施。

止水有金属的、橡胶的、塑料的、沥青的及钢筋的。金属止水片有铜片、铝片和镀锌片,止水片厚一般为 1.0 ~1.6 mm,两端插入的深度不小于 20 ~25 cm。橡胶止水和塑料止水适应变形能力较强,在气候温和地区可用塑料止水片,在寒冷地区则可采用橡胶止水,应根据工作水头、气候条件、所在部位等选用标准型号。沥青止水置于沥青井内,井内设有蒸汽或电热设备,加热可使沥青玛琋脂熔化,使其与混凝土有良好的接触。钢筋止水是把做成的钢筋塞设置在缝的上游面,钢筋塞与坝体间设有沥青油毛毡层,当受水压时,钢筋塞压紧沥青油毛毡层而起止水作用。

高坝的横缝止水常采用两道金属止水片和一道防渗沥青井,如图 2-32 所示。当有特殊要求时,可考虑在横缝的第二道止水片与检查井之间进行灌浆止水的辅助设施。

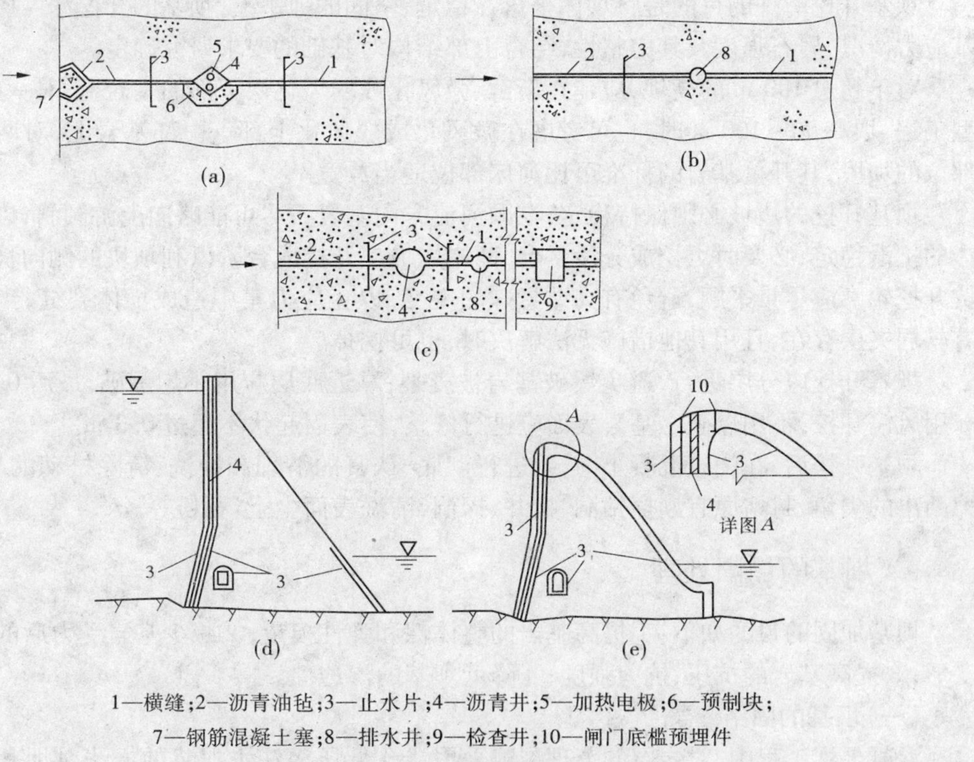

1—横缝;2—沥青油毡;3—止水片;4—沥青井;5—加热电极;6—预制块;
7—钢筋混凝土塞;8—排水井;9—检查井;10—闸门底槛预埋件

图 2-32　横缝止水

中、低坝的横缝止水可适当简化。如中坝第二道止水片可采用橡胶或塑料片等。低坝经论证也可采用一道止水片,一般止水片距上游坝面为 0.5 ~2.0 m,以后各道止水片设施之间的距离为 0.5 ~1.0 m。

在坝底,横缝止水必须与坝基岩石妥善连接。通常在基岩上挖一道深 30 ~50 cm 的方槽,将止水片嵌入,然后用混凝土填实。

第七节　重力坝的地基处理

由于长期受地质作用，天然的坝基一般都存在风化、节理、裂隙等缺陷，有时也存在断层、破碎带和软弱夹层等，因此必须进行地基处理。地基处理的目的有三方面：渗流控制、强度控制和稳定控制，即经过处理后坝基满足下列要求：①具有足够的抗渗性，以满足渗透稳定，控制流量；②具有足够的强度，以承受坝体的压力；③具有足够的整体性和均匀性，以满足坝基的抗滑稳定和减少不均匀沉陷；④具有足够的耐久性，以防止岩体在水的长期作用下发生恶化。

地基处理的措施，包括开挖清理、固结灌浆、破碎带或软弱夹层的专门处理、断层防渗帷幕灌浆、钻孔排水等。

一、坝基的开挖与清理

坝基开挖清理的目的是将坝体坐落在稳定、坚固的地基上，坝基的开挖深度应根据坝基应力情况、岩石强度及其完整性，结合上部结构对基础的要求研究确定。

对于超过 100 m 的高坝，应建在新鲜、微风化或弱风化层下部的基岩上；对一些中、小型工程，坝高 50 ~ 100 m 时，也可考虑在微风化或弱风化上部—中部基岩上，对两岸较高部位的坝段，其开挖基岩的标准可比河床部位适当放宽。

坝基开挖的边坡必须保持稳定，在顺河流方向基岩石尽可能略向上游倾斜，以增强坝体的抗滑稳定，必要时可挖成分段平台，两岸岸坡应开挖成台阶以利坝块的侧向稳定。基坑开挖轮廓应尽量平顺，避免有高差悬殊的突变，以免应力集中造成坝体裂缝，当坝基中有软弱夹层存在，且用其他措施无法解决时，也可挖掉。

坝基开挖应分层进行，避免爆破基岩被震裂，靠近底层应用小炮爆破，最后 0. 2 ~ 0. 3 m 用风镐开挖，不用爆破。基岩表面应进行修整，使表面起伏不超过 0. 3 m。

坝基开挖后，在浇筑混凝土前，要进行彻底、认真的清理和冲洗：清除松动的岩块，打掉凸出的尖角，封堵原有勘探钻洞、探井、探洞，清洗表面尘土、石粉等。

二、坝基的加固处理

坝基加固的目的如下：①提高基岩的整体性和弹性模量；②减少基岩受力后的不均匀变形；③提高基岩的抗压、抗剪强度；④降低坝基的渗透性。

（一）坝基的固结灌浆

混凝土坝工程中，对岩石的节理裂隙采用浅孔低压灌注水泥浆的方法对坝基进行加固处理，称为固结灌浆。

固结灌浆的范围主要根据坝基的地质条件、岩石破碎程度及坝基受力情况而定。当基岩较好时，可仅在坝基上、下游应力较大的地区进行；在坝基岩石普遍较差而坝又较高的情况下，则多进行坝基全面积固结灌浆。有的工程甚至在坝基以外的一定范围内，也进行固结灌浆。灌浆孔的布置，采用梅花形的排列，孔距、排距随岩石破碎情况而定，一般为 3 ~ 4 m，孔深一般为 5 ~ 8 m。灌浆时，先用稀浆，而后逐步加大浆液的稠度，灌浆压力一般为0.2～0.4 MPa,在有混凝土盖重时为0.4～0.7 MPa,以不掀动岩石为限,如图2-33所示。

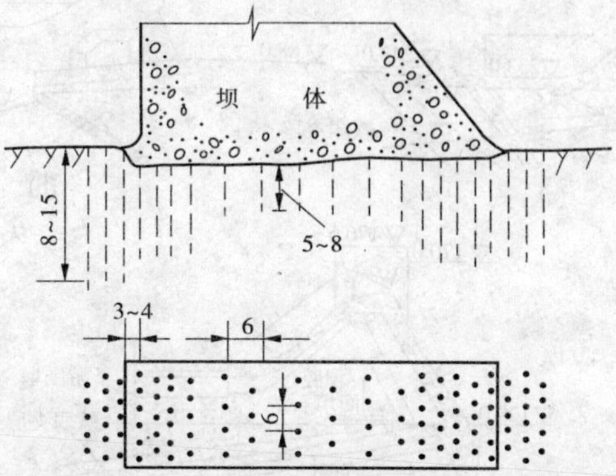

图2-33 岩基固结灌浆孔布置示意图 (单位:m)

(二)坝基软弱破碎带的处理

当坝基中存在较大的软弱破碎带时(如断层破碎带、软弱夹层、泥化层、裂隙密集带等),断层破碎带的强度低,压缩变形大,易产生不均匀沉降导致坝体开裂,若与水库连通,使渗透压力加大,易产生机械或化学管涌,危及大坝安全。岩石层间软弱夹层厚度较小,遇水容易发生软化或泥化,致使抗剪强度低,特别是倾角小于30 ℃的连续软弱夹层更为不利。

对于侧角较大或与基面接近垂直的断层破碎带,需采取开挖回填混凝土的措施,如做成混凝土塞或混凝土拱进行加固,如图2-34所示。当软弱带的宽度为2～3 m时,混凝土塞的高度(即开挖深度)一般可采用软弱带宽度的1～1.5倍,且不小于1 m,或根据计算确定。混凝土塞的两侧可挖成1∶1～1∶0.5斜坡,以便将坝体的压力从混凝土塞(拱)传到两侧完整的基岩上。如破碎带延伸至坝体上、下游边界线以外,则混凝土塞也应向外延伸,延伸长度取1.5～2倍混凝土塞的高度。若软弱层破碎带与上游水库连通,还必须做好防渗处理。

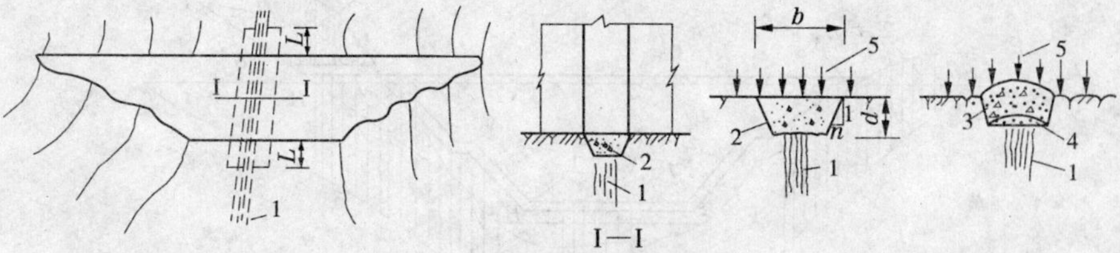

1—破碎带;2—混凝土梁或混凝土塞;3—混凝土拱;4—回填混凝土;5—坝体荷载

图2-34 破碎带处理示意图

对于软弱的夹层,如浅埋软弱夹层要多用明挖换基的方法,将夹层挖除,回填混凝土。对埋藏较深的,应结合工程情况分别采用坝踵部位做混凝土深齿土墙,切断软弱夹层直达完整基岩,如图2-34所示;在夹层内设置混凝土塞,如图2-35(a)所示;在坝趾处建混凝土深齿墙,如图2-35(b)所示;在坝趾下游侧岩体内设钢筋混凝土抗滑桩,或预应力钢索加固、化学灌浆等,如图2-35(c)所示,以提高坝体和坝基的抗滑稳定性。

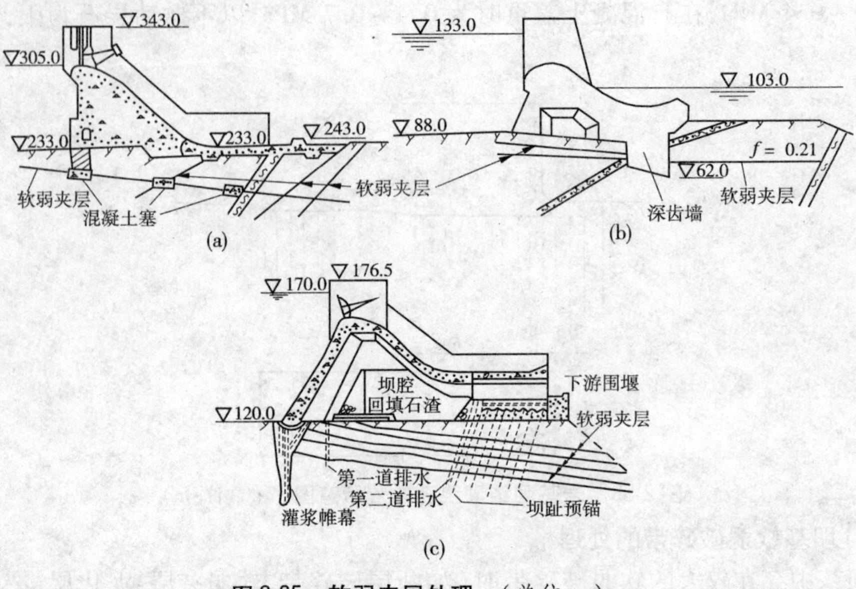

图 2-35　软弱夹层处理　（单位:m）

在同一工程中,根据具体情况,常采用多种不同的处理方法。

三、坝基的防渗和排水

(一)帷幕灌浆

帷幕灌浆是最好的防渗方法,可降低渗透水压力,减少渗流量,防止坝基产生机械或化学管涌。常用的灌浆材料有水泥浆和化学浆,应优先采用膨胀水泥浆。化学浆可灌性好,抗渗性好,但价格昂贵。

防渗帷幕的位置宜布置在靠近上游坝面的坝轴线附近,自河床向两岸延伸,如图 2-36 所示。钻孔和灌浆常在坝体灌浆廊道内,靠近岸坡可以在坝顶、岸坡或平硐内进行。钻孔一般为铅直或向上游不大于 10°的斜坡。

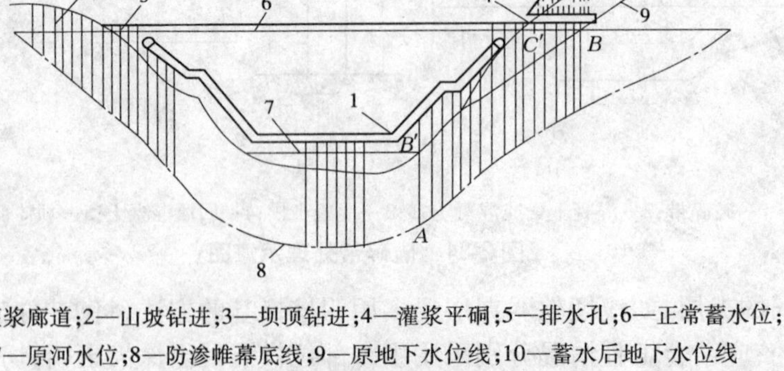

1—灌浆廊道;2—山坡钻进;3—坝顶钻进;4—灌浆平硐;5—排水孔;6—正常蓄水位;
7—原河水位;8—防渗帷幕底线;9—原地下水位线;10—蓄水后地下水位线

图 2-36　防渗帷幕沿坝轴线的布置

防渗帷幕的深度应根据作用水头、工程地质、地下水文特性确定。坝基内透水层厚度不大时，帷幕可穿过透水层，深入相对隔水层 3 ~ 5 m。相对隔水层较深时，帷幕深度可根据防渗要求确定，常用坝高的 0.3 ~ 0.7 倍，形成河床部位深、两岸渐浅的帷幕布置形式。

防渗帷幕的厚度应当满足抗渗稳定的要求，即帷幕内的渗透坡降应小于容许的渗透坡降。防渗帷幕厚度应以浆液扩散半径组成区域的最小厚度为准，厚度与排数有关，中高坝可设两排以上，低坝设一排，多排灌浆时一排必须达到设计深度，两侧其余各排可取设计深度的 1/2 ~ 1/3。孔距一般为 1.5 ~ 4.0 m，排距宜比孔距略小，还可以在上游坝踵处加一排补强。

帷幕灌浆的时间，应在坝基固结灌浆后并要求坝体混凝土浇筑到一定的高度(有盖重后)施工。灌浆压力在孔底应大于 2 ~ 3 倍坝前静水头，帷幕表层段应大于 1 ~ 1.5 倍坝前静水头，但应以不破坏岩体为原则。

防渗帷幕伸入两岸的范围由河床向两岸延伸一定距离，与两岸不透水层衔接起来，当两岸相对不透水层较深时，可将帷幕伸入原地下水线与最高库水位交点(见图 2-36 中 *B* 点)处为止。岸坡在水库最高水位以上的水通过排水孔或平洞排出，增加岸坡的稳定性。

(二)坝基排水

降低坝基底面的扬压力，可在防渗帷幕后设置主排水孔幕和辅助排水孔幕(见图 2-37)。

主排水孔幕在防渗帷幕下游一侧，在坝基面处与防渗帷幕的距离应大于 2 m。主排水孔幕一般向下游倾斜，与帷幕成 10° ~ 15°夹角。主排水孔孔距为 2 ~ 3 m，孔径为 150 ~ 200 mm，孔径过小容易堵塞，孔深可取防渗帷幕深度的 0.4 ~ 0.6 倍，高中坝的排水孔深不宜小于 10 m。

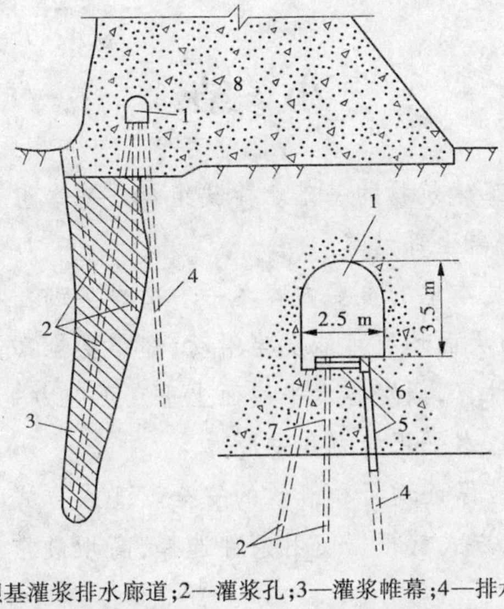

1—坝基灌浆排水廊道；2—灌浆孔；3—灌浆帷幕；4—排水孔幕；
5—ϕ100 排水钢管；6—ϕ100 三通；7—ϕ75 预埋钢管；8—坝体

图 2-37　防渗帷幕和排水孔幕布置

主排水孔幕在帷幕灌浆后施工。排水孔穿过坝体部分要预埋钢管，穿过坝基部分待帷幕灌浆后才能钻孔。渗水通过排水沟汇入集水井，自流或抽排向下游。

辅助排水孔幕高坝一般可设 2 ~ 3 排，中坝可设 1 ~ 2 排，布置在纵向排水廊道内，孔距为 3 ~ 5 m，孔深为 6 ~ 12 m。有时还在横向排水廊道或宽缝内设排水孔，纵横交错、相互连通就构成了坝基排水系统，如图 2-38 所示。如下游水位较深，历时较长，要在靠近坝趾处增设一道防渗帷幕，坝基排水系统要靠抽排。

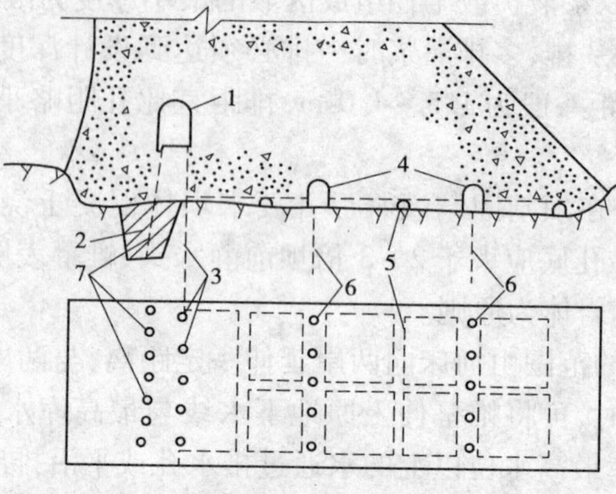

1—灌浆排水廊道；2—灌浆帷幕；3—主排水孔幕；4—纵向排水廊道；
5—半圆混凝土管；6—辅助排水孔幕；7—灌浆孔

图 2-38　坝基排水系统

实践证明，我国新安江、丹江口、刘家峡等重力坝采用坝基排水系统，减压效果明显，较常规扬压力减小 30%。浙江、湖南等地设计中采用了抽水减压，收到了良好的效果。

小　结

重力坝是学习其他水工建筑物的基础。荷载组合分基本组合三种情况和特殊组合两种情况，实际工程设计中均需全部计算。

抗滑稳定和应力分析是本章的重要内容之一。工程实践表明，坝基面、深层有软弱夹层面、碾压混凝土重力坝的层面均有可能发生滑动，都需要验算。

材料力学法进行应力计算，假定各水平截面上垂直正应力呈直线分布，采用偏心公式计算，进一步计算出剪应力、水平正应力和主应力。

溢流坝剖面在设计时应保证运行和泄水的安全。泄水方式与孔口布置、水库运用和坝体结构有关，重力坝消能方式就根据使用条件选择，高坝最常用的方式是挑流消能、底流消能。

本章对混凝土重力坝的材料提出了具体要求。论述了坝体防渗和排水设施的布置要求，介绍了坝体分缝的原则、要求，以及止水设置要求。坝内廊道系统由不同的廊道组成，从灌浆、交通、观测等方面选择纵横廊道的数量及构造尺寸。重力坝对地基有严格的要求，首先应进行开挖与清理，对不满足要求的地基要加固处理。为了减小扬压力，就布置防渗帷幕和排水幕，并提出了具体要求。

复习思考题

一、填空题

1. 非溢流坝的坝顶或防浪墙顶必须高出库水位，其高出库水位的高度为 $\Delta h = h_l + h_z + h_c$，其中 h_l 表示________，h_z 表示________，h_c 表示________。

2. 重力坝按坝高可分为________、________、________三类。按泄水条件可分为________、________。按坝体结构形式可分为________、________、________和________。

3. 挑流消能一般适于________。挑射角度一般为 20°～25°。若挑射角度加大，________增大，且________加深。

4. 溢流坝既是________，又是________。因此，坝体剖面设计时除满足稳定和强度要求外，还要满足________的要求，同时要考虑下游的消能问题。

5. 重力坝的泄水孔按其作用分为________、________、________、________、灌溉孔和放水孔。按水流的流态可分为________、________。

二、名词解释

1. 扬压力
2. 固结灌浆
3. 帷幕灌浆
4. 地震基本烈度

三、简答题

1. 重力坝的工作原理和重力坝的工作特点是什么？
2. 重力坝的主要荷载有哪些？如何计算？
3. 简述重力坝的设计过程。
4. 指出抗剪强度公式和抗剪断公式的优缺点。提高坝体抗滑稳定的措施有哪些？
5. 溢流坝的剖面设计原则和步骤各是什么？
6. 溢流重力坝的鼻坎挑流消能设计主要包括哪些内容？
7. 坝体材料为什么要分区？如何分区？
8. 坝内廊道有哪些？各有何作用？各自的设置部位和尺寸如何？
9. 为什么重力坝要分缝？缝有哪几种类型？施工中如何处理？
10. 重力坝地基的处理措施有哪些？坝基排水的目的是什么？如何布置？

四、计算题

已知某重力坝剖面如图 2-39 所示，上游正常高水位为 50 m，相应下游水位为 15 m，坝顶高程为 60 m，上游坝坡为 1∶0.2，下游坝坡为 1∶0.7，坝顶宽度为 5 m，在距上游坝面 7 m 处设有排水孔幕。混凝土的重度采用 $\gamma_c = 24\ \mathrm{kN/m^3}$，水的重度采用 $\gamma_w = 10\ \mathrm{kN/m^3}$，渗透压力强度折减系数 $\alpha = 0.3$。（浪压力忽略不计）

(1) 计算荷载大小。

(2) 画出荷载分布图，标出荷载作用的位置。

(3) 已知接触面的抗剪断参数 $f' = 0.9$、$C' = 700$ kPa，抗滑稳定安全系数允许值

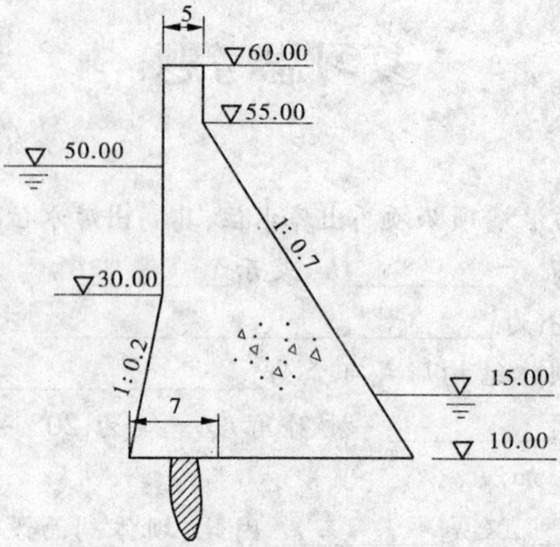

图 2-39　重力坝剖面　（单位:m）

$[K_s]=3.0$,试用抗剪强度公式求 K_s,并判别是否满足抗滑稳定要求。

第三章 拱 坝

【学习重点】 熟悉拱坝的工作原理及其特点；了解拱坝对地形地质条件的要求、拱坝的类型、拱坝的布置、拱坝的泄洪及其地基处理；掌握拱坝的荷载计算、温度荷载的概念，选学拱坝应力计算的纯拱法和拱冠梁、拱坝可能滑动面分析和坝肩稳定分析。

第一节 概 述

拱坝是在平面上呈凸向上游的拱形挡水建筑物，借助拱的作用将水压力的全部或部分传给河谷两岸的基岩。坝体的稳定主要是利用拱端基岩的反作用来支承。拱圈截面上主要承受轴向反力，可充分利用筑坝材料的强度。因此，拱坝是一种经济性和安全性都很好的坝型。

一、拱坝的特点

拱坝是固接于基岩的空间壳体结构，在平面上呈凸向上游的拱形，其拱冠梁剖面呈竖直或向上游凸出的曲线形。坝体结构可近似看做是由一系列水平拱圈和一系列竖向悬臂梁所组成，其承受的荷载一部分通过拱的作用传至两岸基岩，另一部分通过竖直梁的作用传至坝底基岩，如图 3-1 所示。

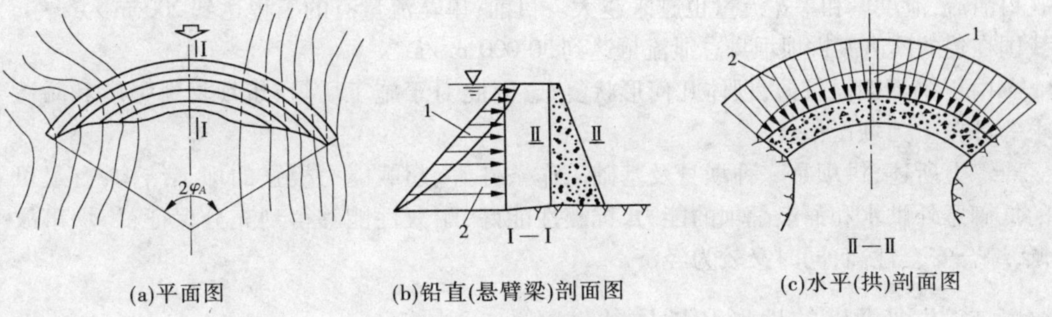

1—拱荷载；2—梁荷载

图 3-1 拱坝平面及剖面图

与其他坝型相比，拱坝具有以下特点。

(一) 稳定特点

拱坝在外荷载作用下的稳定性主要依靠两岸拱端的反作用力，不像重力坝那样依靠自重来维持稳定，这样可以将拱坝设计得较薄。但拱坝对坝址地形地质条件要求高，对地基处理的要求也较为严格。在拱坝的设计与施工中，除考虑坝体强度外，还应十分重视坝肩岩体的抗滑稳定和变形。

（二）结构特点

拱坝属于高次超静定结构，超载能力强，安全度高，当外荷增大或坝的某一部位发生局部开裂时，坝体拱和梁的作用因受变位的相互制约而自行调整，坝体应力出现重分配，原来应力较低的部位将承受增大的应力。从模型试验来看，拱坝的超载能力可以达到设计荷载的 5 ~ 11 倍。例如，意大利的瓦依昂拱坝，坝高 262 m，库容 1.5 亿 m^3，1961 年建成，1963 年 10 月 9 日坝头的左岸水库岸坡发生 2.7 亿 m^3 的高速岩石滑坡，涌浪爬高左岸约 100 m、右岸约 260 m，涌浪过后检查大坝的情况，除左岸坝顶局部破坏外，大坝一切完好。

拱坝坝体轻韧，弹性较好，工程实践证明，拱坝具有良好的抗震性能。例如，美国的巴柯依玛拱坝，1971 年遭受强烈的地震，震害严重，但"大震未倒"。目前，世界上高地震地区的拱坝日益增多。据不完全统计，坝高大于 200 m、地震烈度在 8 ~ 10 度的有 3 座；坝高超过 150 m、地震烈度在 8 ~ 11 度的有 9 座；坝高大于 100 m、地震烈度在 8 ~ 11 度的有 14 座；坝高大于 100 m、地震烈度在 7 度及 7 度以上者有 40 余座。

拱结构是一种推力结构，在外荷载作用下，有利于充分发挥筑坝材料（混凝土或浆砌块石）的抗压强度。若设计得当，拱圈应力分布较为均匀，弯矩较小，拱的作用发挥得更为充分，材料抗压强度高的特点就愈能充分发挥，从而坝体厚度就薄。一般情况下，拱坝的体积比同一高度的重力坝体积可节省 1/3 ~ 2/3。因此，拱坝是一种比较经济的坝型。

（三）荷载特点

拱坝不设永久伸缩缝，其周边通常固结于基岩上，温度变化和基岩变形对坝体应力的影响比较显著，设计时，必须考虑基岩变形，并将温度荷载作用作为一项主要荷载。

除以上三大特点外，拱坝不仅可以在坝顶安全溢流，而且可以在坝身设置单层或多层大孔口泄流，泄洪量和单宽流量也越来越大。目前，单宽流量有的工程达到 200 $m^3/(s \cdot m)$，我国在建的溪洛渡拱坝坝身总泄流量达到 30 000 m^3/s。

由于拱坝剖面较薄，坝体几何形状复杂，因此对于施工质量、筑坝材料强度和防渗要求等都较重力坝严格。

综上所述，拱坝是一种坝身及基础工作条件好、超载能力极强的坝工结构，有最可靠的抵御意外洪水和涌浪翻坝的能力，抗震性能好，耐久性能够得到充分保证，垮坝事故率低，综合安全性高，同时又较为经济。

二、拱坝坝址的地形和地质条件

（一）对地形的要求

地形条件是决定拱坝结构形式、工程布置及经济性的主要因素。理想的地形应是坝址上游较为宽阔，左右两岸对称，岸坡平顺无突变，在平面上向下游收缩的峡谷段。坝端下游侧要有足够的岩体支承，以保证坝体的稳定，如图 3-2 所示。

河谷的形状特征常用坝顶高程处的河谷宽度 L 与最大坝高 H 的比值，即宽高比 L/H 来表示。拱坝的厚薄程度，常以坝底最大厚度 T 和最大坝高 H 的比值，即厚高比 T/H 来区分。一般情况下，在 $L/H<1.5$ 的深切河谷可以修建薄拱坝，$T/H<0.2$；在 $L/H=1.5\sim3.0$ 的稍宽河谷可以修建中厚拱坝，$T/H=0.2\sim0.35$；在 $L/H>3.0\sim4.5$ 的宽河谷多修

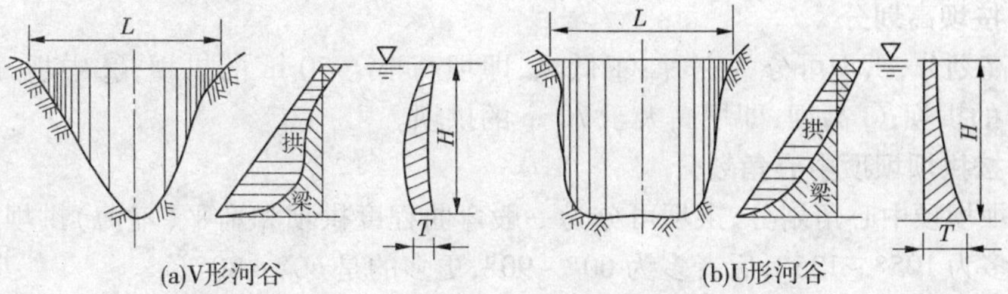

图 3-2　河谷形状对荷载分配和坝体剖面的影响

建重力拱坝，$T/H>0.35$；而在 $L/H>4.5$ 的宽浅河谷，由于拱的作用已经很小，梁的作用将成为主要的传力方式，一般认为以修建重力坝或拱形重力坝较为适合。随着近代拱坝建设技术的发展，已有一些成功的实例突破了这些界限，如奥地利的希勒格尔斯双曲拱坝，高 130 m，$L/H=5.5$，$T/H=0.25$；美国的奥本三圆心拱坝，高 210 m，$L/H=6.0$，$T/H=0.29$。

不同河谷即使具有同一宽高比，其断面形状也可能相差很大。如图 3-2 所示代表两种不同类型的河谷形状，在水压荷载作用下拱梁系统的荷载分配及对坝体剖面的影响。左右对称的 V 形河谷最适于发挥拱的作用，靠近底部水压强度最大，但拱跨短，因之底拱厚度仍可较薄；U 形河谷靠近底部拱的作用显著降低，大部分荷载由梁的作用来承担，故厚度较大；梯形河谷的情况则介于这两者之间。

根据工程经验，拱坝最好修建在对称河谷中，但在不对称河谷中也可修建，缺点是坝体受力条件较差，设计、施工复杂。

(二)对地质的要求

地质条件也是拱坝建设中的一个重要问题。河谷两岸的基岩必须能承受由拱端传来的推力，要在任何情况下都能保持稳定，不致危害坝体的安全。理想的地质条件是，基岩比较均匀、坚固完整，有足够的强度，透水性小，能抵抗水的侵蚀，耐风化，岸坡稳定、没有大断裂等。

任何一个坝址，由于地质等自然因素，基岩总会存在这样那样的不连续面，如断层带、剪切带、节理裂隙密集带、软弱岩石夹层、软弱风化破碎体(带)，甚至卸荷裂隙等，要完全避开这些不连续面往往不可能。我们一方面要力求把拱坝和枢纽中的重要建筑物(如地下厂房)等，选择在不连续面规模尽量小、数量尽量少的坝址；另一方面要在查明工程地质条件的基础上，采取妥善的措施处理好各种地质缺陷。

随着经验积累和地基处理技术水平的不断提高，在地质条件较差的地基上也建成了不少高拱坝，如我国的龙羊峡拱坝，高 178 m，基岩被众多的断层和裂隙所切割，岩体破碎，且位于 9 度强震区。但当地质条件复杂到难以处理，或处理工作量太大、费用过高时，则应另选其他坝型。

三、拱坝的分类

按照不同分类原则，拱坝可分为许多种类。

(一)按坝高划分

按坝高划分,拱坝可分为三种:①低坝,即坝高小于 30 m 的拱坝;②中坝,即坝高为 30 ~70 m 的拱坝;③高坝,即坝高大于 70 m 的拱坝。

(二)按拱坝坝顶中心角划分

按拱坝坝顶中心角划分,拱坝可分为一般弯曲程度拱坝和扁平(扁薄)拱坝。前者坝顶中心角多为 105°~125°,后者多为 60°~90°,更多的是 60°~80°。

(三)按水平拱圈形式划分

按水平拱圈形式划分,拱坝可分为:①单圆心拱;②多心拱(二心、三心、四心等);③抛物线拱;④椭圆拱;⑤对数螺旋线拱。水平拱圈的形式如图 3-3 所示。

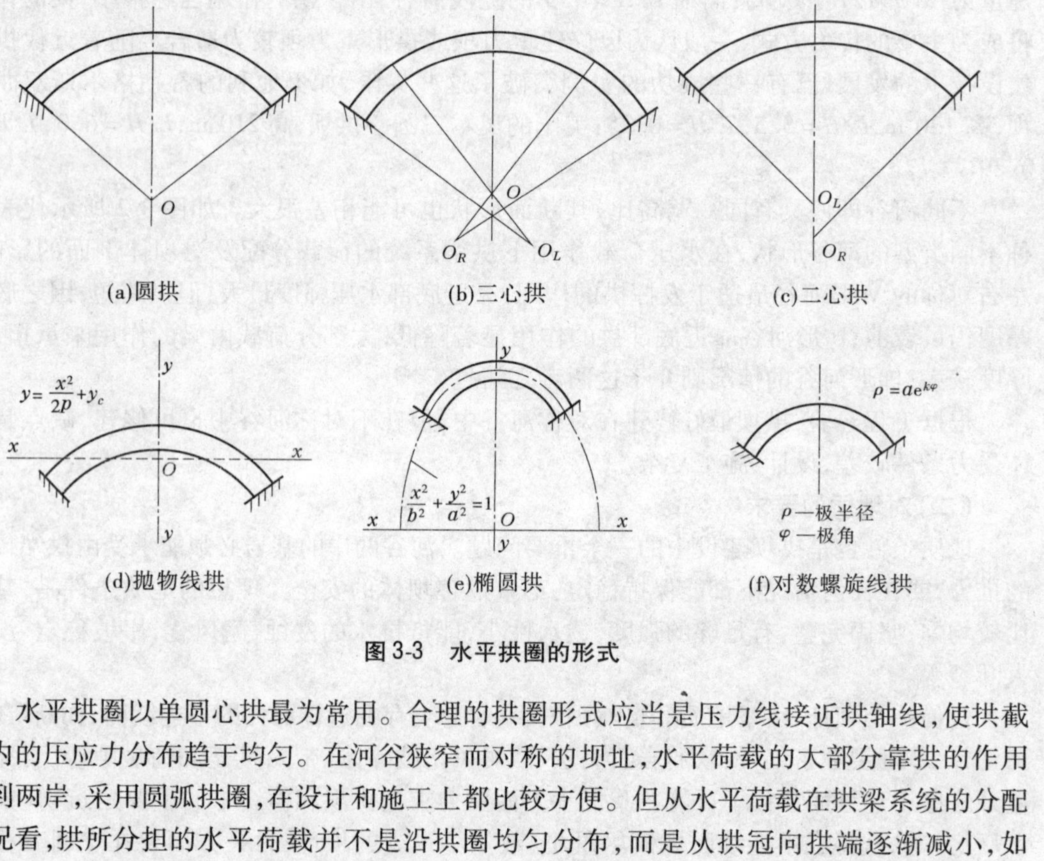

图 3-3　水平拱圈的形式

水平拱圈以单圆心拱最为常用。合理的拱圈形式应当是压力线接近拱轴线,使拱截面内的压应力分布趋于均匀。在河谷狭窄而对称的坝址,水平荷载的大部分靠拱的作用传到两岸,采用圆弧拱圈,在设计和施工上都比较方便。但从水平荷载在拱梁系统的分配情况看,拱所分担的水平荷载并不是沿拱圈均匀分布,而是从拱冠向拱端逐渐减小,如图 3-1所示。因此,为改善拱圈的受力条件,并考虑到坝肩岩体的抗滑稳定,最合理的拱圈形式应当是变曲率、变厚度、扁平的。基于这个原因,拱坝建设实践中,对建在较宽河谷中的拱坝,或者峡谷中较高的拱坝,拱圈形式已由早期的单圆心拱向多圆心拱、抛物线拱、椭圆拱和对数螺旋线拱等多种形式发展。

(四)按拱厚划分

拱坝最大坝高处的坝底厚度 T 与坝高 H 之比,称为拱坝的厚高比 T/H。按厚高比可将拱坝划分为:①薄拱坝,$T/H<0.2$;②中厚拱坝,$T/H=0.2\sim0.35$;③厚拱坝(或重力拱坝),$T/H>0.35$。

(五)按中心角和半径沿高度变化划分

按中心角和半径沿高度变化划分,拱坝可分为定圆心定半径拱坝、等中心角拱坝和变中心角变半径拱坝三种。定圆心定半径拱坝是拱坝坝轴面的圆心和半径均固定或基本固定,如我国的龙羊峡拱坝、白山拱坝等,如图 3-3(a)所示。等角拱坝是指大坝从坝顶到坝底,有相等或基本相等中心角(或矢跨比)的拱坝,如美国的萨尔曼河拱坝等,如图 3-4 所示。变中心角变半径拱坝是指各高程中心角和半径均有一定程度变化的拱坝,一般是随着高度从坝顶或某一高程向下,中心角(或矢跨比)变小,如我国的石门拱坝等,如图 3-5 所示。

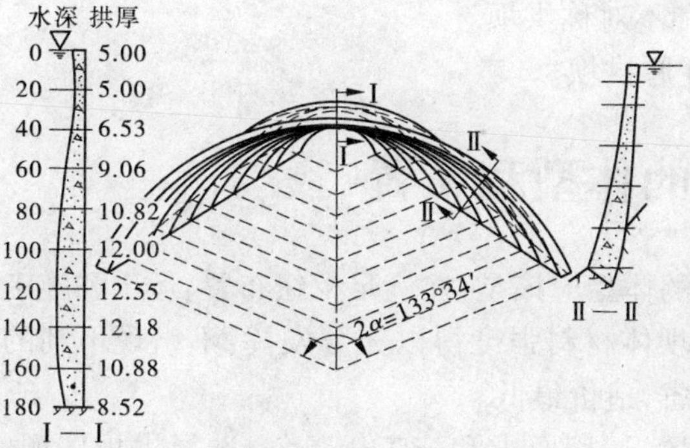

图 3-4 等中心角拱坝 (单位:m)

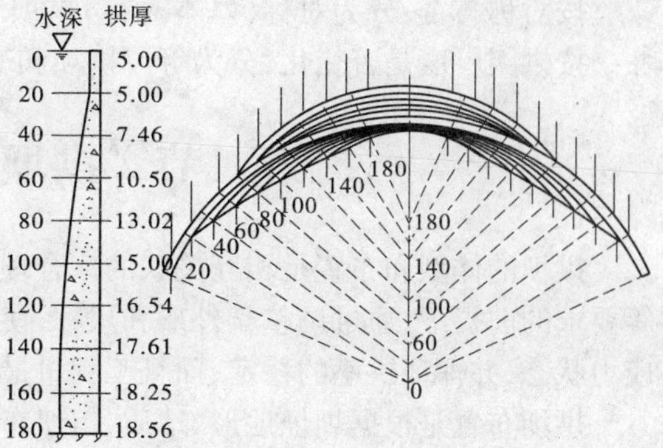

图 3-5 变中心角变半径拱坝 (单位:m)

(六)按拱坝垂直向曲率划分

在垂直向上无曲率或基本没有曲率的称单曲拱坝,在垂直向上有曲率的称双曲拱坝,如图 3-6 所示。

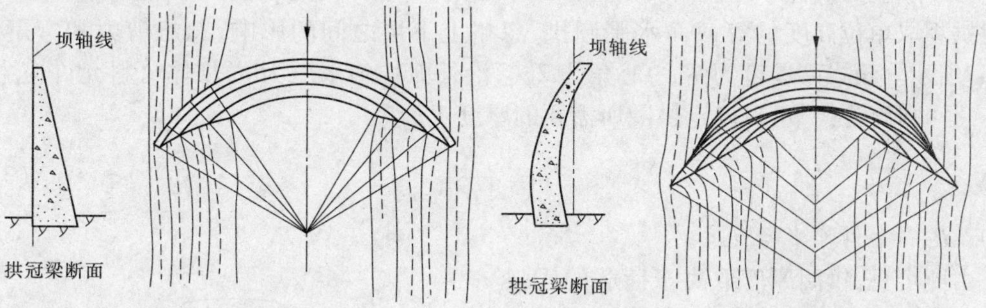

(a)单曲拱坝

(b)双曲拱坝

图 3-6 单、双曲拱坝示意图

(七)按坝身结构形式划分

按坝身结构形式划分,拱坝可分为:①一般拱坝(单曲、双曲拱坝);②混合型拱坝(隔河岩拱坝、乌江渡拱坝);③上拱下部支墩式拱坝(蒙弗特拱坝);④空腹拱坝(风滩混凝土空腹重力拱坝);⑤多层拱坝(法国玛雷琪、我国火甲拱坝);⑥拱上拱坝(窄巷口混凝土拱坝、红色娘子军砌石拱坝);⑦周边缝拱坝(天生桥砌石拱坝);⑧平底缝拱坝(门坎哨混凝土薄拱坝);⑨铰拱坝(摩林瑞保双铰拱坝);⑩预应力拱坝。

(八)其他分类方法

按建筑材料分为砌石拱坝、混凝土拱坝和钢筋混凝土拱坝。

按照施工方法分,有常态混凝土拱坝、碾压混凝土拱坝、装配式混凝土拱坝和分期施工拱坝。

按泄洪结构与拱坝坝身有无结构关系,可分为坝身泄洪拱坝、坝外泄洪拱坝。

按河谷相对宽度的宽窄,分为宽谷拱坝和窄谷拱坝(坝顶高程处河谷宽与坝高比值≤1,即大体弧高比1.2以下的拱坝)。

按对称与否,分为对称(基本对称)拱坝和不对称拱坝。

按拱圈厚度是否变化,分为等厚拱坝和变厚拱坝。

第二节　拱坝的体型和布置

拱坝的体型和布置是相互关联的。合理的体型应该是:在满足枢纽布置、运用和施工等要求的前提下,通过调整其外形和尺寸,使坝体材料强度得以充分发挥,不出现不利的应力状态,并保证拱座的稳定,而且工程量最省,造价最低。

拱坝布置是根据坝址地形、地质、枢纽布置、运用要求和施工等条件,选择拱坝体型,拟定坝体尺寸,进行拱坝布置,然后经应力分析和坝肩稳定分析计算,并通过反复修改以求得一个经济、安全的体型方案。

一、拱圈中心角选取

(一)按坝身应力和经济方面的要求选择中心角

为了从应力条件和经济角度研究拱圈中心角,引进圆筒这种最简单的古典力学模型,即对拱坝取单位高度的等截面水平圆拱,忽略上下层之间的影响,忽略剪力和弯矩,如图3-7所示。设拱圈厚度为T,中心角为$2\varphi_A$,沿外弧均匀水压为p,坝体材料允许应力为$[\sigma]$,据“圆筒公式”可以确定拱圈所需要的厚度T为

$$T = \frac{pR_u}{[\sigma]} \tag{3-1}$$

式中　R_u——外弧半径,m。

由此可见,拱圈厚度取决于荷载的压强和拱圈的半径,荷载大,要求拱圈厚度大。同样的荷载和跨度,半径越大,要求拱圈厚度也越大,即半径小比较有利;另一方面,当跨度固定时,半径小,则拱的中心角增大,拱圈的弧长增加,又是不利的。为了求得最有利的半径或最有利的中心角,应使拱圈的体积最小。拱圈的体积为

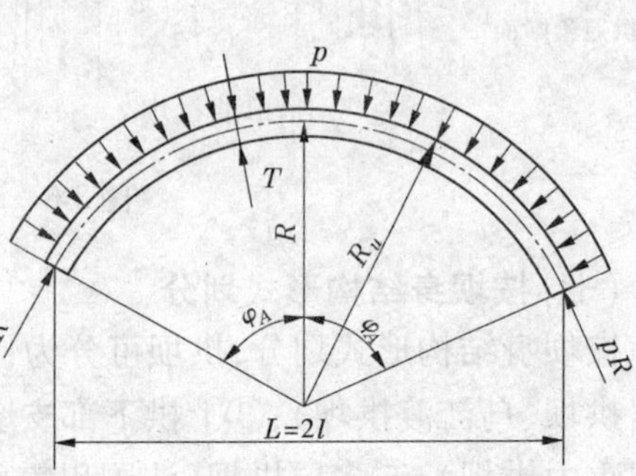

图3-7　圆弧拱圈

$$V = \frac{2\pi}{360} \times 2\varphi_A RT \tag{3-2}$$

式中 R——拱圈中心线半径，m。

对式(3-2)化简求导可得出，当 $2\varphi_A = 133°34'$时，拱圈的体积最小。

由于拱圈毕竟与圆筒有差别，拱圈受力并非均匀，加之拱圈亦仍处于“拱坝”中，要受到它的强大约束，仍从应力与经济出发，最优中心角并非133°34′，一般为105°~125°。

顶拱中心角如何在105°~125°取值，与很多因素有关。U形河谷，由于拱坝上、下部河宽没有实质性变化，结合其他要求，数值可以取小些。V形河谷，出于上、下部河谷宽度变化大，宜选用大值。梯形河谷介于二者之间。但如有可能，结合其他要求，亦宜选用大值。对于单曲拱坝，为使中下部拱圈有较好的中心角，顶拱中心角宜选大值；对于双曲拱坝，相对于单曲拱坝可取小值。

对于拱圈应力状况，根据中国水利水电科学研究院汪景琦的研究成果，中心角大些应力条件好，拱端较拱冠更易产生拉应力。当中心角大于115°时拱冠不再受拉，当中心角大于158°时拱冠、拱端均不再受拉。由此可见。一些专家主张在基岩条件较好的情况下用大一些的中心角，例如有的坝选150°或更大，是有一定道理的。

(二)按坝肩稳定与安全性要求选择中心角

从坝肩稳定出发，拱坝最优的中心角将不是133°34′，也不是105°~125°，而是60°~90°，更多的是60°~80°。

综上所述，中心角的大小直接影响到应力条件、工程造价和坝肩岩体的稳定。当中心角较大时，拱圈应力条件较好，坝体工程量也较小，但拱端处的推力会更接近于平行河岸，对坝头稳定不利。自玛尔巴塞坝崩垮后，20世纪60年代以来，在世界范围内，拱坝界的认识有一个飞跃，就是普遍承认拱坝基础的重要性是第一位的。因此，选择中心角时，应当是在满足坝肩稳定条件下，尽量加大中心角，保证坝体力学工作条件，使坝体体积最小。

我国《混凝土拱坝设计规范》(SL 319—2005)规定，坝体顶部拱圈最大中心角应根据稳定、应力、工程量等因素，采用75°~110°。而在坝的底部，由于拱作用实际不大，拱中心角可减小，一般为50°~80°。

二、拱坝体型选择

(一)从河谷剖面出发选择拱坝体型

1. U形河谷

由于U形河谷高、中、低部的河谷宽度差别不大，不论从对坝体的应力或从对坝肩的稳定来说，采用定心定径拱坝或单曲拱坝，都可获得良好的坝身和坝肩工作性态，没有必要再在垂直曲率上做文章。对窄一点的U形河谷，一般采用单圆心拱型；对宽一点的U形河谷，考虑到拱向刚度、拱坝推力角等因素的要求，可采用二心拱、抛物线拱等非圆拱型。

2. V形河谷

由于V形河谷高、中、低部跨度变化过大，需采用等角拱坝或变中心角变半径拱坝——双曲拱坝，以获得良好的工程布置。在这种河谷中，如采用单曲拱坝，其必然结果是要加大坝体中、下部厚度，使开挖量剧增，很不经济。

3. 梯形河谷

梯形河谷的特点是，它的底部具有一定甚至相当的宽度，不像U形河谷岸坡常在70°或80°以下，而且它的河谷总宽度一般都比前两种大。要获得全部高程或主要高程内的比较理想的拱圈，梯形河谷仍需采用双曲拱坝。

梯形河谷岸坡比较陡时，几乎接近于U形河谷；河谷底宽较小时，几乎接近于V形河谷。对这两种情况，应分别采用接近于单曲拱坝和接近于双曲拱坝的坝型。总之，拱坝体型应随河谷情况的不同而渐变。

（二）从垂直断面形状出发选择拱坝体型

从已建拱坝来看，拱坝垂直剖面形状（一般以拱冠剖面为代表）多种多样，但不外乎两类：一类是单曲拱坝，另一类是双曲拱坝。

1. 单曲拱坝

单曲拱坝在U形河谷中造价经济。这种拱坝一般都有一个直方的筒形参考面，而且常常是上游面，体型很简单，便于设计、施工，泄水、引水布置方便，在一定程度上具有重力坝泄放大流量、比较方便可靠的优点。因此，虽然双曲拱坝近几十年来已得到较大发展，但单曲拱坝仍具有其不能被替代的适用场所。

2. 双曲拱坝

双曲拱坝在拱冠剖面上有多种。与单曲拱坝相比，双曲拱坝的优点包括：梁系呈弯曲的形状，兼有垂直拱的作用，垂直拱在水平拱的支承下，将更多的水荷载传至坝肩；垂直拱在水荷载作用下上游面受压，下游面受拉，而在自重作用下则与此相反，因而应力状态可得到改善，材料强度得到更充分的发挥，坝身泄水更易解决，抗震性和经济性更好。

双曲拱坝较单曲拱坝具有较大的优越性，但单曲拱坝也有它适合的场所。

三、坝体尺寸的初步拟定

坝体尺寸主要是指：拱圈的平面形式及各层拱圈轴线的半径和中心角；拱冠梁（中央铅直剖面）上、下游面形式及其沿高程的厚度。当坝高已定，首先要拟定的就是顶拱轴线，然后是拱冠梁和拱圈的形式及尺寸。有关顶拱轴线的选定，见拱坝布置的内容。

（一）拱冠梁的形式和尺寸

在拱坝的轴线和顶拱确定以后，即可拟定拱冠梁的尺寸。

在U形河谷中，可采用上游面铅直的单曲拱坝，在V形和接近V形河谷中，多采用具有竖向曲率的双曲拱坝。

拱冠梁的厚度可根据我国《水工设计手册》建议的公式初步拟定：

$$T_C = 2\varphi_C R_{轴}(3R_f/2E)^{\frac{1}{2}}/\pi \tag{3-3}$$

$$T_B = 0.7\,\overline{L}H/[\sigma] \tag{3-4}$$

$$T_{0.45H} = 0.385HL_{0.45H}/[\sigma] \tag{3-5}$$

式中　T_C、T_B、$T_{0.45H}$——拱冠顶厚、底厚和0.45H高度处的厚度，m；

φ_C——顶拱的中心角，rad；

$R_{轴}$——顶拱中心线的半径，m；

R_f——混凝土的极限抗压强度，kPa；

E——混凝土的弹性模量，kPa；

$\bar{L}$——两岸可利用基岩面间河谷宽度沿坝高的均值，m；

H——拱冠梁的高度，m；

$[\sigma]$——坝体混凝土的容许压应力，kPa；

$L_{0.45H}$——拱冠梁 0.45H 高度处两岸可利用基岩面间的河谷宽度，m。

美国垦务局建议的公式为

$$T_C = 0.01(H + 1.2L_1) \tag{3-6}$$

$$T_B = \sqrt[3]{0.0012HL_1L_2\left(\frac{H}{122}\right)^{H/122}} \tag{3-7}$$

式中 L_1——坝顶高程处拱端可利用基岩面间的河谷宽度，m；

L_2——坝底以上 0.15H 处拱端可利用基岩面间的河谷宽度，m。

前一组公式是根据混凝土强度确定的，后一组则是根据拱坝设计资料总结出来的，可以互为参考。在选择拱冠梁的顶部厚度 T_C 时，还应考虑工程规模和运用要求，如无交通规定，一般为 3 ~ 5 m，不宜小于 3 m。坝顶厚度体现了顶部拱圈的刚度。顶拱刚度不仅对坝体上部应力有影响，而且对拱冠梁附近的梁底应力也有较大的影响。当河谷上部较宽时，适当加大坝顶厚度将有利于降低梁底上游面的拉应力。

对于双曲拱坝，美国恳务局推荐的拱冠梁剖面的尺寸和形式见表 3-1 和图 3-8，其中用前面公式计算，当三个控制厚度确定后，即可以用光滑曲线绘出拱冠梁剖面，用做初选时参考。

表 3-1　拱冠梁剖面参考尺寸

高程	坝顶	0.45H	坝底
上游偏距	0	0.95T_B	0.67T_C
下游偏距	T_C	0	0.33T_C

对于单曲拱坝，拱冠梁上游面是铅直线，下游面是倾斜直线或几段折线。

（二）水平拱圈的形式选择

水平拱圈以圆弧拱最为常用。由式(3-1)可知，加大中心角，可减小拱圈厚度，改善坝体应力。但从稳定条件考虑，过大的中心角将使拱轴线与河岸基岩等高线间的交角过小，以致拱端推力过于趋向岸边，不利于拱座的稳定。现代拱坝，顶拱中心角多为 90° ~ 110°；对向下游缩窄的河谷，可采用 110° ~ 120°；当坝址下游基岩内有软弱带或坝肩支承在比较单薄的山嘴时，则应适当减小拱的中心角，使拱端推力转向岩体内侧，以加强坝肩稳定，如日本的矢作拱坝最大中心角为 76°，菊花拱坝为 74°。

由于拱坝的最大应力常在坝高 1/3 ~ 1/2 处，所以大部分拱坝工程在坝的 0.4H ~ 0.7H 范围内采用较大的中心角，由此向上向下中心角都减小，如：我国的泉水拱坝，最大中心角为 101°24′，约在 2/5 坝高处；伊朗的卡雷迪拱坝，最大中心角为 117°，位于坝的中下部。

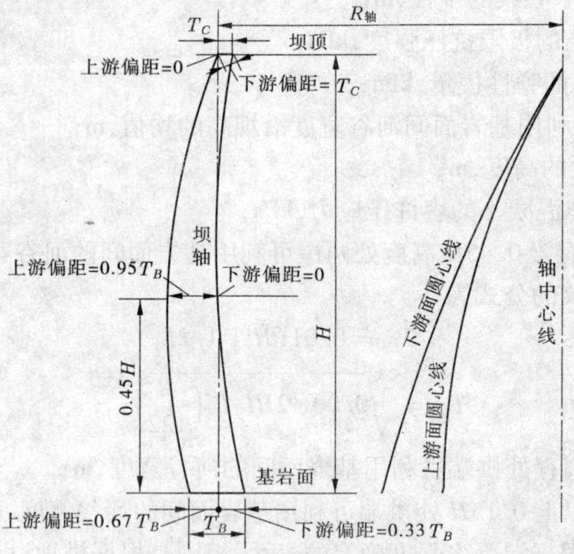

图 3-8　拱冠梁尺寸示意图

合理的拱圈形式应当是压力线接近拱轴线，使拱截面内的压应力分布趋于均匀。在河谷狭窄而对称的坝址，水压荷载的大部分靠拱的作用传到两岸，采用圆弧拱圈，在设计和施工上都比较方便。但从水压荷载在拱梁系统的分配情况看，拱所分担的水荷载并不是沿拱圈均匀分布，而是从拱冠向拱端逐渐减小，如图 3-1 所示。近年来，对建在较宽河谷中的拱坝，为使拱圈中间部分接近于均匀受压，并改善拱座的抗滑稳定条件，拱圈形式已由早期的单心圆拱向三心圆拱、椭圆拱、抛物线拱和对数螺旋线拱等多种形式（见图 3-3）发展。因此，最合理的拱圈形式应当是变曲率、变厚度、扁平的。

三心圆拱由三段圆弧组成，通常是两侧弧段的半径比中间的大（见图 3-9），从而可以减小中间弧段的弯矩，使压应力分布趋于均匀，改善拱端与两岸的连接条件，更有利于坝肩的岩体稳定。我国的白山拱坝、紧水滩拱坝和李家峡拱坝采用的都是三圆心拱坝。

椭圆拱、抛物线拱和对数螺旋线拱均为变曲率拱，拱圈中段的曲率较大，向两侧逐渐减小，使拱圈中的压力线接近中心线，拱端推力方向与岸坡线的夹角增大，有利于拱座的抗滑稳定。

当河谷地形不对称时，可采取人工措施使坝体尽可能接近对称，如：①在较陡的一岸向深处开挖；②在较缓的一岸建造重力墩或推力墩；③设置垫座及周边缝等。在有的情况下也可采用不对称的双心圆拱布置，如图 3-10 所示。

四、拱坝布置

拱坝布置的原则是，根据坝址地形、地质、水文等自然条件及枢纽综合利用要求统筹布置，在满足稳定和建筑物运用的要求下，通过调整拱坝的外形尺寸，使坝体材料的强度得到充分发挥，控制拉应力在允许范围之内，而坝的工程量最省。

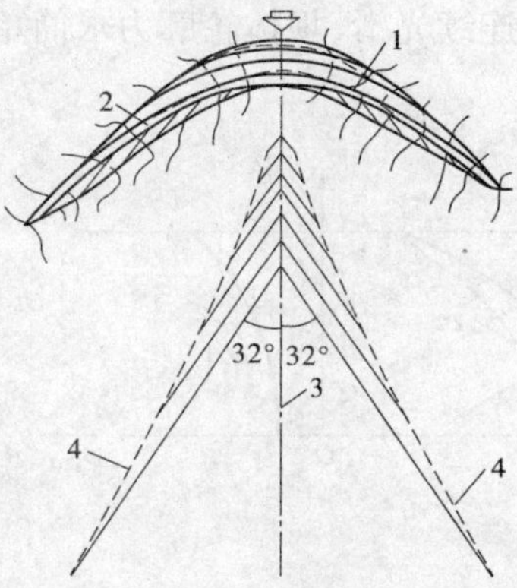

1—坝轴线;2—坝顶;3—内侧圆心线;4—外侧圆心线

图 3-9　三圆心双曲拱坝平面图

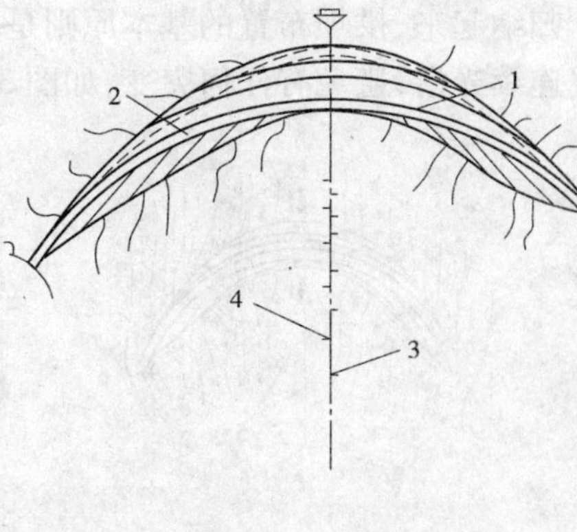

1—坝轴线;2—坝顶;3—左侧圆心;4—右侧圆心

图 3-10　双圆心拱坝平面图

(一)确定坝顶高程

坝顶高程按重力坝的计算方法确定。

(二)步骤

由于拱坝体型比较复杂,剖面形状又随地形、地质情况而变化,因此拱坝的布置并无一成不变的固定程序,而是一个从粗到细反复调整和修改的过程。根据经验,大致可以归纳为以下几个步骤:

(1)根据坝址地形图、地质图和地质查勘资料,定出开挖深度,画出可利用基岩面等高线地形图。

(2)在可利用基岩面等高线地形图上,试定顶拱轴线的位置。在实际工程中,常以顶拱外弧作为拱坝的轴线。顶拱轴线的半径可用 $R_{轴}=0.6\ L_1$,L_1 的含义见式(3-7)或参考其他类似工程初步拟定。将顶拱轴线绘在透明纸上,以便在地形图上移动、调整位置,尽量使拱轴线与基岩等高线在拱端处的夹角不小于30°,并使两端夹角大致相近。按选定的半径、中心角及顶拱厚度画出顶拱内外缘弧线。

(3)初拟拱冠梁剖面尺寸,布置其他高程拱圈。自坝顶往下,一般选取 5 ~ 10 层拱圈,绘制各层拱圈平面图,布置原则与顶拱相同。各层拱圈的圆心连线在平面上最好能对称于河谷可利用岩面的等高线,在竖直面上圆心连线应能形成光滑的曲线。

(4)切取若干铅直剖面,检查其轮廓线是否光滑连续,有无倒悬现象,确定倒悬度是否太大。为了便于检查,可将各层拱圈的半径、圆心位置及中心角分别按高程点绘,连成上、下游面圆心线和中心角线。必要时,可修改不连续或变化急剧的部位,以求沿高程各点连线达到平顺光滑为止。

(5)进行应力计算和拱座抗滑稳定校核。如不符合要求,应修改坝体布置和尺寸,重复以上的工作程序,直至满足要求。

(6)将坝体沿拱轴线展开,绘成坝的立视图,显示基岩面的起伏变化,对突变处应采取削平或填塞措施。

(7)计算坝体工程量,作为不同方案比较的依据。

归纳起来，拱坝布置的基本原则是：坝体轮廓线连续光滑，坝体轮廓力求简单；基岩轮廓线连续光滑，避免有任何突变，如图 3-11 所示。

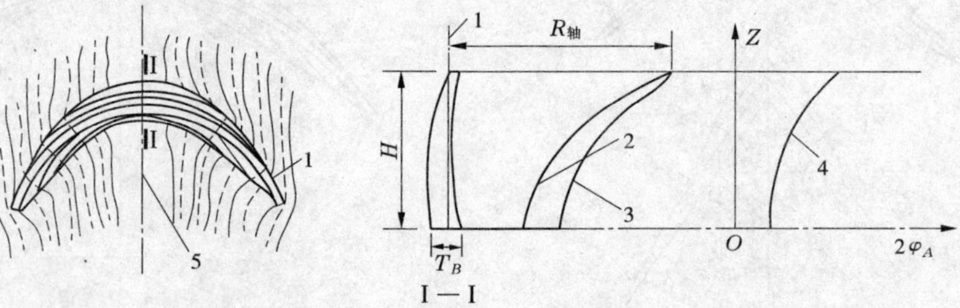

1—坝轴线；2—下游面圆心线；3—上游面圆心线；4—拱圈中心角线；5—基准面

图 3-11　双曲拱坝布置示意图

五、拱坝体型设计要求

（一）拱圈与地形的匹配要求

1. “30°要求”

所谓“30°要求”，就是拱圈内弧面与该高程可利用岩体等高线间的夹角宜大于或等于 30°，这无疑是从拱坝推力在基础岩体中的安全扩散传递，求得稳定和较好的坝肩工作条件而提出的。如果由于地形的限制，上述“30°要求”难以满足，也可以考虑在必要时进行人工填混凝土，修补地形缺陷，在“整容”后的地形情况下布置拱坝。

2. 拱端布置要求

拱坝两端与基岩的连接也是拱坝布置的一个重要方面。拱端应嵌入开挖后的坚实基岩内。拱端与基岩的接触面原则上应做成全半径向的，以使拱端推力接近垂直于拱座面。但在坝体下部，当按全半径向开挖将使上游面可利用岩体开挖过多时，允许自坝顶往下由全半径向拱座渐变为 1/2 半径向拱座，如图 3-12(a)所示。此时，靠上游边的 1/2 拱座面与基准面的交角应大于 10°。如果用全半径向拱座将使下游面基岩开挖太多，也可改用中心角大于半径向中心角的非径向拱座，如图 3-12(b)所示，此时拱座面与基准面的夹角应不大于 80°。

（二）枢纽协调要求

拱坝枢纽布置中除进行拱坝布置外，还有诸如发电引水道的进水口、钢管、坝身泄水孔、坝后厂房等其他建筑物和设备的布置需要考虑，这是枢纽布置的总要求。

如果拱坝上游面是垂直柱面的单曲拱坝，发电和泄水的进水口及设备配套布置比较好办，如果是在双曲拱坝上，特别是在要设置泄水或输水量大的进水口的双曲拱坝上，处理好上述布置，体型设计会受到约束。

对于枢纽布置要求设置大型坝后厂房的情况，如果钢管要安放在坝内，则体型设计中要注意坝体厚度与它的匹配问题，同时要考虑到钢管可能要留槽安装的要求；如果是坝前“抱管”，则上游倒悬度过大，结构布置困难；“背管”对下游倒悬度过大的适应性也是很差的。

凡是这些枢纽对拱坝的要求，均必须在拱坝体型设计中给予充分的考虑和满足。

（三）坝面倒悬的处理

由于上、下层拱圈半径及中心角的变化，坝体上游面不能保持直立。如上层坝面突出于下层坝面，就形成了坝面的倒悬，这种上、下层的错动距离与其高差之比称为倒悬度。在双曲拱坝中，很容易出现坝面倒悬现象。这种倒悬不仅增加了施工上的困难，而且未封拱前，由于自重作用很可能在与其倒悬相对的另一侧坝面产生拉应力甚至开裂。对于倒悬的处理，如图 3-13 所示，大致可归纳为以下几种方式：

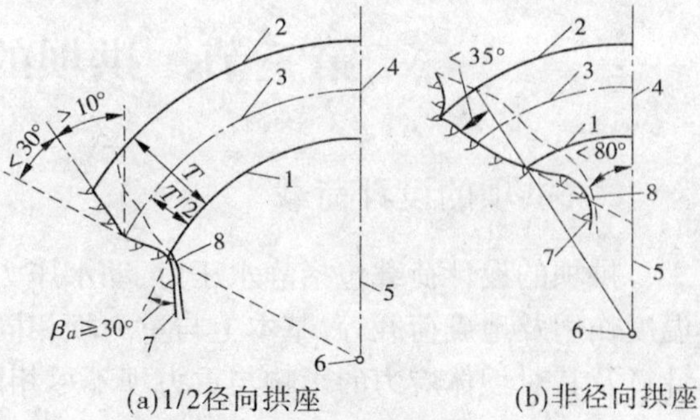

(a)1/2径向拱座　　(b)非径向拱座

1—内弧面；2—外弧面；3—坝轴线；4—拱冠；

5—基准面；6—坝轴线圆心；

7—可利用岩面线；8—原地面线

图 3-12　拱座形状准则

（1）使靠近岸边的坝体上游面维持直立，这样河床中部坝体将俯向下游。

（2）使河床中间的坝体上游面维持直立，而岸边坝体向上游倒悬。

（3）协调前两种方案，使河床段坝体稍俯向下游，岸坡段坝体稍向上游倒悬。

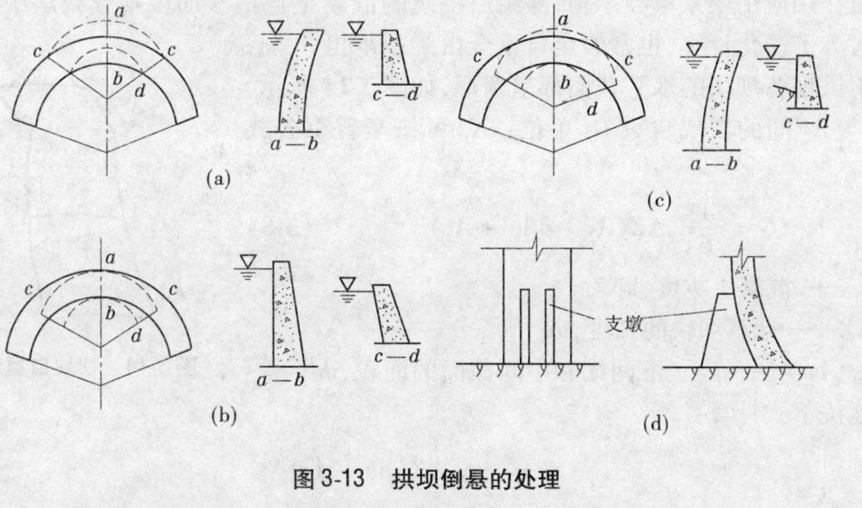

图 3-13　拱坝倒悬的处理

设计时宜采用第三种折中处理方式，以减小坝面的倒悬度。按《混凝土拱坝设计规范》（SL 319—2005）：混凝土拱坝在满足施工期自重应力控制标准及坝表孔布置的要求下，可选取较大的下游面倒悬度；悬臂梁的上游面倒悬度不宜大于 0.3∶1。对向上游倒悬的岸边段坝体，在其下游面可能产生过大的拉应力，必要时需在上游坝脚加设支墩，或在开挖基岩时留下部分基坑岩壁作为支撑，如图 3-13（d）所示。对俯向下游的河床段坝体，在俯向下游部分需加速冷却，重复灌浆，使伸缩缝随浇随灌。现代的双曲拱坝，一般都在坝体下部 1/3 左右坝高范围内向上游倒悬，再向上就逐渐俯向下游。这样，不仅改善了坝体应力情况，而且有助于解决岸边坝段的倒悬问题。

第三节　拱坝的荷载及其组合

一、拱坝的设计荷载

拱坝的设计荷载包括静水压力、动水压力、自重、扬压力、泥沙压力、冰压力、浪压力、温度作用及地震荷载等，基本上与重力坝相同。但由于拱坝本身的结构特点，有些荷载的计算及其对坝体应力的影响与重力坝不尽相同。本节只介绍这些荷载的不同特点。

（一）一般荷载

（1）水平径向荷载。水平径向荷载包括静水压力、泥沙压力、浪压力及冰压力，计算方法同重力坝。其中，静水压力是坝体上的最主要荷载，应由拱和梁共同承担，可通过拱梁分载法来确定拱系和梁系上的荷载分配。

（2）自重。混凝土拱坝在施工时常采用分段浇筑，最后进行灌浆封拱，形成整体。这样，由自重产生的变位在施工过程中已经完成，全部自重应由悬臂梁承担，悬臂梁的最终应力是由拱梁分载法算出的应力加上由于自重而产生的应力。在实际工程中，如遇：①需要提前蓄水，要求坝体浇筑到某一高程后提前封拱；②对具有显著竖向曲率的双曲拱坝，为保持坝块稳定，需要在其冷却后先行灌浆封拱；③为了度汛，要求分期灌浆等情况，灌浆前的自重作用应由梁系单独承担，灌浆后浇筑的混凝土自重参加拱梁分载法中的变位调整。有时为了简化计算，也常假定自重全由梁系承担。

由于拱坝各坝块的水平截面都呈扇形，如图 3-14 所示，截面 A_1 与 A_2 间的坝块自重 G（单位：kN）可按辛普森公式计算：

$$G = \frac{1}{6}\gamma_c \Delta Z(A_1 + 4A_m + A_2) \tag{3-8}$$

式中　γ_c——混凝土重度，kN/m^3；

ΔZ——计算坝块的高度，m；

A_1、A_2、A_m——上、下两端和中间截面的面积，m^2。

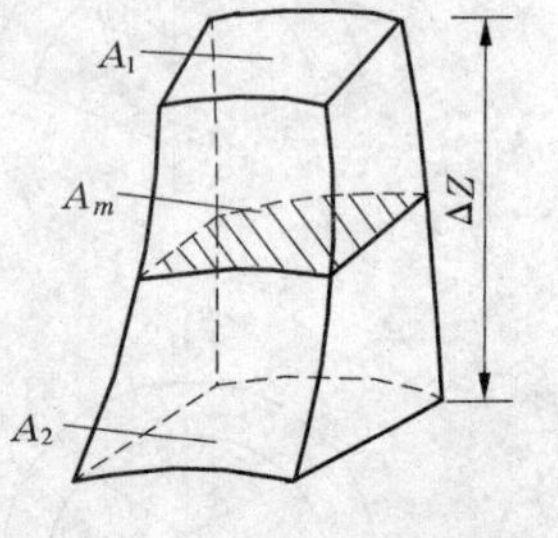

图 3-14　坝块自重计算图

或简单地按下式计算：

$$G = \frac{1}{2}\gamma_c \Delta Z(A_1 + A_2) \tag{3-9}$$

岩体自重在计算坝肩稳定、变形和应力时需计入。岩石重度应通过试验测定。

（3）扬压力。从近年美国对一座中等高度拱坝坝内渗透压力所作的分析表明，由扬压力引起的应力在总应力中约占 5%。由于所占比重很小，设计中对于薄拱坝可以忽略不计；对于重力拱坝和中厚拱坝则宜予以考虑，在对坝基及拱座进行抗滑稳定分析时，必须计入扬压力或渗透压力的不利影响。

实践证明，岩体赋存于一定的地应力环境中，对修建在高地应力区的高拱坝，应当考虑地应力对坝基开挖、坝体施工、蓄水过程中的坝体应力及拱座抗滑稳定的影响。

（二）温度作用

温度作用是拱坝设计中的一项主要荷载。实测资料分析表明，在由水压力和温度变化共同引起的径向总变位中，后者占 1/3 ~ 1/2，在靠近坝顶部分，温度变化的影响就更为显著。拱坝是分块浇筑，经充分冷却，待温度趋于相对稳定后，再灌浆封拱，形成整体。封拱前，根据坝体稳定温度场（见图 3-15），可定出沿不同高程各灌浆分区的封拱温度。封拱温度低，有利于降低坝内拉应力，一般选在年平均气温或略低时进行封拱。封拱温度即作为坝体温升和温降的计算基准，以后坝体温度随外界温度作周期性变化，产生了相对于上述稳定温度的改变值。由于拱座嵌固在基岩中，限制坝体随温度变化而自由伸缩，于是就在坝体内产生了温度应力。上述温度改变值，即为温度作用，也就是通常所称的温度荷载。

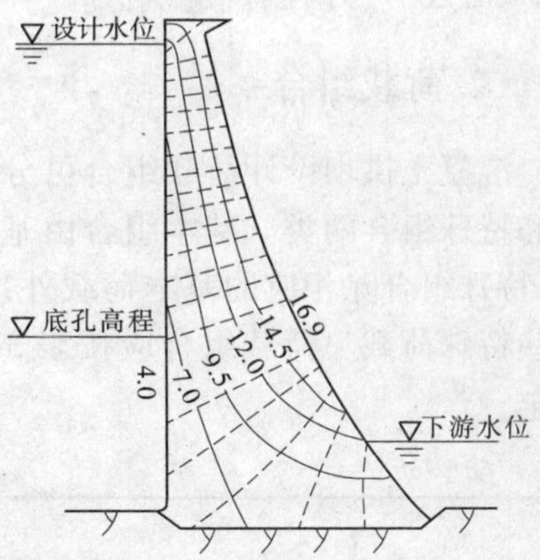

图 3-15　重力坝的稳定温度场　（单位：℃）

坝体温度受外界温度及其变幅、周期，封拱温度，坝体厚度及材料的热学特性等因素制约，同一高程沿坝厚呈曲线分布。设坝内任一水平截面在某一时刻的温度分布如图 3-16所示。为便于计算，可将其与封拱温度的差值，即温差视为三部分的叠加。

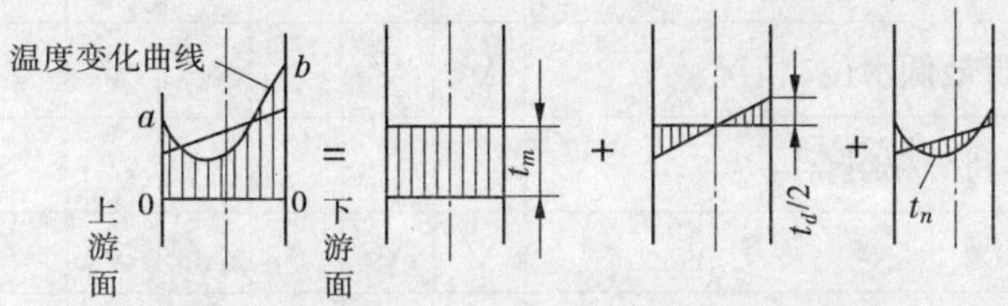

图 3-16　拱圈温度分布及温差分解示意图

（1）均匀温度变化 t_m。即温差的均值，这是温度荷载的主要部分。它对拱圈轴向力和力矩、悬臂梁力矩等都有很大影响，

（2）等效线性温差 t_d。水库蓄水后，由于水温变幅小于下游气温变幅，故沿坝厚常有温度梯度 t_d/T。它对拱圈力矩的影响较大，而对拱圈轴向力和悬臂梁力矩的影响很小。

（3）非线性温差变化 t_n。它是从坝体温度变化曲线 $t(y)$ 扣去以上两部分后剩余的部分，是局部性的，只产生局部应力，不影响整体变形，在拱坝设计中一般可略去不计。

当坝体温度低于封拱温度（称为温降）时，坝轴线收缩，使坝体向下游变位，如图 3-17（a）所示，由此产生的弯矩和剪力的方向与水压力作用所产生的相同，但轴力方向相反。当坝体温度高于封拱温度（称为温升）时，坝轴线伸长，使坝体向上游变位，如图 3-17（b）所示，由此产生的弯矩和剪力的方向与水压力产生的相反，但轴力方向则相同。因此，在一般情况下，温降对坝体应力不利；温升将使拱端推力加大，对拱座稳定不利。

（三）地震荷载

地震荷载包括地震惯性力和地震动水压力，其计算可参照《水工建筑物抗震设计规范》(SL 203—97)的规定执行。

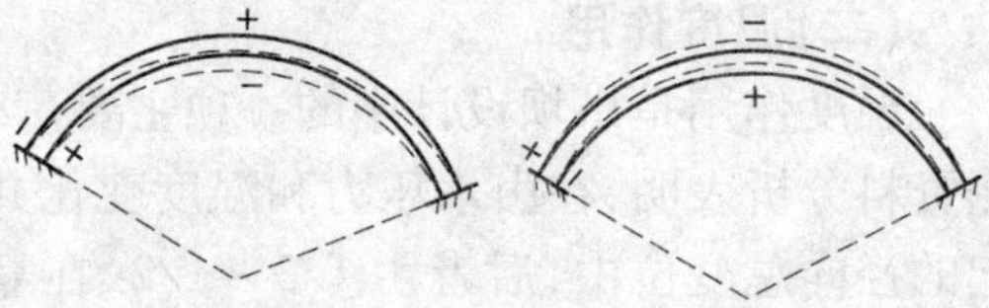

(a)温降　(b)温升

"+"—压应力；"−"—拉应力

图 3-17　坝体由温度变化产生的变形示意图

二、荷载组合

混凝土拱坝设计荷载组合可分为基本组合和特殊组合两类。基本组合由基本荷载组成，特殊组合除相应的基本荷载外，还应包括某些特殊荷载。荷载组合应按表 3-2 的规定确定。

表 3-2　荷载组合

荷载组合	主要考虑情况		自重	静水压力	温度荷载：设计正常温降	温度荷载：设计正常温升	扬压力	泥沙压力	浪压力	冰压力	动水压力	地震荷载
基本组合	1. 正常蓄水位情况		√	√	√		√	√	√	√		
	2. 正常蓄水位情况		√	√		√	√	√	√			
	3. 设计洪水位情况		√	√		√	√	√	√			
	4. 死水位(或运行最低水位)情况		√	√		√	√	√	√			
	5. 其他常遇的不利荷载组合											
特殊组合	1. 校核洪水位情况		√	√		√	√	√	√		√	
	2. 地震情况	(1)基本组合 1 + 地震荷载	√	√	√		√	√	√	√		√
		(2)基本组合 2 + 地震荷载	√	√		√	√	√	√			√
		(3)常遇低水位情况 + 地震荷载	√	√		√	√	√	√			√
	3. 施工期情况	(1)未灌浆	√									
		(2)未灌浆遭遇施工洪水	√	√								
		(3)灌浆	√		√							
		(4)灌浆遭遇施工洪水	√	√		√						
	4. 其他稀遇的不利荷载组合											

注：1. 上述荷载组合中，可根据工程的实际情况选择控制性的荷载组合进行计算。

2. 地震较频繁地区，当施工期较长时，应采取措施及时封拱，必要时对施工期的荷载组合尚应增加一项"上述情况加地震荷载"，其地震烈度可按设计烈度降低 1 度考虑。

3. 表中"特殊组合 3. 施工期情况(3)灌浆"状况下的荷载组合，也可为自重和设计正常温升的温度荷载组合。

拱坝的荷载组合应根据各种荷载同时作用的实际可能性,选择最不利情况,作为分析坝体应力和拱座抗滑稳定的依据。

第四节 拱坝的应力分析

一、应力分析方法综述

拱坝是高次超静定空间结构,因边界条件及荷载很复杂,要进行严格的理论计算求解应力十分困难。在工程设计中,常采用三类方法求解拱坝的应力。

(一)结构力学法

拱坝设计一般以结构力学法(包括纯拱法、拱梁分载法)作为应力分析的基本方法。

根据设计阶段的不同,可采用不同精度的拱梁分载法:在可行性研究阶段,一般用拱冠梁法;在初步设计和技施设计阶段,宜采用多拱梁法(拱梁分载法)。所谓拱梁分载法,是在坝体中选取若干个拱圈和若干个悬臂梁作为计算体系,然后将坝所承受的主要荷载(径向压力)划分为两部分,一部分作用在拱上,另一部分作用在梁上,选两者之一为未知量。另外,在拱和梁上各施加三组内力系,即切向内力系、水平扭转内力系、垂直扭转内力系。这些内力系沿拱轴线或梁轴线分布,都是"自平衡"的,即作用在拱上某点和作用在梁上同一点的内力大小相等方向相反,均为未知量。然后分别取出每条拱和每根梁,列出它们在各自负担的外荷载及上述内力系作用下的变位计算公式,按照交点处变位一致条件,建立代数方程组即可求出外荷载和内力系未知量,从而可求出拱坝的变位和应力。采用拱梁分载法计算时,拱梁布置宜力求均匀,拱梁数目的选用应达到设计精度的要求。例如在技施设计阶段,一般取 5 ~ 7 个拱单元和 9 ~ 13 个梁单元进行计算。拱冠梁法仅在拱冠处截取一根代表梁进行拱坝的变位和应力计算,是简化了的拱梁分载法。

纯拱法由于没有反映拱圈之间的相互作用,假定荷载全部由水平拱承担,不符合拱坝的实际受力状况,求出的应力一般偏大,尤其对重力拱坝,误差更大,故以前多用于小型工程的低坝。目前,实际工程中已很少有人采用此法计算拱坝的应力和变位,但在拱梁分载法(含拱冠梁法)中,需要计算拱的变位。

(二)弹性力学法

弹性力学法包括差分方法、变分方法和有限单元法。前两种方法由于只能解决简单的情况,故在实际工程中还未得到推广应用。有限单元法适用性强,可用于解算体型复杂、坝内有较大的中孔或底孔、设有垫座或重力墩,以及坝基内有断层、裂隙、软弱夹层的拱坝在各种荷载作用下的应力和变形,还可以求解地震对坝体—坝基—库水相互作用的动力反应,是拱坝应力分析的一种有效方法。

(三)结构模型试验

一般用石膏加硅藻土组成的脆性材料制作整体模型,用应变仪量测加载前后的模型各点的应变变化,求得坝体应力分布。也可用环氧树脂制造模型,用偏光弹性力学的方法来量测并分析得出拱坝的应力。

拱坝应力分析一般以拱梁分载法计算成果作为衡量强度安全的主要标准。对于1、2

级拱坝，或比较复杂的拱坝，如拱坝内没有大的孔洞、基础条件复杂等情况，当用拱梁分载法计算不能取得可靠的应力成果时，应进行有限元法计算或结构模型试验加以验证。必要时，二者应同时进行，相互验证。

二、拱坝应力分析

（一）拱坝地基变形的计算

拱坝是一个高次超静定的空间壳体结构，坝体受荷载后，将传给地基，地基在坝体的力的作用下，必然要产生变位，该变位反过来影响坝体的受力、变形及坝肩稳定，因此拱坝地基变形的计算是一个很重要的课题。但由于坝体受力的复杂性及地基的物理力学指标的复杂性，要想精确计算坝基变形量是不可能的，只能做近似处理。现在的办法有伏格特（F. Vogt）法、延长坝高法、FEM 法。

（1）伏格特（F. Vogt）法：伏格特地基模型假定岩基为无限深、均匀、各向同性的弹性材料，而且假定除坝基接触面范围外，库岸和库底所受水荷载不引起拱座地基位移。

伏格特概化拱坝地基模型是把坝底与岩基的接触面沿拱弧线展开、摊平为一平面，如图 3-18 所示。然后按面积相等、长宽比例近似的原则，用一矩形来替代这个展开面积，称此矩形为等量展开面积，其长宽比为 b/a。对于一座特定的拱坝，b/a 是一个常数。在计算某一单元的地基变位时，取地基宽度 a' 等于坝的厚度 T，地基长度 $b' = (b/a)T$，所以 $b/a = b'/a'$。伏格特基本公式中的系数就是根据 b/a 和岩基的泊松比 μ 而确定的。

按照上述概化坝基模型，依有关公式求得沿长度方向单宽范围内单位力矩或单位力产生的各地基变位、拱座基岩变位和梁底基岩变位。

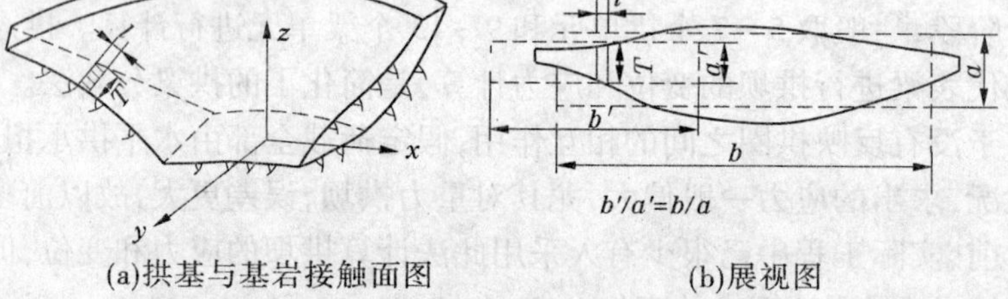

(a)拱基与基岩接触面图　　(b)展视图

图 3-18　计算拱坝地基变形的当量矩形图

（2）延长坝高法：是将坝体沿固边添加一定的长度，在延长的部分用坝体尺寸代替坝基，其上作用水荷载等，用延长的坝体的变形代替原地基的变形，该方法关键是坝体延长的长度。

（3）FEM 法：随着坝基条件越来越复杂，地基变形越来越受地基缺陷的控制，使传统的方法一般只能考虑均匀地基，而不能考虑各种构造的影响。因此，如何考虑复杂地基的变形是近年来水工人员研究的一个重要课题。

由于拱坝是超静定结构，地基变位对拱坝的应力分布有较大的影响，所以在应力分析中必须予以考虑。目前，国内外常用的方法是将拱坝地基概化为伏格特所给模型的近似算法。

(二) 纯拱法

纯拱法假定坝体由若干层独立的水平拱圈叠合而成，每层拱圈可作为弹性固端拱进行计算。和一般弹性拱相比：①由于拱坝厚度较大，拱圈的剪力也较大，当拱厚 T 与拱圈平均半径 R 之比大于1/5 时，忽略剪力对内力计算成果将带来较大的误差；②拱坝的轴力很大，不能忽略轴向变位；③基岩变形影响显著，不能忽略。由于纯拱法没有反映拱圈之间的相互作用，假定荷载全部由水平拱承担，不符合拱坝的实际受力状况，因而求出的应力一般偏大，尤其对重力拱坝，误差更大。但对于狭窄河谷中的薄拱坝，仍不失为一个简单实用的计算方法；另外，按拱梁分载法计算时，纯拱法也是其中的一个重要组成部分。

(三) 拱梁分载法

拱梁分载法是将拱坝视为由若干水平拱圈和竖直悬臂梁组成的空间结构，坝体承受的荷载一部分由拱系承担，一部分由梁系承担，拱和梁的荷载分配由拱系和梁系在各交点处变位一致的条件来确定。荷载分配以后，梁是静定结构，应力不难计算；拱的应力可按纯拱法计算。荷载分配从 20 世纪 30 年代开始采用试载法，先将总的荷载试分配给拱系和梁系承担，然后分别计算拱、梁变位。第一次试分配的荷载不会恰好使拱和梁共轭点的变位一致，必须再调整荷载分配，继续试算，直到变位接近一致为止。近代由于电子计算机的出现，可以通过求解结点变位一致的代数方程组来求得拱系和梁系的荷载分配，避免了烦琐的计算。拱梁分载法是目前国内外广泛采用的一种拱坝应力分析方法，它把复杂的弹性壳体问题简化为结构力学的杆件计算，概念清晰，易于掌握。

拱冠梁法是一种简化了的拱梁分载法。它是以拱冠处的一根悬臂梁为代表与若干水平拱作为计算单元，按拱、梁交点径向线变位一致的条件来建立变形协调方程，并进行荷载分配，然后计算拱冠梁及各个拱圈的应力，计算工作量比多拱梁分载法节省很多。拱冠梁法可用于大体对称、比较狭窄河谷中的拱坝的初步应力分析。对于中、低拱坝，也可用于可行性研究阶段的坝体应力分析。拱冠梁法是最简单的拱梁分载法，可采用拱冠梁作为所有悬臂梁的代表与许多拱圈组成拱梁系统，可大大减少工作量。

拱冠梁法的主要步骤是：

(1) 选定若干拱圈，分别计算各拱圈拱顶及拱冠梁与各拱圈交点在单位径向荷载作用下的变位，这些变位称为单位变位。

(2) 根据各共轭点拱、梁径向变位协调的关系，以及各点荷载之和应等于总荷载强度的要求建立变位协调方程组。

(3) 将上述方程组联立求解，得出各点的荷载分配。

(4) 根据求得的荷载分配值，分别计算拱冠梁和各拱圈的内力与应力。

如图 3-19 所示，将拱坝从坝顶到坝底划分为 5 ~ 7 层水平拱圈，拱圈各高 1 m，令各划分点的序号为自坝顶 $i=1$ 至坝底 $i=n$，各层拱圈之间取相等距离 Δh。

由拱冠梁和各层拱圈交点处径向变位一致的条件，可以列出方程组为

$$\sum_{j=1}^{n} a_{ij} x_{j+\delta_i^{\omega}} = (p_i - x_i) + \Delta A_i \tag{3-10}$$

式中　i——拱冠梁与水平拱交点的序号，即拱的层数，$i=1,2,3,\cdots,n$；

j——单位荷载作用点的序号；

p_i——作用在第 i 层拱圈中面高程上总的水平径向荷载强度，包括水压力、泥沙压力等；

x_i——拱冠梁在第 i 层拱高程上所分配到的水平径向荷载，为未知数；

$p_i - x_i$——第 i 层拱圈所分配的水平径向均布荷载强度；

x_j——梁在 j 点所分配到的荷载强度；

a_{ij}——梁上 j 点的单位荷载所引起 i 点的径向变位，称为梁的单位变位，单位荷载是指在作用点（j 点）上强度为 1，在上下 Δh 距离处强度为 0 的三角形分布荷载，如图 3-19 中的Ⅰ、Ⅱ和Ⅲ等；

δ_i——单位径向均布荷载作用在第 i 层水平拱圈时，在拱冠处所引起的径向变位，称为拱的单位变位；

δ_i^{ω}——拱冠梁第 i 截面在铅直荷载作用下产生的水平径向变位；

ΔA_i——第 i 层拱圈由于均匀温度变化 t_m 在拱冠处产生的径向变位。

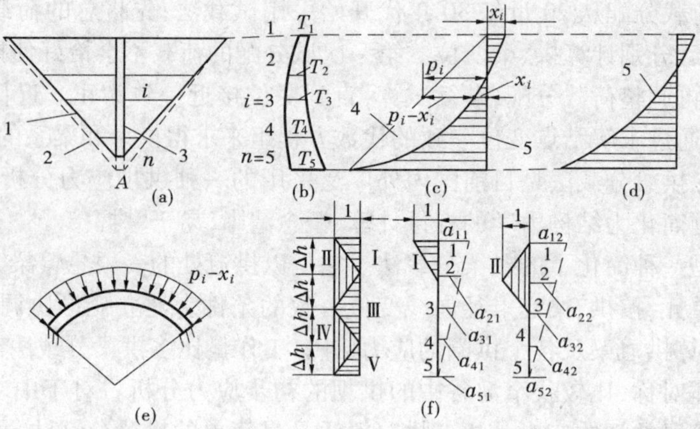

1—地基表面；2—可利用基岩面；3—拱冠梁；4—拱荷载；5—梁荷载

图 3-19　拱冠梁法荷载分配示意图

拱坝应力分析一般以拱梁分载法或有限元法计算成果作为衡量强度安全的主要标准。但对 1、2 级拱坝和高拱坝或情况比较复杂的拱坝（如坝内设有较大的中孔或底孔及坝基地质条件复杂等情况），除用拱梁分载法计算外，还应采用有限元法计算。必要时，应进行结构模型试验加以验证。

目前，拱坝应力分析的电算程序较多，但由于每个程序均有其适用范围和对一些具体问题不同的处理方法，因而计算成果也有差异。近年来，我国学者围绕提高计算精度、扩展程序功能，对拱梁分载法的计算模型、计算方法等方面进行了拓展与改进，使拱梁分载法更趋完善与合理。

三、拱坝设计的应力指标

应力指标涉及筑坝材料强度的极限值和有关安全系数的取值。容许应力为坝体材料强度的极限强度与安全系数的比值，是控制坝体尺寸、保证工程安全和经济性的一项重要指标。材料强度的极限值需由试验确定，混凝土的极限抗压强度，一般是指 90 d 龄期边长 15 cm 立方体的强度,保证率为 80%。应力指标取值与计算方法有关。拱坝应力分析一般以拱梁分载法或有限元法计算成果作为衡量强度安全的主要标准。

用拱梁分载法计算时,坝体的主压应力和主拉应力应符合下列应力控制指标的规定:

(1)容许压应力。混凝土的容许压应力等于混凝土的极限抗压强度除以安全系数。对于基本荷载组合,1、2 级拱坝的安全系数采用 4.0,3 级拱坝的安全系数采用 3.5;对于非地震情况特殊荷载组合,1、2 级拱坝的安全系数采用 3.5,3 级拱坝的安全系数采用 3.0。

(2)容许拉应力。在保持拱座稳定的条件下,通过调整坝的体型来减少坝体拉应力的作用范围和数值。对于基本荷载组合,拉应力不得大于 1.2 MPa;对于非地震情况特殊荷载组合,拉应力不得大于 1.5 MPa。

用有限元法计算时,应补充计算"有限元等效应力"。按"有限元等效应力"求得的坝体主拉应力和主压应力,应符合下列应力控制指标的规定:

(1)容许压应力。按拱梁分载法的规定执行。

(2)容许拉应力。对于基本荷载组合,拉应力不得大于 1.5 MPa;对于非地震情况特殊荷载组合,拉应力不得大于 2.0 MPa。超过上述指标时,应调整坝的体型减少坝体拉应力的作用范围和数值。

第五节　拱座稳定分析

拱座稳定是拱坝安全的根本保证。拱座稳定分析主要研究岩体的可能滑动问题,但在拱座下游附近如存在较大的软弱带或断层而有可能引起较大的变形时,即使拱座抗滑稳定能够满足要求,也应对拱座变形问题进行专门研究。必要时,需采取适当的加固措施。

一、稳定分析方法

目前,国内外评价拱座稳定的方法,归纳起来有三种:刚体极限平衡法、有限元法和地质力学模型试验。

(一)刚体极限平衡法

在实际工程设计中,用做判断拱座稳定性的常用方法是刚体极限平衡法,其基本假定是:①将滑移体视为刚体,不考虑其中各部分之间的相对位移;②不考虑拱端作用的力矩的影响,认为可由力的分布自行调整满足,只考虑滑移体上力的平衡;③忽略拱坝的内力重分布作用,认为作用在岩体上的力系为定值;④达到极限平衡状态时,滑裂面上的剪力方向将与滑移的方向平行,指向相反,数值达到极限值。

刚体极限平衡法是半经验性的计算方法,因其具有长期的工程实践经验,采用的抗剪强度指标和安全系数是配套的,与目前勘探试验所得到的原始数据的精度相匹配,方法简便易行。所以,目前国内外仍沿用它作为判断拱座稳定的主要手段。对于大型工程或当地基情况复杂时,可辅以结构模型试验和有限元分析。

《混凝土拱坝设计规范》(SL 319—2005)规定,拱座抗滑稳定分析应按空间问题计算可能滑动体的抗滑稳定安全系数。拱座无特定的滑裂面或作初步计算时,可简化为平面问题进行核算。

(二)有限元法

《混凝土拱坝设计规范》(SL 319—2005)规定,拱座抗滑稳定的计算方法应以刚体极限平衡法为主,对于大型或坝基地质情况复杂的工程,可辅以有限元法或其他方法进行分析论证。实际上,岩体并非刚体,其应力应变关系有着显著的非线性特性。岩体的破坏过程十分复杂,一般要经过硬化、软化、剪胀阶段,并伴随裂隙的扩展过程。这样复杂的本构关系,刚体极限平衡滑移破坏的假定并不能真实反映拱座的失稳机理。有限元法,特别是三维非线性有限元分析,为复核和论证拱座稳定条件提供了较为合理的途径。

有限元法可用于进行平面或空间拱座稳定分析。对单元的物理力学特性,可以采用线弹性模型,也可以采用非线性模型。对于平面问题,可取单高拱圈或单宽悬臂梁剖面划分单元;对于空间问题,则按整体划分单元,如图 3-20 所示。计算模型的边界范围应根据地质和荷载条件选定,一般为 1.0 ~ 1.5 倍坝高。详细论述可参阅有关文献。

(a)单宽悬臂梁　　(b)单高拱圈　　(c)整体模型

图 3-20　拱坝坝肩岩体抗滑稳定有限元计算图形

(三)地质力学模型试验

20 世纪 70 年代发展起来的地质力学模型试验是研究拱座稳定的有效途径。这种方法能模拟不连续岩体的自然条件:岩体结构(软弱结构面、断层破碎带等)及其物理力学特性(岩体自重、变形模量、抗剪强度指标等)。国内多采用石膏加重晶石粉、甘油、淀粉等作为模型材料,其特性是重度高,强度和变形模量低。采用小块体叠砌或用大模块拼装成型。量测系统主要是位移量测和应变量测。通过试验可以了解复杂地基上拱坝和拱座相互作用下的变形特性、超载能力、破坏过程和破坏机理、拱推力在拱座内的影响范围、裂缝的分布规律、各部位的相对位移和需要加固的薄弱部位及地基处理后的效果等,是一种很有发展前途的研究方法。但由于地质构造复杂,模型不易做到与实际一致,一些参数难以准确测定,温度作用和渗透压力难以模拟,因而试验成果也带有一定的近似性;另外,试验工作量大,费用高。就试验本身讲,还需要进一步研究模型材料,改进测试手段和加载方法等,以提高试验精度。

二、拱坝的失稳形式

在拱坝设计的各个阶段,都应重视两岸拱座的稳定性,作出相应于各阶段工作深度的分析论证。必要时应采取适当的工程措施,以保证拱座的稳定。分析以往一些拱坝事故原因,绝大多数是坝肩岩体失稳或变形过大所致,很少是拱坝本身应力问题所造成的。

坝肩岩体失稳最常见的形式是坝肩岩体荷载作用后发生滑动破坏。这种情况一般发生在岩体中存在着明显的滑裂面,如断层、节理、裂隙、软弱夹层等,如图 3-21 所示。另一种情况是当坝的下游岩体中存在较大的软弱带或断层时,即使坝肩岩体抗滑稳定性满足要求,但过大的变形仍会在坝体内产生不利的应力,同样会给工程带来危害,应当尽量避免,如图 3-22 所示。

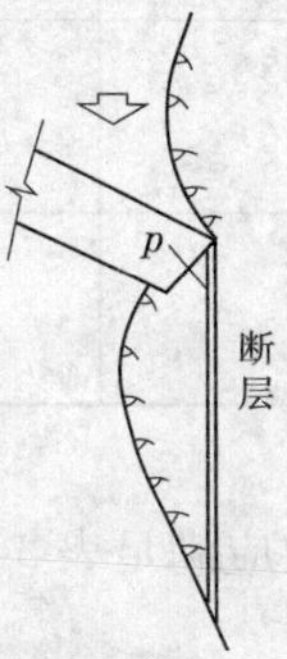

图 3-21　坝肩岩体失稳情况

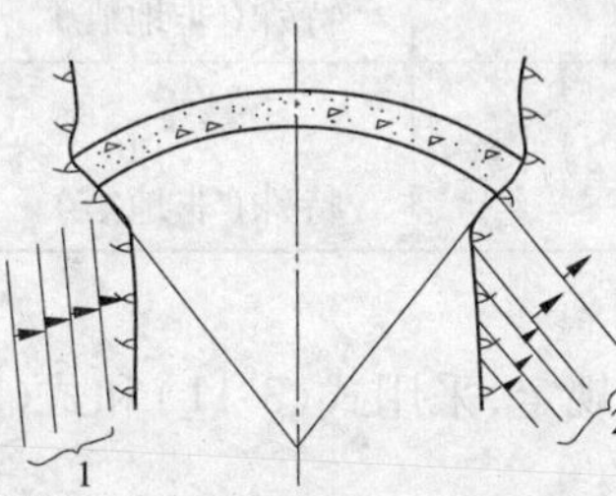

图 3-22　不利结构面对坝肩稳定的影响

三、渗透水压力对拱座稳定的影响

在拱坝拱座稳定计算中,应当考虑下列荷载:坝体传来的作用力、岩体的自重、渗透水压力和地震荷载。其中,渗透水压力是控制拱座稳定的重要因素之一。如:1959 年法国马尔巴塞拱坝在初次蓄水不久即全坝溃决,其原因是渗透压力增大而导致岩体失稳;1962 年我国梅山连拱坝右坝端发生错动,其原因也是库水渗入缓倾角裂隙,渗透压力加大(高达库水静压力的 82%),致使岩体沿另一组缓倾角裂隙面向河床方向滑动。还有许多岩体滑坡事故都与渗透压力直接有关。这就充分说明在拱座稳定分析中渗透压力的重要作用,它不仅能在岩体中形成相当大的渗透压力推动岩体滑动,而且会改变岩体的力学性质(降低抗压强度和抗剪强度)。

四、拱座稳定的控制指标

规范规定:拱座抗滑稳定计算,以刚体极限平衡法为主。对 1、2 级拱坝及高拱坝采用抗剪断公式计算,其他则可采用抗剪断或抗剪强度公式计算:

$$K_1 = \frac{\sum (f_1 N + C_1 A)}{\sum Q} \tag{3-11}$$

$$K_2 = \frac{\sum f_2 N}{\sum Q} \tag{3-12}$$

式中　N——滑动面上的法向力,kN;

Q——滑动面上的滑动力,kN;

K_1、K_2——抗滑稳定安全系数,按表 3-3 选取;

A——计算滑裂面的面积,m^2;

f_1、f_2、C_1——滑裂面的抗剪断摩擦系数、抗剪摩擦系数和凝聚力(MPa)。

表 3-3 拱座抗滑稳定安全系数

荷载组合		建筑物级别		
		1	2	3
按式(3-11)计算	基本	3.50	3.25	3.0
	特殊(非地震)	3.00	2.75	2.50
按式(3-12)计算	基本	—	—	1.30
	特殊(非地震)	—	—	1.10

规范规定,采用式(3-11)和式(3-12)计算时,相应安全系数应满足表 3-3 的规定。

五、改善拱座稳定的措施

通过拱座稳定分析,如发现不能满足要求,可采取以下改善措施:

(1)通过挖除某些不利的软弱部位和加强固结灌浆等坝基处理措施来提高基岩的抗剪强度。

(2)深开挖。将拱端嵌入坝肩深处,可避开不利的结构面及增大下游抗滑体的重力。

(3)加强坝肩帷幕灌浆及排水措施,减小岩体内的渗透压力。

(4)调整水平拱圈形态,采用三心圆拱或抛物线等扁平的变曲率拱圈,使拱推力偏向坝肩岩体内部。

(5)如坝基承载力较差,可采用局部扩大拱端厚度、推力墩或人工扩大基础等措施。

第六节 拱坝泄洪

拱坝泄洪方式的选择,应根据泄洪量的大小,结合工程具体情况确定。除有明显合适的岸边溢洪道外,宜首先研究采用拱坝坝身泄洪的可行性。但由于拱坝在平面上呈拱形,坝体较薄,下泄水流有向心集中的特点,使水流入水处单宽流量增大,加剧下游消能防冲的困难。与呈直线布置的溢流重力坝相比,更应重视消能设计。

一、拱坝坝身泄水方式

常用的拱坝泄流方式有坝顶泄流(自由跌流式、鼻坎挑流式)、坝身孔口泄流、坝面泄流、坝肩滑雪道泄流、坝后厂顶溢流(厂前挑流)等。

(一)自由跌流式

对于比较薄的双曲拱坝或小型拱坝,常采用坝顶自由跌流的方式,如图 3-23 所示。溢流头部通常采用非真空的标准堰型。这种形式适用于基岩良好、单宽泄洪量较小的情况。由于下落水舌距坝脚较近,坝下必须设有防护设施,堰顶设或不设闸门,视水库淹没损失和运用条件而定。

(二)鼻坎挑流式

为了使泄水跌落点远离坝脚,常在溢流堰顶曲线末端以反弧段连接成为挑流鼻坎,如图 3-24所示。挑流鼻坎多采用连续式结构,挑坎末端与堰顶之间的高差一般不大于 6 ~ 8 m,约为堰顶设计水头 H_d 的 1.5 倍;坎的挑角 $10° \leqslant \alpha \leqslant 25°$;反弧半径 R 与 H_d 大致接近,最后应由水工模型试验来确定。差动式齿坎可促使水流在空中扩散,增加与空气的摩擦,减小单位面积的入水量;但在构造与施工上都较复杂,又易受空蚀破坏。溢流段的布置,有的工程是沿全坝顶,有的只布置在坝顶中部。溢流顶高程,有的同高,有的中间低而两侧稍高,小流量时由中间过水,大流量时中部流量大于两岸,以利于消能。堰顶可设闸门或者不设。

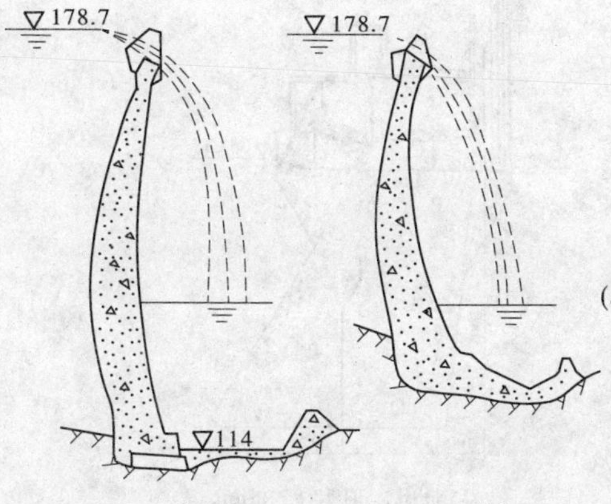

(a) (b)

图 3-23 布桑拱坝的自由跌流与护坦布置 (高程:m)

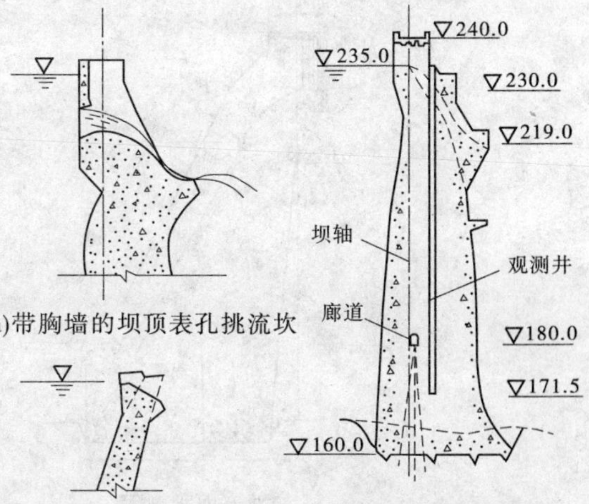

(a)带胸墙的坝顶表孔挑流坎

(b)坝顶表孔挑流坎

(c)流溪河拱坝溢流表孔

图 3-24 拱坝溢流表孔挑流坎 (高程:m)

对于单宽流量较大的重力拱坝,可采用水流沿坝面下泄,经鼻坎挑流或底流水跃的消能方式。图 3-25 为我国白山单曲三心圆重力拱坝下游立视、溢流坝段和泄洪中孔坝段的剖面图,最大坝高 149.5 m,在坝顶中部设 4 个表孔,每孔宽 12 m,采用挑流消能,最大单宽泄流量 140 $m^3/(s \cdot m)$。

(三)滑雪道式

滑雪道式泄洪是拱坝特有的一种泄洪方式,其溢流面由溢流坝顶和与之相连接的泄槽组成,而泄槽为坝体轮廓以外的结构部分。水流过坝以后,流经泄槽,由槽尾端的挑流鼻坎挑出,使水流在空中扩散,下落到距坝较远的地点。挑流坎一般比堰顶低很多,落差较大,因而挑距较远,是其优点。但滑雪道各部分的形状、尺寸必须适应水流条件,否则容易产生空蚀破坏。所以,滑雪道溢流面的曲线形状,反弧半径和鼻坎尺寸等都需经过试验研究来确定。滑雪道的底板可设置于水电站厂房的顶部(见图 3-26)或专门的支承结构上(见图 3-27),前者的溢流段和水电站厂房等主要建筑物集中布置,对于溢洪量大而河谷狭窄的枢纽是比较有利的。滑雪道也可设在岸边,一般多采用两岸对称布置,也有只布置在一岸的。滑雪道式适用于泄洪量大、较薄的拱坝。

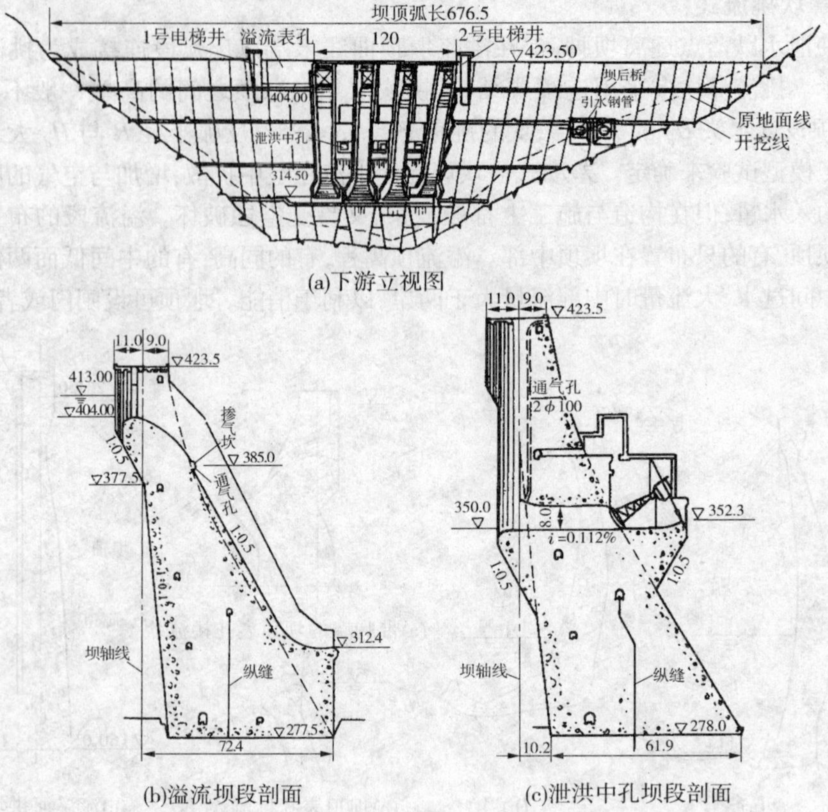

(a)下游立视图

(b)溢流坝段剖面

(c)泄洪中孔坝段剖面

图 3-25　白山单曲三心圆重力拱坝工程布置图　（单位:m）

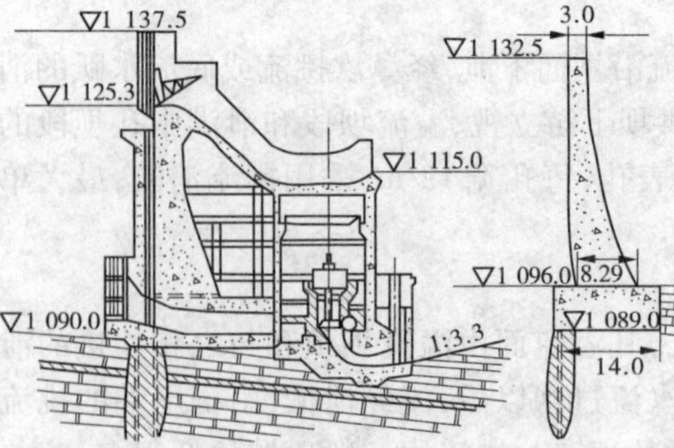

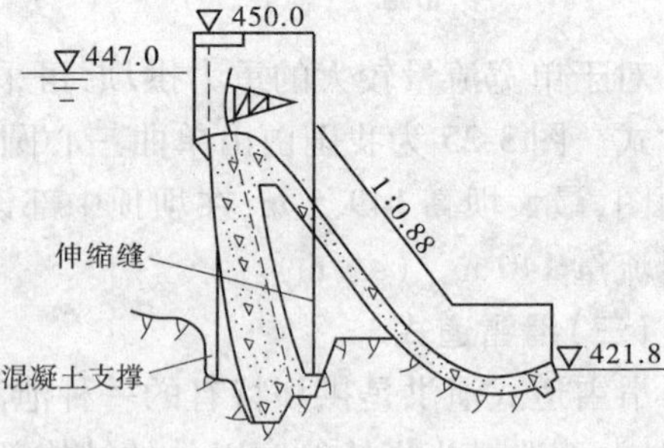

图 3-26　修文水电站拱坝剖面图　（单位:m）　**图 3-27　泉水拱坝表孔滑雪道**　（单位:m）

(四)坝身泄水孔式

坝身泄水孔是指位于水面以下一定深度的中孔(大致位于坝体中部高程,进水口水头不大于 60 m)或底孔(大致位于坝体中、下部高程,进水口水头大于 60 m),中孔多用于泄洪,底孔多用于放空水库、辅助泄洪和排沙及施工导流。坝身泄水孔一般都是压力流,比坝顶溢流流速大,挑射距离远。

泄水中孔一般设置在河床中部的坝段,以便消能与防冲。也有的工程将泄水中孔分设在两岸坝段，在河床中部布置电站厂房。泄水中孔孔身一般可做成水平或近乎水平、上翘和下弯三种形式。对于设置在河床中部的泄水中孔，通常多布置成水平形的，如白山拱坝共有 3 个出口断面为宽 6 m、高 7 m 的泄水中孔，分别布置在 4 个表孔之间，如图 3-25(a)、(c)所示；但也有采用上翘型的，如莫桑比克的卡博拉巴萨双曲拱坝，高 164 m，坝身设有 8 个出口断面为宽 6 m、高 7.8 m 的上翘形中孔，如图 3-28 所示。

对重力拱坝，一般采用下弯形式，如俄罗斯的萨扬舒申斯克重力拱坝，高 242 m，坝身设有 11 个出口断面为宽 5 m、高 6 m 的下弯式中孔及两层导流孔（最后用混凝土封堵），如图 3-29 所示。

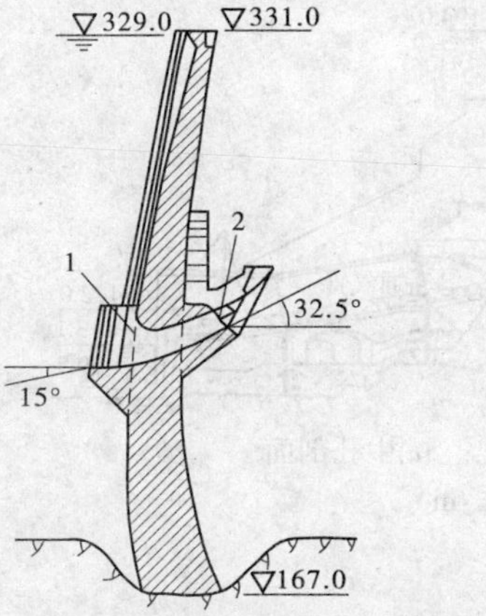

1—检修闸门槽；2—弧形闸门

图 3-28　卡博拉巴萨双曲拱坝中孔坝段剖面　（单位：m）

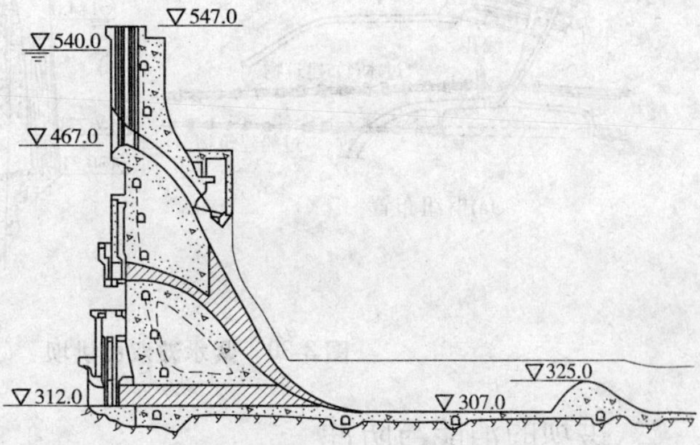

图 3-29　萨扬舒申斯克重力拱坝泄洪中孔　（单位：m）

对于设置在两岸坝段的泄水中孔，通常也采用下弯形式，与重力拱坝下弯形式不同之处在于出口后与滑雪道的泄槽相衔接。我国紧水滩双曲拱坝，高 102 m，左、右岸对称设置了中、浅孔各 1 个，如图 3-30 所示。东江、泉水双曲拱坝也采用了这种形式。

泄水孔的工作闸门大多采用弧形闸门，布置在出口，进口设事故检修闸门。这样不仅便于布置闸门的提升设备，而且结构模型试验成果表明，在泄水孔口末端设置闸墩及挑流坎后，由于局部加厚了孔口附近的坝体，可显著改善孔口周边的应力状态，对于孔底的拱应力也有所改善。实践证明，孔口对坝体应力的影响是局部的，拉应力可能使孔口边缘开裂，但只限于孔口附近，不致危及坝的整体安全。对于局部应力的影响，可在孔口周围布置钢筋。

由于拱坝较薄，中孔断面一般采用矩形。为使孔口泄流保持压力流，避免产生负压，应将出口断面缩小，出口高为孔身高度的 70% ~80%。为使水流平顺，提高泄水能力，进口及沿程体型宜做成曲线形。对大、中型工程还应通过水工模型试验研究确定。

底孔处于水下更深处，孔口尺寸往往限于高压闸门的制作和操作条件而不能太大。目前，深孔闸门的作用水头已达 154 m。在薄拱坝内，多采用矩形断面。对重力拱坝等较厚的坝体，可以采用圆形断面，以渐变段与闸门段的矩形断面相连接。

拱坝的坝身泄水还可将上述各种形式结合使用，如坝顶溢流可以同时设置坝身泄水孔。当泄洪流量大，坝身泄水不能满足要求时，还可布置泄洪隧洞或岸边溢洪道。

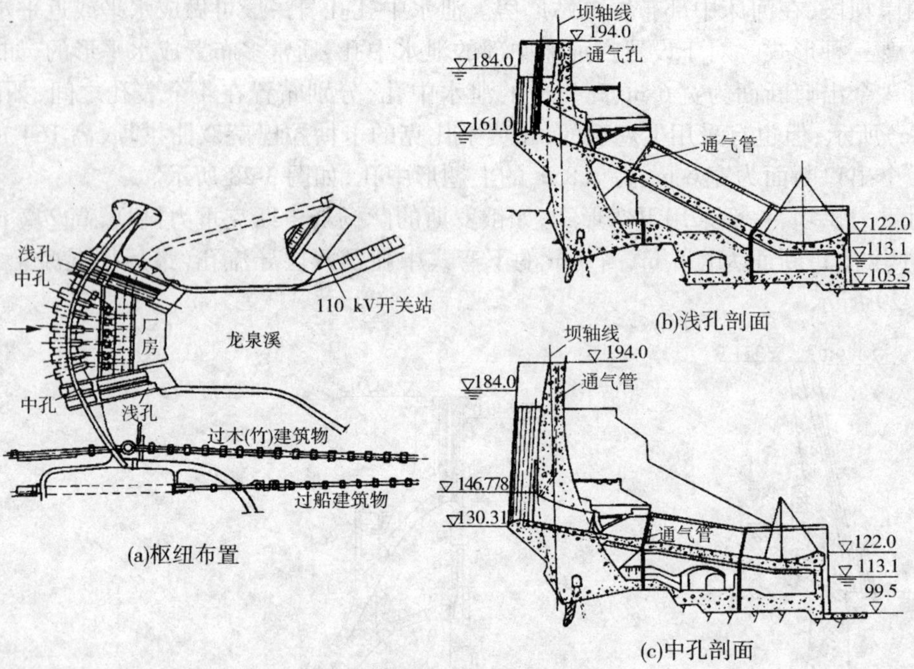

图 3-30　紧水滩双曲拱坝　(单位:m)

二、拱坝的消能与防冲

拱坝的消能方式主要有以下几种:

(1)跌流消能。水流从坝顶表孔直接跌落到下游河床,利用下游水垫消能。跌流消能最为简单,但由于水舌入水点距坝趾较近,需要采取相应的防冲措施。法国的乌格朗拱坝利用下游施工围堰做成二道坝,抬高下游水位,如图 3-31 所示;美国的卡尔德伍德拱坝,在跌流的落水处建戽斗,并在其下游设置了二道坝,运用情况良好,如图 3-32 所示。

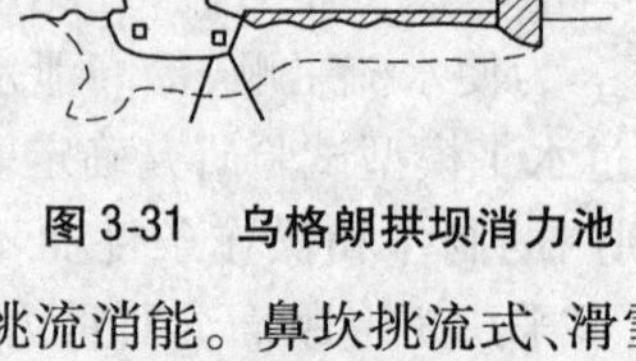

图 3-31　乌格朗拱坝消力池

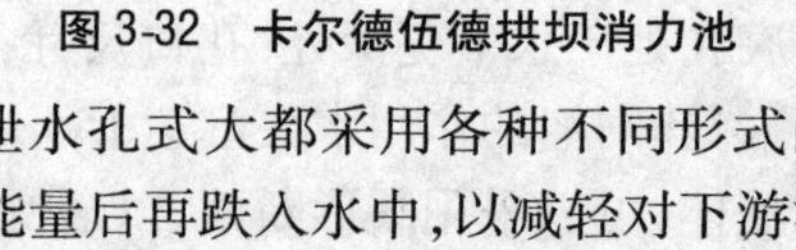

图 3-32　卡尔德伍德拱坝消力池

(2)挑流消能。鼻坎挑流式、滑雪道式和坝身泄水孔式大都采用各种不同形式的鼻坎,使水流扩散、冲撞或改变方向,在空中削减部分能量后再跌入水中,以减轻对下游河床的冲刷。

泄流过坝后向心集中是拱坝泄水的一个特点。对于中、高拱坝,可利用这个特点在拱冠两侧各布置一组溢流表孔或泄水孔，使两侧挑射水流在空中对冲，并沿河槽纵向扩散，从而消耗大量的能量，减轻对下游河床的冲刷。但应注意必须使两侧闸门同步开启，否则射流将直冲对岸，危害更甚。我国紧水滩双曲拱坝是岸坡滑雪道式对冲消能的一例（见图3-30）；在中孔泄洪布置上，如卡博拉巴萨拱坝（见图3-28），将8个上翘型中孔分为两组，对称布置于拱冠两侧，每一组孔口自相平行，两组孔的轴线在平面上以8°角相交，水舌在空中对撞，消能效果良好。

近年来，不少中、高拱坝，特别是在大泄量情况下，采用高低坎大差动形式，形成水股上下对撞消能。这种消能形式不仅把集中的水流分散成多股水流，而且由于通气充分，有利于减免空蚀破坏。但上述对撞水流造成的"雾化"程度更甚于其他的挑流方式，必须加以控制，必要时采取一定的防护措施。

（3）底流消能。对重力拱坝，有的也可采用底流消能，如前所述的萨扬舒申斯克重力拱坝（见图3-29），高242 m，采用下弯型中孔，泄流沿下游坝面流入设有二道坝的收缩式消力池，池的上游端宽123 m，下游端宽97 m，长约130 m，二道坝下游护坦长235 m，末端设有齿墙，单宽流量为139 $m^3/(s \cdot m)$，运用情况良好。

其他如窄缝式挑坎消能，反向防冲堰消能工等曾在有些工程中采用，也取得了良好效果。

拱坝河谷一般比较狭窄，不仅要防止过坝水流冲刷岸坡，而且要注意当泄流量集中在河床中部时，应避免两侧形成强力回流，淘刷岸坡，以保证坝体稳定。

泄水拱坝的下游一般需采取防冲加固措施，如护坦、护坡、二道坝等。护坦、护坡的长度、范围及二道坝的位置和高度等，应由水工模型试验确定。

第七节　拱坝的构造和地基处理

一、拱坝分缝与接缝处理

拱坝是整体结构，为便于施工期间混凝土散热和降低收缩应力，防止混凝土产生裂缝，需要分段浇筑，各段之间设有收缩缝，在坝体混凝土冷却到年平均气温左右，混凝土充分收缩后，再灌浆封填，以保证坝的整体性。

收缩缝有横缝和纵缝两类，如图3-33所示。横缝是径向的，间距一般取15～20 m。在变半径的拱坝中，为了使横缝与径向一致，必然会形成一个扭曲面。有时为了简化施工，对不太高的拱坝也可以中间高程处的径向为准，仍用铅直平面来分缝。横缝底部缝面与地基面的夹角不得小于60°，并应尽可能接近正交。缝内设铅直向的梯形键槽，以提高坝体的抗剪强度。拱坝厚度较薄，一般可不设纵缝，对厚度大于40 m的拱坝，经分析论证，可考虑设置纵缝。相邻坝块间的纵缝应错开，纵缝的间距为20～40 m。为方便施工，一般采用铅直纵缝，到缝顶附近应缓转与下游坝面正交，避免浇筑块出现尖角。

收缩缝是两个相邻坝段收缩后自然形成的冷缝，缝的表面做成键槽，预埋灌浆管与出浆盒，在坝体冷却后进行压力灌浆。收缩缝的灌浆工艺和重力坝相同。

横缝上游侧应设置止水片，止水片可与上游止浆片结合。止水的材料和做法与重力

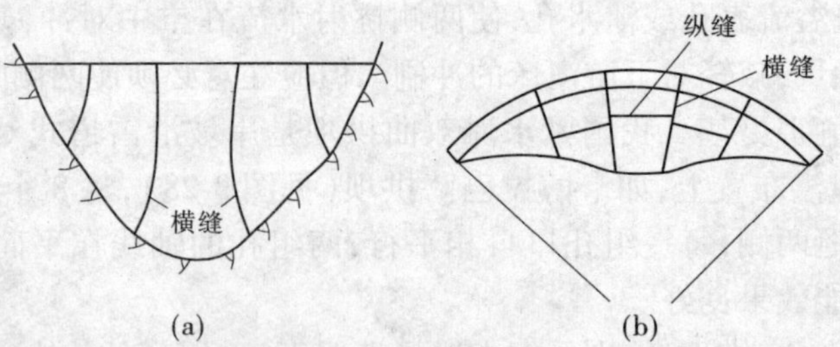

图 3-33　拱坝的横缝和纵缝

坝相同。

二、坝顶

拱坝坝顶的结构形式和尺寸应按使用要求决定。当无交通要求时，非溢流坝的顶宽不宜小于 3 m。溢流坝段坝顶工作桥、交通桥的尺寸和布置必须能满足泄洪、闸门启闭、设备安装、运行操作、交通、检修和观测等的要求。地震区的坝顶工作桥、交通桥等结构应尽量减轻自重，以提高结构的抗震性能。

三、廊道与排水

坝内应设置基础灌浆廊道，对于中、低高度的薄拱坝，也可不设廊道，而将检查、观测、交通和坝缝灌浆等工作移到坝后桥上进行，桥宽一般为 1.2～1.5 m，上下层间隔 20～40 m，在与坝体横缝对应处留有伸缩缝，缝宽 1～3 cm。

无冰冻地区的薄拱坝其坝身可不设排水管。对较厚的或建在寒冷地区的薄拱坝，则要求和重力坝一样布置排水管，一般间距为 2.5～3.5 m，管内径为 15～20 cm。图 3-34 所示为我国响洪甸重力拱坝最大剖面的廊道及排水管布置图。

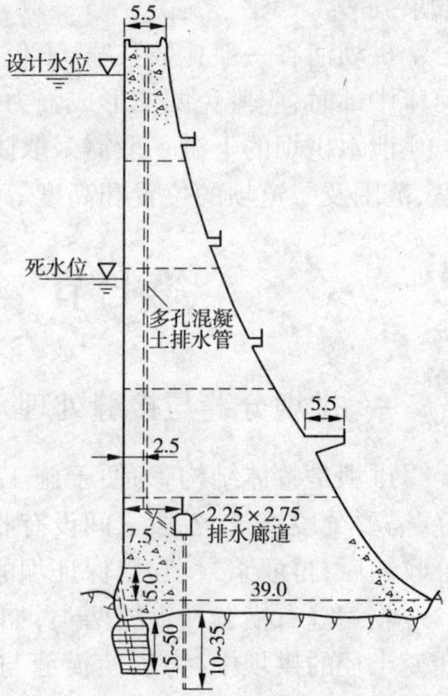

图 3-34　响洪甸重力拱坝的廊道与排水管布置　（单位：m）

四、重力墩

重力墩是拱坝坝端的人工支座，可用于：河谷形状不规则，为减小宽高比，避免岸坡的大量开挖；河谷有一岸较平缓，用重力墩与其他坝段（如重力坝或土坝）或岸边溢洪道相连接等情况。如图 3-35 所示是我国龙羊峡水电站的枢纽布置图，在其左、右坝肩设置重力墩后，坝体可基本上保持对称。通过重力墩可将坝体传来的作用力传到基岩。

五、拱坝的地基处理

拱坝的地基处理和岩基上的重力坝基本相同，但要求更为严格，特别是对两岸坝肩的

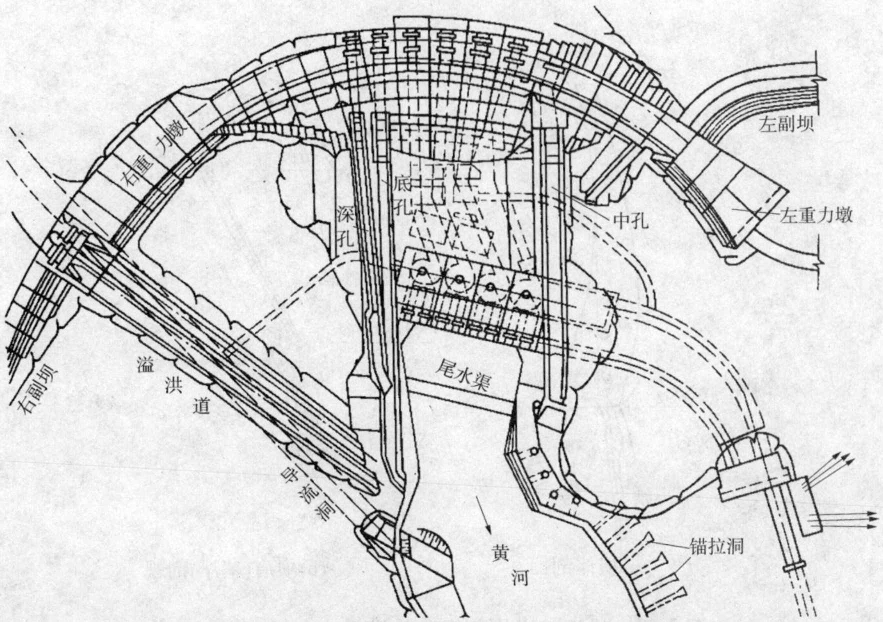

图 3-35　龙羊峡水电站枢纽布置

处理尤为重要。

(1) 坝基开挖。根据坝址具体地质情况，结合坝高，选择新鲜、微风化或弱风化中下部的基岩作为建基面。在开挖过程中还应注意以下几点：拱端开挖应注意前述拱端布置原则；河床段利用岩面的上、下游高差不应过大，宜略向上游倾斜；整个坝基利用岩面的纵坡应平顺，无突变。

(2) 固结灌浆和接触灌浆。拱坝坝基的固结灌浆孔一般按全坝段布置。对于比较坚硬完整的基岩，也可以只在坝基的上游侧和下游侧设置数排固结灌浆孔。对节理、裂隙发育的基岩，为了减小地基变形，增加岩体的抗滑稳定性，还需在坝基外的上、下游侧扩大固结灌浆的范围。对于坝体与陡于 50° ~ 60° 的岸坡间，与上游侧的坝基接触面及基岩中所有槽、井、洞等回填混凝土的顶部，均需进行接触灌浆，以提高接触面的强度，减少渗漏。

帷幕线的位置与拱座及坝基应力情况有关，一般布置在压应力区，且靠近上游坝面。防渗帷幕还应深入两岸山坡内，深入长度与方向应根据工程地质、水文地质、地形条件、拱座的稳定情况和防渗要求等来确定，并与河床部位的帷幕保持连续性。

防渗帷幕一般采用水泥灌浆。在水泥灌浆达不到防渗要求时，可采用化学材料补充灌浆，但应注意防止污染环境。帷幕灌浆一般在廊道中进行，两岸山坡内的帷幕灌浆，可在岩体内开挖的平硐中进行，如图 3-36 所示。

(3) 坝基排水。在防渗帷幕的下游侧应布置坝基排水，设 1 排主排水孔，必要时加设 1 ~ 3 排辅助排水孔。在裂隙较大的岩层中，防渗帷幕可有效减小渗透压力，减少渗水量。但在弱透水性的微裂隙岩体中，防渗帷幕降低渗压的效果就不甚明显，而排水孔则可显著降低渗压。因此，对坝基排水应予重视。

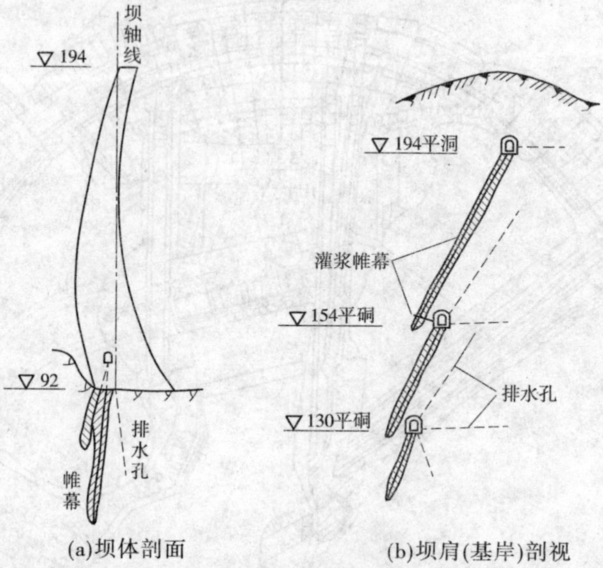

图 3-36 拱坝基岩帷幕灌浆与排水孔布置 (单位:m)

(4)断层破碎带或软弱夹层的处理。对于坝基范围内的断层破碎带或软弱夹层,应根据其产状、宽度、充填物性质、所在部位和有关的试验资料,分析研究其对坝体和地基的应力、变形、稳定与渗漏的影响,并结合施工条件,采用适当的方法进行处理。

当河床覆盖层较深,挖除有困难时,可采取结构措施。如贵州猫跳河上的窄巷口双曲拱坝,先在覆盖层上方修建跨河基础拱桥,再在拱桥上修建拱坝,并对覆盖层进行防渗处理。另一座拱上拱结构是四川省的鱼鳞碑砌石拱坝(高 36.9 m)。

小 结

拱坝是抗震性好、综合安全性高、超载能力强且较为经济的坝工结构。地形条件是决定其结构形式、工程布置及经济性的主要因素。地质条件是拱坝建设中的一个重要问题,甚至是关键点。

拱坝的主要荷载包括水压力和温度荷载,扬压力对应力影响不大而温度荷载对应力不利。

拱坝是高次超静定空间结构。因边界条件和荷载很复杂,严格的理论计算求解应力十分困难。工程设计中,常用结构力学法、弹性力学法和结构模型试验三类方法求解拱坝的应力。

拱坝稳定分析,主要研究岩体的可能滑动问题。目前,评价拱坝稳定的方法分两大类,一是计算分析法,二是模型试验法。

拱坝枢纽的泄水方式有自由跌流式、鼻坎挑流式、滑雪道式和坝身泄水孔式等。

拱坝的基础处理和岩基上的重力坝相同,但要求更高。

本章的重点是拱坝布置、拱坝的应力分析、拱座稳定分析及坝身泄水建筑物的布置,难点是拱坝布置、应力分析和拱座稳定分析。

复习思考题

一、名词解释

1. 拱坝

2. 倒悬度

3. 拱座

4. 双曲拱坝

二、问答题

1. 拱坝有哪些特点?

2. 拱坝对地形、地质条件有哪些要求?

3. 如何选择拱圈的中心角?

4. 如何根据河谷剖面选择拱坝体型?

5. 与单曲拱坝相比,双曲拱坝有什么特点?

6. 采用拱冠梁法分析拱坝应力时,如何确定拱、梁分担的荷载?

7. 拱座开挖形状确定的原则是什么?

8. 温升、温降对坝体应力和拱座稳定有什么影响?

9. 为什么拱坝应力分析要考虑地基变形的影响?

10. 拱梁分载法的基本原理是什么?

11. 拱座稳定分析方法有哪些? 工程设计中,如何选用这些方法?

12. 拱坝枢纽的泄水建筑物有哪些?

13. 如何根据拱坝枢纽的特点选择拱坝坝身泄水方式?

14. 拱坝的消能方式有哪些? 采取哪些工程措施可以提高消能效果?

第四章　土石坝

【学习重点】　了解土石坝的类型和特点，掌握土石坝设计基本原则和方法、渗流和渗透稳定分析、坝坡抗滑稳定分析及坝基处理等基本知识。

第一节　土石坝的特点和类型

土石坝是土坝与堆石坝的总称，是指由当地土料、石料或混合料，经过抛填、辗压方法堆筑成的挡水建筑物。由于筑坝材料主要来自坝区，因而也称当地材料坝。土石坝得以广泛应用和发展的主要原因是：

(1)可以就地取材，节约大量水泥、木材和钢材，几乎任何土石料均可筑坝。

(2)能适应各种不同的地形、地质和气候条件。

(3)大功率、多功能、高效率施工机械的发展，提高了土石坝的施工质量，加快了进度，降低了造价，促进了高土石坝建设的发展。

(4)岩土力学理论、试验手段和计算技术的发展，提高了大坝分析计算的水平，加快了设计进度，进一步保障了大坝设计的安全可靠性。

(5)高边坡、地下工程结构、高速水流消能防冲等设计和施工技术的综合发展，对加速土石坝的建设和推广也起了重要的促进作用。

(6)结构简单，便于维修和加高扩建等。

一、土石坝的工作特点

(一)稳定方面

土石坝不会产生水平整体滑动。土石坝失稳的形式，主要是坝坡的滑动或坝坡连同部分坝基一起滑动。

(二)渗流方面

土石坝挡水后，在坝体内形成由上游向下游的渗流。渗流不仅使水库损失水量，还易引起管涌、流土等渗透变形。坝体内渗流的水面线叫做浸润线，如图4-1所示。浸润线以下的土料承受着渗透动水压力，并使土的内摩擦角和黏结力减小，对坝坡稳定不利。

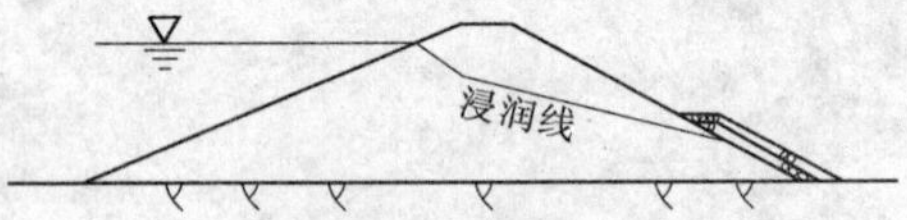

图4-1　浸润线

(三)冲刷方面

土石坝为散粒体结构，抗冲能力很低。

(四)沉降方面

由于土石料存在较大的孔隙，且易产生相对的移动，在自重及其他荷载作用下产生沉降，分为均匀沉降和不均匀沉降。均匀沉降使坝顶高程不足，不均匀沉降还会产生裂缝。

(五)其他方面

严寒地区水库水面冬季结冰膨胀对坝坡产生很大的推力,导致护坡的破坏。地震地区的地震惯性力也会增加滑坡和液化的可能性。

二、土石坝的类型

(一)按坝高分类

土石坝按坝高可分为低坝、中坝和高坝。我国《碾压式土石坝设计规范》(DL/T 5395—2007)规定,高度在30 m以下的为低坝,高度为30~70 m的为中坝,高度超过70 m的为高坝。土石坝的坝高应从坝体防渗体(不含混凝土防渗墙、灌浆帷幕、截水墙等坝基防渗设施)底部或坝轴线部位的建基面算至坝顶(不含防浪墙),取其大者。

(二)按施工方法分类

按其施工方法可分为碾压式土石坝、水力冲填坝、水中填土坝和定向爆破堆石坝。

1. 碾压式土石坝

碾压式土石坝分层铺填土石料,分层压实填筑的,坝体质量良好,目前最为常用,世界上现有的高土石坝都是碾压式的。本章主要讲述碾压式土石坝。

按照土料在坝身内的配置和防渗体所用的材料种类,碾压式土石坝可分为以下几种主要类型:

(1)均质坝(见图4-2(a))。坝体基本上是由均一的黏性土料筑成,整个剖面起防渗和稳定作用。

(2)黏土心墙坝和黏土斜墙坝(见图4-2(b)、(c))。用透水性较好的砂石料做坝壳,以防渗性能较好的土质做防渗体。设在坝体中央或稍向上游倾斜的称为心墙坝或斜心墙坝;设在靠近上游面的称为斜墙坝。

(3)人工材料心墙和斜墙坝(见图4-2(j)、(k)、(l))。防渗体由沥青混凝土、钢筋混凝土或其他人工材料,其余部分用土石料构成。

(4)多种土质坝(见图4-2(d)、(e))。坝身由几种不同的土料构成。

2. 水力冲填坝

水力冲填坝是以水力为动力完成土料的开采、运输和填筑等全部工序而建成的坝。其施工方法是用机械抽水到高出坝顶的土场,以水冲击土料形成泥浆,然后通过泥浆泵将泥浆送到坝址,再经过沉淀和排水固结而筑成坝体。这种坝因筑坝质量难以保证,目前在国内外很少采用。

3. 水中填土坝

水中填土坝是用易于崩解的土料一层一层倒入,由许多小土堤分隔围成的、静水中填筑而成的坝。这种施工方法无需机械压实,而是靠土的重力进行压实和排水固结。该法施工受雨季影响小,工效较高,且不用专门碾压设备,但由于坝体填土干容重低,抗剪强度小,要求坝坡缓,工程量大等,仅在我国华北黄土地区、广东含砾风化黏性土地区曾用此法建造过一些坝,并未得到广泛的应用。

4. 定向爆破堆石坝

定向爆破堆石坝是按预定要求埋设炸药,使爆出的大部分岩石抛填到预定的地点而

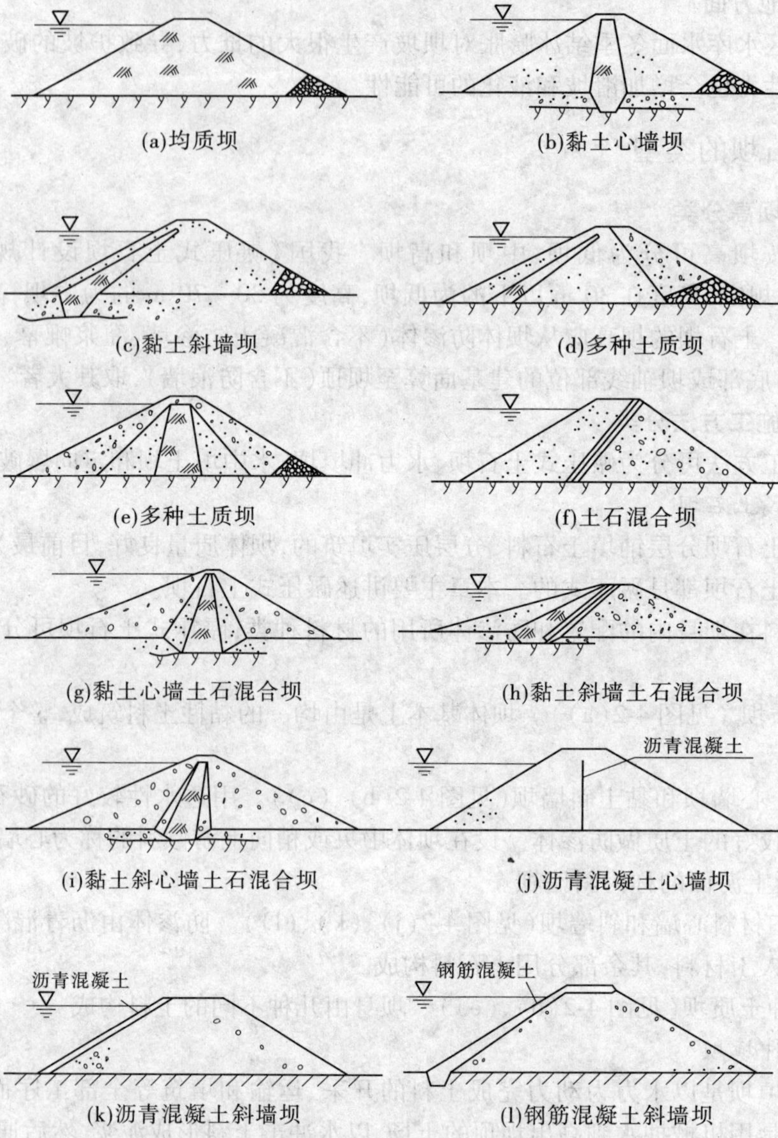

图 4-2　土石坝的类型

堆成的坝。这种坝填筑防渗部分比较困难。

以上四种坝中应用最广泛的是碾压式土石坝。

(三)按坝体材料所占比例分类

土石坝按坝体材料所占比例可分为三种：

(1)土坝。土坝的坝体材料以土和砂砾为主。

(2)土石混合坝(见图 4-2(f)、(g)、(h)、(i))。当两种材料均占相当比例时，称为土石混合坝。

(3)堆石坝。以石渣、卵石、爆破石料为主，除防渗体外，坝体的绝大部分或全部由石料堆筑起来的称为堆石坝。

第二节　土石坝的剖面与构造

一、土石坝的基本剖面

土石坝的剖面尺寸是根据坝高和坝的级别、筑坝材料、坝型、坝基情况及施工、运行等条件,参照工程经验初步拟定坝顶高程、坝顶宽度和坝坡,然后通过渗流、稳定分析,最终确定的合理的剖面形状。

(一)坝顶高程

坝顶高程等于水库静水位与相应的坝顶超高之和,应按以下运用条件计算,取其最大值:①设计洪水位加正常运用条件的坝顶超高;②正常蓄水位加正常运用条件的坝顶超高;③校核洪水位加非常运用条件的坝顶超高;④正常蓄水位加非常运用条件的坝顶超高,再加地震安全加高(地震区)。

坝顶超高值 y 用下式计算(适用于 $v<20$ m/s,$D<20$ km 的情况),如图 4-3 所示。

$$y = R + e + A \tag{4-1}$$

式中　y——坝顶超高,m;

R——波浪在坝坡上的最大爬高,m;

e——最大风壅水面高度,m;

A——安全加高,m。

波浪爬高 R,是指波浪沿建筑物坡面爬升的垂直高度(由风壅水面算起),如图 4-3 中的 R。它与坝前的波浪要素(波高和波长)、坝坡坡度、坡面糙率、坝前水深、风速等因素有关。具体方法见《碾压式土石坝设计规范》(DL/T 5395—2007),其具体计算方法如下:

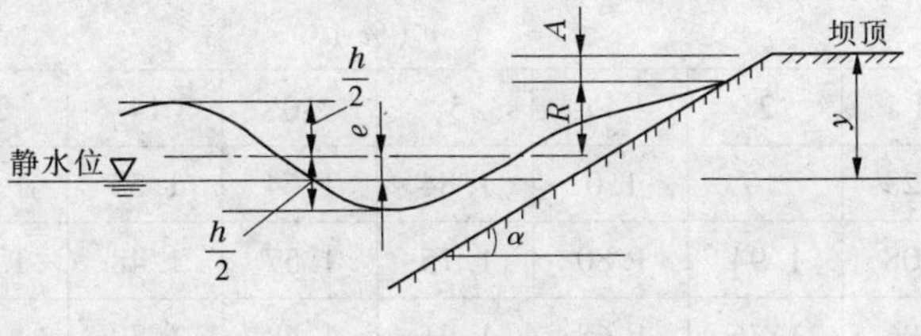

图 4-3　坝顶超高计算

(1)波浪的平均爬高 R_m。当坝坡系数 $m=1.5\sim5.0$ 时,平均爬高 R_m 为

$$R_m = \frac{K_\Delta K_w}{\sqrt{1+m^2}}\sqrt{h_m L_m} \tag{4-2}$$

当 $m\leqslant1.25$ 时

$$R_m = K_\Delta K_w R_0 h_m \tag{4-3}$$

式中　R_0——无风情况下,平均波高 $h_m=1.0$ m、$K_\Delta=1$ 时的爬高值,可查表 4-1;

K_Δ——斜坡的糙率渗透系数,根据护面的类型查表 4-2;

K_w——经验系数,按表 4-3 确定;

m——单坡的坡度系数,若单坡坡角为 α,则 $m=\cot\alpha$;

h_m、L_m——平均波高和波长，m，采用莆田试验站公式计算。

当 $1.25 < m < 1.5$ 时，可由 m 为 1.25 和 1.5 的值按直线内插求得。

表 4-1 R_0 值

m	0	0.5	1.0	1.25
R_0	1.24	1.45	2.20	2.50

表 4-2 糙率渗透系数 K_Δ

护面类型	K_Δ	护面类型	K_Δ
光滑不透水护面(沥青混凝土)	1.0	砌石护面	0.75~0.80
混凝土板护面	0.9	抛填两层块石(不透水基础)	0.60~0.65
草皮护面	0.85~0.9	抛填两层块石(透水基础)	0.50~0.55

表 4-3 经验系数 K_w

$\frac{v_0}{\sqrt{gH}}$	≤1	1.5	2.0	2.5	3.0	3.5	4.0	>5.0
K_w	1	1.02	1.08	1.16	1.22	1.25	1.28	1.33

(2)设计爬高 R。不同累计频率的爬高 R_p 与 R_m 的比，可根据爬高统计分布表(见表 4-4)确定。设计爬高值按建筑物级别而定，对于 1、2、3 级土石坝取累计频率 $p = 1\%$ 的爬高值 $R_{1\%}$；对 4、5 级坝取 $p = 5\%$ 的 $R_{5\%}$。

表 4-4 爬高统计分布(R_p/R_m)

h_m/H	p(%)									
	0.1	1	2	4	5	10	14	20	30	50
<0.1	2.66	2.23	2.7	1.0	1.84	1.64	1.53	1.39	1.22	0.96
0.1~0.3	2.44	2.08	1.94	1.80	1.75	1.57	1.48	1.36	1.21	0.97
>0.3	2.3	1.86	1.76	1.65	1.61	1.48	1.39	1.31	1.19	0.99

当风向与坝轴的法线成一夹角 β 时，波浪爬高应乘以折减系数 K_β，其值由表 4-5 确定。

表 4-5 斜向坡折减系数 K_β

β(°)	0	10	20	30	40	50	60
K_β	1	0.98	0.96	0.92	0.87	0.82	0.76

风壅水面高度 e 可按式(4-4)计算

$$e = \frac{Kv^2 D}{2gH_m}\cos\beta \tag{4-4}$$

式中　D——风区长度，m，取值方法同重力坝；

H_m——坝前水域平均水深，m；

K——综合摩阻系数，一般取 $K = 3.6 \times 10^{-6}$；

β——风向与水域中心线（或坝轴线法线）的夹角，（°）；

v——计算风速，m/s，正常运用条件下的 1、2 级坝，采用多年平均最大风速的 1.5～2.0倍，正常运用条件下的3、4 级和 5 级坝，采用多年平均最大风速的 1.5 倍，非常运用条件下，采用多年平均最大风速。

（3）安全加高 A 可按表 4-6 确定。

表 4-6　安全加高 A　　（单位：m）

运用情况		坝的级别			
		1	2	3	4、5
设计		1.50	1.00	0.70	0.50
校核	山区、丘陵区	0.70	0.50	0.40	0.30
	平原、滨海区	1.00	0.70	0.50	0.30

（二）坝顶宽度

坝顶宽度应根据运行、施工、构造、交通和人防等要求综合确定。如无特殊要求，高坝可选用 10～15 m，中、低坝可选用 5～10 m。

坝顶宽度必须考虑心墙和斜墙顶部及反滤层的需求。寒冷地区还需有足够的宽度以保护黏性土料防渗体免受冻害。

（三）坝坡

坝坡应根据坝型、坝高、坝的等级、坝体和坝基材料的性质、坝所承受的荷载及施工和运用条件等因素，经技术经济比较确定。一般情况下，确定坝坡可参考如下规律：

（1）在满足稳定要求的前提下，尽可能采用较陡的坝坡，以减少工程量。

（2）从坝体的上部到下部，坝坡逐步放缓，以满足抗渗稳定和结构稳定性的要求。

（3）均质坝的上下游坝坡常比心墙坝的坝坡缓。

（4）心墙坝两侧坝壳采用非黏性土料，土体颗粒的内摩擦角大，透水性大，上下游坝坡可陡些，坝体剖面较小，但施工干扰大。

（5）黏土斜墙坝的上游坝坡比心墙坝的坝坡缓，而下游坝坡可比心墙坝坝坡陡些，施工干扰小，斜墙易断裂。

（6）土料相同时上游坝坡缓于下游坝坡，原因是上游坝坡经常浸在水中，土的抗剪强度低，库水位下降时易发生渗流破坏。

（7）黏性土料的坝坡与坝高有关，坝高越大则坝坡越缓；而砂或砂砾料坝体的坝坡与坝高关系不大。通常用黏性土料做成的坝坡，常沿高度分成数段，每段 10～30 m，从上而下逐渐放缓，相邻坡率差值取 0.25 或 0.5。砂土和砂砾料坝体可不变坡，但一般也常采用变坡形式。

（8）碾压堆石坝的坝坡比土坝陡。

土石坝坝坡确定的步骤是:根据经验用类比法初步拟定,再经过核算、修改及技术经济比较后确定。

碾压式土石坝上下游坝坡常沿高程每隔 10 ~ 30 m 设置一条马道,其宽度不小于 1.5 ~ 2.0 m,用以拦截雨水,防止冲刷坝面,同时也兼作交通、检修和观测之用,还有利于坝坡稳定。马道一般设在坡度变化处。

二、土石坝的构造

土石坝的构造主要包括坝顶、防渗体、排水设施、护坡与排水等部分。

(一)坝顶

坝顶护面材料应根据当地材料情况及坝顶用途确定,宜采用砂砾石、碎石、单层砌石或沥青混凝土等柔性材料,如图 4-4 所示。

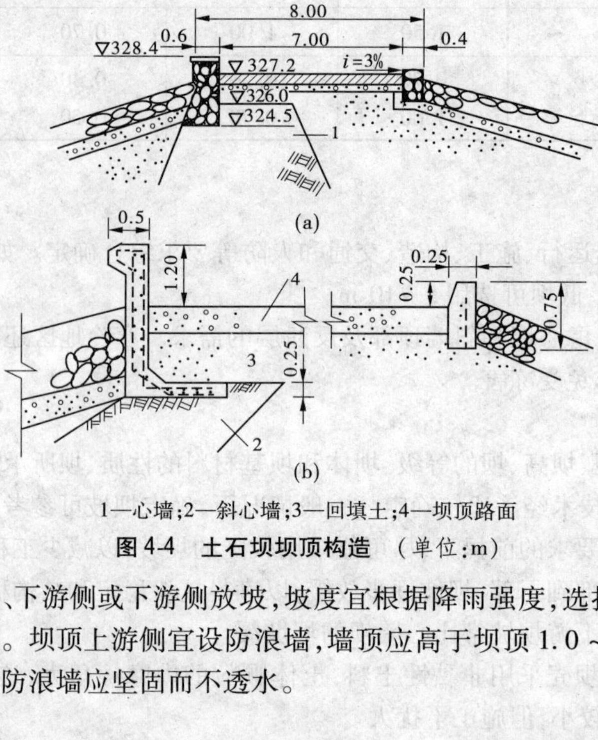

1—心墙;2—斜心墙;3—回填土;4—坝顶路面

图 4-4　土石坝坝顶构造　(单位:m)

坝顶面可向上、下游侧或下游侧放坡,坡度宜根据降雨强度,选择 2% ~3%,并做好向下游的排水系统。坝顶上游侧宜设防浪墙,墙顶应高于坝顶 1.0 ~1.2 m,墙底必须与防渗体紧密结合。防浪墙应坚固而不透水。

(二)防渗体

设置防渗设施的目的:减少通过坝体和坝基的渗流量;降低浸润线,增加下游坝坡的稳定性;降低渗透坡降,防止渗透变形。防渗体主要是心墙、斜墙、铺盖、截水墙等,它的结构尺寸应能满足防渗、构造、施工和管理方面的要求。

1. 黏土心墙

心墙一般布置在坝体中部,有时稍偏上游并稍微倾斜,如图 4-5 所示。

心墙坝顶部厚度一般不小于 3 m,底部厚度不宜小于作用水头的 1/4。黏土心墙两侧边坡多为 1:0.15 ~1:0.3。心墙的顶部应高出设计洪水位 0.3 ~0.6 m,且不低于校核水位,当有可靠的防浪墙时,心墙顶部高程也不应低于设计洪水位。心墙顶与坝顶之间应设有保护层,厚度不小于该地区的冰结或干燥深度,同时按结构要求不宜小于 1 m。心墙与

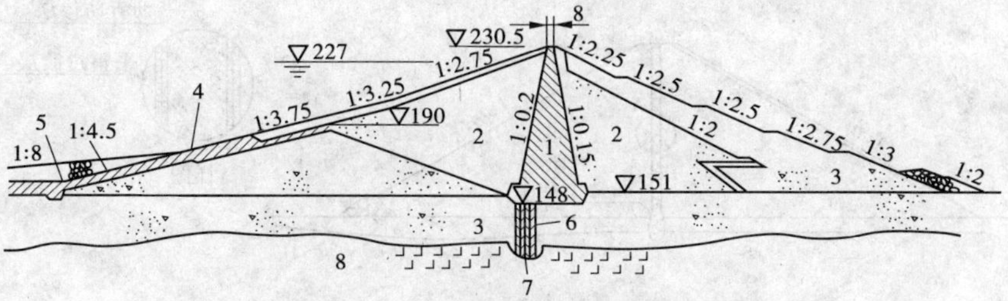

1—黏土心墙;2—半透水料;3—砂卵石;4—施工时挡土黏土斜墙;

5—盖层;6—混凝土防渗墙;7—灌浆帷幕;8—玄武岩

图 4-5 毛家村黏土心墙土石坝 (高程:m)

坝壳之间应设置过渡层,岩石地基上的心墙,一般还要设混凝土垫座,或修建 1 ~ 3 道混凝土齿墙。齿墙的高度为 1.5 ~ 2.0 m,切入岩基的深度常为 0.2 ~ 0.5 m,有时还要在下部进行帷幕灌浆。

2. 黏土斜墙

顶厚(指与斜墙上游坡面垂直的厚度)也不宜小于 3 m。底厚不宜小于作用水头的 1/5。墙顶应高出设计洪水位 0.6 ~ 0.8 m,且不低于校核水位。同样,如有可靠的防浪墙,斜墙顶部也不应低于设计洪水位。斜墙顶部和上游坡都必须设保护层,厚度不得小于冰冻和干燥深度,一般用 2 ~ 3 m。一般内坡不宜陡于 1:2.0,外坡常在 1:2.5 以上。斜墙与保护层及下游坝体之间,应根据需要分别设置过渡层,如图 4-6 所示。

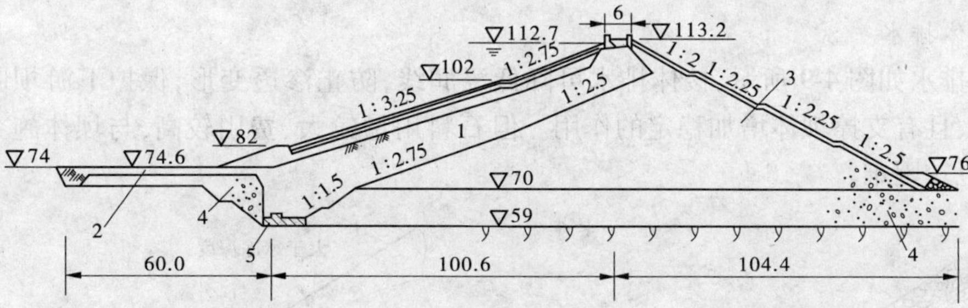

1—黏土斜墙;2—铺盖;3—坝坡;4—砂砾石;5—混凝土盖板齿墙

图 4-6 汤河土坝 (高程:m)

3. 沥青混凝土防渗墙

沥青混凝土防渗墙的结构形式有心墙(见图 4-7)、斜墙。

沥青混凝土防渗墙的特点:①沥青混凝土具有良好的塑性和柔性,渗透系数为 10^{-7} ~ 10^{-10} cm/s,防渗性能好;②沥青混凝土在产生裂缝时,有较好的自行愈合能力;③施工受气候影响小。

沥青心墙受外界温度影响小,结构简单,修补困难,厚度 $H/30$,顶厚 30 ~ 40 cm,上游侧设黏性土过渡层,沥青墙坏了可修补,下游侧设排水。

沥青斜墙不漏水,不需设排水;一层即可,斜墙与基础连接要适应变形的要求,为柔性结构。

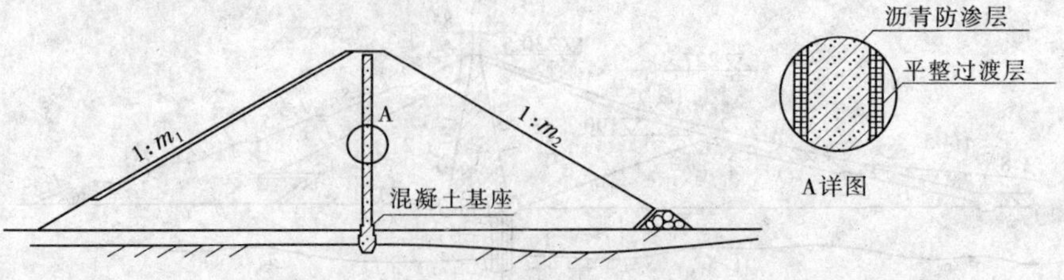

图 4-7　沥青混凝土心墙坝

(三)排水设施

由于在土石坝中渗流不可避免,所以土石坝应设置坝体排水,用以降低浸润线,改变渗流方向,防止渗流溢出处产生渗透变形,保护坝坡土不产生冻胀破坏。常用的坝体排水有以下几种形式。

1. 贴坡排水

贴坡排水如图 4-8 所示,可以防止坝坡土发生渗透破坏,保护坝坡免受下游波浪淘刷,对坝体施工干扰较小,易于检修,但不能有效降低浸润线,多用于浸润线很低和下游无水的情况。土质防渗体分区坝常用这种排水体。

贴坡排水设计应遵守下列规定:顶部高程应高于坝体浸润线的逸出点,超过的高度应使坝体浸润线在该地区的冻结深度以下,1、2 级坝不小于 2.0 m,3、4 级和 5 级坝不小于 1.5 m,并应超过波浪沿坡面的爬高;底部应设排水沟和排水体,材料应满足防浪护坡的要求。

2. 棱体排水

棱体排水如图 4-9 所示,棱体排水可降低浸润线,防止渗透变形,保护下游坝脚不受尾水淘刷,且有支撑坝体增加稳定的作用。但石料用量较大、费用较高,与坝体施工有干扰,检修也较困难。

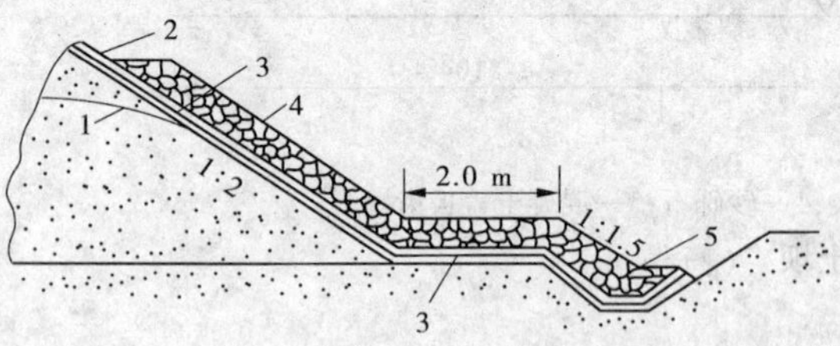

1—浸润线;2—护坡;3—反滤层;4—排水体;5—排水沟

图 4-8　贴坡排水

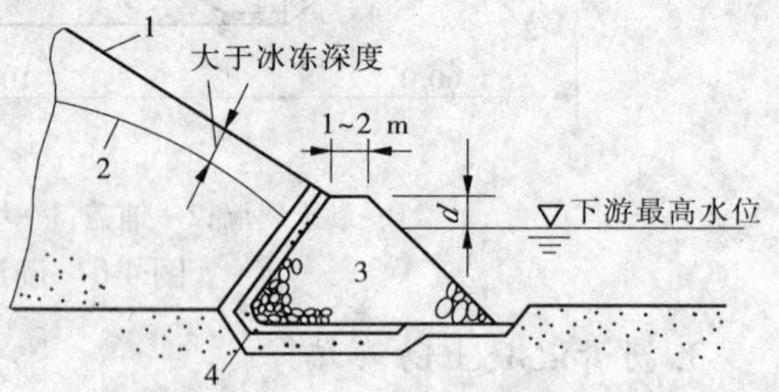

1—坝坡;2—浸润线;3—堆石棱体;4—反滤层

图 4-9　棱体排水

棱体排水设计应遵守下列规定:在下游坝脚处用块石堆成棱体,顶部高程应超出下游最高水位,超过的高度,1、2 级坝不小于 1.0 m,3、4 级和 5 级坝不小于 0.5 m,超出高度应大于波浪沿坡面的爬高;顶部高程应使坝体浸润线距坝面的距离大于该地区的冻结深度;顶部宽度应根据施工条件及检查观测需要确定但不宜小于 1.0 m;应避免在棱体上出现锐角。

3. 褥垫排水

褥垫排水如图 4-10 所示，是伸展到坝体内的排水设施，在坝基面上平铺一层厚 0.4 ~ 0.5 m 的块石，并用反滤层包裹。褥垫伸入坝体内的长度应根据渗流计算确定，对黏性土均质坝为坝底宽的 1/2，对砂性土均质坝为坝底宽的 1/3。

当下游水位低于排水设施时，褥垫排水降低浸润线的效果显著，还有助于坝基排水固结。当坝基产生不均匀沉陷时，褥垫排水层易遭断裂，而且检修困难，施工时有干扰。

4. 管式排水

管式排水如图 4-11 所示，埋入坝体的暗管可以是带孔的陶瓦管、混凝土管或钢筋混凝土管，还可以由碎石堆筑而成。平行于坝轴线的集水管收集渗水，经由垂直于坝轴线的排水管排向下游。

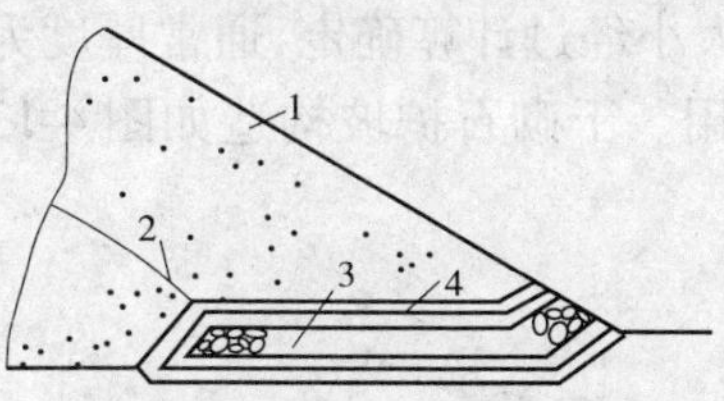

1—坝坡；2—浸润线；3—褥垫排水；4—反滤层

图 4-10 褥垫排水

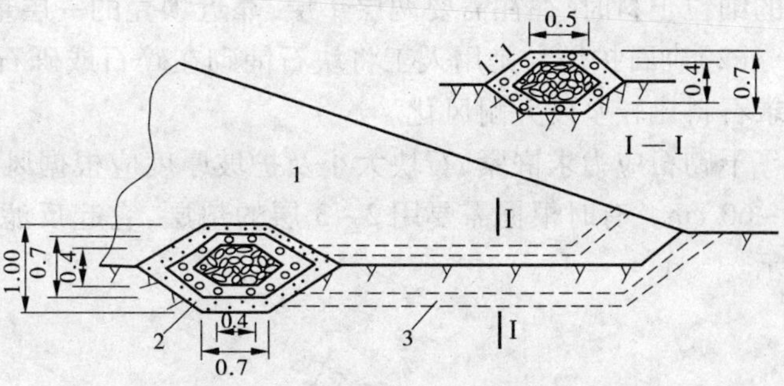

1—坝体；2—反滤层；3—横向排水带或排水管

图 4-11 管式排水

管式排水的优缺点与褥垫排水相似，排水效果不如褥垫排水好，但用料少。一般用于土石坝岸坡地段，因为这里坝体下游经常无水，排水效果好。

5. 综合式排水

在实际工程中常根据具体情况采用几种排水形式组合在一起的综合式排水，如图 4-12所示。

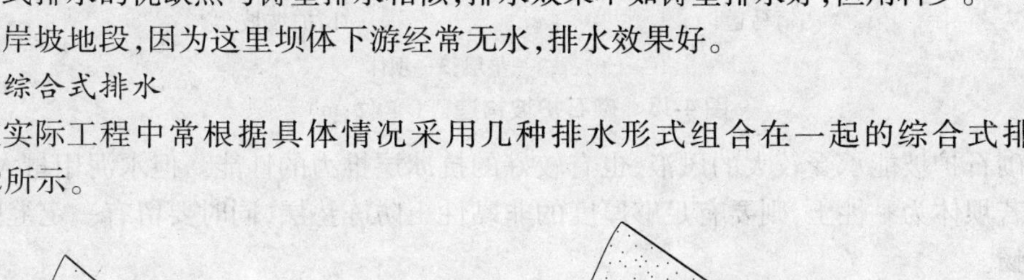

(a)贴坡+棱体　　(b)褥垫+棱体

图 4-12 综合排水

(四)土石坝的护坡与坝坡排水

护坡的形式、厚度及材料粒径应根据坝的等级、运用条件和当地材料情况，根据以下因素进行技术经济比较确定。上游护坡应考虑:波浪淘刷,顺坝水流冲刷,漂浮物和冰层的撞击及冻冰的挤压。下游护坡应考虑:冻胀、干裂及蚁、鼠等动物的破坏,雨水、大风、水下部位的风浪、冰层和水流的作用。

1. 上游护坡

上游护坡的形式有:抛石(堆石)护坡、干砌石护坡、浆砌石护坡、预制或现浇的混凝土或钢筋混凝土板(或块)护坡、沥青混凝土护坡、其他形式护坡(如水泥土护坡)。

护坡的范围为:上部自坝顶起,如设防浪墙应与防浪墙连接;下部至死水位以下不宜小于2.50 m,4、5级坝可减至1.50 m,最低水位不确定时应护至坝脚。

(1)抛石(堆石)护坡。它是将适当级配的石块倾倒在坝面垫层上的一种护坡。其优点是施工速度快,节省人力,但工程量比砌石护坡大。堆石厚度一般认为至少要包括2~3层块石,这样便于在波浪作用下自动调整,不致因垫层暴露而遭到破坏。当坝壳为黏性小的细粒土料时,往往需要两层垫层,靠近坝壳的一层垫层最小厚度为15 cm。

(2)砌石护坡。是用人工将块石铺砌在碎石或砾石垫层上,有干砌石和浆砌石两种。要求石料比较坚硬并耐风化。

干砌石应力求嵌紧,石块大小及护坡厚度应根据风浪大小经过计算确定,通常厚度为20~60 cm。有时根据需要用2~3层的垫层,它起反滤作用。干砌石护坡构造如图4-13所示。

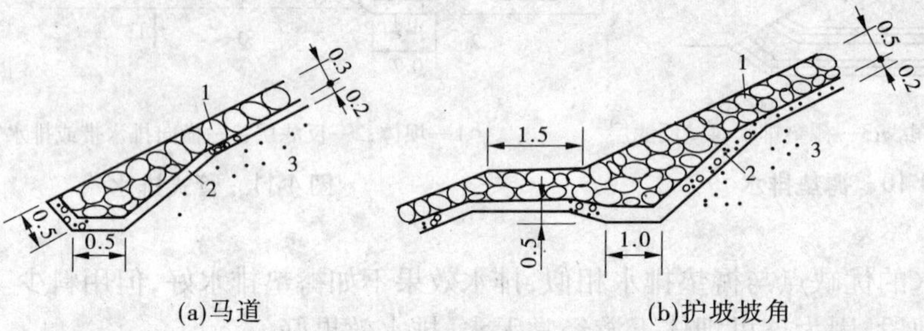

1—干砌石;2—垫层;3—坝体

图4-13 砌石护坡构造 (单位:m)

浆砌石护坡能承受较大的风浪,也有较好的抗冰层推力的性能。但水泥用量大,造价较高。若坝体为黏性土,则要有足够厚度的非黏性土防冻垫层,同时要留有一定缝隙以便排水通畅。

(3)混凝土和钢筋混凝土板护坡。当筑坝地区缺乏石料时可考虑采用此种形式。预制板的尺寸一般采用:方形板为1.5 m×2.5 m、2 m×2 m或3 m×3 m,厚为0.10~0.20 m。预制板底部设砂砾石或碎石垫层。现场浇筑的尺寸可大些,可采用5 m×5 m、10 m×10 m,甚至20 m×20 m。严寒地区冰推力对护坡危害很大,因此也有用混凝土板做护坡的,但其垫层厚度要超过冻深,如图4-14所示。

(4)水泥土护坡。将粗砂、中砂、细砂掺上7%~12%的水泥(重量比),分层填筑于坝面作为护坡,叫水泥土护坡。它是随着土石坝逐层填筑压实的,每层压实后的厚度不超过15 cm。这种护坡厚度0.6~0.8 m,相应的水平宽度2~3 m,如图4-15所示。

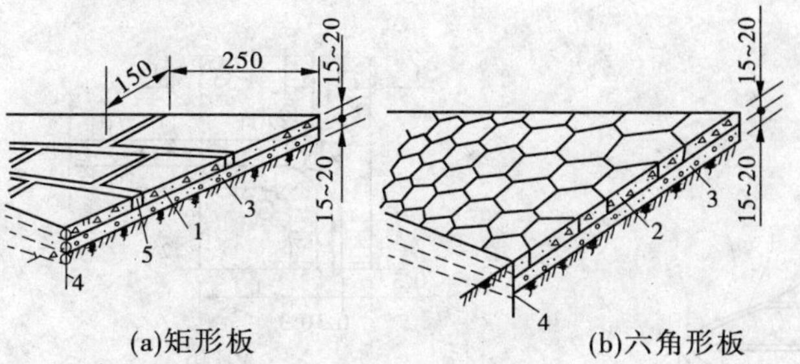

(a)矩形板　　　　(b)六角形板

1—矩形混凝土板;2—六角形混凝土板;3—碎石或砾石;
4—木档柱;5—结合缝

图 4-14　混凝土板护坡　(单位:cm)

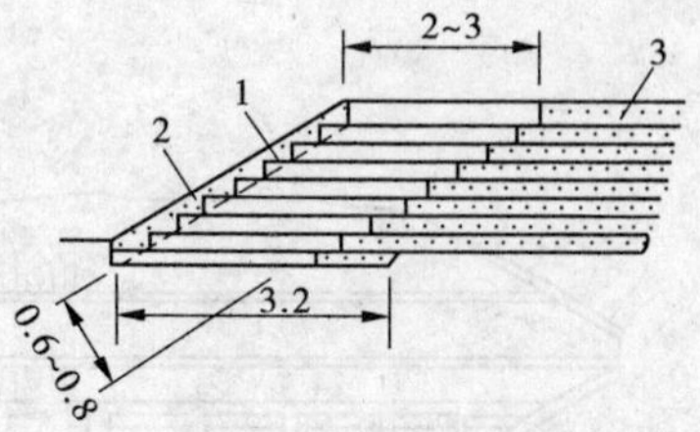

1—土壤水泥护坡;2—潮湿土壤保护层;
3—压实的透水土料

图 4-15　水泥土护坡　(单位:m)

(5)渣油混凝土护坡。在坝面上先铺一层厚 3 cm(夯实后的厚度)的渣油混凝土,上铺 10 cm(不夯)的卵石做排水层,第三层铺 8 ~ 10 cm 的渣油混凝土,夯实后在第三层表面倾倒温度为 130 ~ 140 ℃的渣油砂浆,并立即将 0.5 m × 1.0 m × 0.15 m 的混凝土板平铺其上,板缝间用渣油砂浆灌满。这种护坡在冰冻区试用成功,如图 4-16 所示。

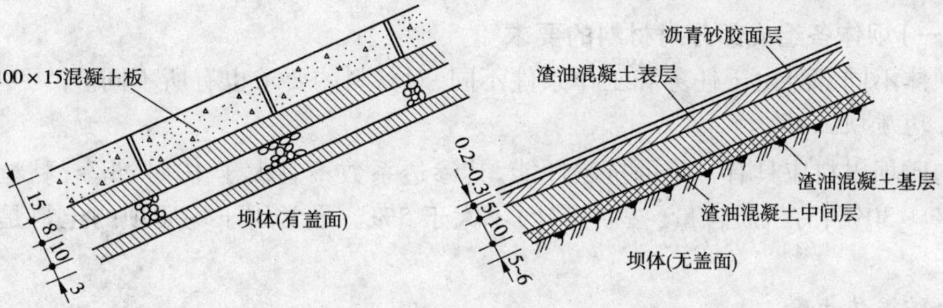

图 4-16　渣油混凝土护坡　(单位:cm)

以上各种护坡的垫层按反滤层要求确定。垫层厚度一般对砂土可用 15 ~ 30 cm 以上,卵砾石或碎石可用 30 ~ 60 cm 以上。

2. 下游护坡

下游护坡形式有干砌石,堆石、卵石和碎石、草皮,钢筋混凝土框格填石,其他形式(如土工合成材料)。

护坡的范围为由坝顶护至排水棱体,无排水棱体时护至坝脚。

3. 坝坡排水

为防止雨水的冲刷,在下游坝坡上常设置纵横向连通的排水沟。常用的形式有纵沟、横沟和岸坡排水沟。

沿土石坝与岸坡的结合处,常设置岸坡排水沟以拦截山坡上的雨水。坝面上的纵向排水沟沿马道内侧布置,用浆砌石或混凝土板敷设成矩形或梯形。若坝较短,纵向排水沟拦截的雨水可引至两岸的排水沟排至下游。若坝较长,则应沿坝轴线方向每隔 50 ~ 100 m 设一横向排水沟,以便排除雨水。排水沟的横断面,一般深 0.2 m、宽 0.3 m,如图 4-17

所示。

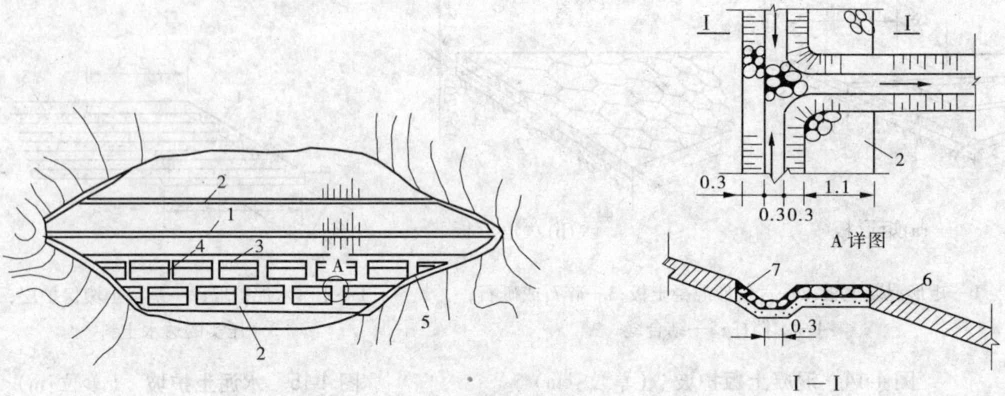

1—坝顶；2—马道；3—纵向排水沟；4—横向排水沟；5—岸坡截水沟；

6—草皮护坡；7—浆砌石排水沟

图4-17 排水沟布置与构造

三、筑坝材料选择与填筑标准

（一）坝体各组成部分对材料的要求

坝体不同部分由于任务和工作条件不同，对材料的要求也有所不同。

1. 均质坝土料

均质坝土料应具有一定的抗渗性能，其渗透系数不宜大于 10^{-4} cm/s；黏粒含量一般为10%～30%；有机质含量（按质量计）不大于5%。最常用于均质坝的土料是砂质黏土和壤土。

2. 防渗体土料

防渗体土料应满足下列要求：①渗透系数：均质坝应不大于 1×10^{-4} cm/s，心墙和斜墙应不大于 1×10^{-5} cm/s；②水溶盐（指易溶盐、中溶盐，按质量计）含量不大于3%；③有机质含量（按质量计）：均质坝应不大于5%，心墙和斜墙应不大于2%；④具有较好的塑性和渗透稳定性；⑤浸水与失水时体积变化较小。

以下几种黏性土不宜作为坝的防渗体填筑料，必须采用时，应根据其特性采取相应的措施：塑性指数大于20和液限大于40%的冲积黏土，膨胀土，开挖、压实困难的干硬黏土，冻土，分散性黏土。

3. 坝壳土石料

料场开采和建筑物开挖的无黏性土（包括砂、砾石、卵石、漂石等）、石料和风化料、砾石土均可作为坝壳料，并应根据材料性质用于坝壳的不同部位。均匀中、细砂及粉砂可用于中、低坝坝壳的干燥区，但地震区不宜采用。采用风化石料和软岩填筑坝壳时，应按压实后的级配研究确定材料的物理力学指标，并应考虑浸水后抗剪强度的降低、压缩性增加等不利情况。对软化系数低、不能压碎成砾石的风化石料和软岩宜填筑在干燥区。下游坝壳水下部位和上游坝壳水位变动区应采用透水料填筑。

4. 排水体、护坡石料

反滤料、过渡层料和排水体料应符合下列要求：质地致密；抗水性和抗风化性能满足工程运用的技术要求；具有符合使用要求的级配和透水性；反滤料和排水体料中粒径小于0.075 mm 的颗粒含量应不超过5%。

反滤料可利用天然或经过筛选的砂砾石料，也可采用块石、砾石轧制，或天然和轧制的掺合料。3 级低坝经过论证可采用土工织物作为反滤料。

护坡石料应采用质地致密、抗水性和抗风化性能满足工程运用条件要求的硬岩石料。

（二）土料填筑标准的确定

1. 黏性土的压实标准

对不含砾石或含少量砾石的黏性土的填筑标准应以压实度和最优含水率作为控制指标。黏性土压实最优含水率多在塑限附近，设计干重度应以最大干重度乘以压实度确定。

$$\gamma_d = P\gamma_{d\max} \tag{4-5}$$

式中 γ_d——设计干重度，kN/m^3；

P——压实度；

$\gamma_{d\max}$——标准击实试验平均最大干重度，kN/m^3。

对于1、2 级坝和高坝压实度为 0.98～1.00，对于 3 级及其以下的中坝压实度为0.96～0.98；设计地震烈度为 8 度、9 度地区，宜取上述规定的大值；有特殊用途和性质特殊的土料压实度宜另行确定。

2. 非黏性土料的压实标准

砂砾石和砂的填筑标准以相对密度为设计控制指标，并应符合下列要求：砂砾石的相对密度不应低于 0.75，砂的相对密度不应低于 0.70，反滤料宜为 0.70；砂砾料中粗粒料含量小于 50% 时，应保证细料（粒径小于 5 mm 的颗粒）的相对密度也符合上述要求；地震区的相对密度设计标准应符合《水工建筑物抗震设计规范》（SL 203—97）的规定。压密程度一般与含水量关系不大，而与粒径级配和压实功能有密切关系。非黏性土料设计中的一个重要问题是防止产生液化，解决的途径除要求有较高的密实度外，还要注意颗粒不能太小，级配要适当，不能过于均匀。

堆石料的填筑标准宜用孔隙率为设计控制指标，并应符合下列要求：土质防渗体分区坝和沥青混凝土心墙坝的堆石料，孔隙率宜取 20%～28%；沥青混凝土面板坝堆石料的孔隙率宜在混凝土面板堆石坝和土质防渗体分区坝的孔隙率之间选择；采用软岩、风化岩石筑坝时，孔隙率宜根据坝体变形、应力及抗剪强度等要求确定；设计地震烈度为 8 度、9 度的地区，可取上述孔隙率的小值。

第三节　土石坝的渗流分析

一、渗流计算的任务

（1）确定坝体浸润线和下游出逸点的位置，绘制坝体及坝基内的等势线分布图或流网图。

(2)确定坝体与坝基的渗流量，以便估计水库渗漏损失和确定坝体排水设备的尺寸。

(3)确定坝坡出逸段和下游地基表面的出逸坡降，以及不同土层之间的渗透比降。

(4)确定库水位降落时上游坝坡内的浸润线位置或孔隙压力。

(5)确定坝肩的等势线、渗流量和渗透比降。

二、渗流计算的方法

土石坝渗流分析通常是把一个实际比较复杂的空间问题近似转化为平面问题。土石坝的渗流分析方法主要有解析法、手绘流网法、试验法和数值法四种。

解析法分为流体力学法和水力学法。本节主要介绍水力学法。

手绘流网法是一种简单易行的方法，能够求渗流场内任一点的渗流要素，并具有一定的精度，但在渗流场内具有不同土质，且其渗透系数差别较大的情况下较难应用。

(一)渗流分析的计算情况

(1)上游正常蓄水位与下游相应的最低水位。

(2)上游设计洪水位与下游相应的水位。

(3)上游校核洪水位与下游相应的水位。

(4)库水位降落时上游坝坡稳定最不利的情况。

(二)渗流分析的水力学法

1. 基本假定

(1)坝体土是均质的，坝内各点在各个方向的渗透系数相同。

(2)渗流是层流，符合达西定律，$v = KJ$。

(3)渗流是渐变流，过水断面上各点的坡降和流速是相等的。

2. 渗流计算基本公式

对于不透水地基上矩形土体内的渗流，如图 4-18 所示。

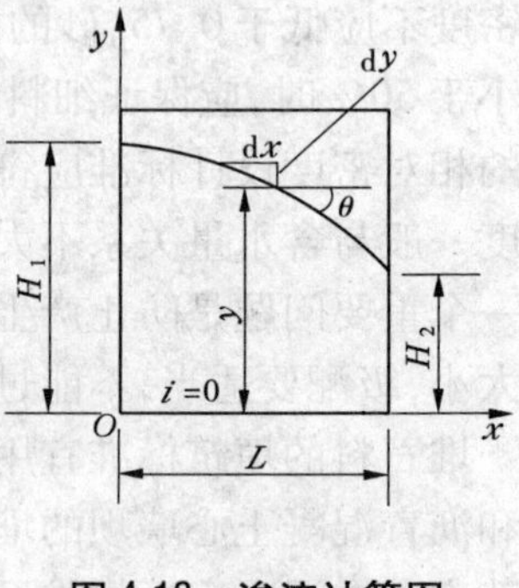

图 4-18 渗流计算图

应用达西定律，并假定任一铅直过水断面内各点的渗透坡降相等，对不透水地基上的矩形土体，流过断面上的平均流速为

$$v = -K\frac{dy}{dx} = -KJ \tag{4-6}$$

单宽流量

$$q = vy = -Ky\frac{dy}{dx} \tag{4-7}$$

自上游向下游积分

$$q = \frac{K(H_1^2 - H_2^2)}{2L} \tag{4-8}$$

自上游向区域中某点(x,y)积分，得浸润线方程

$$y = \sqrt{H_1^2 - \frac{2q}{K}x} \tag{4-9}$$

由式(4-9)可知,浸润线是一个二次抛物线。当渗流量 q 已知时,即可绘制浸润线,若边界条件已知,即可计算单宽渗流量。

三、均质坝的渗流计算

(一)不透水地基上均质土石坝的渗流计算

1. 土石坝下游有水而无排水设备的情况

以下游有水而无排水设备或设有贴坡排水的情况,过 B' 点作铅垂线将坝体分为两部分;用虚拟矩形 $AEOF$ 代替三角形 AMF,如图 4-19 所示。

等效矩形宽度 $\Delta L = \lambda H_1$,λ 值由下式计算:

$$\lambda = \frac{m_1}{2m_1 + 1} \tag{4-10}$$

式中 m_1——上游坝面的边坡系数,如为变坡则取平均值;

H_1——上游水深,m。

(1)上游坝体段计算:

$$q_1 = K\frac{H_1^2 - (H_2 + a_0)^2}{2L'} \tag{4-11}$$

式中 a_0——浸润线出逸点在下游水面以上高度,m;

K——坝身土料渗透系数;

H_1——上游水深,m;

H_2——下游水深,m;

L'——含义见图 4-19。

(2)下游坝体段计算。下游水位以上部分单宽渗流量(见图 4-20):

$$q'_2 = K\frac{a_0}{m_2 + 0.5} \tag{4-12}$$

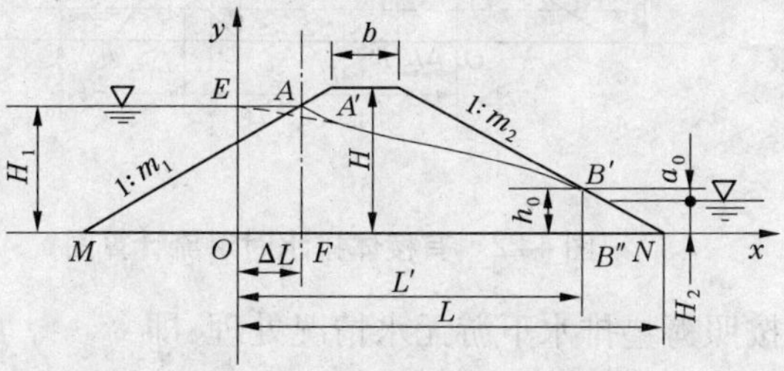

图 4-19 不透水地基上均质土坝的渗流计算图

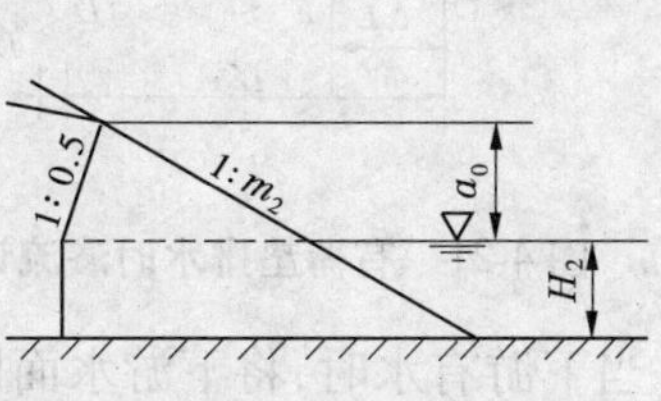

图 4-20 下游楔形体渗流计算图

下游水位以下部分单宽渗流量:

$$q''_2 = K\frac{a_0 H_2}{(m_2 + 0.5)a_0 + \frac{m_2 H_2}{1 + 2m_2}} \tag{4-13}$$

通过下游坝体总单宽渗流量：

$$q_2 = q'_2 + q''_2 = K\frac{a_0}{m_2 + 0.5}\left(1 + \frac{H_2}{a_0 + a_m H_2}\right) \tag{4-14}$$

式中

$$a_m = \frac{m_2}{2(m_2 + 0.5)^2} \tag{4-15}$$

根据水流连续条件：

$$q_1 = q_2 = q \tag{4-16}$$

可求两个未知数渗流量 q 和逸出点高度 a_0。

可由式(4-9)确定浸润线。上游坝面附近的浸润线需作适当修正，自 A 点作与坝坡 AM 正交的平滑曲线，曲线下端与计算求得的浸润线相切于 A' 点。

当下游无水时，以上各式中的 $H_2 = 0$；当下游有贴坡排水时，因贴坡式排水基本上不影响坝体浸润线的位置，所以计算方法与下游不设排水时相同。

2. 土石坝下游有褥垫排水

如图 4-21 所示，浸润线为抛物线，其方程为

$$L' = \frac{y^2 - h_0^2}{2h_0} + x \tag{4-17}$$

$$h_0 = \sqrt{L'^2 + H_1^2} - L' \tag{4-18}$$

通过坝身的单宽渗流量：

$$q = \frac{K}{2L'}(H_1^2 - h_0^2) \tag{4-19}$$

3. 土石坝下游有棱体排水

如图 4-22 所示，当下游无水时，按上述褥垫排水情况计算。

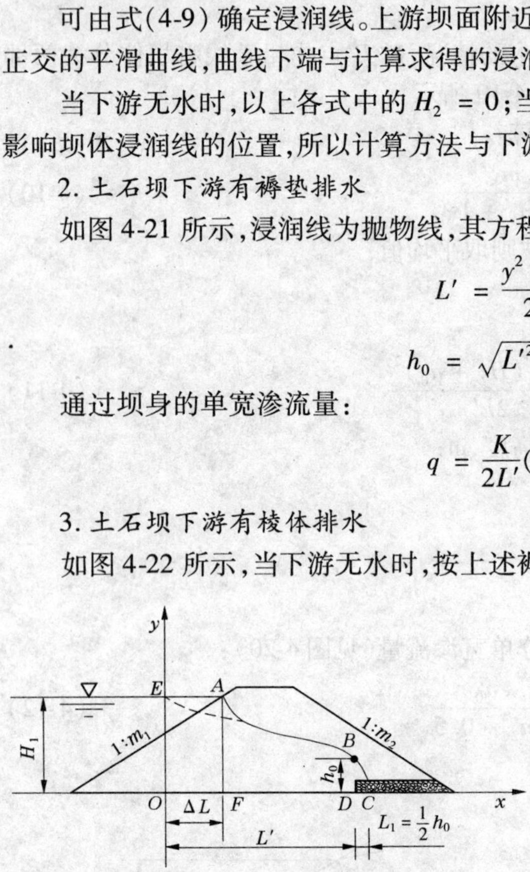

图 4-21　有褥垫排水时渗流计算图

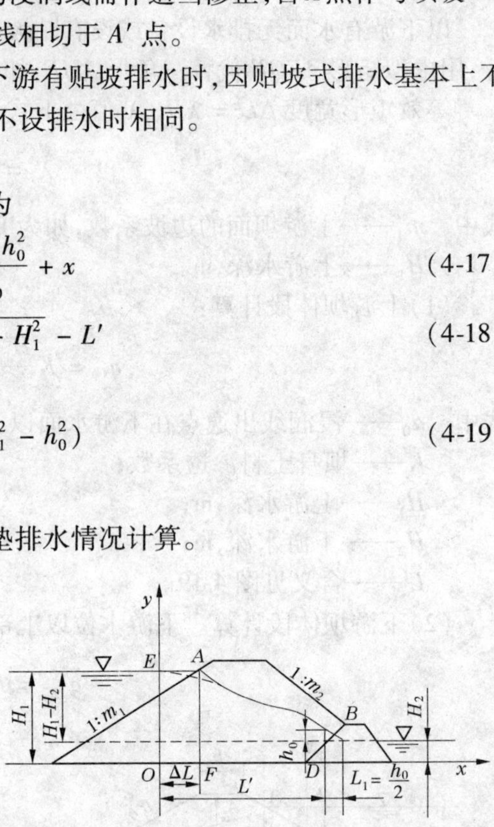

图 4-22　有棱体排水时渗流计算图

当下游有水时，将下游水面以上部分按照褥垫排水下游无水情况处理，即

$$y = \sqrt{H_1^2 - \frac{2q}{K}x} \tag{4-20}$$

$$q = \frac{K}{2L'}[(H_1^2 - (H_2 + h_0)^2] \tag{4-21}$$

$$h_0 = \sqrt{L'^2 + (H_1 - H_2)^2} - L' \tag{4-22}$$

(二)有限深透水地基上均质土石坝的渗流计算

对坝体和地基渗透系数相近的均质土坝，可先假定地基不透水，按上述方法确定坝体

的渗流量 q_1 和浸润线；坝体浸润线可不考虑坝基渗透的影响，仍用地基不透水情况下算出的结果，然后假定坝体不透水，计算坝基的渗流量 q_2；最后将 q_1 和 q_2 相加，即可近似地得到坝体坝基的渗流量。当坝体的渗透系数是坝基渗透系数的百分之一时，认为坝体是不透水的；反之，当坝基的渗透系数是坝体渗透系数的百分之一时，认为坝基是不透水地基。

考虑坝基透水的影响，上游面的等效矩形宽度应按下式计算：

$$\Delta L = \frac{\beta_1\beta_2 + \beta_3 \frac{K_T}{K}}{\beta_1 + \frac{K_T}{K}} \tag{4-23}$$

$$\beta_1 = \frac{2m_1H_1}{T} + \frac{0.44}{m_1} - 0.12, \beta_2 = \frac{m_1H_1}{1 + 2m_1}, \beta_3 = m_1H_1 + 0.44T$$

式中　T——透水地基厚度；

K_T——透水地基的渗透系数。

下游无水时，通过坝体和坝基的单宽渗流量：

$$q = q_1 + q_2 = K\frac{H_1^2}{2L'} + K_T\frac{TH_1}{L' + 0.44T} \tag{4-24}$$

下游有水时，通过坝体和坝基的单宽渗流量：

$$q = K\frac{H_1^2 - H_2^2}{2L'} + K_T\frac{H_1 - H_2}{L' + 0.44T}T \tag{4-25}$$

浸润线仍按式(4-9)计算，式中的 q 用坝身的渗流量 q_1 代入。

用这种近似方法计算的渗流量比实际值小，浸润线比实际的高。

四、心墙坝的渗流计算

有限深透水地基上的心墙坝，一般都做有截水槽以拦截透水地基渗流。心墙土料的渗透系数 K_e 常比坝壳土料的渗透系数小得多，故可近似地认为上游坝壳中无水头损失，心墙前的水位仍为水库的水位。计算时一般分下述两段。

(1)心墙、截水墙段：其土料一般是均一的，可取平均厚度 δ 进行计算。若心墙后的浸润线高度为 h，则通过心墙、截水墙的渗流量 q_1 为

$$q_1 = K_e\frac{(H_1 + T)^2 - (h + T)^2}{2\delta} \tag{4-26}$$

式中符号意义如图 4-23 所示。

(2)下游坝壳和坝基段：由于心墙后浸润线的位置较低，可近似地取浸润线末端与堆石棱体的上游相交，然后分别计算坝体和坝基的渗流量

$$q_2 = K\frac{h_2}{2L} + K_TT\frac{h}{L + 0.44T} \tag{4-27}$$

按连续性 $q_1 = q_2 = q$，可由式(4-26)和式(4-27)求得 q 和 h。心墙后的浸润线可按下式近似计算：

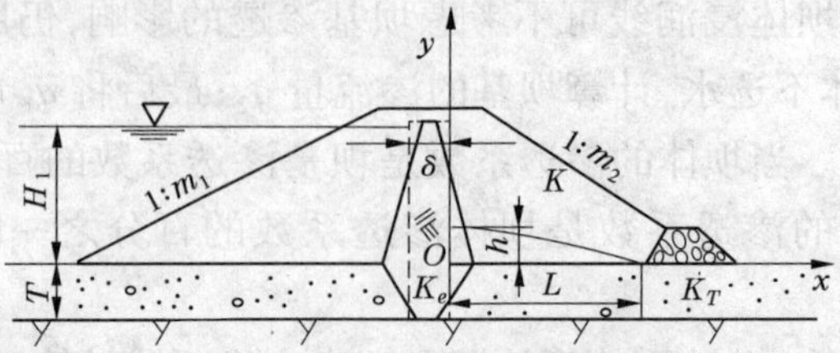

图 4-23　心墙坝渗流计算图

$$y = \sqrt{h^2 - \frac{h^2}{L}x} \tag{4-28}$$

取 $T=0$,即可得到不透水地基心墙坝的渗流量计算公式。当下游有水时,可近似地假定浸润线逸出点在下游水面与堆石棱体内坡的交点处,用上述同样的方法进行计算。

五、斜墙坝的渗流计算

有限深透水地基上的斜墙土坝,一般同时设有截水墙或铺盖。前者用于地基透水层较薄时截断透水地基渗流;后者用于透水地基较厚时延长渗径、减少渗透坡降,防止渗透变形。两种结构的布置如图 4-24 所示。

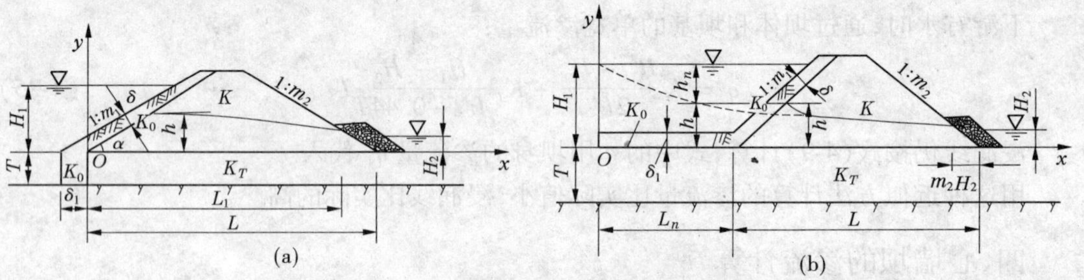

图 4-24　透水地基斜墙土坝渗流计算图

(1)有截水墙的情况。它与心墙土坝的情况类似,也可分为两段:斜墙和截水墙段、坝体和坝基段。计算前一段时,取斜墙和截水墙的平均厚度分别为 δ 和 δ_1。当斜墙后浸润线起点距坝底面的高度为 h 时,可取该点以下斜墙及截水墙上下游面水头差都为 $H_1 - h$(见图 4-24(a)),则通过第一段的渗流量 q_1 可近似地用下式计算:

$$q_1 = \frac{K_0(H_1^2 - h^2)}{2\delta\sin\alpha} + \frac{K_0(H_1 - h)}{\delta}T \tag{4-29}$$

第二段,即斜墙后的坝体和坝基段,当下游无排水或只设贴坡排水时,渗流量 q_2 为

$$q_2 = \frac{K(h^2 - H_2^2)}{2(L - m_2H_2)} + \frac{K_T(h - H_2)}{l + 0.44T}T \tag{4-30}$$

根据 $q_1 = q_2 = q$,可由式(4-29)和式(4-30)求得 q 和 h。当 $T = 0$ 时,也可得出不透水地基上斜墙坝的渗流量计算公式。

斜墙后坝体浸润线方程为

$$y = \sqrt{\frac{L_1}{L_1 - m_1h}h^2 - \frac{h^2}{L_1 - m_1h}x} \tag{4-31}$$

(2)有铺盖的情况。当铺盖与斜墙的渗透系数比坝体和坝基的渗透系数小很多时,可近似地认为铺盖与斜墙是不透水的,并以铺盖末端为分界线,将渗流区分为两段进行计算。设坝体的浸润线起点高度为 h,可取第一段的水头损失为 h_n(见图4-24(b)),则两段的渗流量计算公式为

$$q_1 = K_T \frac{h_n}{L_n + 0.44T} T \tag{4-32}$$

$$q_2 = K \frac{h^2 - H_2^2}{2(L - m_2 H_2)} + K_T \frac{h - H_2}{L + 0.44T} T \tag{4-33}$$

同理,根据 $q_1 = q_2 = q$ 求解式(4-32)、式(4-33)可得出 q 和 h。斜墙后坝体浸润线方程用式(4-31)求得。

六、总渗流量的计算

计算总渗流量时,应根据地形、地质、防渗排水的变化情况,将土石坝沿坝轴线分为若干段,如图4-25所示,然后分别计算各段的平均单宽渗流量,再按式(4-34)计算总渗流量:

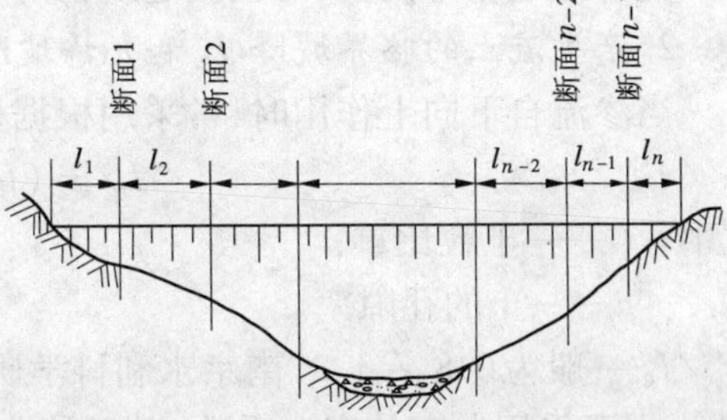

图4-25 总渗流量计算图

$$Q = \frac{1}{2}[q_1 l_1 + (q_1 + q_2) l_2 + \cdots + (q_{n-2} + q_{n-1}) l_{n-1} + q_{n-1} l_n] \tag{4-34}$$

式中 $l_1, l_2, \cdots, l_n$——各段坝长,m;

$q_1, q_2, \cdots, q_{n-1}$——断面1,断面2,…,断面 $n-1$ 处的单宽渗流量,m^3/s。

七、土石坝的渗透变形及其防止措施

(一)渗透变形的形式

(1)管涌。在渗流作用下,坝体或坝基中的细小颗粒被渗流带走逐步形成渗流通道的现象称为管涌,常发生在坝的下游坡或闸坝下游地基面渗流逸出处。没有凝聚力的无黏性砂土、砾石砂土中容易出现管涌;黏性土的颗粒之间存在凝聚力(或称黏结力),渗流难以把其中的颗粒带走,一般不易发生管涌。

(2)流土。在渗流作用下,成块土体被掀起浮动的现象称为流土。它主要发生在黏性土及均匀非黏性土体的渗流出口处。发生流土时的水力坡降称为流土的破坏坡降。

(3)接触冲刷。当渗流沿两种不同土壤的接触面流动时,把其中细颗粒带走的现象,称为接触冲刷。接触冲刷可能使临近接触面的不同土层混合起来。

(4)接触流土和接触管涌。渗流方向垂直于两种不同土壤的接触面时,例如在黏土心墙(或斜墙)与坝壳砂砾料之间,坝体或坝基与排水设施之间,以及坝基内不同土层之间的渗流,可能把其中一层的细颗粒带到另一层的粗颗粒中去,称为接触管涌。当其中一层为黏性土,由于含水量增大、凝聚力降低而成块移动,甚至形成剥蚀时,称为接触流土。

(二)渗透变形的临界坡降和允许坡降

1. 产生管涌的临界坡降 J_c 和允许坡降 $[J_c]$

当渗流方向为由下向上时,根据土粒在渗流作用下的平衡条件,在非黏性土中产生管

涌的临界坡降 J_c，可用南京水利科学研究院的经验公式推算，适用于中、小型工程及初步设计。

$$J_c = \frac{42d_3}{\sqrt{\frac{K}{n^3}}} \tag{4-35}$$

式中 d_3——相应于粒径曲线上含量为3%的粒径，mm；

K——渗透系数，cm/s；

n——土壤孔隙率(%)。

允许渗透坡降$[J_c]$，可根据建筑物的级别和土壤的类型选用安全系数2~3。

2. 产生流土的临界坡降 J_B 和允许坡降$[J_B]$

当渗流自下向上作用时，常采用根据极限平衡得到的太沙基公式计算，即

$$J_B = (G-1)(1-n) \tag{4-36}$$

式中 G——土粒比重；

n——土的孔隙率。

J_B 一般为0.8~1.2。南京水利科学研究院建议把式(4-36)乘以1.17。允许渗透坡降$[J_B]$也要采用一定的安全系数，对于黏性土，可用1.5；对于非黏性土，可用2.0~2.5。

(三)防止渗透变形的工程措施

为防止渗透变形，常采用的工程措施有：全面截阻渗流，延长渗径；设置排水设施，设置反滤层；设排渗减压井。

反滤层的作用是滤土排水，它是提高抗渗破坏能力、防止各类渗透变形，特别是防止管涌的有效措施。在任何渗流流入排水设施处一般都要设置反滤层。

砂石反滤层的结构：反滤层一般是由2~3层不同粒径的非黏性土、砂和砂砾石组成的。层次排列应尽量与渗流的方向垂直，各层次的粒径则按渗流方向逐层增加，如图4-26所示。

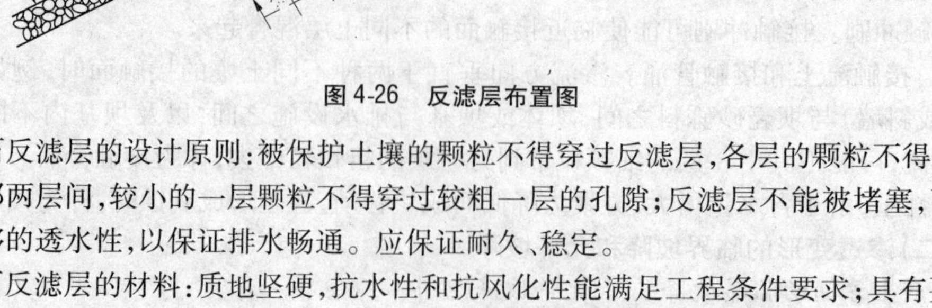

图4-26 反滤层布置图

砂石反滤层的设计原则：被保护土壤的颗粒不得穿过反滤层，各层的颗粒不得发生移动。相邻两层间，较小的一层颗粒不得穿过较粗一层的孔隙；反滤层不能被堵塞，而且应具有足够的透水性，以保证排水畅通。应保证耐久、稳定。

砂石反滤层的材料：质地坚硬，抗水性和抗风化性能满足工程条件要求；具有要求的级配；具有要求的透水性；粒径小于0.075 mm的颗粒含量应不超过5%。

土工织物已广泛应用于坝体排水反滤层及作为坝体和渠道的防渗材料。在土坝坝体底部或在靠下游边坡的坝体内部沿水平方向敷设土工织物,可提高土体抗剪强度,增加边坡稳定性,详见《土工合成材料应用技术规范》(GB 50290—98)。

第四节　土石坝的稳定分析

一、稳定计算的目的

稳定分析是确定坝体设计剖面经济安全的主要依据。由于土石坝体积大、坝体重,不可能产生水平滑动,其失稳形式主要是坝坡滑动或坝坡与坝基一起滑动。

土石坝稳定计算的目的是保证土石坝在自重、孔隙压力、外荷载的作用下,具有足够的稳定性,不致发生通过坝体或坝基的整体破坏或局部剪切破坏。

二、滑裂面的形状及工作情况

坝坡稳定计算时,应先确定滑裂面的形状,土石坝滑坡的形式与坝体结构、土料和地基的性质及坝的工作条件密切相关,图 4-27 所示为各种可能的滑裂面形式。

(一)曲线滑裂面

当滑裂面通过黏性土的部位时,其形状常是上陡下缓的曲面,由于曲线近似圆弧,因而在实际计算中常用圆弧表示,如图 4-27(a)、(b)所示。

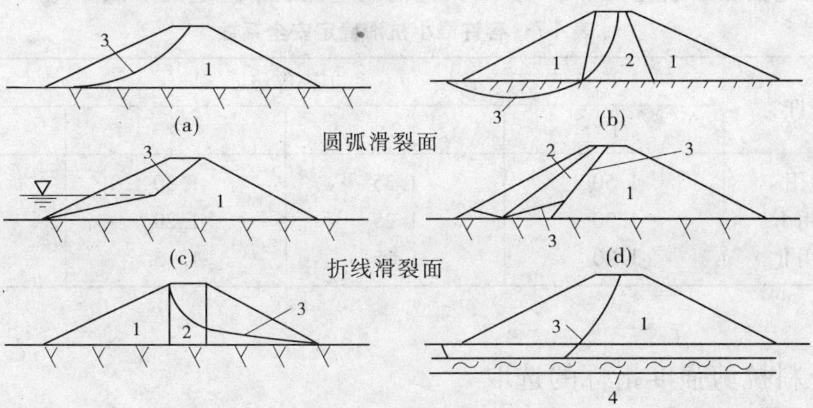

1—坝壳;2—防渗体;3—滑裂面;4—软弱层

图 4-27　滑裂面形式

(二)直线或折线滑裂面

滑裂面通过无黏性土时,滑裂面的形状可能是直线形或折线形。当坝坡干燥或全部浸入水中时呈直线形;当坝坡部分浸入水中时呈折线形,如图 4-27(c)所示。斜墙坝的上游坡失稳时,通常是沿着斜墙与坝体交界面滑动,如图 4-27(d)所示。

(三)复合滑裂面

当滑裂面通过性质不同的几种土料时,可能是由直线和曲线组成的复合形状滑裂面,如图 4-27(e)、(f)所示。

三、稳定安全系数标准

(一)稳定计算情况

1. 正常运用情况

(1)上游为正常蓄水位、下游为相应的最低水位或上游为设计洪水位、下游为相应的最高水位,坝内形成稳定渗流时,上、下游坝坡的稳定计算。

(2)水库水位位于正常水位和设计水位之间范围内的正常降落,上游坝坡的稳定计算。

2. 非常运用情况Ⅰ

(1)施工期,考虑孔隙压力时的上、下游坝坡稳定计算。

(2)水库水位非常降落,如自校核洪水位降落至死水位以下,以及大流量快速泄空等情况下的上游坝坡稳定计算。

(3)校核洪水位下有可能形成稳定渗流时的下游坝坡稳定计算。

3. 非常运用情况Ⅱ

正常运用情况遇到地震时上、下游坝坡稳定验算。

(二)稳定安全系数标准

采用计入条块间作用力计算方法时,坝坡的抗滑稳定安全系数应不小于表 4-7 规定的数值。采用不计入条块间作用力的瑞典圆弧法计算坝坡稳定时,对 1 级坝,正常应用情况下最小稳定安全系数应不小于 1.30,其他情况应比表中规定的降低 8%。

表 4-7　容许最小抗滑稳定安全系数

运用条件	工程等级			
	1	2	3	4、5
正常运用	1.50	1.35	1.30	1.25
非常运用Ⅰ	1.30	1.25	1.20	1.15
非常运用Ⅱ	1.20	1.15	1.15	1.10

四、土料抗剪强度指标的选取

稳定计算时应该采用黏性土固结后的强度指标。确定抗剪强度指标的方法有前述的有效应力法和总应力法两种。《碾压式土石坝设计规范》(DL/T 5395—2007)规定,对 1 级坝和 2 级以下高坝在稳定渗流期必须采用有效应力法作为依据。3 级以下中低坝可采用两种方法的任一种。

土料的抗剪强度指标 φ 为颗粒间的内摩擦角,C 为凝聚力。对同一种土料,其抗剪强度指标 φ、C 并不是一个常量,它与土的性质、土料的固结度、应力历史、荷载条件等诸多因素有关。

(一)黏性土的抗剪强度选用

施工期与竣工时,按不排水剪或快剪测定的指标 φ、C 进行总应力分析,但实际上施工期孔隙水压力会部分消散，故按总应力分析偏于保守。

稳定渗流期：采用有效应力强度指标进行有效应力分析具有良好的精度。

水库水位降落期：上游坝坡的控制情况，适宜采用有效应力分析。

对于重要的工程，抗剪强度指标的选择应注意填土的各向性、应力历史等。

（二）非黏性土的抗剪强度选用

非黏性土的透水性强，其抗剪强度取决于有效法向应力和内摩擦角，一般通过排水剪确定强度指标。

非黏性土的抗剪强度的选取：浸润线以上的土体，采用湿土的抗剪强度，浸润线以下的土体，采用饱和土的抗剪强度。

五、稳定分析方法

（一）圆弧滑动面稳定计算

土石坝设计中目前最广泛应用的圆弧滑动计算方法有瑞典圆弧法和简化的毕肖普法。

1. 瑞典圆弧法

瑞典圆弧法（见图4-28）是不计条块间作用力的方法，计算简单，已积累了丰富的经验，但理论上有缺陷，且孔隙压力较大和地基软弱时误差较大。其基本原理是将滑动面上的土体按一定宽度分为若干个铅直土条，不计条块间作用力，计算各土条对滑动圆心的抗滑力矩和滑动力矩，再分别取其总和，其比值即为该滑动面的稳定安全系数。

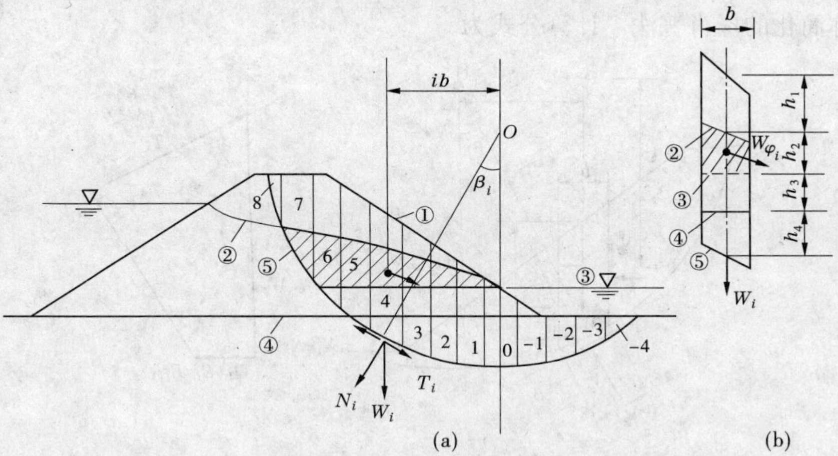

①—坝坡线；②—浸润线；③—下游水面；④—地基面；⑤—滑裂面

图4-28 圆弧滑动计算简图

计算步骤：

（1）确定圆心、半径，绘制圆弧。

（2）将土条编号。为便于计算，土条宽度取 $b=0.1R$（圆弧半径）。各块土条编号的顺序为：零号土条位于圆心之下，向上游（对下游坝坡而言）各土条的顺序为1、2、3、…往下游的顺序为－1、－2、－3、…。

(3)计算各土条重量。计算抗滑力时,浸润线以上部分用湿重度,浸润线以下用浮重度;计算滑动力时,下游水面以上部分用湿重度,下游水面以下部分用饱和重度。

(4)计算稳定安全系数。计算公式为

$$K = \frac{\sum\{[(W_i \pm V)\cos\beta_i - ub\sec\beta_i - Q\sin\beta_i]\tan\varphi'_i + C'_i b\sec\beta_i\}}{\sum[(W_i \pm V)\sin\beta_i + M_c/R]} \tag{4-37}$$

式中 W_i——土条重量,kN;

Q、V——水平和垂直地震惯性力(向上为负,向下为正),kN;

u——作用于土条底面的孔隙压力,kN/m^2;

β_i——条块重力线与通过此条块底面中点的半径之间的夹角;

b——土条宽度,m;

C'_i、φ'_i——土条底面的有效应力抗剪强度指标;

M_c——水平地震惯性力对圆心的力矩,kN·m;

R——圆弧半径,m。

2. 简化的毕肖普(Bishop)法

简化的毕肖普法(见图4-29)近似考虑了土条间相互作用力的影响,能反映土体滑动土条之间的客观状况,但计算比瑞典圆弧法复杂。图中 E_i 和 X_i 分别表示土条间的法向力和切向力;W_i 为土条自重,在浸润线上、下分别按湿重度和饱和重度计算;N_i 和 T_i 分别为土条底部的总法向力和总切向力,其他符号意义同上。为使问题可解,毕肖普假设 $X_i = X_{i+1}$,即略去土条间的切向力,使计算工作量大为减少,而成果与精确法计算的仍很接近,故称简化的毕肖普法。计算公式为

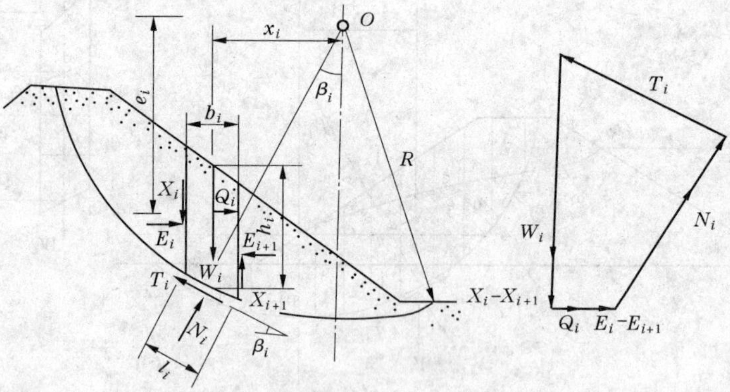

图4-29 简化的毕肖普法

$$K = \frac{\sum\{[(W_i \pm V)\sec\beta_i - ub\sec\beta_i]\tan\varphi'_i + C'_i b\sec\beta_i\}[1/(1 + \tan\beta_i\tan\varphi'_i/K)]}{\sum[(W_i \pm V)\sin\beta_i + M_c/R]} \tag{4-38}$$

3. 考虑渗透动水压力时的坝坡稳定计算

当坝体内有渗流作用时，还应考虑渗流对坝坡稳定的影响。在工程中常采用替代法。例如，在审查下游坝坡稳定时，可将下游水位以上、浸润线与滑弧间包围的土体在计算滑动力矩时用饱和重度，而计算抗滑力矩时则用浮重度，浸润线以上仍用湿重度计算，下游水位以下土体仍用浮重度计算，其稳定安全系数表达式为

$$K = \frac{\sum b_i(\gamma_m h_{1i} + \gamma' h_{2i})\cos\beta_i \tan\varphi_i + \sum C_i l_i}{\sum b_i(\gamma_m h_{1i} + \gamma_{sat} h_{2i})\sin\beta_i} \tag{4-39}$$

式中 γ_m——土体的湿重度，kN/m^3；

γ'——土体的浮重度，kN/m^3；

γ_{sat}——土体的饱和重度，kN/m^3；

h_{1i}、h_{2i}——浸润线以上和浸润线与滑弧之间的土条高度，m。

替代法适用于浸润面与滑动面大致平行，且 β_i 角较小的情况，因而是近似的。

4. 最危险圆弧位置的确定

如图 4-30 所示，首先由下游坝坡中点 a 引出两条直线，一条是铅直线，另一条与坝坡线成85°角，再以 a 为圆心，以 $R_内$、$R_外$ 为半径（$R_内$、$R_外$ 由表4-8 查得）作两个圆弧，得到扇形 $bcdf$，然后按图示作直线 M_1M_2 并延长使其与扇形相交，交点为 eg。最危险的滑弧圆心就在扇形面积中的 eg 线附近。

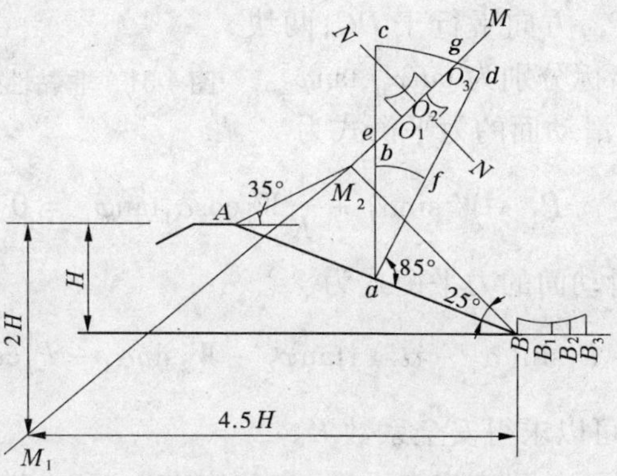

图 4-30 最危险滑弧求解

表 4-8 $R_内$、$R_外$ 值

坝坡	1:1	1:2	1:3	1:4
$R_内/H$	0.75	0.75	1.0	1.5
$R_外/H$	1.5	1.75	2.3	3.7

计算最小稳定安全系数的步骤为：

(1)首先在 eg 线上假定几个圆心 O_1、O_2、O_3 等，从每个圆心作滑弧通过坝脚点，按公式分别计算其 K_c 值。按比例将 K_c 值画在相应的圆心上，绘制 K_c 值的变化曲线，可找到

该曲线上的最小 K_c 值,例如 O_2 点。

(2)再通过 eg 线上 K_c 最小的点 O_2,作 eg 垂线 $N—N$。在 $N—N$ 线上取数点为圆心,画弧仍通过 B 点,求出 $N—N$ 线上最小的 K_c 值。一般认为该 K_c 值即为通过 B 点的最小安全系数,并按比例画在 B 点。

(3)根据坝基土质情况,在坝坡上或坝脚外,再选数点 B_1、B_2、B_3 等,仿照上述方法,求出相应的最小安全系数 K_{c1}、K_{c2}、K_{c3}等,并标注在相应点上,与 B 点的 K_c 连成曲线找到 $K_{c\min}$。一般至少要计算 15 个滑弧才能得到答案。

(二)非圆弧滑动稳定计算

非黏性土坝坡,例如心墙的上、下游坡和斜墙坝的下游坝坡,以及斜墙坝的上游保护层和保护层连同斜墙一起滑动时,常形成折线滑动面。

折线法常采用两种假定:滑楔间作用力为水平向,采用与圆弧滑动法相同的安全系数;滑楔间作用力平行滑动面,采用与毕肖普法相同的安全系数。

1. 非黏性土坝坡部分浸水的稳定计算

如图 4-31 所示,对于部分浸水的非黏性土坝坡,由于水上与水下土的物理性质不同,滑裂面不是一个平面,而是近似折线面。图 4-31 中 ADC 为一滑裂面,折点 D 在上游水位处;用铅直线 DE 将滑动土体分为两块,重为 W_1、W_2;假设条块间的作用力为 P_1,方向平行于 DC;两块土体底面的抗剪强度指标分别为 $\tan\varphi_1$、$\tan\varphi_2$。

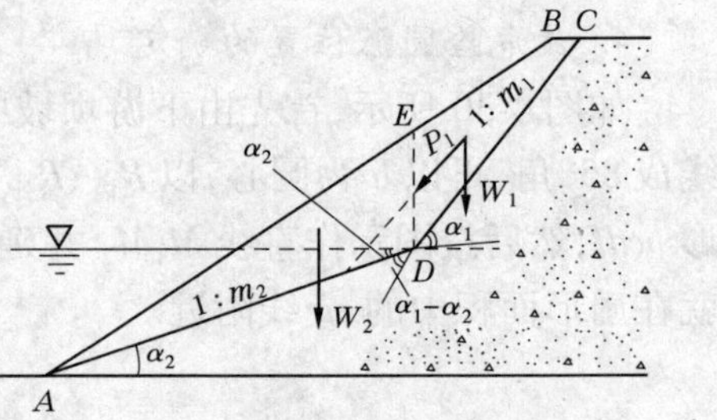

图 4-31　非黏性土坝坡部分浸水的稳定计算

土块 $BCDE$ 沿 CD 滑动面的力平衡式为

$$P_1 - W_1\sin\alpha_1 + \frac{1}{K}W_1\cos\alpha_1\tan\varphi_1 = 0 \tag{4-40}$$

土体 ADE 沿 AD 滑动面的力平衡式为

$$\frac{1}{K}[W_2\cos\alpha_2 + P_1\sin(\alpha_1 - \alpha_2)]\tan\varphi_2 - W_2\sin\alpha_2 - P_1\cos(\alpha_1 - \alpha_2) = 0 \tag{4-41}$$

由以上二式联立,可以求得安全系数 K。

坝坡的最危险滑动面的稳定安全系数:先假定在 α_2 和上游水位不变的情况下,一般至少假设三个 α_1 才能求出最危险的 α_1。同理,求最危险的水位和 α_2。最危险的水位和 α_1、α_2 对应的滑动面的安全系数即为最小稳定安全系数。

2. 斜墙坝上游坝坡的稳定计算

斜墙坝上游坝坡的稳定计算,包括保护层沿斜墙和保护层连同斜墙沿坝体滑动两种情况,因为斜墙同保护层和斜墙同坝体的接触面是两种不同的土料填筑的,接触面处往往强度低,有可能斜墙和保护层共同沿斜墙底面折线滑动,如图 4-32 所示,对厚斜墙还应计算圆弧滑动稳定。

设试算滑动面 $abcd$,将滑动土体分成三块。土体重量为 W_1、W_2、W_3,滑面折线与水平面的夹角分别为 α_1、α_2、α_3,P_1、P_2 分别沿着 α_1、α_2 的方向,分别对三块土体沿滑动面方向建立力平衡方程:

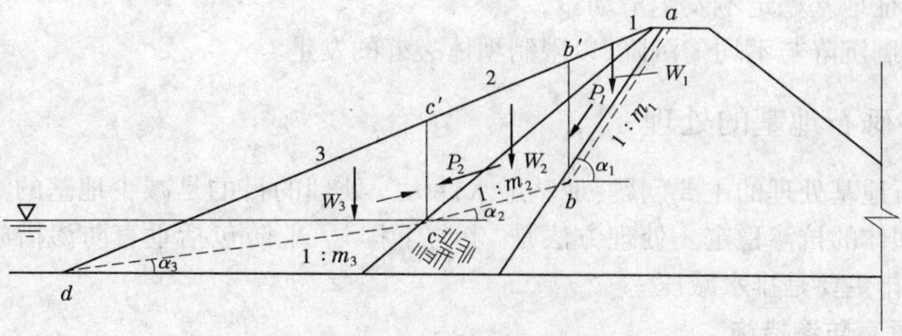

图 4-32　斜墙同保护层一起滑动的稳定计算

$$P_1 - W_1\sin\alpha_1 + \frac{1}{K}W_1\cos\alpha_1\tan\varphi_1 = 0 \tag{4-42}$$

$$P_2 - P_1\cos(\alpha_1 - \alpha_2) - W_2\sin\alpha_2 - \frac{1}{K}\{[W_2\cos\alpha_2 + P_1\sin(\alpha_1 - \alpha_2)]\tan\varphi_2 + C_2 l_2\} = 0 \tag{4-43}$$

$$P_2\cos(\alpha_2 - \alpha_3) - W_3\sin\alpha_3 - \frac{1}{K}[W_3\cos\alpha_3 + P_2\sin(\alpha_2 - \alpha_3)]\tan\varphi_3 = 0 \tag{4-44}$$

求最危险滑动面方法原理同上。

(三)复合滑动面稳定计算

当滑动面通过不同土料时,常有直线与圆弧组合的形式。例如,厚心墙坝的滑动面,通过砂性土部分为直线,通过黏性土部分为圆弧。当坝基下不深处存在软弱夹层时,滑动面也可能通过软弱夹层形成如图 4-33 所示的复合滑动面。

计算时,可将滑动土体分为 3 个区,在左侧有主动土压力 P_a,在右侧有被动土压力 P_p,并假定它们的方向均水平,中间的土体重 G,同时在 bc 面上有抗滑力 $S = G\tan\varphi + Cl$,则安全系数 K 可表示为

$$K = \frac{P_p + S}{P_a} \tag{4-45}$$

经过多次试算,才能求出沿这种滑动面的最小稳定安全系数。

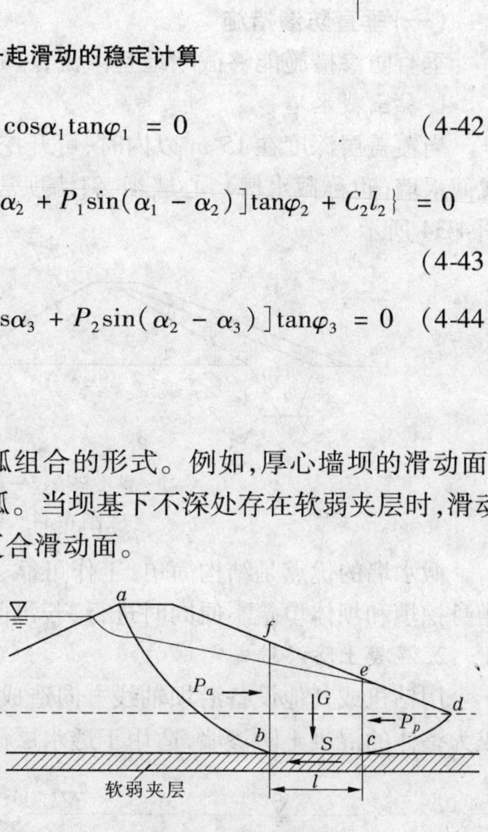

图 4-33　复合滑动面

第五节　土石坝的地基处理

土石坝对地基的要求比混凝土重力坝低,可不必挖除地表透水土壤和砂砾石等,但地基性质对土石坝的构造和尺寸仍有很大的影响。据资料统计,土石坝约有 40% 的失事是由地基问题所引起的。

土石坝地基处理的任务是:

(1)控制渗流,使地基与坝身不产生渗透变形,并把渗流流量控制在允许的范围内。

(2)保证地基稳定不发生滑动。

(3)控制沉降与不均匀沉降,以限制坝体裂缝的发生。

一、砂砾石地基的处理

砂砾石地基处理的主要问题:地基透水性大。处理的目的是减少地基的渗流量并保证地基和坝体的抗渗稳定。处理方法是“上防下排”。上防包括垂直防渗措施和水平防渗措施,下排主要是排水减压。

(一)垂直防渗措施

垂直防渗措施能够截断地基渗流,可靠而有效地解决地基渗流问题。

1. 黏土截水墙

当覆盖层深度在 15 m 以内时,可开挖深槽直达不透水层或基岩,槽内回填黏性土而成截水墙(也称截水槽),心墙坝、斜墙坝常将防渗体向下延伸至不透水层而成截水墙,如图 4-34 所示。

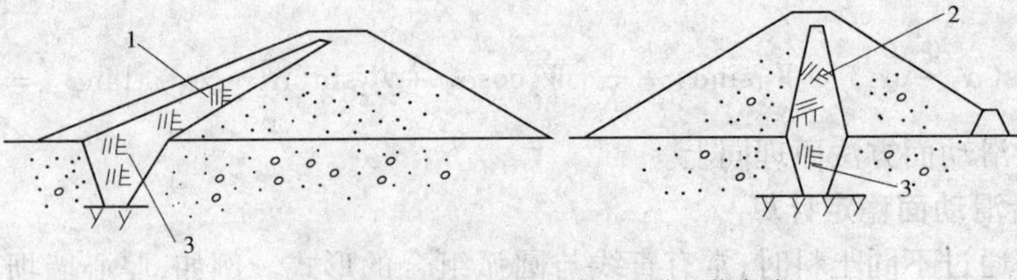

1—黏土斜墙;2—黏土心墙;3—黏土截水墙

图 4-34　透水地基截水墙

截水墙的优点是结构简单、工作可靠、防渗效果好,因此得到了广泛的应用。缺点是槽身挖填和坝体填筑不便同时进行,若汛前要达到一定的坝高拦洪度汛,工期较紧。

2. 混凝土防渗墙

用钻机或其他设备沿坝轴线方向造成圆孔或槽孔,在孔中浇混凝土,最后连成一片,成为整体的混凝土防渗墙,适用于透水层深度大于 50 m 的情况,如图 4-35 所示。

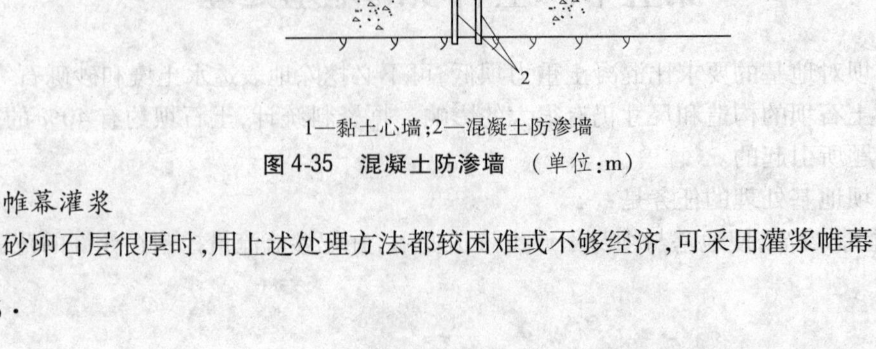

1—黏土心墙;2—混凝土防渗墙

图 4-35　混凝土防渗墙　(单位:m)

3. 帷幕灌浆

当砂卵石层很厚时,用上述处理方法都较困难或不够经济,可采用灌浆帷幕防渗。

帷幕灌浆的施工方法是:采用高压定向喷射灌浆技术,通过喷嘴的高压气流切割地层成缝槽,在缝槽中灌压水泥砂浆,凝结后形成防渗板墙。其特点是可以处理较深的砂砾石地基,但对地层的可灌性要求高。地层的可灌性:$M<5$,不可灌;$M=5\sim10$,可灌性差;$M>10\sim15$,可灌水泥黏土砂浆或水泥砂浆。

$$M=\frac{D_{15}}{d_{85}} \tag{4-45}$$

式中 D_{15}——受灌土层中小于此粒径的土重占总土重的15%,mm;

d_{85}——灌注材料中小于此粒径的土重占总土重的85%,mm。

灌浆帷幕的厚度T,根据帷幕最大作用水头H和允许水力坡降$[J]$,按下式估算:

$$T=\frac{H}{[J]} \tag{4-46}$$

式中 H——最大作用水头,m;

$[J]$——帷幕的允许水力坡降,对于一般水泥黏土浆,可采用3~4。

(二)上游水平防渗铺盖

铺盖是一种由黏性土做成的水平防渗设施,是斜墙、心墙或均质坝体向上游延伸的部分。当采用垂直防渗有困难或不经济时,可考虑采用铺盖防渗。防渗铺盖构造简单,造价低,但它不能完全截断渗流,只是通过延长渗径的办法,降低渗透坡降,减小渗透流量,但防渗效果不如垂直防渗体。

(三)下游排水减压措施

常用的排水减压设施有排水沟和排水减压井。

排水沟在坝趾稍下游平行坝轴线设置,沟底深入到透水的砂砾石层内,沟顶略高于地面,以防止周围表土的冲淤。按其构造,可分为暗沟和明沟两种。两者都应沿渗流方向按反滤层布置,明沟沟底与下游的河道连接,其构造如图4-36所示。

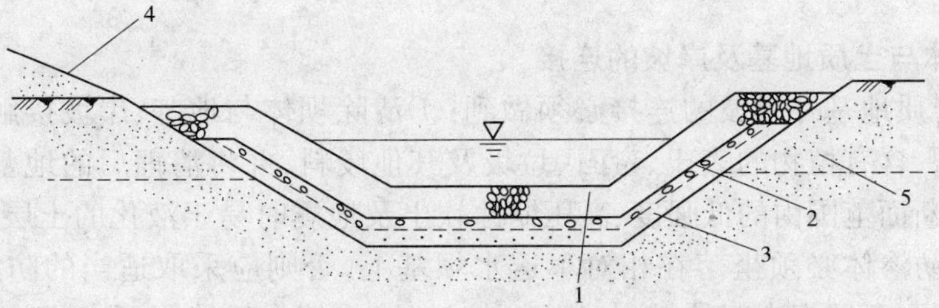

1—干砌石;2—碎石;3—粗砂;4—坝坡;5—砂砾石层

图4-36 排水沟

排水减压井将深层承压水导出水面,然后从排水沟中排出,其构造如图4-37所示。在钻孔中插入带有孔眼的井管,周围包以反滤料,管的直径一般为20~30 cm,井距一般为20~30 m。

二、细砂与淤泥地基处理

(一)细砂地基

饱和的均匀细砂地基在动力作用下,特别是在地震作用下易于液化,应采取工程措施加以处理。当厚度不大时，可考虑将其挖除。当厚度较大时，可首先考虑采取人工加密措施，使之达到与设计地震烈度相适应的密实状态，然后采取加盖重、加强排水等附加防护设施。

(二)淤泥地基

淤泥层地基天然含水量大，重度小，抗剪强度低，承载能力小。当埋藏较浅且分布范围不大时，一般应把它全部挖除；当埋藏较深，分布范围又较宽时，则常采用压重法或设置砂井加速排水固结。压重施加于坝趾处。

砂井排水法，是在坝基中钻孔，然后在孔中填入砂砾，在地基中形成砂桩的一种方法。设置砂井后，地基中排除孔隙水的条件大为改善，可有效地增加地基土的固结速度。

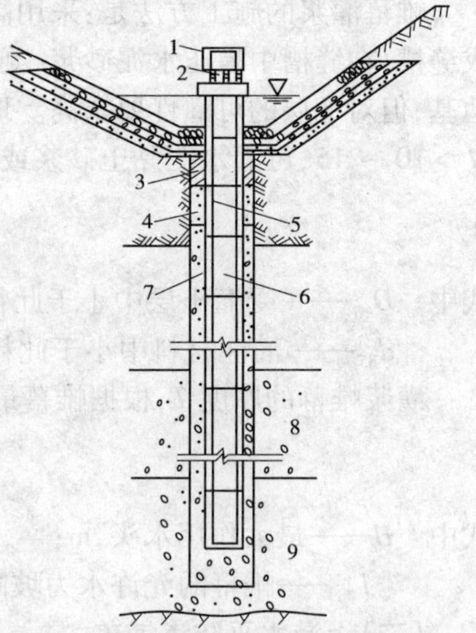

1—井帽；2—钢丝出水口；3—回填混凝土；4—回填砂；5—上升管；6—穿孔管；7—反滤层；8—砂砾石；9—砂卵石

图 4-37　排水减压井

三、软黏土和黄土地基处理

软黏土层较薄时，一般全部挖除。当土层较薄而其强度并不太低时，可只将表面较薄的可能不稳定的部位挖除，换填较高强度的砂，称为换砂法。

黄土地基在我国西北部地区分布较广，其主要特点是浸水后沉降较大。处理的方法一般有：预先浸水，使其湿陷加固；将表层土挖除，换土压实；夯实表层土，破坏黄土的天然结构，使其密实等。

四、土石坝坝体与地基及岸坡连接

(一)坝体与土质地基及岸坡的连接

坝体与土质地基及岸坡的连接必须做到：①清除坝体与地基、岸坡接触范围内的草皮、树干、树根、含有植物的表土、蛮石、垃圾及其他废料，并将清理后的地基表面土层压实；②对坝体断面范围内的低强度、高压缩性软土及地震时易于液化的土层，进行清除或处理；③土质防渗体必须坐落在相对不透水坝基上，否则应采取适当的防渗处理措施；④地基覆盖层与下游坝壳粗粒料(如堆石)接触处，应符合反滤层要求，否则必须设置反滤层，以防止坝基土流失到坝壳中。

心墙和斜墙在与两端岸坡连接处应扩大其断面，加强连接处防渗性。

(二)坝体与岩石地基及岸坡的连接

如图 4-38 所示，坝体与岩石地基及岸坡的连接必须做到：

(1)坝断面范围内的岩石地基与岸坡，应清除表面松动石块、凹处积土和突出的岩石。

(2)土质防渗体和反滤层应与相对不透水的新鲜或弱风化岩石相连接。基岩面上一般宜设混凝土盖板、喷混凝土层或喷浆层，将基岩与土质防渗体分隔开来，以防止接触冲刷。

(3)对失水时很快风化变质的软岩石(如页岩、泥岩等)，开挖时应预留保护层，待开

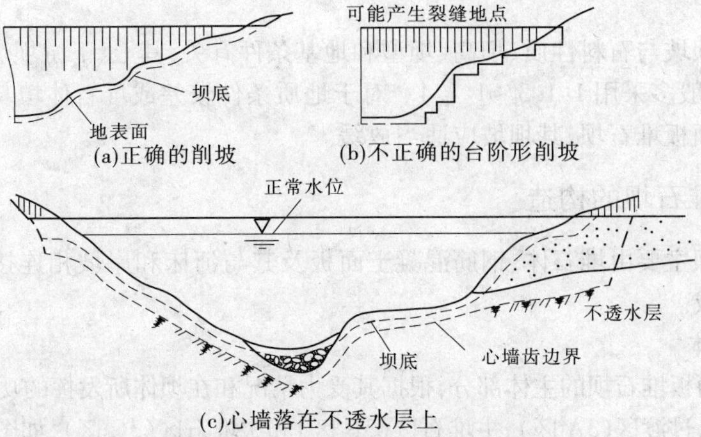

图 4-38　土石坝与岸坡的连接

始回填时，随挖除、随回填。

(4)土质防渗体与岩石或混凝土建筑物相接处，如防渗土料为细粒黏性土，则在邻近接触面 0.5～1.0 m 范围内，在填土前用黏土浆抹面。如防渗土料为砾石土，临近接触面应采用纯黏性土或砾石含量少的黏性土，在略高于最优含水量下填筑，使其结合良好。

第六节　面板堆石坝

一、概述

堆石坝主要由堆石作为支承体和弱透水材料作为防渗体这两部分组成。按防渗体的位置分为心墙坝和斜墙坝，按防渗体材料的性质分为刚性防渗体坝（如混凝土、钢筋混凝土、木板和钢板等）和塑性防渗体坝（如土料和沥青混凝土等），按施工方法分为抛填坝、碾压坝和定向爆破坝。

面板堆石坝与其他坝型相比有如下主要特点：

(1)就地取材，在经济上有较大的优越性。

(2)施工度汛问题比土坝较为容易解决。

(3)对地形地质和自然条件适应性较混凝土坝强。

(4)方便机械化施工，有利于加快施工工期和减少沉降。

(5)坝身不能泄洪，一般需另设泄洪和导流设施。

二、面板堆石坝的剖面设计

(一)坝顶

面板堆石坝普遍在其顶部设置 L 形的钢筋混凝土防浪墙，以利于节省坝体堆石量，防浪墙高可采用 4～6 m。防浪墙与面板间要保证良好的止水连接，其底面与坝顶连接处的堆石宽度不宜小于 9 m，以便浇筑面板时有足够的工作场地进行滑模设备的操作，按此设计，坝顶填筑堆石后的宽度约为 5 m。

（二）坝坡

堆石坝的坝坡与石料性质、坝高、坝型和地基条件有关，其上、下游坝坡坡度可参照类似工程确定，一般多采用1∶1.3～1∶1.4。对于地质条件较差或堆石体填料抗剪强度较低以及地震区的面板堆石坝，其坝坡应适当放缓。

三、面板堆石坝的构造

面板堆石坝主要由堆石体、钢筋混凝土面板及其与河床和岸坡相连接的趾板等构成的防渗系统组成。

（一）堆石体

堆石体是面板堆石坝的主体部分，根据其受力情况和在坝体所发挥的功能，又可划分为垫层区（2A区）、过渡区（3A区）、主堆石区（3B区）和次堆石区（3C区），如图4-39所示。

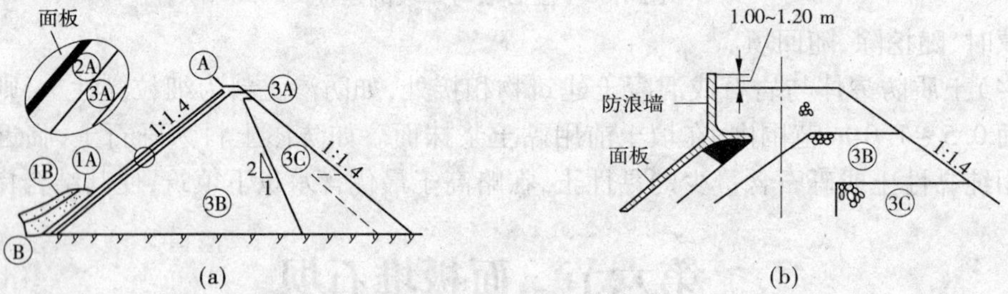

图4-39　混凝土面板堆石坝

1. 垫层区

垫层区应选用质地新鲜、坚硬且耐久性较好的石料，可采用经筛选加工的砂砾石、人工石料或者由两者混合掺配。高坝垫层料应具有连续级配，一般最大粒径为80～100 mm，粒径小于5 mm的颗粒含量为35%～55%。

2. 过渡区

过渡区介于垫层与主堆石区之间，起过渡作用，石料的粒径级配和密实度应介于垫层与主堆石区两者之间。

3. 主堆石区

主堆石区是面板坝堆石的主体，是承受水压力的主要部分，它将面板承受的水压力传递到地基和下游次堆石区，该区既应具有足够的强度和较小的沉降量，同时也应具有一定的透水性和耐久性。

4. 次堆石区

下游次堆石区承受水压力较小，其沉降和变形对面板变形影响也一般不大，因而对填筑要求可酌情放宽。

（二）防渗面板的构造

1. 钢筋混凝土面板

钢筋混凝土面板防渗体主要由防渗面板和趾板组成。面板是防渗的主体，对质量有较高的要求，即要求面板具有符合设计要求的强度、不透水性和耐久性。面板底部厚度宜采用最大工作水头的1%，考虑施工要求，顶部最小厚度不宜小于30 cm。

2. 趾板(底座)

趾板是面板的底座,其作用是保证面板与河床及岸坡之间的不透水连接,同时也作为坝基帷幕灌浆的盖板和滑模施工的起始工作面。

面板接缝设计(包括面板与趾板的周边接缝和趾板之间接缝)主要是止水布置,周边缝止水布置最为关键。面板中间部位的伸缩缝,一般设 1 ~2 道止水,底部用止水铜片,上部用聚氯乙烯止水带。周边缝受力较复杂,一般采用 2 ~3 道止水,在上述止水布置的中部再加 PVC 止水。如布置止水困难,可将周边缝面板局部加厚。

3. 面板与岩坡的连接

为保证趾板与岸坡紧密结合和加大灌浆压重,趾板与岸坡之间应插锚筋固定。锚筋直径一般为 25 ~35 mm,间距 1.0 ~1.5 m,长 3 ~5 m。

趾板范围内的岸坡应满足自身稳定和防渗要求,为此,应认真做好该处岸坡的固结灌浆和帷幕灌浆设计。固结灌浆可布置两排,深 3 ~5 m。帷幕灌浆宜布置在两排固结灌浆之间,一般为一排,深度按相应水头的 1/3 ~1/2 确定。灌浆孔的间距视岸坡地质条件而定,一般取 2 ~4 m,重要工程应根据现场灌浆试验确定。为了保证岸坡的稳定,防止岸坡坍塌而砸坏趾板和面板,趾板高程以上的上游坝坡应按永久性边坡设计。

小　结

本章从土石坝的基本特点入手,围绕剖面设计,介绍了土石坝的分类、特征、基本剖面与构造、渗流分析、材料与填筑要求、地基处理等内容。其中心是剖面设计,重点在于渗流和稳定分析,介绍了面板堆石坝的构造和设计特点。

复习思考题

一、名词解释

1. 土石坝
2. 流土
3. 管涌
4. 流网
5. 反滤层
6. 浸润线
7. 褥垫排水
8. 黏性土截水槽
9. 接触渗漏

二、填空题

1. 土石坝按施工方法可分为________、________和________等形式。
2. 土坝按防渗体的位置分为________、________、________、________。
3. 当有可靠防浪墙时,心墙顶部高程应________,否则,心墙顶部高程应不低于

________。

4. 土石坝挡水后,在坝体内形成由上游向下游的渗流。坝体内渗流的水面线叫做________。其下的土料承受着________,并使土的内摩擦角和黏结力减小,对坝坡稳定________。

5. 由于填筑土石坝坝体的材料为________,抗剪强度低,下游坝坡平缓,坝体体积和重量都较大,所以不会产生________。

6. 土石坝可能滑动面的形式有________、________和复合滑裂面。

7. 土石坝管涌渗透变形中使个别小颗粒土在孔隙内开始移动的水力坡降称________;使更大的土粒开始移动,产生渗流通道和较大范围内破坏的水力坡降称________。

8. 土石坝裂缝处理常用的方法有________、________、________等。

9. 土石坝砂砾石地基处理属于"上防"措施,铅直方向的有________、板桩、________和帷幕灌浆。

10. 在土石坝的坝坡稳定计算中,可用替代法考虑渗透动水压力的影响,在计算下游水位以上、浸润线以下的土体的滑动力矩时用________重度,计算抗滑力矩时用________重度。

三、问答题

1. 土石坝有哪些特点?对土石坝的要求有哪些?

2. 如何确定土石坝的坝顶高程?影响土石坝坝坡的因素有哪些?

3. 常见的防渗体有哪几种形式,各有何要求?

4. 土石坝为何需要设排水设备?常见的排水设备有哪几种形式,各有何要求?

5. 土石坝各组成部分对土料要求有何不同?黏性土料和非黏性土料填筑标准用什么指标控制?如何确定这些指标?

6. 什么叫渗透变形?防止渗透变形的工程措施有哪些?反滤层的作用是什么?均质坝、心墙坝及斜墙坝在哪些部位需设置反滤层?

7. 土石坝失稳的原因有哪些?提高土石坝坝坡抗滑稳定性的工程措施有哪些?

8. 土石坝地基处理要解决哪些问题?各种地基存在的问题是什么?

四、计算题

某均质坝为5级建筑物,坝高11 m,坝顶宽3.0 m,上、下游坝坡分别为1∶2.25、1∶2.0。筑坝土料为壤土,土料设计指标为$\varphi=25$,$C=25$ kPa,湿重度18.5 kN/m^3,浮重度9.5 kN/m^3,饱和重度19.5 kN/m^3,坝基亦为壤土,其设计指标与坝体基本相同。试求上游正常高水位(水深$H_1=9.0$ m)、下游无水(假设下游水位与地基平)时,下游坝坡的稳定安全系数。

第五章　水　闸

【学习重点】　了解水闸类型、作用、工作特点及各部分组成，常用的消能防冲措施，地下轮廓布置形式，构造措施，两岸连接建筑物的平面布置形式和结构形式。掌握孔口尺寸确定方法，消能方式选择，地下轮廓线的概念及渗流计算，水闸稳定计算内容、方法及提高闸室抗滑稳定性的措施，地基处理等。

第一节　概　述

水闸是一种利用闸门的启闭来调节水位、控制流量，以满足水利事业各种要求的低水头水工建筑物，多修建在软土地基上，具有挡水和泄(引)水的双重功能。在防洪、灌溉、供水、治涝、航运、发电、挡潮、冲沙等水利工程中的应用十分广泛。

一、水闸的作用与分类

(一)按水闸所承担的任务分类

(1)进水闸(或取水闸)。建在河道、水库或湖泊的岸边，用来控制引水流量，以满足灌溉、发电或供水的需要，又称取水闸或渠首闸。

(2)节制闸。拦河或在渠道上建造。枯水期用以拦截河道，抬高水位，以利上游取水或航运要求；洪水期则开闸泄洪，控制下泄流量，位于河道上的节制闸称为拦河闸。

(3)冲沙闸(或排沙闸)。多建在多泥沙河流上的引水枢纽或渠系中沉沙池的末端，也可设在引水渠内布置有节制闸的分水枢纽处，并常与节制闸并排布置。用于排除进水闸、节制闸前河道或渠系中沉积的泥沙，防止闸前河段或渠道的淤积，也可利用泄水闸排沙。

(4)分洪闸。建造在天然河道的一侧，用来将超过下游河道安全泄量的洪水泄入预定的湖泊、洼地，及时削减洪峰，保证下游河道的安全。

(5)排水闸。在江河沿岸建造。外河水位上涨时关闸以防河水倒灌，外河水位较低时开闸排除其附近低洼地区的积水，防止农田涝渍。因此，排水闸具有闸身高度较大而闸底板高程较低的特点，且受双向水头作用。

(6)挡潮闸。建在入海河口附近，涨潮时关闸不使海水沿河上溯，退潮时开闸泄水，以达到挡潮、排水和蓄淡的目的。挡潮闸具有双向挡水的特点。

上述各闸的相对位置布置如图 5-1 所示。

(二)按闸室结构形式分类

(1)开敞式水闸。闸室上面不填土、不封闭的水闸，应用较为普遍，又可分为无胸墙和有胸墙两种形式。一般有泄洪、排水、过木等要求时，多采用不带胸墙的开敞式水闸，多用于拦河闸、排冰闸等；当上游水位变幅大，而下泄流量又有限制时，为避免闸门过高，常

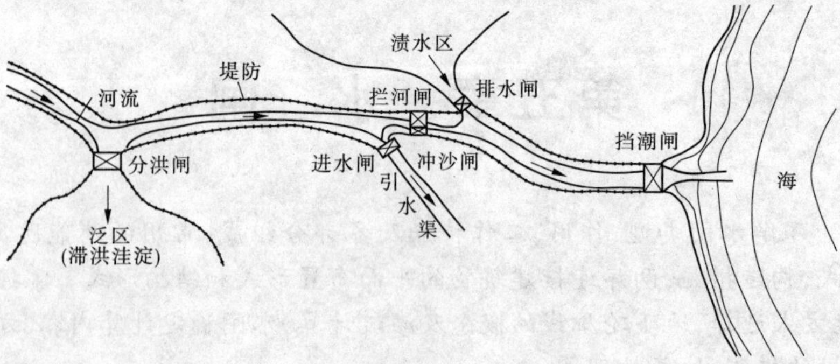

图 5-1　水闸的分类及位置示意

采用带胸墙的开敞式水闸,如进水闸、排水闸、挡潮闸多用这种形式。

(2)涵洞式水闸。闸(洞)身上面填土封闭的水闸,又称封闭式水闸。常用于穿堤取水或排水的水闸。洞内水流可以是有压的或者是无压的。它与涵洞的结构形式基本相同。不同的是,涵洞式水闸设有闸门及启闭设备,而涵洞没有。

(三)按过闸流量大小分类

按过闸流量可将水闸分为大、中、小型三种。过闸流量在 1 000 m^3/s 以上的为大型水闸,过闸流量 1 000 ~ 100 m^3/s 的为中型水闸,过闸流量小于 100 m^3/s 的为小型水闸。

(四)其他类型水闸

国内已建的其他类型的水闸有水力自控翻板闸、橡胶水闸、灌注桩水闸、装配式水闸等,在此不作详细介绍。

二、水闸的工作特点与设计要点

(1)防渗方面。由于上、下游水位差的作用,水将通过地基和两岸向下游渗透。渗流会引起水量损失,同时地基土在渗流作用下容易产生渗透变形。严重时闸基和两岸的土壤会被淘空,危及水闸安全。渗流对闸室和两岸连接建筑物的稳定也不利,因此应妥善进行防渗设计。

(2)稳定方面。关门挡水时,水闸上、下游较大的水位差造成较大的水平推力,使水闸有可能沿基面产生向下游的滑动。同时,渗流将对水闸底部施加向上的渗透压力,减少了水闸的有效重量,从而降低了水闸的抗滑稳定性。因此,水闸必须具有足够的重量维持自身的稳定。

(3)消能防冲方面。水闸开闸泄水时,在上、下游水位差的作用下,过闸水流往往具有较大的动能,流态也较复杂,而土质河床的抗冲能力较低,可能引起冲刷。此外,水闸下游常出现波状水跃和折冲水流,会进一步加剧对河床和两岸的淘刷。因此,设计水闸除应保证闸室具有足够的过水能力外,还必须采取有效的消能防冲措施,以防止河道产生有害的冲刷。

(4)沉降方面。土基上建闸,由于土基的压缩性大,抗剪强度低,在闸室的重力和外部荷载作用下,可能产生较大的沉降,影响正常使用,尤其是不均匀沉降会导致水闸倾斜,甚至断裂。在水闸设计时,必须合理地选择闸型、构造,安排好施工程序,采取必要的地基处理等措施，以减小地基沉降。

三、水闸的组成

水闸一般由上游连接段、闸室段及下游连接段三部分组成，如图 5-2 所示。

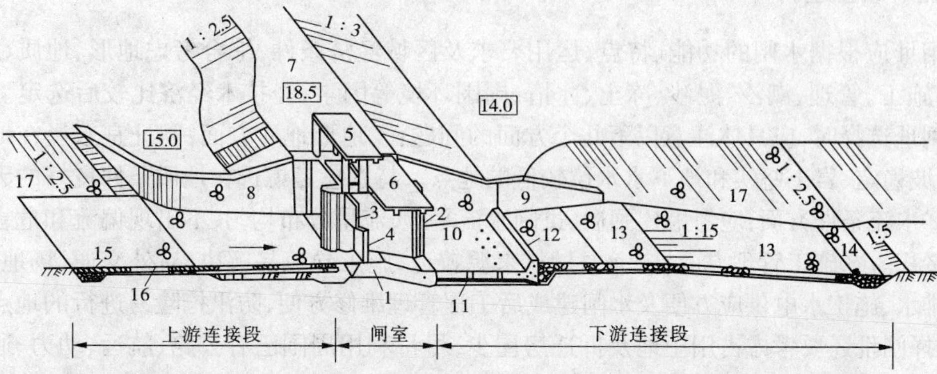

1—闸室底板;2—闸墩;3—胸墙;4—闸门;5—工作桥;6—交通桥; 7—堤顶;8—上游翼墙;
9—下游翼墙;10—护坦;11—排水孔;12—消力坎;13—海漫;14—防冲槽;15—上游铺盖

1—闸室底板；2—闸墩；3—胸墙；4—闸门；5—工作桥；6—交通桥；7—堤顶；8—上游翼墙；
9—下游翼墙； 10—护坦；11—排水孔；12—消力坎；13—海漫；14—下游防冲槽；
15—上游防冲槽；16—上游护底； 17—上、下游护坡

图 5-2　水闸的组成

(1)上游连接段。主要是引导水流平顺、均匀地进入闸室，避免对闸前河床及两岸产生有害冲刷，减少闸基或两岸渗流对水闸的不利影响。一般由铺盖、上游翼墙、上游护底、防冲槽(或防冲齿墙)及两岸护坡等部分组成。铺盖紧靠闸室底板，主要起防渗、防冲作用；上游翼墙的作用是引导水流平顺地进入闸孔、侧向防渗、防冲和挡土；上游护底、防冲槽及两岸护坡是用来防止进闸水流冲刷河床、破坏铺盖，保护两侧岸坡的。

(2)闸室段。闸室段是水闸的主体部分，起挡水和调节水流的作用。它包括底板、闸墩、闸门、胸墙、工作桥和交通桥等。底板是水闸闸室基础，承受闸室全部荷载并较均匀地传给地基，兼起防渗和防冲作用，同时闸室的稳定主要由底板与地基间的摩擦力来维持；闸墩的主要作用是分隔闸孔，支撑闸门，承受和传递上部结构荷载；闸门则用于控制水位和调节流量；工作桥和交通桥是用来安装启闭设备、操作闸门和联系两岸交通的。

(3)下游连接段。主要用来消能、防冲及安全排出流经闸基和两岸的渗流，一般包括消力池、海漫、下游防冲槽、下游翼墙及两岸护坡等。消力池主要用来消能，兼有防冲作用；海漫的作用是继续消除水流余能、扩散水流、调整流速分布、防止河床产生冲刷破坏；下游防冲槽是用来防止下游河床冲坑继续向上游发展的防冲加固措施；下游翼墙则用来引导过闸水流均匀扩散，保护两岸免受冲刷；两岸护坡是用来保护岸坡、防止水流冲刷的。

四、水闸的设计内容及所需的基本资料

水闸设计的内容有闸址选择、水闸等级划分及洪水标准确定、水闸枢纽布置、确定孔口形式和尺寸、消能防冲设计、防渗排水设计、闸室布置、稳定计算、沉降计算、结构计算、

地基处理及两岸连接建筑物设计等。

水闸设计所需的各项基本资料主要包括闸址处的地形、地质、水文、气象、试验资料、工程施工条件、建筑材料、河流规划、运用要求及所在地区的生态环境、社会经济状况等。

五、闸址选择

闸址应根据水闸的功能、特点、运用要求及区域经济条件,综合考虑地形、地质、水文、水流、施工、管理、潮汐、泥沙、冻土、冰情、周围环境等因素,经技术经济比较后选定。

闸址选择时,应具体注意以下几个方面的问题:①地形地质方面:闸址宜选择在地形开阔、岸坡稳定、岩土坚实和地下水水位较低的地点。特别应考虑选在地质条件良好的天然地基。②水流条件方面:应考虑建闸后,过闸水流平顺,流量分布均匀,不出现偏流和危害性冲刷或淤积。③施工管理方面:应考虑材料来源较近,施工导流易解决,对外交通、场地布置、基坑排水、施工水电供应方便及水闸建成后工程管理维修方便、防汛抢险易进行的地点。另外,选择闸址还要考虑占用土地及拆迁房屋少,尽量利用周围已有公路、航运、动力、通信等公用设施,有利于绿化、净化、美化环境和生态环境保护,有利于开展综合经营等。

六、水闸等级划分及洪水标准

(一)工程等别及建筑物级别

山区、丘陵区水闸枢纽工程等别根据表 1-1 确定。平原区水闸枢纽工程其工程等别按水闸最大过闸流量及其防护对象的重要性划分成五等,如表 5-1 所示。规模巨大或在国民经济中占有特殊重要地位的水闸枢纽工程,其等别应经论证后报主管部门批准确定。

表 5-1 平原区水闸枢纽工程分等指标

工程等别	Ⅰ	Ⅱ	Ⅲ	Ⅳ	Ⅴ
规模	大(1)型	大(2)型	中型	小(1)型	小(2)型
最大过闸流量(m^3/s)	≥5 000	5 000 ~ 1 000	1 000 ~ 100	100 ~ 20	<20
防护对象的重要性	特别重要	重要	中等	一般	—

平原区水闸枢纽中的水工建筑物及山区、丘陵区水利水电枢纽中的水闸应根据其所属枢纽工程等别、作用和重要性划分级别,具体见《水闸设计规范》(SL 265—2001)。对失事后造成巨大损失或严重影响,或采用实践经验较少的新型结构的 2 ~ 5 级主要建筑物,经论证并报主管部门批准后可提高一级设计;对失事后造成损失不大或影响较小的 1 ~ 4级主要建筑物,经论证并报主管部门批准后可降低一级设计。

灌排渠系上的水闸,其级别可按现行的《灌溉与排水工程设计规范》(GB 50288—99)的规定确定。位于防洪(挡潮)堤上的水闸,其级别不得低于防洪(挡潮)堤的级别。

(二)洪水标准

平原区水闸的洪水标准应根据所在河流防洪规划规定的防洪任务,以近期防洪目标为主,并考虑远景发展要求,综合分析确定。

山区、丘陵区水利水电枢纽中的水闸,其洪水标准应与所属枢纽中永久性建筑物的洪水标准一致。永久性建筑物的洪水标准应按国家现行规范的规定确定。

第二节　闸孔设计

一、闸孔形式选择

闸孔有宽顶堰孔口、低堰孔口和胸墙式孔口三种形式,如图 5-3 所示。

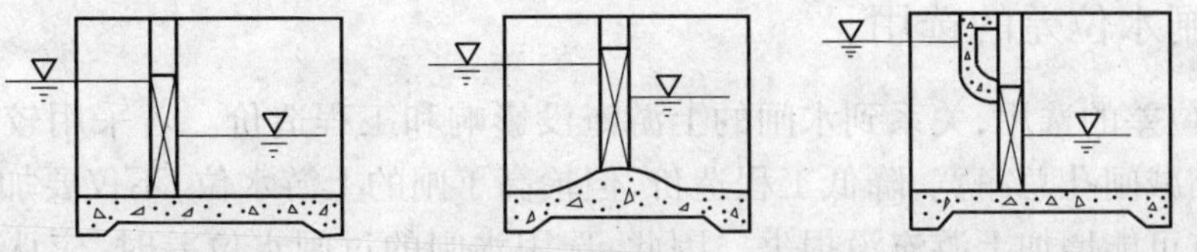
(a)宽顶堰孔口　(b)低堰孔口　(c)胸墙式孔口

图 5-3　闸孔形式

(1)宽顶堰孔口。即宽顶堰不设胸墙的形式,实际工程中采用较多。其主要优点是结构简单,施工方便,泄流能力比较稳定;缺点是自由泄流时流量系数较小,比较容易产生波状水跃。可用做泄洪、冲沙、通航、排污、排冰等。

(2)低堰孔口。即实用堰不设胸墙的形式,具体有 WES 低堰、梯形堰和驼峰堰等形式。其优点是自由泄流时流量系数较大,水流条件较好,泄流能力较强,且闸门高度可减小;缺点是泄流能力不如平底板孔口泄流时稳定,下游水位变化对泄流能力有显著的影响,同时施工也较平底板孔口复杂。当上游水位较高,为限制过闸单宽流量,需要抬高堰顶高程时,或由于地基表层松软,需要降低闸底高程以避免地基处理时,以及在多泥沙河道上有拦沙要求时,常选用这种形式。

(3)胸墙式孔口。包括宽顶堰设胸墙及实用堰设胸墙的情况。在上游水位变幅较大,且高水位需要控制泄量时,则常于孔口顶部设胸墙形成孔口出流,可以减小闸门高度。

二、闸底板顶面高程的确定

闸底板顶面高程的确定关系到闸孔形式和尺寸的确定,也直接影响整个水闸的工程量和造价。如将闸底板高程定得低些,闸前水深和过闸单宽流量都要大些,从而使闸孔总宽度缩短,减少工程投资。但是,闸底板高程定得太低,将增大闸身和两岸结构的高度,并增加基坑开挖和闸下消能防冲布置上的困难,可能反而增加工程投资。可见,闸底板高程的确定应依据河(渠)底高程、水流、泥沙、闸址地形、闸址地质等条件,结合水闸规模、所选用的堰型、门型,经技术经济比较确定。应将闸底板置于较为坚实的地基上,并应尽量利用天然地基。

三、过闸单宽流量的确定

过闸单宽流量的采用,对水闸的工程造价和下游消能防冲设施的安全运用都有直接的影响。所选单宽流量越大,所需要的闸孔净宽越小,闸的总宽便可以缩短,但过闸单宽流量越大，下游消能防冲越困难，则消能防冲设备的投资越大，工程总费用也不一定经济。故应综合考虑下游河床地质条件，上、下游水位差，下游尾水深度，闸室总宽度与河道宽度的比值，闸的结构构造特点和下游消能防冲设施等因素来确定。在不致造成下游消能防冲过大的条件下，一般选用较大的过闸单宽流量，但对其数值应有所限制。在水闸的可行性研究阶段，其过闸单宽流量可按下列数据选用：黏土地基，可取 15 ~ 25 $m^3/(s \cdot m)$；壤土地基，可取 15 ~ 20 $m^3/(s \cdot m)$；砂壤土地基，可取 10 ~ 15 $m^3/(s \cdot m)$；粉砂、细砂、粉土和淤泥地基，可取 5 ~ 10 $m^3/(s \cdot m)$。

四、过闸水位差的选用

过闸水位差的选用，关系到水闸的上游淹没影响和工程造价。若采用较大的过闸水位差，虽可缩减闸孔总净宽，降低工程造价，但抬高了闸的上游水位，不仅要加高上游坝顶高程，而且有可能增加上游淹没损失。因此，选用水闸的过闸水位差时，应认真处理好水闸工程造价、上游堤防工程量及淹没影响等方面的关系，设计中应结合水闸所承担的任务、特点、运用要求等具体情况来选定。一般水闸的过闸水位差可采用 0.1 ~ 0.3 m。

五、闸孔宽度的确定

确定闸孔宽度时，首先要计算闸孔总净宽 B_0，然后根据运用要求选定每孔净宽 b，进而求得孔数 n，最后通过过流能力校核验证其经济合理性。

（一）计算闸孔总净宽 B_0

闸孔总净宽 B_0 应根据下游闸槛形式和布置，上、下游水位衔接要求，泄流状态等因素计算确定。

（1）当为堰流时，闸孔总净宽 B_0 可按式(5-1)进行计算，计算示意图如图 5-4 所示。

$$B_0 = \frac{Q}{\sigma \varepsilon m \sqrt{2g} H_0^{3/2}} \tag{5-1}$$

式中 B_0——闸孔总净宽，m；

Q——过闸流量，m^3/s；

H_0——计入行近流速水头的堰上水深，m；

σ、ε、m——堰流淹没系数、侧收缩系数和流量系数，可由《水闸设计规范》(SL 265—2001)的附表 A 查得，设计时，要先拟定，后校核；

g——重力加速度。

（2）当为孔流时，闸孔总净宽 B_0 可按式(5-2)计算，计算示意图如图 5-5 所示。

$$B_0 = \frac{Q}{\sigma' \mu h_e \sqrt{2gH_0}} \tag{5-2}$$

式中 h_e——孔口高度，m；

σ'、μ——孔流的淹没系数和流量系数，可由《水闸设计规范》(SL 265—2001)查得；

其他符号意义同上。

对设有低堰或其他堰型的水闸，闸孔总净宽计算可参考有关水力学计算手册。

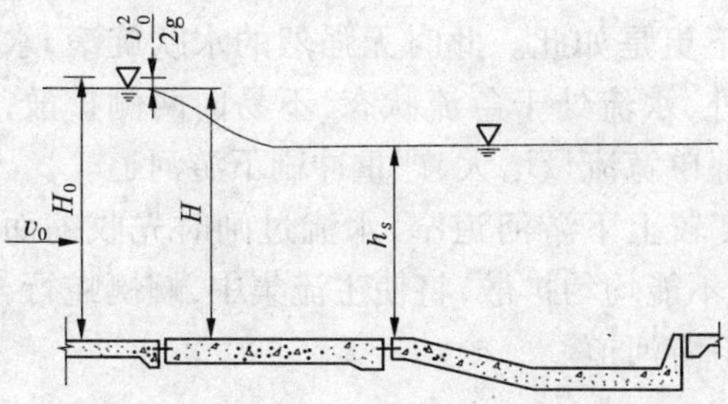

图 5-4　平底板堰流计算示意图

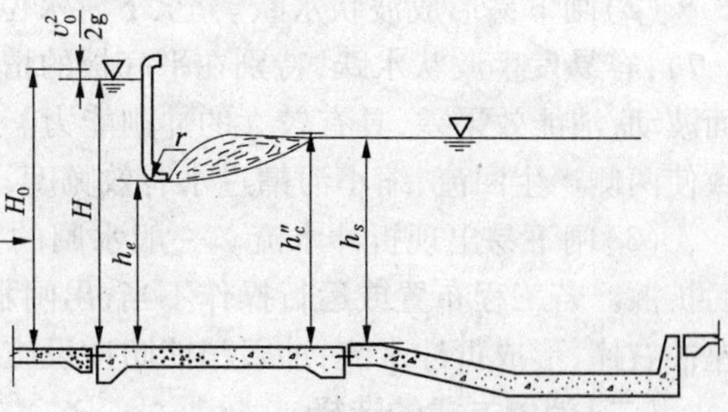

图 5-5　平底板孔流计算示意图

(二)确定每孔孔径 b_0

选定 b_0 时要综合考虑闸的地基条件、运用要求、闸门结构形式、启闭机容量,以及闸门的制作、运输、安装等因素,进行综合分析确定。选用的闸孔孔径应符合国家现行的《水利水电工程钢闸门设计规范》(SL 74—95)等所规定的闸门孔口尺寸系列标准。

(三)确定闸孔数目 n

选定每孔净宽 b_0 后,则所需闸孔数目为 $n \approx B_0/b_0$,n 值取略大于计算值的整数,但总净宽不宜超过计算值的 3% ~5%。当闸孔孔数少于 8 孔时,n 值最好采用单数,以使过闸水流匀称。

(四)确定闸室总宽度 B

最后确定闸室总宽度 B 为 $nb_0+(n-1)d_z+2d_b$,其中 d_z 为中墩厚,d_b 为边墩厚。从过水能力和消能防冲两方面考虑,闸室总宽度 B 值应与上、下游河道或渠道宽度相适应。一般闸室总宽度应等于或大于 0.6 ~0.85 倍的河(渠)道宽度 ,河(渠)道宽度较大时,取较大值。

(五)过流能力校核

按拟定的闸孔尺寸,考虑闸墩形状等的影响,进一步验算水闸的过水能力。一般实际过流量与设计过流量的差值不得超过 ±5%,否则需调整闸孔尺寸,直至满足要求为止。

第三节　水闸的消能防冲设计

水闸泄水时,部分势能转为动能,流速增大,具有较强的冲刷能力,而土质河床一般抗冲能力较低。因此,为了保证水闸的安全运行,必须采取适当的消能防冲措施,搞好水闸的消能防冲设计。

一、水闸的泄流特点及消能方式的选择

(一)水闸的泄流特点

(1)水流形式复杂。初始泄流时,闸下水深较浅,随着闸门开度的增大而逐渐加深,闸下出流由孔流到堰流,由自由出流到淹没出流都会发生,水流形态比较复杂。因此,消能设施应在任意工作情况下,均能满足消能的要求并与下游水流很好的衔接。

(2)闸下易形成波状水跃。上、下游水位差较小，出闸水流的弗劳德数较低（$Fr=1\sim1.7$），容易发生波状水跃，特别在平底板的情况下更是如此。此时无强烈的水跃旋滚，水面波动，消能效果差，具有较大的冲刷能力。另外，水流处于急流状态，不易向两侧扩散，致使两侧产生回流，缩小河槽过水有效宽度，局部单宽流量增大，严重冲刷下游河道。

(3)闸下易出现折冲水流。一般水闸的宽度较上下游河道窄，水流过闸时先收缩而后扩散。若工程布置或运行操作不当，出闸水流不能均匀扩散，将使主流集中，蜿蜒蛇行，左冲右撞，形成折冲水流，冲毁消能防冲设施和下游河道。

（二）消能方式的选择

水闸消能方式一般有底流式、挑流式和面流式三种，我国水闸多修建在平原地区的土基上，最常用的是底流式消能。平原土基上的水闸，河床及岸坡的抗冲能力较低，且承受水头不高，闸下跃前水流弗劳德数较低，故宜采用底流式消能；当水闸承受较高水头，且闸下河床及岸坡为坚硬岩体时，可采用挑流式消能；当水闸闸下尾水深度较深且变化较小，河床及岸坡抗冲能力较强时，可采用面流式消能。在夹有较大砾石的多泥沙河流上的水闸，不宜设消力池，可采用抗冲耐磨的斜坡护坦与下游河道连接，末端应设防冲墙。在高速水流部位，尚应采取抗冲磨与抗空蚀的措施。

二、水闸消能防冲设施的布置与构造

这里主要介绍底流式消能方式。底流式消能的作用是通过增加下游水深，保证产生淹没式水跃，防止土基冲刷破坏。消能防冲设施主要由消力池、海漫、防冲槽等部分组成。

（一）底流式消能工

1. 布置形式

底流式消能主要有下挖式消力池、突槛式消力池和综合式消力池三种形式，如图 5-6 所示。当闸下尾水深度小于跃后水深时，可采用下挖式消力池消能。消力池可采用斜坡面与闸底板相连接，斜坡面的坡度不宜陡于 1∶4；当闸下尾水深度略小于跃后水深时，可采用突槛式消力池消能；当闸下尾水深度远小于跃后水深，且计算消力池深度又较深时，可采用下挖式消力池与突槛式消力池相结合的综合式消力池消能。当水闸上、下游水位差较大，且尾水深度较浅时，宜采用二级或多级消力池消能。对于大型多孔闸，可根据需要设置隔墩或导墙进行分区消能防冲布置。

2. 尺寸确定

消力池的尺寸主要包括深度、长度和底板厚度等。计算步骤如下：首先分析下游水流的衔接形式，判断是否要建消力池，再选定消力池形式，经过水力计算，最终确定池深池长。

1）消力池深度

消力池深度可按式(5-3)计算，计算示意图如图 5-6 所示。

$$d=\sigma h''_c-h_s-\Delta z \tag{5-3}$$

式中 d——消力池深度，m；

σ——水跃淹没系数，可采用 1.05～1.10；

h''_c——跃后水深，m；

h_s——出池河床水深，m；

Δz——出池落差，m。

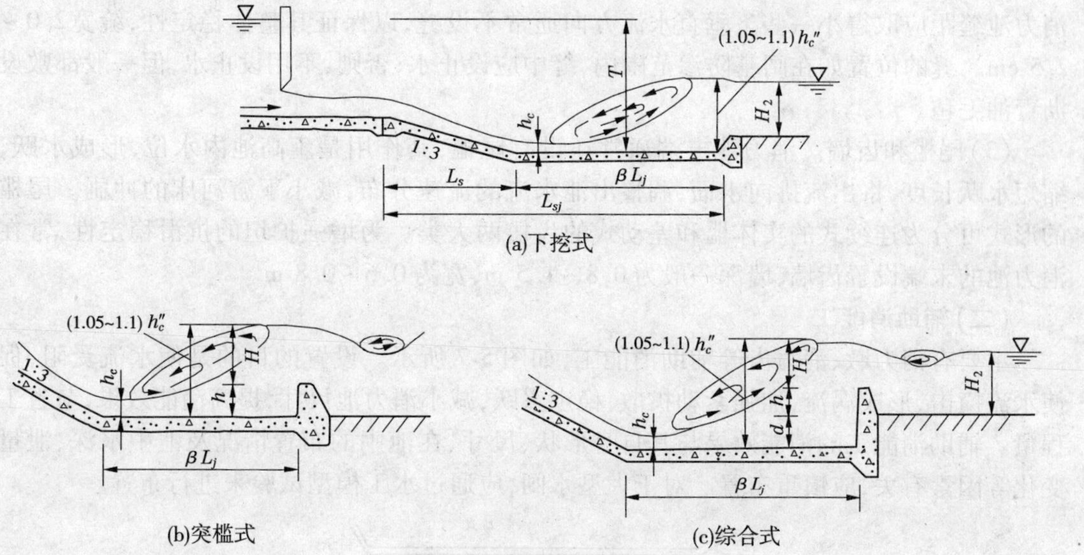

图 5-6　消力池形式示意图

2）消力池的长度

消力池的长度可按式(5-4)和式(5-5)计算，计算示意图如图 5-6 所示。

$$L_{sj} = L_s + \beta L_j \tag{5-4}$$

$$L_j = 6.9(h''_c - h_c) \tag{5-5}$$

式中　L_{sj}—— 消力池长度，m；

L_s——消力池斜坡段水平投影长度，m；

β—— 水跃长度校正系数，可采用 0.7 ~0.8；

L_j——水跃长度，m。

3）消力池底板厚度

消力池底板厚度，可根据抗冲和抗浮要求，按照有关公式计算。一般大、中型水闸为 0.5 ~1.0 m，长消力池可自上而下逐渐减薄，采用不同的厚度。末端厚度，可采用 $t/2$（t 为消力池底板始端厚度），但不宜小于 0.5 m，个别大型水闸可更厚。小型水闸一般是等厚的，可减薄，但也不宜小于 0.3 m。

大型水闸的消力池深度和长度，在初步设计阶段，应进行水工模型试验验证。

3. 构造要求及措施

(1)消力池底板(即护坦)。承受水流的冲击力、水流脉动压力和底部扬压力等作用，应具有足够的重量、强度和抗冲耐磨的能力，一般用 C15 或 C20 混凝土浇筑而成。底板一般按构造配置Φ10 ~12 mm@25 ~30 cm 的构造钢筋，大型水闸消力池的顶、底面均需配筋，中、小型的可只在顶面配筋。为了降低护坦底部的渗透压力，可在水平护坦的中后部设置排水孔，孔下敷设反滤层，排水孔孔径一般为 5 ~10 cm，间距 1.0 ~3.0 m，呈梅花形布置。

(2)分缝与止水。消力池与闸底板、翼墙、海漫之间及消力池本身顺水流方向均应分缝，以适应不均匀沉降和温度变形。缝距为10~20 m，地基差时为8~12 m，靠近翼墙的消力池缝距应取得小一些。垂直水流方向通常不设缝，以保证其整体稳定性，缝宽2.0~2.5 cm。缝的位置如在闸基防渗范围内，缝中应设止水；否则，不用设止水，但一般都敷设沥青油毛毡。

(3)尾槛和齿墙。消力池末端通常还设有尾槛，其作用是壅高池内水位，形成水跃，缩短水跃长度，将出流挑向水面，调整出池水流的流速分布，减小下游河床的冲刷。尾槛的形式可分为连续式的实体槛和差动式的齿槛两大类。为增强护坦的抗滑稳定性，常在消力池的末端设置齿墙，墙深一般为0.8~1.5 m，宽为0.6~0.8 m。

(二)辅助消能工

主要有消力墩、消力齿等辅助消能工，如图5-7所示。设置的目的是使水流受阻，促使水流撞击，形成涡流，加强紊动扩散，稳定水跃，减小消力池尺寸，提高消能效果，节省工程量。辅助消能工的消能效果与其自身形状、尺寸、在池中的布置情况及池中水深、泄量变化等因素有关，应慎重布置。对于大型水闸，应通过水工模型试验来进行布置。

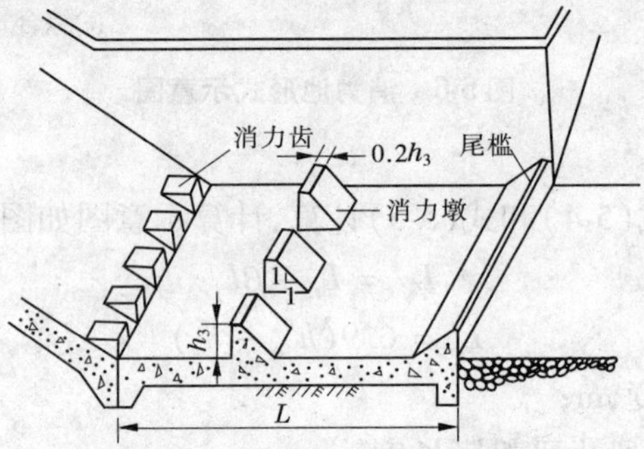

图5-7 消力池辅助消能工

(三)海漫及防冲槽

紧接护坦后还要采取海漫等防冲加固措施，以使水流均匀扩散，调整流速分布逐步接近天然河道的水流形态。

1.海漫

(1)海漫的作用是进一步消除水流剩余能量，保护消力池后面的一段河床不受冲刷，保证消力池的安全。

(2)对海漫的要求。海漫应具有一定的柔性，以适应下游河床可能的冲刷变形；具有一定的透水性，以便渗水自由排出，降低扬压力；具有一定的表面粗糙性，以利进一步消除余能；具有与水流流速相适应的抗冲能力，以保证海漫本身不致被水流冲动，从而达到保护河床的目的。

(3)海漫长度计算。海漫的长度应根据可能出现的不利的水位、流量组合情况按下式进行计算确定：

$$L_p = K_s \sqrt{q_s \sqrt{\Delta H'}} \tag{5-6}$$

式中 L_p——海漫长度,m;

K_s——海漫长度计算系数,可由表 5-2 查得;

q_s——消力池末端单宽流量,$m^3/(s \cdot m)$;

$\Delta H'$——闸孔泄水时的上、下游水位差,m。

此式适用于 $\sqrt{q_s \sqrt{\Delta H'}} = 1 \sim 9$ 且消能扩散良好的情况。

表 5-2 K_s值

河床土质	粉砂、细砂	中砂、粗砂、粉质壤土	粉质黏土	坚硬黏土
K_s	14 ~ 13	12 ~ 11	10 ~ 9	8 ~ 7

(4)海漫的布置和构造,如图 5-8 所示。海漫一般采用整体向下游倾斜的形式或将前 5 ~ 10 m 做成水平段,其顶面高程可与护坦齐平或在消力池尾槛顶以下 0.5 m,水平段后宜做成等于或缓于 1:10 的斜坡,同时沿水流方向在平面上向两侧逐渐扩散。

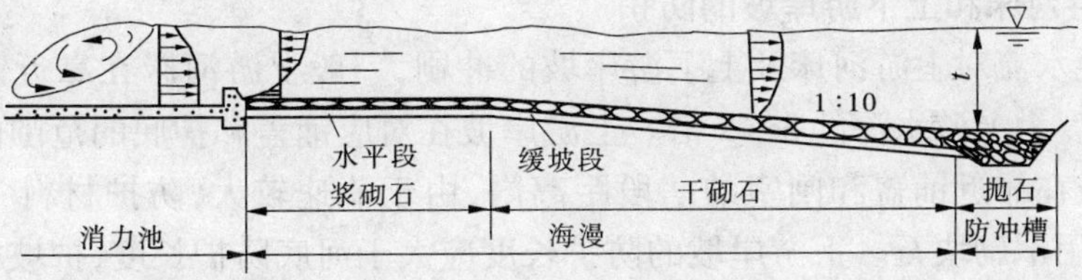

图 5-8 海漫布置示意

(5)海漫常用的结构形式。①干砌石海漫。一般由粒径大于 30 cm 的块石砌成,厚度为 0.3 ~ 0.5 m,下面敷设垫层,厚度为 10 ~ 15 cm。其抗冲流速为 2.5 ~ 4.0 m/s。为了增大其抗冲能力,可每隔 6 ~ 10 m 设一浆砌石梗,常用在海漫后段。②浆砌石海漫。常以粒径大于 30 cm 的块石,用强度等级 M5 或 M8 的水泥砂浆砌筑而成,厚度为 0.3 ~ 0.5 m,砌石设排水孔,下面敷设反滤层或垫层。其抗冲流速可达 3 ~ 6 m/s,但柔性和透水性较差。一般用于海漫的前部水平段。③混凝土海漫。整个海漫由边长为 2 ~ 5 m、厚度为 0.1 ~ 0.2 m 的板块拼铺而成,板中有排水孔,下面敷设反滤层或垫层。其抗冲流速可达 6 ~ 10 m/s。通常采用斜面式或垛式拼铺形式,以增加表面糙率。④钢筋混凝土海漫。当出池水流的剩余能量较大时,可在尾槛下游 5 ~ 10 m 范围内采用钢筋混凝土板海漫,板中有排水孔,下面敷设反滤层或垫层。⑤其他形式海漫,如铅丝石笼海漫等。

2. 防冲槽

为了防止海漫末端处发生冲刷破坏而危及海漫和消力池的稳定,进而危及闸室安全,常在海漫末端设置防冲槽或其他加固措施。

(1)防冲槽。在海漫末端挖槽抛填足够的粒径大于 30 cm 的块石,以便当水流冲刷河床形成冲坑时,槽内石块便可沿着冲刷坑的上游斜坡陆续滚下,铺满整个上游斜坡,防止冲刷坑向上游扩展,保护海漫安全,如图 5-9 所示。

防冲槽的尺寸主要取决于抛石量的多少,而抛石体积可根据下游冲至最深时,石块坍塌铺满冲刷坑上游斜坡所需要的方量来定。已建工程多将防冲槽开挖成宽浅式的梯形断面，槽深一般取1.5～2.5 m，底宽 b 取2～3倍的槽深，防冲槽上下游边坡 m 按河床土质的安全坡度确定，一般为1∶2～1∶4，两侧边坡坡度可与两岸河坡相同。

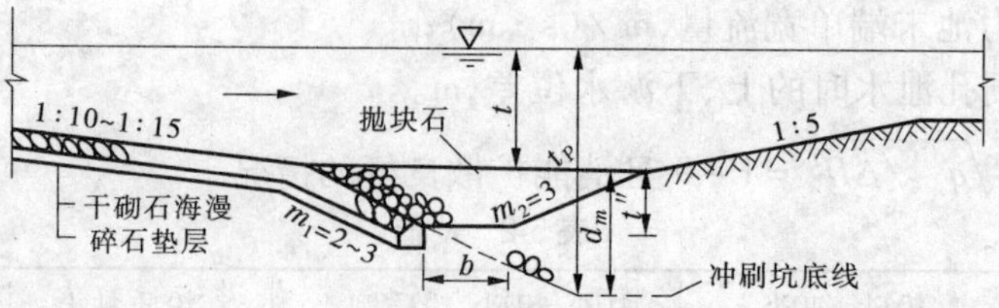

图5-9　防冲槽

(2)其他防冲加固设施。主要有齿墙、板桩、沉井等形式。对于冲坑深度较小的工程，可以采用深度为1～2 m的防冲齿墙代替防冲槽；当冲深较大，河床为粉、细砂时，采用板桩、井柱或沉井等形式的防冲加固设施较安全，此时应尽量缩短海漫长度，减小工程量。

(四)上游河床和上下游岸坡的防护

为了避免水流对上游河床及上下游岸坡的冲刷，一般上游河床在靠近铺盖的一段需要防护，其长度为上游水深的3～5倍。上游岸坡在对应铺盖和护底的范围内都要进行防护。护底护坡在靠近铺盖和闸室的一段距离内，由于流速较大，防护材料一般用浆砌块石，其他部分用干砌块石。下游岸坡的防护长度应大于河底防护长度，护坡材料同上游岸坡。必要时上游护底首端宜增设防冲槽，其深度较小，一般采用1.0～1.5 m。

上下游护坡的顶部应在最高水位以上。砌石护坡、护底的厚度通常为0.3～0.5 m，下面铺设卵石及砂垫层，厚度均为10 cm，防止岸坡土壤在水位降落时被渗透水流带出。护坡每隔8～10 m常设置混凝土埂(或浆砌石埂)一道，在护坡坡脚处应做混凝土齿墙嵌入土中，以增加护坡的稳定性。若护坡改用现浇混凝土，其厚度一般采用0.2～0.3 m，寒冷地区宜加厚至0.3～0.5 m；若改用预制混凝土板铺砌，其厚度一般采用0.1～0.2 m。

近年来，有的水闸工程也有采用土工织物进行护岸和防冲的。防护用土工合成材料主要有无纺土工织物、织造土工织物、土工模袋、土工膜、土工格室、三维植被网等，有时也需用土工格栅、土工网等加筋。

(五)波状水跃、折冲水流的防治措施

(1)波状水跃的防治措施。若水闸底板采用低实用堰型，则有助于消除波状水跃。对于平底板水闸，可在消力池斜坡段的顶部上游预留一段0.5～1.0 m宽的平台，其上设置一道小槛，使水流越槛入池，促成底流式水跃。槛高约为闸孔出流的第一共轭水深的1/4。小槛迎水面做成斜坡，以减弱水流的冲击作用，槛底设排水孔。如将小槛改成齿形槛分水墩，效果会更好。

(2)折冲水流的防治措施。可从三方面入手：首先，在平面布置上尽量使上游引河具有较长的直线段，并能在上游两岸对称布置翼墙，出闸水流与原河床主流的位置和方向一致；其次，要控制下游翼墙扩散角，每侧宜采用7°～12°，且不宜采用弧形翼墙(大型水闸如采用弧形翼墙，其半径不小于30 m)，墙顶应高于下游最高水位，以免回流由墙顶漫向消力池；再次，要制定合理的闸门开启程序，如低泄量时隔孔开启，使水流均匀出闸，或开闸时先开中间孔，继而开两侧邻孔至同一高度，直至全部开至所需高度，闭门与之相反，由两边孔向中间孔依次对称地操作。

三、消能防冲设计条件的选择

由于水闸的运用要求、上下游水位、过闸流量以及泄流方式等常常是复杂多变的，这就要求消能防冲设施必须在各种可能出现的水力条件下，都能满足消散动能与均匀扩散水流的要求，且应与下游河道有良好的衔接。但是不同类型的水闸，其泄流特点各不相同，因而控制消能设计的水力条件也不尽相同。故应以闸门的开启程序、开启孔数和开启高度进行多种组合计算，进行分析比较确定。如拦河节制闸宜以在保持闸上最高蓄水位的情况下，排泄上游多余来水量为控制消能设计的水力条件；当闸的下游河道已渠化时，应考虑下一级的蓄水位对闸下水位的影响。又如分洪闸宜以闸门全开，通过最大分洪流量为控制消能设计的水力条件。再如排水闸（排涝闸）宜以冬、春季蓄水期通过排涝流量为控制消能设计的水力条件；挡潮闸宜以蓄水期排泄上游多余来水量时，有时需用闸门控制泄水，上、下游可能出现较大的水位差为控制消能设计的水力条件等。

第四节　水闸的防渗排水设计

水闸防渗排水设计的任务是经济合理地确定水闸的地下轮廓线并采取必要、可靠的防渗排水措施，以消除和减小渗流对水闸产生的不利影响，防止闸基和两岸产生渗透破坏，保证水闸的工作安全。

一、闸基防渗长度的确定

如图 5-10 所示，在上下游水位差 H 的作用下，水闸渗流的过程为上游水从河床入渗，绕过上游铺盖、板桩、闸底板，经过反滤层由排水孔排至下游。其中，铺盖、板桩和闸底板等不透水部分与地基的接触线称为地下轮廓线，即图 5-10 中 0—1—2—3—……—16 的折线。它是闸基渗流的第一根流线，其长度称为闸基防渗长度（又称渗径长度）。

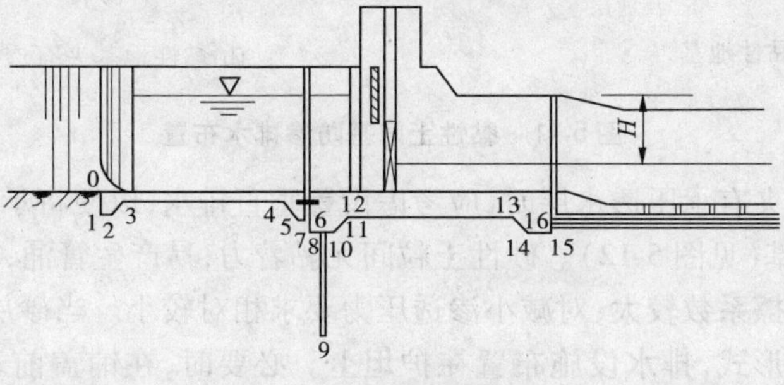

图 5-10　防渗长度示意图

在工程规划和可行性研究阶段，初步拟定的闸基防渗长度应满足 $L \geqslant CH$（C 为允许渗径系数值，可查表 5-3 获得）。若在工程初步设计或施工图设计阶段，还应采用改进阻力系数法校验。

表 5-3　允许渗径系数值 C

排水条件	地基类别									
	粉砂	细砂	中砂	粗砂	中砾 细砾	粗砾 夹卵石	轻粉质 砂壤土	轻砂 壤土	壤土	黏土
有滤层	13 ~ 9	9 ~ 7	7 ~ 5	5 ~ 4	4 ~ 3	3 ~ 2.5	11 ~ 7	9 ~ 5	5 ~ 3	3 ~ 2
无滤层	—	—	—	—	—	—	—	—	7 ~ 4	4 ~ 3

二、闸基防渗排水布置

闸基防渗排水布置，即进行不同地基的地下轮廓布置。闸基防渗长度初步确定后，可根据地基特性，参考已建的工程经验确定闸基地下轮廓形状和尺寸。

（一）布置原则

闸基防渗排水的布置原则是“高防低排”，就是在高水位一侧布置铺盖、板桩、齿墙等防渗设施，以延长渗径，减小作用在底板上的渗透压力，降低闸基渗流的平均坡降。在低水位一侧布置排水孔、反滤层等排水设施，使没有堵住的渗透水流尽快地安全排走，以防渗流出口附近的土壤颗粒被渗透水流带走而发生渗透变形，减小闸底板上的渗透压力。

（二）不同地基地下轮廓线的布置

（1）黏性土地基（见图 5-11）。因黏性土不易发生管涌等渗透变形且摩擦力较小，因此布置地下轮廓时，排水设施可前移到闸底板下，以降低底板下的渗透压力并有利于黏土加速固结，以提高闸室稳定性。防渗措施常采用水平铺盖，而不用板桩，以免破坏黏土的天然结构，在板桩与地基间造成集中渗流通道。

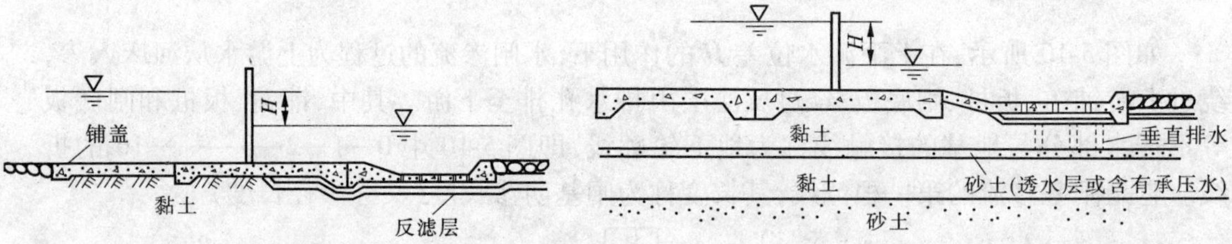

(a)黏性地基　　(b)黏性地基夹有透水砂层

图 5-11　黏性土闸基防渗排水布置

黏性土地基内夹有承压透水层时，应考虑设置垂直排水，以便将承压水引出。

（2）砂性土地基（见图 5-12）。砂性土粒间无黏着力，易产生管涌，主要应防止发生渗透变形。砂性土摩擦系数较大，对减小渗透压力要求相对较小。当砂层很厚时，可采用铺盖与板桩相结合的形式，排水设施布置在护坦上。必要时，在铺盖前端再加设一道短板桩，以加长渗径；当砂层较薄，下面有不透水层时，可将板桩插入不透水层，当地基为粉细砂土基时，为了防止地基液化，常将闸基四周用板桩封闭起来，因受双向水头作用，水闸上下游均设有排水设施，而防渗设施无法加长。设计时应以水头差较大的一边为主，另一边为辅，并采取除降低渗压外的其他措施来提高闸室的稳定性。

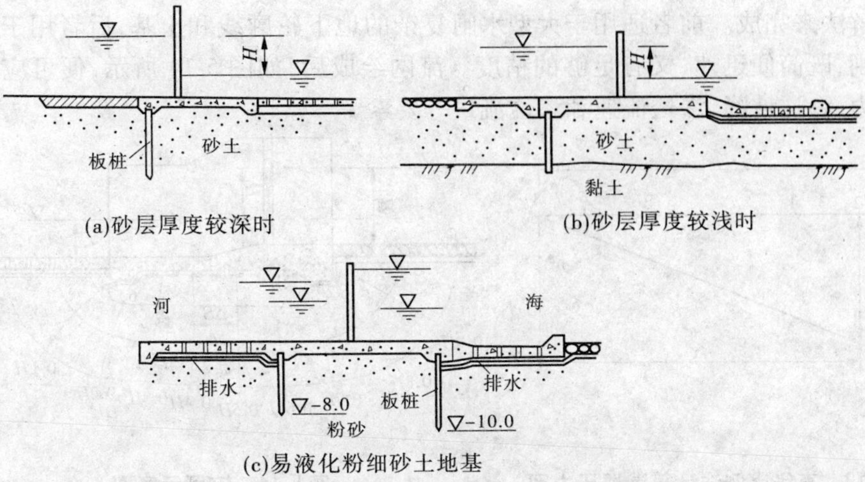

图 5-12　砂性土闸基防渗排水布置

三、闸基渗流计算

闸基渗流计算的目的：求解渗透压力、渗透坡降、渗透流量等，并验算地基土在初步拟定的地下轮廓线下的抗渗稳定性。土基上闸基渗流计算主要采用改进阻力系数法、流网法、直线比例法等近似计算方法。

(一)直线比例法(渗径系数法)

该法原理是假定渗流沿地下轮廓线流动时，其渗透水头是成直线比例逐渐减小的，即沿程渗透坡降的大小都是相同的。因此，当总水头 H 及防渗长度 L 一定时，便可按直线比例关系求出防渗长度上各点(即沿地下轮廓上各点)的渗透压力水头值。此法计算精度不高，特别是用该法进行渗透压力及出逸坡降计算时，误差较大。但由于此法具有一定的实践基础，又很简单，故在小型水闸设计中仍有使用。

按照防渗长度确定的方法不同，直线比例法又分为勃莱法和莱因法两种。

(1)勃莱法。假定闸基渗流沿防渗长度均匀地削减水头，即在单位长度上削减的水头是相同的，并假定防渗长度与水头的比值如不小于某一数值，闸基就不会产生渗透变形。

用勃莱法确定距地下轮廓线下游端为 x 处的渗透压力 h_x 时(见图 5-13)可按公式(5-7)计算：

$$h_x = \frac{x}{L}H \tag{5-7}$$

(2)莱因法。该法认为水平渗径不如铅直渗径的防渗效果好，并认为水平渗径的防渗效能只有垂直渗径的 1/3。因此，用该法计算渗透压力时，应先将 x、L 中的水平渗径长度除以 3 后，再加上垂直渗径长度，然后代入公式(5-7)计算。

(二)流网法

对于边界条件复杂的渗流场，很难精确求得任一点的渗流要素值，工程上通常采用流网法来解决这类问题,误差可以控制在5%以内。流网的绘制可以采用电模拟等试验的方法或图解法来完成。前者适用于大型水闸复杂的地下轮廓线和土基,后者用于均质地基上的水闸,既简便迅速,又有足够的精度。流网绘成后,如图5-14所示,便可应用其算出渗透压力、渗透坡降、渗透流速和渗透流量等要素。

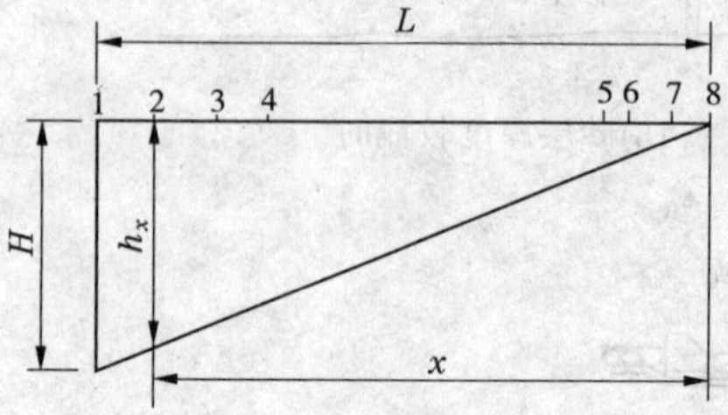

图5-13　直线比例法计算渗透压力图

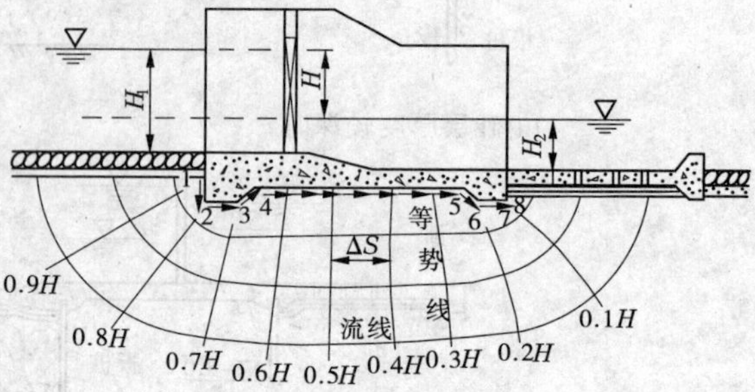

图5-14　流网示意图

(三)改进阻力系数法

改进阻力系数法是在阻力系数法的基础上发展起来的,这两个方法的基本原理非常相似。主要区别是前法的渗流区划分比后法多,在进出口局部修正方面考虑得更详细些。因此,改进阻力系数法是一种精度较高的近似计算方法。

1. 基本原理

如图5-15所示,有一简单的矩形断面渗流区,其长度为L,透水土层厚度为T,两断面间的测压管水位差为h。根据达西定律,通过该渗流区的单宽渗流量q为

$$q = K\frac{h}{L}T \quad 或 \quad h = \frac{L}{T}\frac{q}{K} \tag{5-8}$$

令$L/T = \xi$,则得

$$h = \xi\frac{q}{K} \tag{5-9}$$

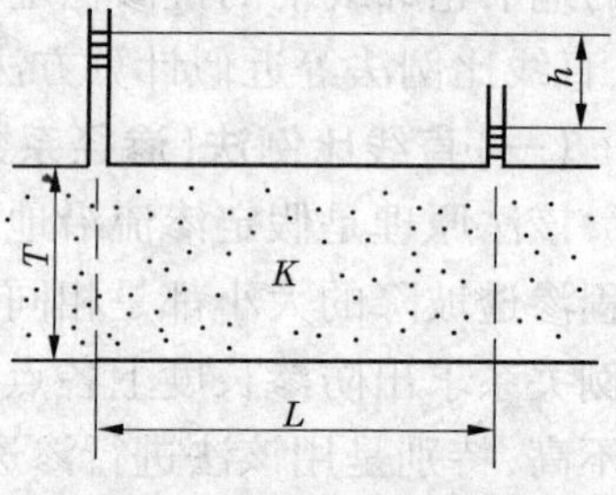

图5-15　基本原理示意图

式中,ξ称为阻力系数,ξ值仅和渗流区的几何形状有关,它是渗流边界条件的函数。对于比较复杂的地下轮廓,需要把整个渗流区大致按等势线位置分成若干个典型渗流段。每个典型渗流段都可利用解析法或试验法求得阻力系数ξ,其计算公式见表5-4。图5-16所示的简化地下轮廓,可由2、3、4、5、6、7、8、9、10点引出等势线,将渗流区划分成10个典型流段,并按表5-4的公式计算出各段的ξ_i。再由公式(5-10)得到任一典型流段的水头损失h_i

$$h_i = \xi_i\frac{q}{K} \tag{5-10}$$

对于不同的典型段,ξ值是不同的,而根据水流的连续原理,各段的单宽渗流量应该相同。所以,各段的q/K值相同,而总水头H应为各段水头损失的总和,于是得

$$H = \sum_{i=1}^{m} h_i = \frac{q}{K}\sum_{i=1}^{m}\xi_i \tag{5-11}$$

表 5-4　典型流段的阻力系数

区段名称	典型流段形式	阻力系数 ξ 的计算公式
进口段和出口段	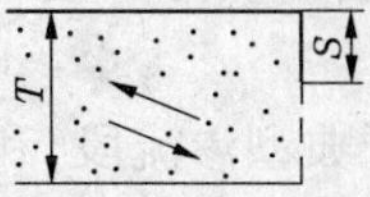	$\xi_0 = 1.5(\frac{S}{T})^{3/2} + 0.441$
内部垂直段	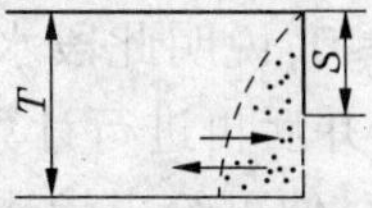	$\xi_y = \frac{2}{\pi}\ln\cot[\frac{\pi}{4}(1 - \frac{S}{T})]$
内部水平段	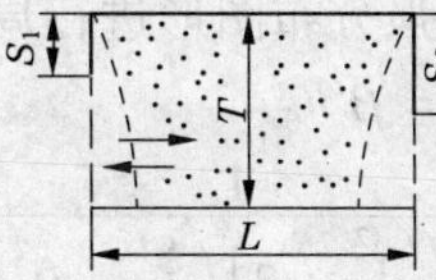	$\xi_x = \frac{L - 0.7(S_1 + S_2)}{T}$

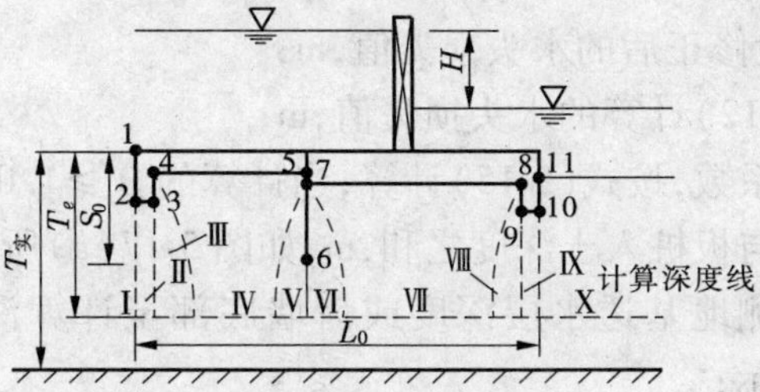

图 5-16　地下轮廓线简化示意图

将公式(5-11)代入公式(5-10)得各段的水头损失为

$$h_i = \xi_i \frac{H}{\sum_{i=1}^{m} \xi_i} \tag{5-12}$$

求出各段的水头损失后,再由出口处向上游方向依次叠加,即得各段分界点的渗压水头。两点之间的渗透压强可近似地认为成直线分布。进出口附近各点的渗透压强,有时需要修正。如要计算 q,可按公式(5-8)进行。

2. 计算步骤

(1)确定地基计算深度。上述计算方法对地基相对不透水层较浅时可直接应用,但在相对不透水层较深时,须用有效深度 T_e 作为计算深度 T_c。T_e 可按公式(5-13)计算确定:

$$\left.\begin{aligned} &当\frac{L_0}{S_0} \geqslant 5 时, T_e = 0.5L_0 \\ &当\frac{L_0}{S_0} < 5 时, T_e = \frac{5L_0}{1.6\frac{L_0}{S_0} + 2} \end{aligned}\right\} \tag{5-13}$$

式中　L_0——地下轮廓的水平投影长度,m;

S_0——地下轮廓的铅直投影长度,m。

算出有效深度 T_e 后,再与相对不透水层的实际深度 $T_{实}$ 相比较,应取其中的小值作为计算深度 T_c。

(2)按地下轮廓形状将渗流区分成若干典型渗流段,利用表 5-4 计算各段的阻力系数 ξ_i,并计算各段的水头损失 h_i。

如果计算某一水平段的阻力系数值 $\xi_x \leqslant 0$,说明此段水平距离太短,即可判断其为不合理,此时可将该水平段与附近的渗流段合并后再进行计算。

(3)以直线连接各分段计算点的水头值,便可绘出渗透压强分布图。

(4)对进、出口段水头损失值和渗透压强分布图形进行局部修正。计算公式如下:

$$h_0' = \beta' h_0 \tag{5-14}$$

$$\beta' = 1.21 - \frac{1}{\left[12\left(\frac{T'}{T}\right)^2 + 2\right]\left(\frac{S'}{T} + 0.059\right)} \tag{5-15}$$

$$\Delta h = (1 - \beta')h_0 \tag{5-16}$$

式中　h_0'——进、出口段修正后的水头损失值,m;

h_0——按公式(5-12)计算的水头损失值,m;

β'——阻力修正系数,按式(5-15)计算,当计算的 $\beta' \geqslant 1.0$ 时,则取 $\beta' = 1.0$;

S'——底板埋深与板桩入土深度之和,m,如图 5-17(a)所示;

T'——板桩另一侧地基透水层深度或齿墙底部至计算深度线的铅直距离,m,如图 5-17所示;

Δh——修正后的水头损失减小值,m,可按公式(5-16)计算。

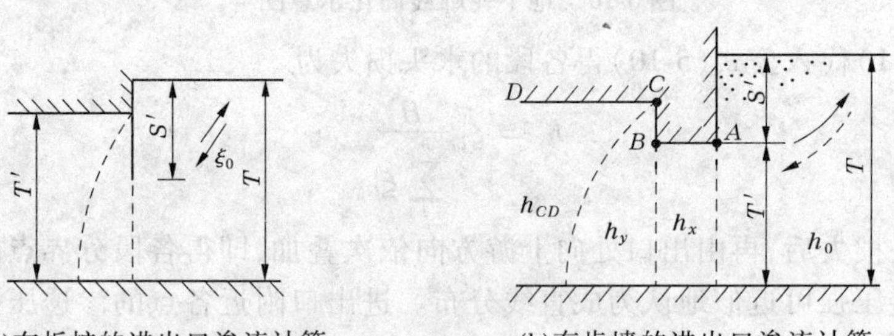

(a)在板桩的进出口渗流计算　　(b)有齿墙的进出口渗流计算

图 5-17　进出口修正计算示意图

(5)当阻力修正系数 $\beta' < 1$ 时,除进、出口段的水头损失需作修正外,在其附近的内部典型段内仍需修正,即把进、出口段的水头损失减小值 Δh 分别按不同情况加在附近的几个典型段内。①当 $h_x \geqslant \Delta h$ 时,可按 $h_x' = h_x + \Delta h$ 修正,式中 h_x'为修正后的水平段水头损失值,h_x 为水平段的水头损失值。②当 $h_x < \Delta h$ 时,可按下面两种情况修正:当 $h_x + h_y \geqslant \Delta h$ 时,则 $h_x' = 2h_x$,$h_y' = h_y + \Delta h - h_x$,其中 h_y 为内部铅直段的水头损失值,h_y'为修正后的内部铅直段水头损失值;当 $h_x + h_y < \Delta h$ 时,则 $h_x' = 2h_x$,$h_y' = 2h_y$,$h_{CD}' = h_{CD} + \Delta h - (h_x + h_y)$,其中 h_{CD}为 CD 段的水头损失值,h_{CD}'为修正后的 CD 段水头损失值,如图 5-17 所示。

(6)按公式(5-17)计算出口段渗流坡降 J:

$$J = \frac{h'_0}{S'} \tag{5-17}$$

出口段和水平段的渗流坡降都应满足《水闸设计规范》(SL 265—2001)规定的允许渗流坡降值[J]的要求,防止地下渗流冲蚀地基土并造成渗透变形。

四、防渗及排水设施

水闸的防渗设施包括水平防渗设施(铺盖)和垂直防渗设施(板桩、齿墙、防渗墙、灌注式水泥砂浆帷幕、高压喷射灌浆帷幕及垂直防渗土工膜等),而排水设施则是指敷设在护坦、浆砌石海漫底部或闸底板下游段起导渗作用的砂砾石层。排水体常与反滤层结合使用。

(一)铺盖

铺盖应有可靠的不透水性及一定的柔性,以适应地基变形,保证防渗作用。实际工程中常用的形式有黏土、混凝土、钢筋混凝土或土工膜防渗铺盖等。

(1)黏土、黏壤土铺盖。这种铺盖的渗透系数应比地基土的渗透系数至少要小 100 倍。铺盖的长度应由闸基防渗需要确定。铺盖的厚度应根据铺盖土料的允许水力坡降值计算确定,实际工程上游端一般采用 0.6~0.8 m,并逐渐向闸室方向加厚,靠近闸室处为 1.0~1.5 m。为了防止铺盖在施工期被损坏和运用时被水流冲刷,其上面应设置厚 0.3~0.5 m干砌块石或混凝土板保护层。保护层与铺盖间设置一、二层砂砾石垫层。铺盖与闸室底板连接处是薄弱环节,应处理好,如图 5-18 所示。

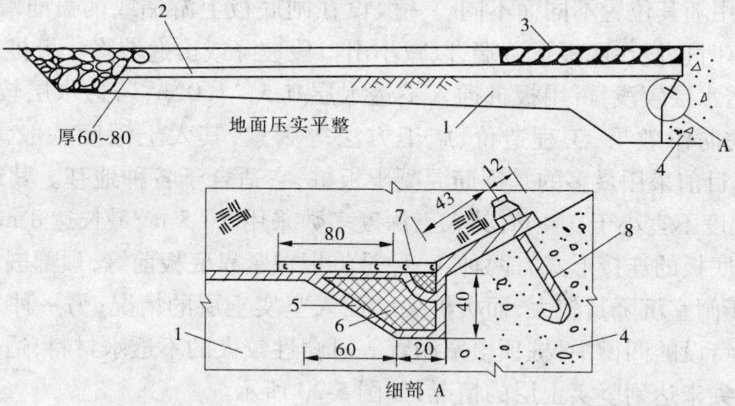

1—黏土铺盖;2—垫层;3—浆砌块石保护层(或混凝土板);4—闸室底板;
5—沥青麻袋;6—沥青填料;7—木盖板;8—斜面上螺栓

图 5-18 黏土铺盖构造 (单位:cm)

(2)混凝土或钢筋混凝土铺盖。如当地缺乏黏土、黏壤土,或要用铺盖兼作阻滑板以提高闸室抗滑稳定性时,可采用混凝土或钢筋混凝土铺盖(见图 5-19)。其厚度一般根据构造要求确定,最小厚度不宜小于 0.4 m,在与底板连接处应加厚至 0.8~1.0 m。铺盖与底板、翼墙之间用沉降缝分开。铺盖本身亦应设温度沉降缝,靠近翼墙的缝距应小一些。缝宽可采用 2~3 cm,缝中均应设止水。混凝土铺盖中混凝土强度等级一般为 C15,配置温度构造筋。对于起阻滑作用的钢筋混凝土铺盖,则要根据受力情况配置轴向受拉钢筋。

受拉钢筋与闸室在接缝处应采用铰接的构造形式。这种铺盖的混凝土强度等级一般不低于 C20。

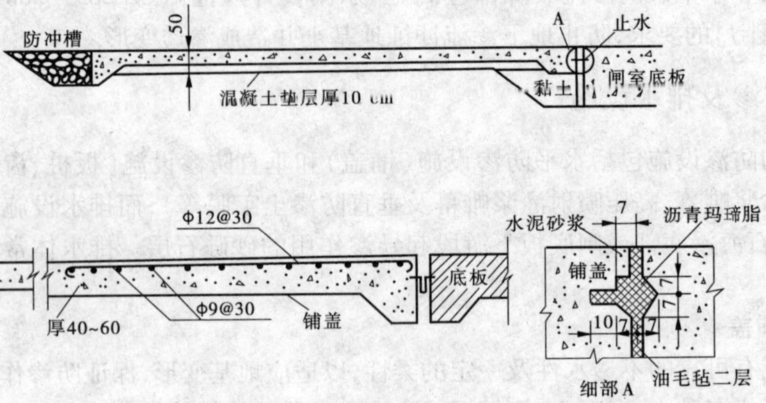

图 5-19　混凝土及钢筋混凝土铺盖构造　（单位：cm）

(3) 土工膜防渗铺盖。水闸防渗铺盖也可用土工膜代替传统的弱透水土料。用于防渗的土工合成材料主要有土工膜或复合土工膜，其厚度应根据作用水头，膜下土体可能产生裂隙宽度、膜的应变和强度等因素确定，但不宜小于 0.5 mm。防渗土工膜上部可采用水泥砂浆、砌石或预制混凝土块做防护层、上垫层，下部应设下垫层。

（二）板桩

板桩的作用随其位置不同而不同。一般设在闸底板上游端或铺盖前端，主要用以降低渗透压力，有时也设在底板下游端，以减小出口段坡降或出逸坡降。板桩长度与透水层深度有关，若透水层较浅，可用板桩插入不透水层 0.5～1.0 m；若透水层较深，则采用悬挂式板桩，考虑防渗效果、工程造价、施工方法等因素，其入土深度一般为作用水头的 0.7～1.2 倍。目前采用最多的是钢筋混凝土板桩，它适合于各种地基。其最小厚度不宜小于 0.2 m，宽度不宜小于 0.4 m，其入土深度多数采用 3～5 m，最长达 8 m。

板桩与闸底板的连接形式有两种：一种是将板桩紧靠底板前缘，顶部嵌入黏土铺盖一定深度，适用于闸室沉降量较大，而板桩尖已插入坚实土层的情况；另一种是将板桩顶部嵌入底板底面特设的凹槽中，桩顶填塞沥青等可塑性较大的不透水材料，适用于闸室沉降量小而板桩桩尖未达到坚实土层的情况，如图 5-20 所示。

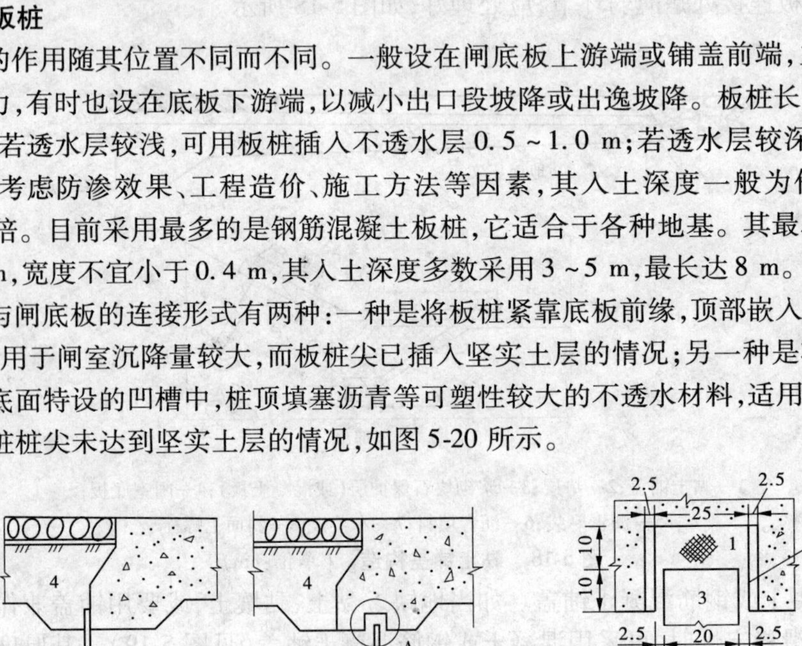

1—沥青；2—预制挡板；3—板桩；4—铺盖

图 5-20　板桩与闸底板的连接形式　（单位：cm）

(三)齿墙

闸底板的上、下游端一般设有齿墙,它有利于抗滑稳定,并可延长渗径。齿墙深度一般为0.5~1.5 m,最大不宜超过2.0 m,否则施工困难。

根据具体情况,水闸的防渗设施还可采用混凝土防渗墙、水泥砂浆帷幕、高压喷射灌浆帷幕及垂直防渗土工膜等。

(四)排水设施

闸基设置排水设施的目的是将闸底渗透水流尽快排到下游,以减小渗透压力,因此要求排水设施透水性好,并与下游畅通。排水形式通常有:

(1)平铺式排水。即在护坦和浆砌石海漫的底部平铺反滤层,目前常用在开挖好的地基上平铺1~2层200~300 g/m^2 的土工布,土工布上平铺1~2 cm、厚15~30 cm的卵石、砾石或碎石,如图5-21所示。

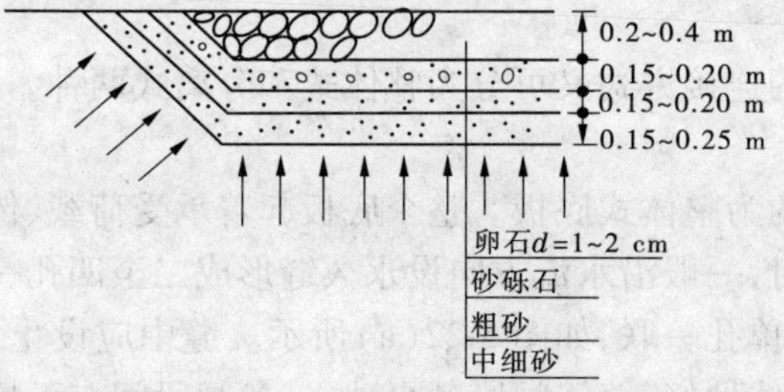

图5-21 反滤层

(2)垂直排水。在地基内有承压水层时,用垂直排水可有效降低承压水头。将排水井伸入到该层内0.3~0.5 m,引出承压水,达到降压的目的。排水井的井径一般为0.3 m左右,间距3 m左右,内填滤料。

(3)水平带状排水。多用于岩基上。

五、水闸的侧向绕渗

水闸建成挡水后,除闸基渗流外,渗流还从上游高水位绕过翼墙、岸墙和刺墙等流向下游。绕渗对翼墙、岸墙施加水压力,影响其稳定性;在渗流出口处,以及填土与岸墙、翼墙的接触面上可能产生渗透变形。此外,它还会影响水闸和地基的安全。因此,应做好侧向防渗排水设施。

(一)侧向绕渗计算

侧向绕渗具有自由水面,属于三维无压渗流。当河岸土质均一,在其下面有水平不透水层时,可将三维问题简化成二维问题,按与闸基有压渗流相似的方法或流网法或改进阻力系数法求解绕渗要素。如果墙后土层的渗透系数小于地基渗透系数,侧向绕渗压力可以近似地采用相对应部位的闸基扬压力计算值。

(二)侧向防渗措施

侧向防渗排水布置(包括刺墙、板桩、排水井等)应根据上下游水位、墙体材料和墙后土质及地下水位变化等情况综合考虑,并应与闸基的防渗排水布置相适应,使在空间上形成防渗整体。

第五节　闸室的布置与构造

水闸的闸室结构布置包括底板、闸墩、胸墙、闸门、启闭机、工作桥、交通桥等分部结构的布置和尺寸的初步拟定。应在保证稳定的前提下，尽量做到轻型化、整体性好、刚性大、布置匀称，并进行合理的分缝分块，使作用在地基单位面积上的荷载较小、较均匀，并能适应地基可能的沉降变形。

一、底板

闸室底板形式通常有平底板、钻孔灌注桩底板、低堰底板、箱式底板、斜底板、反拱底板等。可根据地基、泄流等条件进行选用。一般情况下，平底板使用较多，本节重点介绍平底板。

平底板按照闸墩与底板的连接方式又可分为整体式和分离式两种。

(一)整体式底板

闸墩与底板浇筑成整体的为整体式底板。整个底板起着承受荷载、传递荷载、防冲和防渗的作用。闸孔宽度较大时，一般沿水流方向设永久缝形成二至四孔一联的闸段，边闸段考虑到边荷载的影响，宜为单孔一联，如图 5-22(a)所示。缝中应设止水。缝可设在闸墩中间，其优点是闸室结构整体性好，缝间闸段各自独立，各闸段间有不均匀沉陷时，水闸仍能正常工作，且具有较好的抗震性能；缺点是缝墩施工工期较长，且比其他中墩厚，当缝墩较多时，将增加工程量和施工难度。闸孔孔径过大时，底板应力很大，需配置较多的钢筋。这种底板适用于地质条件较差的地基或地震区。如果地基条件较好，相邻闸段不致出现不均匀沉降的情况下，也可将缝设在闸孔底板中间，如图 5-22(b)所示，可缩短工期，减小闸的总宽度和底板的跨中弯矩，但须确保闸门的启闭安全可靠。

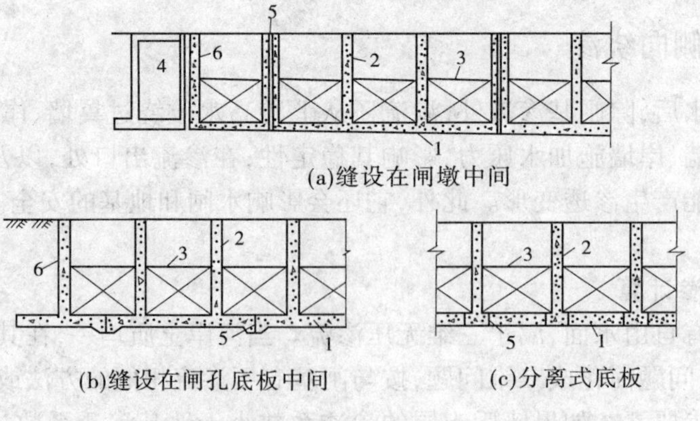

1—底板；2—闸墩；3—闸门；4—空箱式岸墙；5—温度沉降缝；6—边墩

图 5-22　底板的分类

底板顺水流方向的长度应根据闸室地基条件和上部结构布置要求，以满足闸室整体稳定和地基允许承载力为原则来分析确定。初拟时对于碎石土和砾(卵)石地基可取(1.5～2.5)H(H为水闸上下游最大水位差)，砂土和砂壤土可取(2.0～3.5)H，黏土可取

$(2.5\sim4.5)H$。底板厚度必须满足强度和刚度的要求，大中型水闸可取闸孔净宽的1/6～1/8，一般为1～2 m，最薄不小于0.7 m，小型水闸可薄至0.3 m。闸室底板应具有足够的整体性、坚固性、抗渗性和耐久性。常用钢筋混凝土结构，小型水闸也可用混凝土浇筑。常用的强度等级为C15、C20。底板按实际情况配筋。

（二）分离式底板

在闸墩两侧附近设缝，将底板与闸墩断开，称为分离式底板，如图5-22（c）所示。缝中设止水。其闸室上部结构的质量将直接由闸墩或连同部分底板传给地基。中间底板仅起防冲、防渗和稳定的作用，其厚度根据自身稳定的需要确定。一般用混凝土或浆砌石建成，必要时加少量钢筋。优点是可缩短工期，减小闸的总宽度，工程量小；缺点是底板接缝较多，闸室结构的整体性较差，对地基要求较高。一般适用于地质条件较好、承载能力较大的地基。

二、闸墩

闸墩的结构形式应根据闸室结构抗滑稳定性和闸墩纵向刚度要求确定，一般宜采用实体式，常用混凝土、少筋混凝土或浆砌块石。闸墩的外形轮廓应满足过闸水流平顺、侧向收缩小、过流能力大的要求。上游可用半圆形，下游宜用流线形。

闸墩上游部分的顶面高程主要应满足两种运用情况：①挡水时，闸顶高程不应低于水闸正常蓄水位（或最高挡水位）加波浪计算高度与相应安全超高值之和；②泄水时，不低于设计洪水位（或校核洪水位）与相应安全超高值之和。下游部分的闸顶高程可适当降低，但应保证下游的交通桥底部高出泄洪水位0.5 m以上及桥面能与闸室两岸道路衔接。

闸墩的长度一般取决于上部结构布置和闸门的形式，一般与底板等长或稍短些。闸墩上下游面常为铅直面，如上部结构布置后闸墩有富裕，两端可做成10∶1～5∶1的竖坡。如上部结构布置不下，顶部可做成向外挑出的牛腿。通常弧形闸门的闸墩长度比平面闸门的闸墩长。

闸墩厚度应满足稳定和强度要求，根据闸孔孔径、受力条件、结构构造要求、闸门形式和施工方法等确定。根据经验，一般混凝土闸墩厚1.0～1.6 m，少筋混凝土闸墩厚0.9～1.4 m，钢筋混凝土闸墩厚0.7～1.2 m，浆砌石闸墩厚0.8～1.5 m。平面闸门的闸墩厚度主要受门槽深度控制，闸墩在门槽处的最小厚度主要是根据结构强度和刚度的需要确定，一般不宜小于0.4 m。弧形闸门的闸墩因没有门槽，可采用较小的厚度。兼作岸墙的边闸墩还应考虑承受侧向土压力的作用，其厚度应根据结构抗滑稳定性能和结构强度的需要计算确定。

平面闸门的门槽尺寸取决于闸门尺寸和支承形式。工作门槽深一般不小于0.3 m，宽0.5～1.0 m，最优宽深比宜取1.6～1.8。检修门槽深一般为0.15～0.25 m，宽0.15～0.30 m。检修门槽与工作门槽之间应留1.5～2.0 m净距，以便安装和检修。弧形闸门的闸墩不需设主门槽。

三、胸墙

胸墙常用钢筋混凝土结构，做成板式或梁板式，如图5-23所示。孔径小于或等于6.0

m时可采用板式，墙板也可做成上薄下厚的楔形板，其顶部厚度一般不小于0.2 m。孔径大于6.0 m时，宜采用梁板式，它由墙板、顶梁和底梁组成，其板厚一般不小于0.12 m；顶梁梁高为胸墙跨度的1/12～1/15，梁宽常取0.4～0.8 m；底梁由于与闸门顶接触，要求有较大的刚度，梁高为胸墙跨度的1/8～1/9，梁宽为0.6～1.2 m。当胸墙高度大于5.0 m且跨度较大时，可增设中梁及竖梁构成肋形结构。各结构尺寸应根据受力条件和边界支承情况计算确定。

胸墙与闸墩的连接方式有简支式和固接式两种，如图5-24所示。简支式胸墙与闸墩分开浇筑，缝间涂沥青，也可将预制墙体插入闸墩预留槽内，成为活动胸墙。其优点是可避免在闸墩附近迎水面出现裂缝，但断面尺寸较大。固接式胸墙与闸墩整浇在一起，胸墙钢筋伸入闸墩内，形成刚性连接。其优点是断面尺寸小，可增强闸室的整体性，但受温度变化和闸墩变位的影响，易在胸墙支点附近的迎水面产生裂缝。整体式底板可用固接式，分离式底板多用简支式。

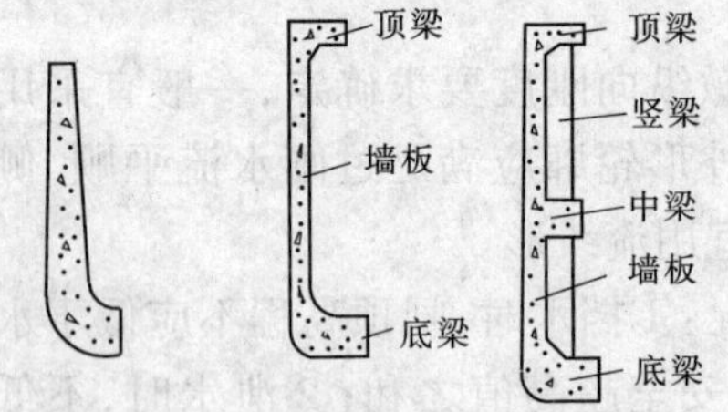

(a)楔形板　(b)梁板式　(c)肋形结构

图5-23　胸墙的结构形式

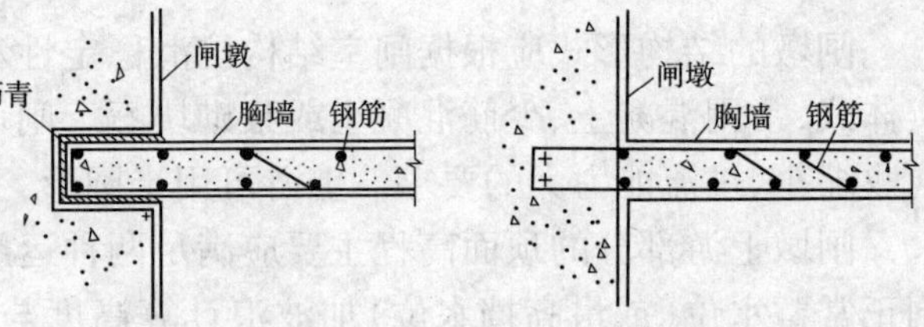

(a)简支式　(b)固接式

图5-24　胸墙的支承形式

胸墙顶宜与闸顶齐平。胸墙底部高程应根据孔口流量要求计算确定，应不影响泄水。

胸墙相对于闸门的位置取决于闸门的形式。若采用弧形闸门，胸墙设在闸门上游侧；若采用平面闸门，胸墙可设在闸门上游侧，也可设在闸门下游侧，如图5-25所示。前者止水放在闸门前面，启闭机螺杆或钢丝绳与吊耳等铁环不致因浸在水中而锈蚀，但其止水设备较复杂，且易磨损。后者闸门紧靠胸墙，使止水设备简单，且止水效果好，只是对螺杆等防锈蚀不利。

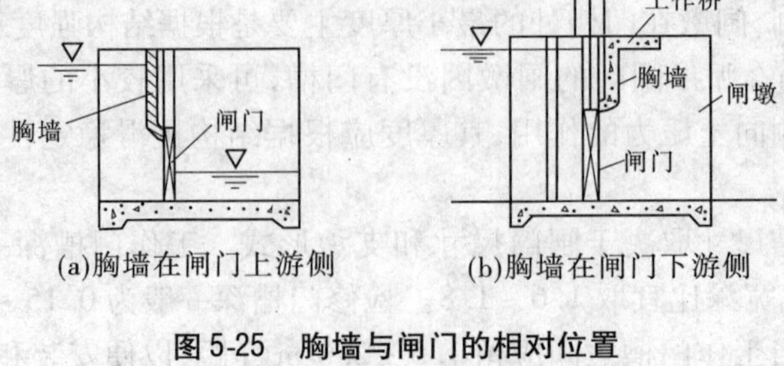

(a)胸墙在闸门上游侧　(b)胸墙在闸门下游侧

图5-25　胸墙与闸门的相对位置

四、闸门

闸门是水闸的一个重要组成部分，水闸利用它的启闭来达到控制水位和调节流量的目的。

（一）闸门的分类

1. 按结构形式分类

闸门按结构形式可分为平面闸门、弧形闸门等。平面闸门是平板形式的门叶，按提升方式不同又可分为直升式和升卧式两种。弧形闸门的挡水面板是圆弧面，启闭时绕位于弧形挡水面圆心处的支承铰转动。弧形闸门与平面闸门比较，其主要优点是启门力小，可以封闭较大面积的孔口，无影响孔口水流状态的门槽，闸墩厚度较小，机架桥的高度较低，埋件少。其主要缺点是所需闸墩较长，不能提出孔口以外进行检修维护，也不能在孔口之间互换，总水压力集中于支铰处，闸墩受力复杂。

2. 按工作性质分类

闸门按工作性质可分为工作闸门、检修闸门和事故闸门。工作闸门是在水闸正常运行情况下使用，要求其在动水中启闭；检修闸门是检修时临时挡水用，通常在平压静水中启闭；事故闸门是在水闸或机械设备出现事故时用，要求在动水中快速关闭，在静水中开启。

3. 按闸门所用材料分类

闸门按所用材料可分为钢闸门、钢筋混凝土及钢丝网水泥闸门、钢木混合结构闸门、木闸门和铸铁闸门等。钢闸门具有自重轻、工作可靠的优点，故在大中型水闸中应用广泛。钢筋混凝土及钢丝网水泥闸门和铸铁闸门可节约钢材，近些年有所发展，但有的较重，增加了启闭设备的造价，有的耐久性或韧性较差，一般只用于小型水闸。木闸门因其耐久性差，已很少采用。

（二）闸门的构造组成

闸门结构一般由活动部分、埋固部分和悬吊设备三部分组成。活动部分主要是由面板、梁格系统组成的门体结构；埋固构件是预埋在闸墩和胸墙等结构内部的固定构件；悬吊设备是指连接闸门和启闭设备的拉杆或牵引索等。

平面钢闸门的活动部分（也称门叶，如图5-26所示）由承重结构、支承移动装置（或称行走支承）、止水装置及吊耳等组成，其中承重结构包括面板、梁格、竖向联结系、门背（纵向）联结系和支承边梁等。支承移动装置有轮式支承和滑块支承两种，常用的是轮式支承。弧形钢闸门的活动部分由弧形面板、主梁、次梁、竖向联结系（或隔板）、起重桁架、支臂和支铰等所组成，如图5-27所示。

闸门的基本尺寸根据孔口尺寸确定。露顶式闸门顶部应在可能出现的最高挡水位以上有0.3~0.5 m的超高。

五、启闭机

闸门启闭机可分为固定式和移动式两种。常用的固定式启闭机有卷扬式、螺杆式和油压式三种。移动式一般有门架式和桥式两种。启闭机的形式应根据门型、尺寸及其运用条件等因素选定。所选用的启闭机的启闭力应大于等于计算的启闭力，同时应符合国家现行的《水利水电工程启闭机设计规范》（SL 41—93）所规定的启闭机系列标准。若要求短时间内全部均匀开启或多孔闸门启闭频繁，每孔应设一台固定式启闭机。

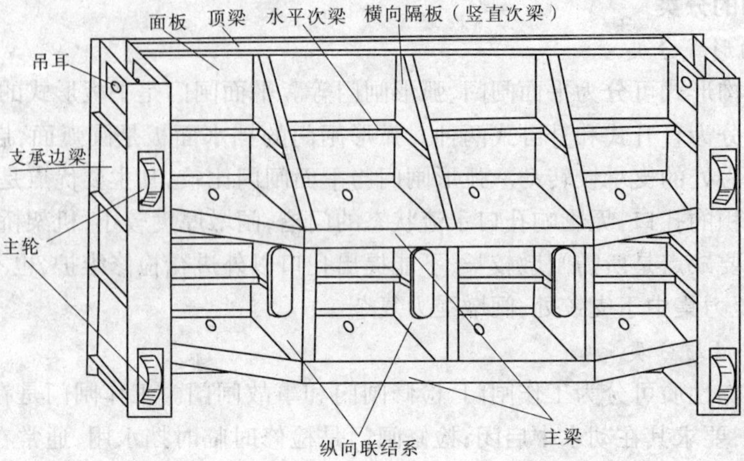

图 5-26　直升式平面钢闸门的活动部分

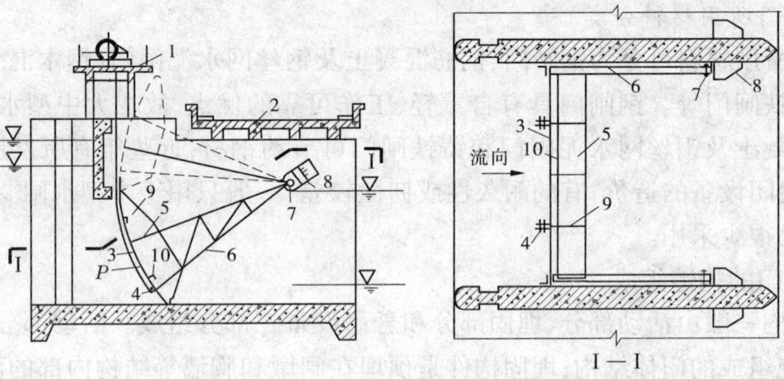

1—工作桥；2—公路桥；3—面板；4—吊耳；5—主梁；6—支臂；
7—支铰；8—牛腿；9—隔板；10—水平次梁

图 5-27　弧形钢闸门布置

（一）卷扬式启闭机

固定卷扬式启闭机广泛应用于大中型水闸，其定型产品有卷扬式平板闸门启闭机和卷扬式弧形闸门启闭机两种。其主要由电动机、减速箱、传动轴和绳鼓所组成。绳鼓固定在传动轴上，围绕钢丝绳，钢丝绳连接在闸门吊耳上。启闭闸门时，通过电动机、减速箱和传动轴使绳鼓转动，进而钢丝绳牵引闸门升降，并通过滑轮组的作用，使用较小的钢丝绳拉力，便可获得较大启门力。固定卷扬式启闭机适用于闭门时不需施加压力，且要求在短时间内全部开启的闸门。一般每孔布置一台。

（二）螺杆式启闭机

螺杆式启闭机主要由摇柄、主机和螺杆组成。螺杆的下端与闸门的吊头连接，上端利用螺纹与承重螺母相扣合。当用机械或人力转动主机时，迫使螺杆连同闸门上下移动，从而启闭闸门。其优点是结构简单、使用方便、价格较低且易于制造；缺点是启闭速度慢、启闭力小。所以，只适用于小型水闸。当水压力较大、门重不足时，可通过螺杆对闸门施加压力,以便使闸门关闭到底。当螺杆长度较大(如大于3 m)时,可在胸墙上每隔一定距离设支撑套环,以防止螺杆受压失稳。其启门力一般为3~100 kN。

(三)油压式启闭机

油压式启闭机主体由油缸和活塞组成。活塞经活塞杆或连杆和闸门连接,改变油管中的压力即可使活塞带动闸门升降,是一种比较理想的启闭设备。主要优点是利用液压原理,可以用较小的动力获得很大的启门力;液压传动比较平稳和安全(有溢流阀,超载时起自动保护作用);机体体积小,质量轻,当闸孔较多时,可以降低机房、管路及工作桥的工程造价;较易实现遥测、遥控和自动化。主要缺点是对金属加工条件要求较高,质量不易保证,造价较高。同时,设计选用时要注意解决闸门起吊同步的问题,否则会发生闸门歪斜卡阻的现象。

六、工作桥、交通桥

(一)工作桥

为了安装启闭设备和便于工作人员操作的需要,通常在闸墩上设置工作桥,如图5-2所示。桥的位置由启闭设备、闸门类型及其布置和启闭方式而定。当桥面很高时也可在闸墩上部另建支柱或排架来支承工作桥,以减小闸墩高度,节省材料。

工作桥的高程与闸门和启闭设备的形式、闸门高度有关,一般应使闸门开启后,门底高于上游最高水位,以免阻碍过闸水流。对于平面直升门,若采用固定启闭设备,桥的高度(即横梁底部高程与底板高程的差值)为门高的2倍加上1.0~1.5 m的富余高度;若采用活动式启闭设备,则桥高可以低些,但也应大于1.7倍的闸门高度。对于弧形闸门及升卧式平面闸门,工作桥高度可以降低很多,具体应视工作桥的位置及闸门吊点位置等条件而定。

大中型水闸的工作桥一般采用板梁结构。小型水闸多采用板式结构。工作桥的总宽度取决于启闭机的类型、容量和操作需要。大型水闸总宽度为2.5~4.5 m,小型水闸为2.0~2.5 m。

(二)交通桥

为建闸后便于行人或车马通行,通常也在闸墩上设置交通桥,如图5-2所示。交通桥的位置应根据闸室稳定及两岸交通连接的需要而定,一般布置在闸墩的下游侧。交通桥的梁(板)底高程应高出最高洪水位0.5 m以上;如果有流冰,则应高出流冰面以上0.2 m。交通桥可根据闸孔孔径、设计荷载标准等具体条件来选用板式、梁板式或板拱式,有条件时,可采用预制构件,现场吊装。仅供人畜通行的交通桥,其宽度常不小于3 m;行驶汽车等的交通桥按交通部制定的相应规范进行设计。

七、分缝与止水

(一)分缝

除了上述闸室本身分缝,凡是相邻结构荷重相差悬殊或结构较长、面积较大的地方也要设缝分开,如铺盖与闸室底板、翼墙的连接处及消力池与闸室底板、翼墙的连接处要分别设缝。另外,翼墙本身较长,混凝土铺盖、消力池的护坦在面积较大时也需设缝,以防产生不均匀沉陷,如图 5-28 所示。缝的间距一般为 15 ~ 20 m,缝宽为 2 ~ 3 cm。

(二)止水

凡具有防渗要求的缝,都应设止水。按照止水设备的方向,有铅直止水和水平止水两种。前者设在缝墩中、边墩与翼墙之间及各段翼墙之间等,后者设在铺盖、消力池底板与闸底板、翼墙之间,闸底板与铺盖、消力池底板间的分缝处等,止水布置如图 5-28 所示。

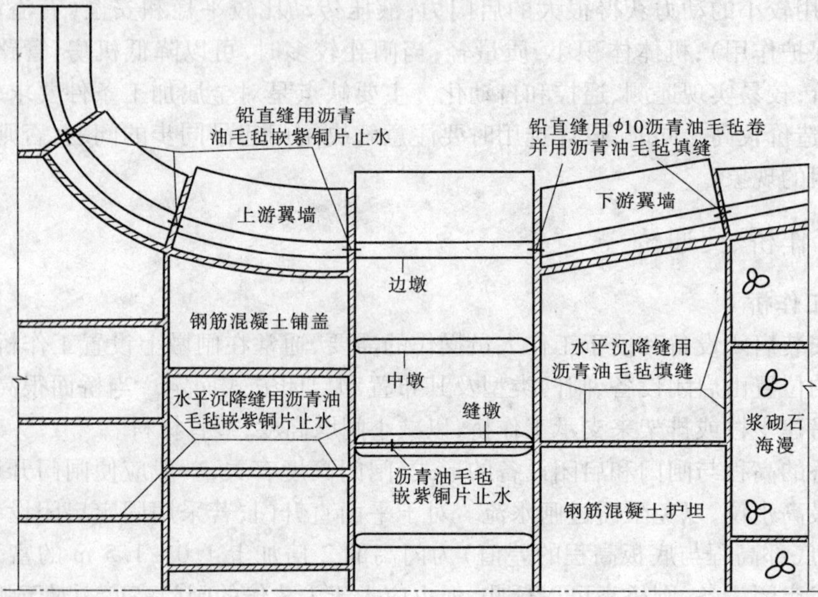

图 5-28 水闸的分缝与止水布置

1. 止水形式

(1)垂直止水。用于闸墩(缝墩)中的边墩与岸墙之间的、岸墙与翼墙之间的接缝、翼墙的分段缝。

(2)水平止水。用于铺盖与底板之间、铺盖与两侧翼墙底板之间、底板分缝隙段、混凝土铺盖的分坝缝、闸后护坦与闸底板之间的分缝、护坦与翼墙之间的接缝、护坦分坝缝。

2. 止水设备

垂直止水设备一般都设在靠近上游挡水面处(临水面 0.2 ~ 0.5 m)。止水设备上游部分的缝应该是不透水的,下游宜保持通畅。此外,止水设备应防止两个相邻构件之间因发生相对垂直位移而被撕裂。

水平止水多布置在距上游面 0.2 ~ 0.3 m 处,在缝下面铺设 2 ~ 3 层油毛毡或沥青片。材料为紫铜片、塑料止水带、橡皮止水带。

两种止水交叉处的构造必须妥善处理,以便形成一个完整的止水体系。交叉连接有两类,即铅直交叉和水平交叉。交叉处止水片的连接方式也可分为两种:一种是柔性连接,即将金属止水片的接头部分埋在沥青块体中;另一种是刚性连接,即将金属止水片剪裁后焊接成整体。在实际工程中可根据交叉类型及施工条件决定连接方式,铅直交叉常用柔性连接,而水平交叉则多用刚性连接,如图 5-29 所示。

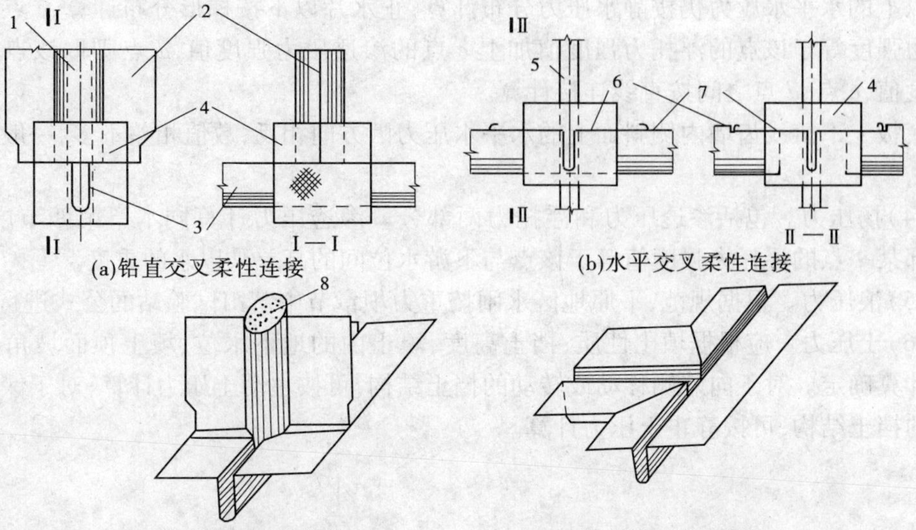

(a)铅直交叉柔性连接　(b)水平交叉柔性连接

(c)铅直交叉刚性连接　(d)水平交叉刚性连接

1—铅直缝;2—铅直止水片;3—水平止水片;4—沥青块体;5—接缝;
6—纵向水平止水片;7—横向水平止水片;8—沥青柱

图 5-29　止水及止水交叉构造

第六节　水闸的稳定分析及地基处理

一、荷载及其组合

(一)荷载

作用在水闸上的荷载可分为基本荷载和特殊荷载两类。基本荷载主要有:水闸结构及其上部填料和永久设备的自重,相应于正常蓄水位或设计洪水位情况下水闸底板上的水重、静水压力、扬压力、浪压力,土压力,淤沙压力,风压力,冰压力,土的冻胀力,其他出现机会较多的荷载等。特殊荷载主要有:相应于校核洪水位情况下水闸底板上的水重、静水压力、扬压力、浪压力,地震荷载,其他出现机会较少的荷载等。

因水闸具有挡水作用,故其所承受的荷载的计算公式与重力坝基本类似。

(1)自重。应按其几何尺寸及材料重度计算确定。闸门、启闭机及其他永久设备应尽量采用实际重量。

(2)水重。指闸室范围内作用在底板顶面以上的水体重量。多泥沙河流上的水闸,还应考虑含沙量对水的重度的影响。当上下游坝面倾斜时,应计入竖向静水压力。

(3)水平水压力。指作用在胸墙、闸门及闸墩上的水平水压力。上下游的水平水压力数值不同,方向相反。

作用在铺盖与底板连接处的水平水压力因铺盖所用材料不同而略有差异。当为黏土铺盖时,如图 5-30(b)所示,a 点处按静水压强计算,b 点处则取该点的扬压力强度值,两点之间,以直线相连,进行计算。当为混凝土或钢筋混凝土铺盖时,如图 5-30(a)所示,止水片以上的水平水压力仍按静水压力分布计算，止水片以下按梯形分布计算，c 点的水平水压力强度等于该点的浮托力强度值加上 e 点的渗透压力强度值，d 点则取该点的扬压力强度值，c 点、d 点之间按直线连接计算。

底板上下游浅齿墙内侧斜面上的水平水压力因方向相反，数值相差不多，一般忽略不计。

(4)扬压力。包括渗透压力和浮托力两部分。渗透压力计算同本章第四节内容；底板底部某一点的浮托力强度值等于该点与下游水位间的高差乘以水的重度。

(5)浪压力。根据规范，平原地区水闸按重力坝章节中莆田试验站的公式进行计算。

(6)土压力。应根据填土性质、挡土高度、填土内的地下水位、填土顶面坡角及超荷载等计算确定。对于向外侧移动或转动的挡土结构，可按主动土压力计算；对于保持静止不动的挡土结构，可按静止土压力计算。

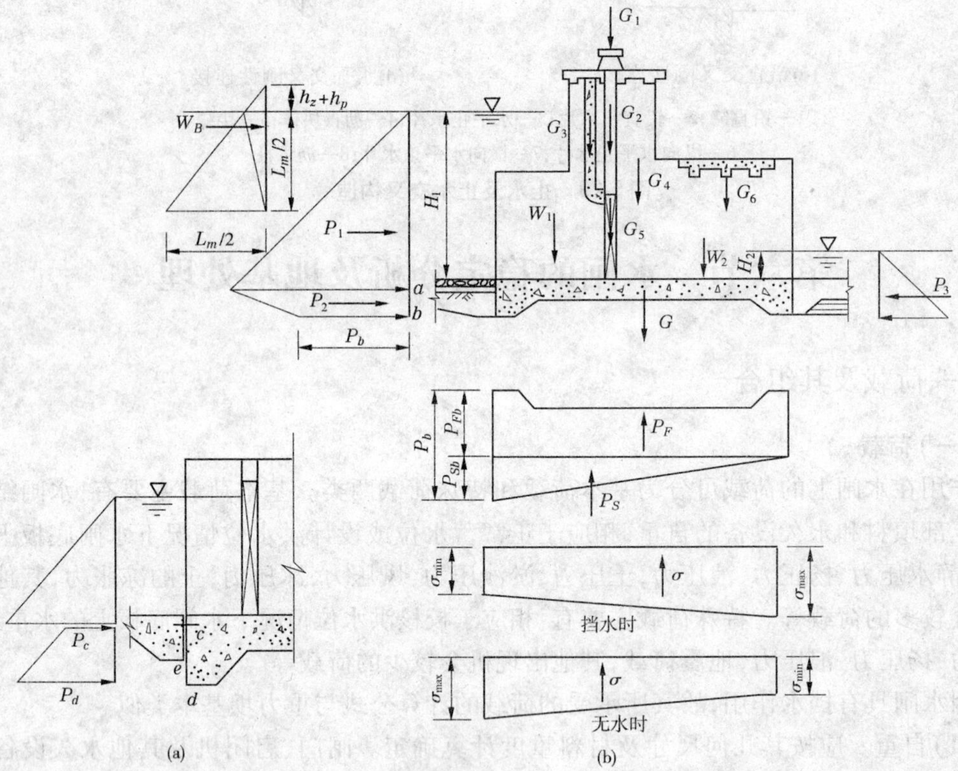

P_1、P_2、P_3—水压力；W_B—波浪压力；G—底板重；G_1—启闭机重；G_2—工作桥重；G_3—胸墙重；G_4—闸墩重；G_5—闸门重；G_6—交通桥重；W_1、W_2—水重；P_F—浮托力；P_S—渗透压力；σ—地基反力

图 5-30　闸室的作用力

(7)淤沙压力、地震荷载、冰压力的计算同重力坝。

(二)荷载组合

水闸在施工、运用及检修过程中，各种作用荷载的大小、分布及出现的几率情况是经常变化的。因此，设计水闸时，应将可能同时作用的各种荷载进行组合。荷载组合分为基本组合与特殊组合两类。基本组合由基本荷载组成,特殊组合由基本荷载和一种或几种特殊荷载组成。但地震荷载只许与正常蓄水位情况下的相应荷载组合。

每种组合中所包含的计算情况及每种情况中所涉及的荷载参见表5-5。计算闸室稳定和应力时的荷载组合可按此表采用。必要时也可考虑其他可能的不利组合。

表5-5 荷载组合表

荷载组合	计算情况	荷载												说明
		自重	水重	静水压力	扬压力	土压力	淤沙压力	风压力	浪压力	冰压力	土的冻胀力	地震荷载	其他	
基本组合	完建情况	√	—	—	—	√	—	—	—	—	—	—	√	必要时,可考虑地下水产生的扬压力
	正常蓄水位情况	√	√	√	√	√	√	√	√	—	—	—	√	按正常蓄水位组合计算水重、静水压力、扬压力及浪压力
	设计洪水位情况	√	√	√	√	√	√	√	√	—	—	—	—	按设计洪水位组合计算水重、静水压力、扬压力及浪压力
	冰冻情况	√	√	√	√	√	√	√	√	—	√	—	√	按正常蓄水位组合计算水重、静水压力、扬压力及浪压力
特殊组合	校核洪水位情况	√	√	√	√	√	√	√	√	—	—	—	—	按校核洪水位组合计算水重、静水压力、扬压力及浪压力
	施工情况	√	—	—	—	√	—	—	—	—	—	—	√	应考虑施工过程中各个阶段的临时荷载
	检修情况	√	—	√	√	√	√	√	√	—	—	—	√	按正常蓄水位组合(必要时可按设计洪水位组合或冬季低水位条件)计算水重、静水压力、扬压力及浪压力
	地震情况	√	√	√	√	√	√	√	√	—	—	√	—	按正常蓄水位组合计算水重、静水压力、扬压力及浪压力

注:表中"√"为需要考虑的荷载,"—"为不考虑的荷载。

二、闸室的稳定性及安全指标

(1)土基上的闸室稳定计算应满足:①在各种计算情况下,闸室平均基底应力不大于地基允许承载力,最大基底应力不大于地基允许承载力的1.2倍;②闸室基底应力的最大值与最小值之比不大于《水闸设计规范》(SL 265—2001)规定的允许值;③沿闸室基础底面的抗滑稳定安全系数,应不小于《水闸设计规范》(SL 265—2001)规定的允许值。

(2)岩基上的闸室稳定计算应满足:①在各种计算情况下,闸室最大基底应力不大于地基允许承载力。②在非地震情况下,闸室基底不出现拉应力;在地震情况下,闸室基底拉应力不大于100 kPa。③沿闸室基底面的抗滑稳定安全系数不小于《水闸设计规范》

(SL 265—2001)规定的允许值。

(3)对于土质地基,在竖向荷载作用下,可按限制塑性区开展深度的方法计算地基容许承载力;在竖向荷载和水平向荷载共同作用下,可按 Ck 法验算地基的整体稳定,也可用汉森公式计算地基的容许承载力。对于碎石土地基的容许承载力,可根据碎石土的密实度查表确定。对于岩石地基,地基的容许承载力可根据岩石类别及其风化程度查表确定,详细计算见《水闸设计规范》(SL 265—2001)的附录 H。

三、闸室稳定计算

计算时取两相邻顺水流向永久缝之间的闸段作为计算单元。

(一)闸室基底应力验算

(1)当结构布置及受力情况对称时,按下式计算:

$$\sigma_{\min}^{\max} = \frac{\sum G}{A} \pm \frac{\sum M}{W} \tag{5-18}$$

式中 $\sigma_{\min}^{\max}$——闸室基底应力的最大值或最小值,kPa;

$\sum G$——作用在闸室上的所有竖向荷载总和,kN;

$\sum M$——作用在闸室上的所有竖向荷载和水平向荷载对于基础底面垂直水流方向的形心轴的力矩和,kN · m;

A——闸室基础底面的面积,m^2;

W——闸室基础底面对于该底面垂直水流方向的形心轴的截面矩,m^3。

(2)当结构布置及受力情况不对称时,按下式计算:

$$\sigma_{\min}^{\max} = \frac{\sum G}{A} \pm \frac{\sum M_x}{W_x} \pm \frac{\sum M_y}{W_y} \tag{5-19}$$

式中 $\sum M_x$、$\sum M_y$——作用在闸室上的所有竖向荷载和水平向荷载对于基础底面形心轴 x、y 的力矩和,kN · m;

W_x、W_y——闸室基础底面对于该底面形心轴 x、y 的截面矩,m^3。

(二)闸室抗滑稳定验算

(1)土基上的水闸,一般情况下闸基面的法向应力较小,不会发生深层滑动,故只验算其在荷载作用下沿基底面的抗滑稳定。但当基底面的法向应力较大时,还需要核算深层抗滑稳定性。闸室沿基底面的抗滑稳定计算公式为

$$K_C = \frac{f\sum G}{\sum H} \tag{5-20}$$

和

$$K_C = \frac{\tan\varphi_0 \sum G + C_0 A}{\sum H} \tag{5-21}$$

式中 K_C——沿闸室基底面的抗滑稳定安全系数;

f——闸室基底面与地基之间的摩擦系数,可查《水闸设计规范》(SL 265—2001);

$\sum H$——作用在闸室上的全部水平向荷载,kN;

φ_0——闸室基础底面与土质地基之间的摩擦角,(°),可查《水闸设计规范》(SL

265—2001)；

C_0——闸室基底面与土质地基之间的黏结力，kPa，可查《水闸设计规范》(SL 265—2001)。

公式(5-20)由于计算简便，故在水闸设计中，特别是在水闸的初步设计阶段采用其进行闸室抗滑稳定计算的较多。但其 f 值的取用较困难，并有一定的任意性。公式(5-21)是根据现场混凝土板的抗滑试验资料进行分析研究后提出来的，既考虑了混凝土板底面与地基土之间的摩阻力，也考虑了两者之间的黏结力对闸室抗滑稳定的影响，故其计算成果能够比较真实地反映黏性土地基上水闸的实际运用情况，更具合理性。黏性土地基上的大型水闸宜按公式(5-21)计算。

(2)对于土基上采用钻孔灌注桩基础的水闸，若验算沿闸室底板底面的抗滑稳定性，还应计入桩体材料的抗剪断能力。

(3)岩基上沿闸室基底面的抗滑稳定计算可按式(5-20)或式(5-22)进行。

$$K_C = \frac{f'\sum G + C'A}{\sum H} \tag{5-22}$$

式中 f'——闸室基底面与岩石地基之间的抗剪断摩擦系数，可查《水闸设计规范》(SL 265—2001)；

C'——闸室基底面与岩石地基之间的抗剪断黏结力，kPa，可查《水闸设计规范》(SL 265—2001)。

公式(5-22)中不仅考虑了闸室基底与岩石地基之间的摩阻力，而且也考虑了客观存在于闸室基底与岩石地基之间的黏结力，因此按公式(5-22)计算更加合理。

当闸室承受双向水平向荷载作用时，应验算其合力方向的抗滑稳定性，其抗滑稳定安全系数应按土基或岩基分别不小于《水闸设计规范》(SL 265—2001)规定的允许值。

(三)提高闸室抗滑稳定性的措施

当沿闸室基底面抗滑稳定安全系数计算值小于允许值时，可在原有结构布置的基础上，结合工程的具体情况，采用下列一种或几种抗滑措施：①将闸门位置移向低水位一侧，或将水闸底板向高水位一侧加长，以增加水重；②适当增大闸室结构尺寸；③增加闸室底板的齿墙深度；④增加铺盖长度或帷幕灌浆深度，或在不影响防渗安全的条件下将排水设施向水闸底板靠近；⑤利用钢筋混凝土铺盖作为阻滑板，但闸室自身的抗滑稳定安全系数不应小于1.0(计算由阻滑板增加的抗滑力时，阻滑板效果的折减系数可采用0.80)，阻滑板应满足抗裂要求；⑥增设钢筋混凝土抗滑桩或预应力锚固结构。

当利用钢筋混凝土铺盖作为阻滑板时，则在闸室与阻滑板之间必须用钢筋铰连接，以保证阻滑板与闸室底板起共同抗滑作用。

四、闸基沉降

由于土基压缩变形大，容易引起较大的闸基沉降。较大的均匀沉降可能会使闸顶部高程不足，达不到设计要求；过大的不均匀沉降，将导致闸室倾斜、产生裂缝，甚至造成止水破坏等，严重地影响水闸正常工作。因此，应计算闸基的沉降，以便了解和分析地基的变形情况，做出合理的地基处理方案。计算时应选择有代表性的计算点进行，然后用分层综合法计算其最终沉降量 S_∞：

$$S_\infty = m\sum_{i=1}^{n}\frac{e_{1i}-e_{2i}}{1+e_{1i}}h_i \tag{5-23}$$

式中 S_∞——土质地基最终沉降量，m；

m——地基沉降量修正系数，可取 1.0～1.6（坚实地基取小值，软土地基取大值）；

n——土质地基压缩层计算深度范围内的土层数；

e_{1i}——基础底面以下第 i 层土在平均自重应力作用下，由压缩曲线查得的相应孔隙比；

e_{2i}——基础底面以下第 i 层土在平均自重应力加平均附加应力作用下，由压缩曲线查得的相应孔隙比；

h_i——基础底面以下第 i 层土的厚度，m。

当软土地基上的水闸地基沉降计算不满足规范规定的允许值时，可以考虑采用以下一种或几种措施：①采用沉降缝隔开；②改变基础形式或刚度；③调整基础尺寸与埋置深度；④必要时对地基进行人工加固；⑤安排合适的施工程序，严格控制施工速度；⑥变更结构形式（采用轻型结构或静定结构等）或加强结构刚度。

五、地基处理

水闸设计应尽可能利用天然地基。但对于淤泥质土、高压缩性黏土和松砂等软弱地基，只采取改进上部结构的措施不能满足稳定和沉降要求时，则需进行必要的地基处理。目前，实际工程中常用的地基处理方法见表 5-6。

表 5-6 地基常用处理方法

处理方法	基本作用	适用范围	主要设计内容	说明
换土垫层法	改善地基应力分布，减少沉降量，适当提高地基稳定性和抗渗稳定性	厚度不大的软土地基	确定垫层厚度、宽度及所用材料	用于深厚的软土地基时，仍有较大的沉降量
桩基础	增加地基承载力，减少沉降量，提高抗滑稳定性	较深厚的松软地基，尤其适用于上部为松软土层、下部为硬土层的地基	确定桩型、桩的根数和尺寸，进行平面布置和桩的结构计算等	①桩尖未嵌入硬土层的摩擦桩，仍有一定的沉降量；②用于松砂、砂壤土地基时，应注意渗透变形问题
沉井基础	除与桩基础作用相同外，对防止地基渗透变形有利	适用于上部为软土层或粉细砂层、下部为硬土层或岩层的地基	进行平面布置，确定分节浇筑高度、下沉系数、是否封底及结构尺寸等	不宜用于上部夹有蛮石、树根等杂物的松软地基或下部为顶面倾斜度较大的岩基

续表 5-6

处理方法	基本作用	适用范围	主要设计内容	说明
强力夯实法	增加地基承载力,减少沉降量,提高抗振动液化的能力	透水性较好的松软地基,尤其适用于稍密的碎石土或松砂地基	夯点布置,确定锤重及落距、夯点夯击遍数、每遍击数和前后两遍的间歇时间及有效加固深度等	用于淤泥或淤泥质土地基时,需采用有效的排水措施
振动水冲法	增加地基承载力,减少沉降量,提高抗振动液化的能力	松砂、软弱的砂壤土或砂卵石地基	进行振冲孔布置,确定振冲孔孔距、孔深、选用的填料及挤扩成桩的桩径等	①处理后地基的均匀性和防止渗透变形的条件较差; ②用于不排水抗剪强度小于 20 kPa 的软土地基时,处理效果不显著
预压加固法	对地基进行预压,增加地基承载力,减少沉降量,提高抗滑稳定性	透水性较好的松软地基	确定预压堆石(或土)的范围、荷重、分层堆筑的每层高度及间歇时间等	对含水量较大的黏性土地基可设砂井改善排水条件

注:1. 深层搅拌法、高压喷射法等其他处理方法,经论证后也可采用。

2. 各种地基处理方法中涉及的具体设计可参考有关资料。

随着科学技术的发展,逐渐提出了一些新的地基处理方法,如深层搅拌法、高压喷射法、硅化法、电渗法等。由于设计或施工技术不成熟、造价高等,这些方法还没有在实际工程中全面推广使用。但在一定条件下,经过论证,有的方法也可采用。

第七节　闸室的结构计算

通过对闸室各部分构件进行结构计算,验算其强度,以便最后确定各构件的形式、尺寸及构造。闸室是一空间结构,受力比较复杂,一般都将其分解成底板、闸墩、胸墙、工作桥及交通桥等若干构件分别计算,并在单独计算时,考虑它们之间的相互作用。这里主要介绍闸墩和底板。

一、闸墩的结构计算

闸墩结构计算主要包括闸墩水平截面上的正应力和剪应力计算、平面闸门门槽或弧形闸门支座的应力计算。

计算时应考虑的工作情况有运用期和检修期两种。

(1)运用期。①两边闸门都关闭时,闸墩受水压力、自重、上部结构及设备重作用。根据不同的水位,分别计算设计情况或校核情况,应验算平面闸门闸墩墩底应力和门槽应力;弧形闸门闸墩墩底应力、牛腿强度及牛腿附近闸墩的拉应力集中现象。当计入纵向地震力时则为校核情况。②一孔全开泄水、邻孔关闭或局部开启时,闸墩承受纵、横向水压力及其他荷载，应验算双向受力的墩底边缘应力。

（2）检修期。相邻闸孔一孔关门检修，一孔开门放水时，闸墩承受纵、横向水压力及其他荷载，属校核情况，应验算双向受力的墩底边缘应力。

（一）闸墩水平截面上的正应力和剪应力

闸墩水平截面上的正应力和剪应力（主要是墩底）主要包括纵向（顺水流方向）和横向（垂直水流方向）两个方向。闸墩每个高程的应力都不同，而最危险的断面则是闸墩与底板的接触面。因此，主要以墩底截面为控制应力截面，将闸墩视为固结于闸底板上的悬臂结构，近似按材料力学中的偏心受压公式进行应力分析。

1. 闸墩水平截面上的正应力计算

如图5-31所示，可按材料力学的偏心受压公式计算闸墩水平截面上的正应力 σ：

$$\sigma = \frac{\sum G}{A} \pm \frac{\sum M_x}{I_x} y \pm \frac{\sum M_y}{I_y} x \tag{5-24}$$

式中 $\sum G$——计算截面以上竖向力的总和，kN；

A——计算截面的面积，m^2；

$\sum M_x$、$\sum M_y$——计算截面以上各力对截面形心轴 x、y 轴的力矩总和，kN·m；

I_x、I_y——计算截面对其形心轴 x、y 轴的惯性矩，m^4；

x、y——计算点至形心轴沿 x 轴向、y 轴向的距离，m。

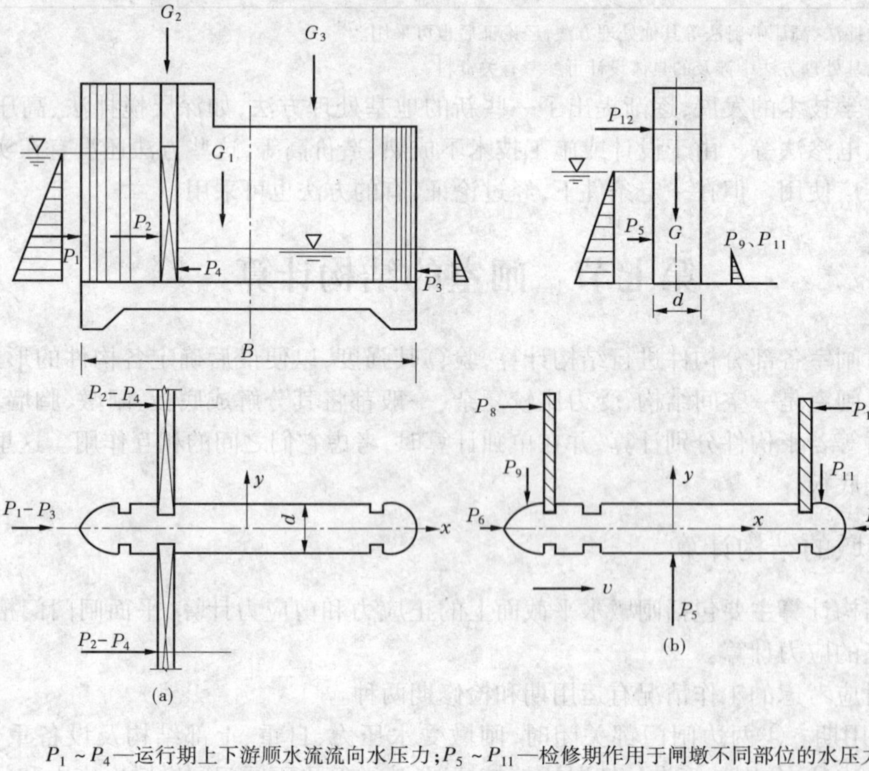

$P_1 \sim P_4$—运行期上下游顺水流流向水压力；$P_5 \sim P_{11}$—检修期作用于闸墩不同部位的水压力；

P_{12}—交通桥上车辆刹车制动力；G_1—闸墩自重；G_2—工作桥重；G_3—交通桥重

图5-31 闸墩结构计算

2. 闸墩水平截面上的剪应力计算

如图 5-31 所示，计算截面上顺水流方向和垂直水流方向的剪应力为

$$\left.\begin{aligned}\tau_x &= \frac{Q_x S_x}{I_x d}\\ \tau_y &= \frac{Q_y S_y}{I_y B}\end{aligned}\right\} \tag{5-25}$$

式中 Q_x、Q_y——计算截面上顺水流方向、垂直水流方向的剪力，kN；

S_x、S_y——计算点以外的面积对形心轴 x、y 的面积矩，m^3；

d——闸墩厚度，m；

B——闸墩长度，m。

对缝墩或一侧闸门开启另一侧闸门关闭的中墩，各水平力对水平截面形心还将产生扭矩 M_T，位于 y 轴边缘的最大扭剪应力 $\tau_{T\max}$ 可近似用下式计算：

$$\tau_{T\max} = \frac{M_T}{0.3Bd^2} \tag{5-26}$$

(二) 平面闸门闸墩的门槽应力计算

平面闸门门槽颈部因受闸门传来的水压力而产生拉应力，过去常假定该拉应力完全由钢筋承担，以致造成浪费。实际上应考虑闸墩水平截面上的剪应力影响，它承担着一部分拉应力，这样可以减少钢筋用量。门槽颈部应力分析，目前还没有较完善的方法。

下面介绍一种用材料力学法计算的方法。

如图 5-32 所示，取 1 m 高的闸墩作为计算单元。由左、右侧闸门传来的水压力为 P，在计算单元上、下水平截面上将产生剪力 $Q_上$ 和 $Q_下$，剪力差 $Q_下 - Q_上$ 应等于 P。假设剪应力在上、下水平截面上呈均匀分布，并取门槽前的闸墩作为脱离体，由力的平衡条件可

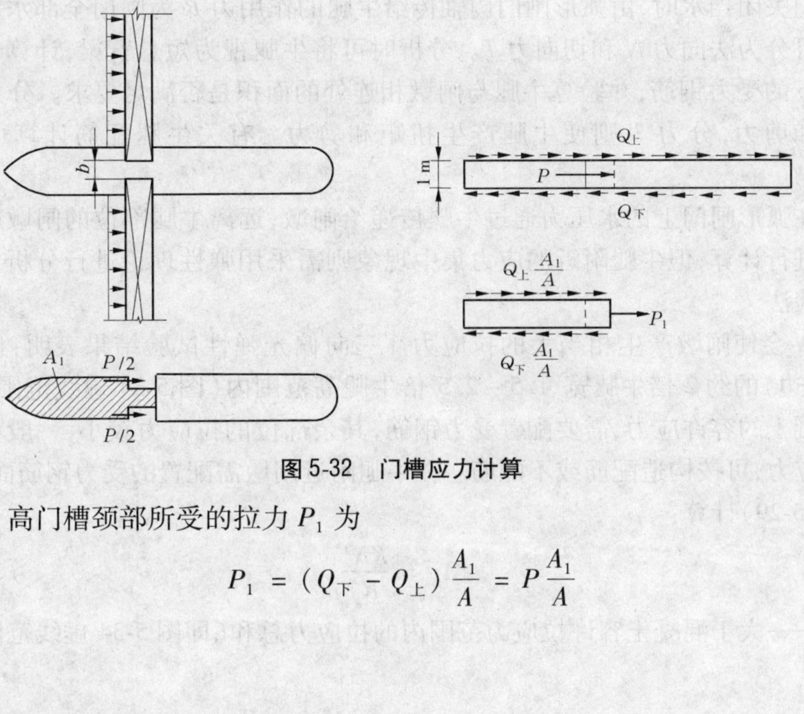

图 5-32 门槽应力计算

求得此 1 m 高门槽颈部所受的拉力 P_1 为

$$P_1 = (Q_下 - Q_上)\frac{A_1}{A} = P\frac{A_1}{A} \tag{5-27}$$

式中　A_1——门槽颈部以前闸墩的水平截面面积，m^2；

A——闸墩的水平截面面积，m^2。

从式(5-27)可以看出，门槽颈部所受拉力 P_1 与门槽的位置有关，门槽越靠下游，P_1 越大。

1 m 高闸墩在门槽颈部所产生的拉应力 σ_1 为

$$\sigma_1 = \frac{P_1}{b} \tag{5-28}$$

式中　b——门槽颈部厚度，m。

当 σ_1 小于混凝土的容许拉应力时，可按构造要求进行配筋；否则，应按实际受力情况配筋。

由于水压力是沿闸墩高度变化的，因此应在高度方向分段进行上述计算。

由于门槽承受的荷载是由滚轮或滑块传来的集中力，故还应验算混凝土的局部承压强度或配以一定数量的构造钢筋。

对于实体闸墩，除闸墩底部及门槽外，一般不会超过闸墩材料的容许应力，只需配置构造钢筋。

(三)弧形闸门支座处应力计算

弧形闸门的支承铰有两种布置形式：一种是在闸墩上直接布置铰座；一种是将铰座布置在伸出于闸墩体外的牛腿上。后者结构简单，制造安装方便，应用较多。

牛腿轴线呈斜向布置，与闸门关闭时的门轴作用力方向接近，一般为 1∶2.5～1∶3.5，宽度 b 不小于 50～70 cm，高度 h 不小于 80～100 cm，端部做成 1∶1的斜坡，如图 5-33 所示。牛腿承受力矩、剪力和扭矩作用，可按短悬臂梁计算内力并据以配置钢筋和验算牛腿与闸墩的接触面积。

当闸门关闭挡水时，由弧形闸门门轴传给牛腿的作用力 R 为闸门全部水压力合力的 1/2，该力可分为法向力 N 和切向力 T。分析时可将牛腿视为短悬臂梁，计算它在 N 与 T 二力作用下的受力钢筋，并验算牛腿与闸墩相连处的面积是否满足要求。分力 N 对牛腿引起弯矩和剪力，分力 T 则使牛腿产生扭矩和剪力。有关牛腿配筋计算可参阅有关书籍。

作用在弧形闸门上的水压力通过牛腿传递给闸墩，远离牛腿部位的闸墩应力仍可用前述方法进行计算，但牛腿附近的应力集中现象则需采用弹性理论进行分析。现介绍偏光弹性试验法。

分力 N 会使闸墩产生相当大的拉应力。三向偏光弹性试验结果表明：仅在牛腿前(靠闸门一边)的约 2 倍牛腿宽、1.5～2.5 倍牛腿高范围内(图 5-34 虚线范围)的主拉应力大于混凝土的容许应力，需要配置受力钢筋，其余部位的拉应力较小，一般小于混凝土的容许拉应力，可按构造配筋或不配筋。在牛腿附近闸墩需配置的受力钢筋面积 A_g 可近似地按式(5-29)计算：

$$A_g = \frac{KN'}{R_g} \tag{5-29}$$

式中　N'——大于混凝土容许拉应力范围内的拉应力总和(即图 5-34 虚线范围内的总拉

力)，该值为(70～80)% N，kN；

K——强度安全系数；

R_g——受拉钢筋设计强度，MPa。

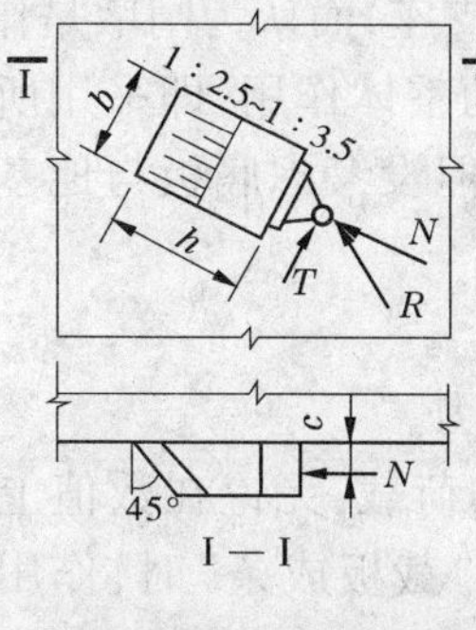

图 5-33　牛腿计算

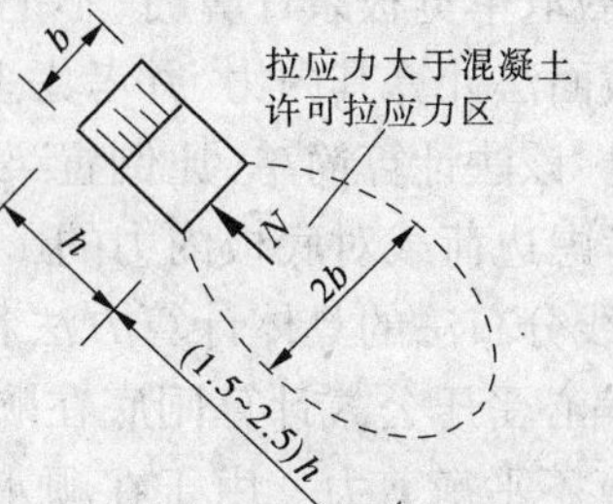

图 5-34　牛腿附近的闸墩拉应力

有人把闸墩当做底部固定的矩形板，用有限元法分别计算各种单位荷载作用下闸墩各点的应力，并编制了计算用表，可供使用。上述成果，只能作为中小型弧形门闸墩牛腿附近的配筋依据，对于重要及大型水闸，需要直接通过模型试验确定支座及支座附近闸墩内的应力状态，并依此配置钢筋。

二、整体式底板内力计算

闸底板是整个闸室结构的基础，是全面支承在地基上的一块受力条件复杂的弹性基础板。实际工程中，一般近似地简化成平面问题，采用"截板成梁"的方法进行计算。因底板在顺水流方向的弯曲变形远较垂直水流方向小，故一般沿垂直水流方向截取单位宽度的板条作为梁来进行计算。由于闸门前后水重相差悬殊，底板所受荷载不同，常以闸门为界，分别在闸门上下游段的中间处截取单宽板条及墩条。

土基上的闸底板按照不同的地基情况可以采用不同的计算方法：对黏性土地基或相对紧密度 $D_r>0.5$ 的非黏性土地基，采用弹性地基梁法；对 $D_r\leqslant 0.5$ 的非黏性土地基，采用反力直线分布法；对小型水闸，常采用倒置梁法。根据经验，重要的大型水闸宜按弹性地基梁法设计，反力直线分布法校核。

岩基上的闸底板的应力分析，可按弹性地基梁法中的基床系数法计算。因为岩基弹性模量较大，其单位面积上的沉降变形与所受压力之间的关系比较符合文克尔假定。

(一)倒置梁法

该法假定闸室地基反力沿顺水流方向呈直线分布，垂直水流方向为均匀分布，并把地基反力当做荷载，底板当做梁，闸墩当做支座，按倒置的连续梁计算底板内力。作用在梁上的荷载有底板自重 q_1、水重 q_2、扬压力 q_3 及地基反力 σ。把上述铅直荷载进行叠加，便得到倒置梁上的均布荷载 $q=q_3+\sigma-q_1-q_2$。用结构力学法计算连续梁的内力，进而配筋。

该法的优点是计算简便。缺点是：①没有考虑底板与地基变形的协调作用；②假定底板在垂直水流方向地基反力为均匀分布，有时与实际情况出入较大；③支座反力与闸墩铅直荷载不相等。因此,该法计算成果的误差较大,只在软弱地基上的小型水闸设计中使用。

(二)反力直线分布法(荷载组合法或截面法)

该法仍假定闸室地基反力在顺水流方向按直线变化规律分布,在垂直水流方向呈均匀分布。在截取单宽板条计算时,不把闸墩当做底板的支座,而认为闸墩是作用在底板上的荷载,按截面法计算其内力,并考虑上部结构与底板的整体作用,即采用所谓的不平衡剪力分配法。该法计算简单,比倒置梁法有改进之处。但没考虑底板与地基变形协调条件,且没有考虑边荷载对底板内力的影响。

反力直线分布法的具体计算方法和步骤如下:

(1)用偏心受压公式计算闸底在顺水流向的地基反力。

(2)计算不平衡剪力。由于在顺水流向闸室所受的荷载,无论在数值上或它们的分布情况都是不同的,而地基反力是连续变化的,所以当"截板成条"时,作用在单宽板条(包括底板和闸墩)上的铅垂荷载不能平衡,即在单宽板条两侧必然作用有剪力 Q_1 及 Q_2,并由 Q_1 及 Q_2 的差值来维持板条上力的平衡,差值 $\Delta Q = Q_1 - Q_2$ 称为不平衡剪力,如图 5-35(a)所示。通常可根据静力平衡条件,采用作图法或数值积分法求得。

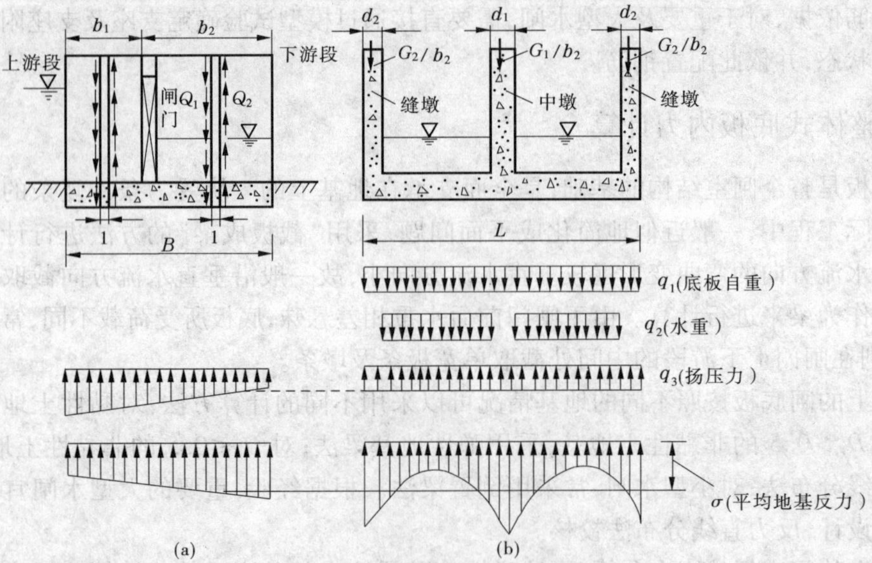

图 5-35 闸底板结构计算

作用在单宽板条上的荷载有底板自重 q_1、水重 q_2、中墩重 G_1/b_2 及缝墩重 G_2/b_2,中墩及缝墩重中包括其上部结构及设备自重在内,在底板的底面有扬压力 q_3 及地基反力 σ,如图 5-35(b)所示。以下游段为例,对所截取的单宽板条进行力的分析,取 $\sum F_y = 0$,则有

$$G_1/b_2 + 2G_2/b_2 + \Delta Q + (q_1 + q_2' - q_3 - \sigma)L = 0 \tag{5-30}$$

由式(5-30)便可求出 ΔQ。式中 $q_2' = q_2(L - 2d_2 - d_1)/L$,并假定 ΔQ 的方向向下,若算得结果为负值,则 ΔQ 的实际作用方向应向上。

(3)将不平衡剪力在底板和闸墩上进行分配。不平衡剪力 ΔQ 应由底板和闸墩共同承担,每部分所承担的剪力数值的大小,可通过剪力分布图确定,如图 5-36 所示。其截面上的剪力分布近似地用下列材料力学公式计算：

$$\tau_y = \frac{\Delta Q}{bI}S \quad 或 \quad b\tau_y = \frac{\Delta Q}{I}S \tag{5-31}$$

式中　ΔQ——不平衡剪力，kN；

b——截面在 y 处的宽度，底板部分 $b=L$，闸墩部分 $b=d_1+2d_2$，m；

I——截面惯性矩，m^4；

S——计算截面以下的面积对全截面形心轴的面积矩，m^3。

当截面比较简单时，可直接用下列积分法求得底板和闸墩所承担的不平衡剪力 $\Delta Q_{板}$ 和 $\Delta Q_{墩}$ 为

$$\left.\begin{aligned}\Delta Q_{板} &= \int_f^e \tau_y L\mathrm{d}y = \int_f^e \frac{\Delta QS}{IL}L\mathrm{d}y = \frac{\Delta Q}{I}\int_f^e S\mathrm{d}y \\ &= \frac{\Delta Q}{I}\int_f^e (e-y)L\left(y+\frac{e-y}{2}\right)\mathrm{d}y \\ &= \frac{\Delta Q}{2I}L\left[\frac{2}{3}e^3 - e^2 f + \frac{1}{3}f^3\right] \\ \Delta Q_{墩} &= \Delta Q - \Delta Q_{板}\end{aligned}\right\} \tag{5-32}$$

根据经验，一般底板分担不平衡剪力的 10% ~ 15%，闸墩分担不平衡剪力的 85% ~ 90%。

$$\left.\begin{aligned}&中墩集中力 \quad P_1 = \frac{G_1}{b_2} + \Delta Q_{墩}\left(\frac{d_1}{2d_2+d_1}\right) \\ &缝墩集中力 \quad P_2 = \frac{G_2}{b_2} + \Delta Q_{墩}\left(\frac{d_2}{2d_2+d_1}\right)\end{aligned}\right\} \tag{5-33}$$

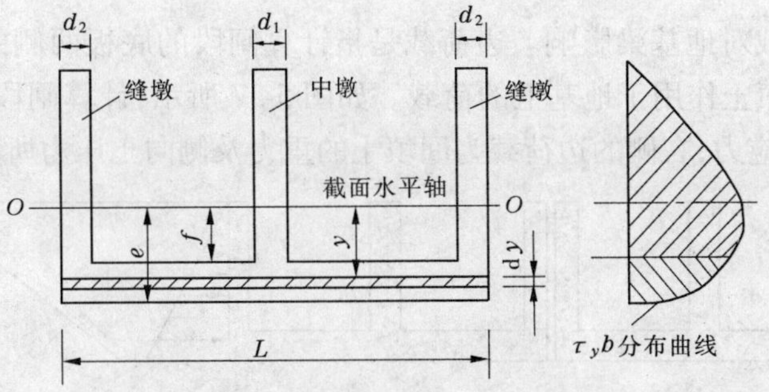

图 5-36　不平衡剪力 ΔQ 分配计算

(4)计算作用在单宽板条上的荷载。将分配给闸墩上的不平衡剪力与闸墩及其上部结构的重量作为梁的集中力，并将 P_1 和 P_2 化为局部均布荷载，其强度分别为 $p_1 = P_1/d_1$、$p_2 = P_2/d_2$，则作用在单宽板条上的均布荷载 q 为

$$q = q_3 + \sigma - q_1 - q'_2 - \frac{\Delta Q_{板}}{L} \tag{5-34}$$

(5)按静定结构计算底板内力，据以验算强度和进行配筋。

（三）弹性地基梁法

采用弹性地基梁法分析闸底板的应力时，还应考虑可压缩土层厚度 T 与弹性地基梁半长 $L/2$ 之比值的影响。当 $2T/L<0.25$ 时，可按基床系数法（文克尔假定）计算；当 $2T/L>2.0$时，可按半无限深的弹性地基梁法计算；当 $2T/L=0.25\sim2.0$ 时，可按有限深的弹性地基梁法计算。

该法认为在顺水流方向的地基反力仍是直线变化，但在垂直水流方向不再假定地基反力呈均匀分布，认为底板和地基都是弹性体，由于两者紧密接触，故变形是相同的，即地基反力在垂直水流方向按曲线形（或弹性）分布。同时，梁在荷载及地基反力作用下，仍保持平衡。根据变形协调一致和静力平衡条件，求解地基反力和梁的内力，并且还计及底板范围以外的边荷载对梁的影响。

该法的具体计算方法和步骤是：

(1)用偏心受压公式计算闸底在顺水流向的地基反力。

(2)计算不平衡剪力。

(3)将不平衡剪力在底板和闸墩上进行分配。

(4)计算作用在弹性地基梁上的荷载。由中墩或缝（边）墩传来的集中力 P_1、P_2 仍用公式(5-33)计算。作用在梁上的均布荷载 q 按下式计算：

$$q = q_1 + q'_2 - q_3 + \frac{\Delta Q_{板}}{L} \tag{5-35}$$

底板自重 q_1 的取值，当采用弹性地基梁法计算时，不论是黏性土地基还是砂性土地基，都可不考虑闸室底板自重 q_1；但当不计底板自重致使作用在梁上的均布荷载 q 为负值时，则仍应考虑底板自重的影响，考虑的百分数则以使作用在基底面上的均布荷载 q 值等于零为限度确定。

(5)考虑边荷载对地基梁影响。边荷载是指计算闸段的底板两侧的闸室或边闸墩（岸墙）及墩（墙）后回填土作用于地基上的荷载。如图 5-37 所示，计算闸段左侧的边荷载为其相邻闸孔的闸基压应力，右侧的边荷载为回填土的重力及侧向土压力所产生的弯矩。

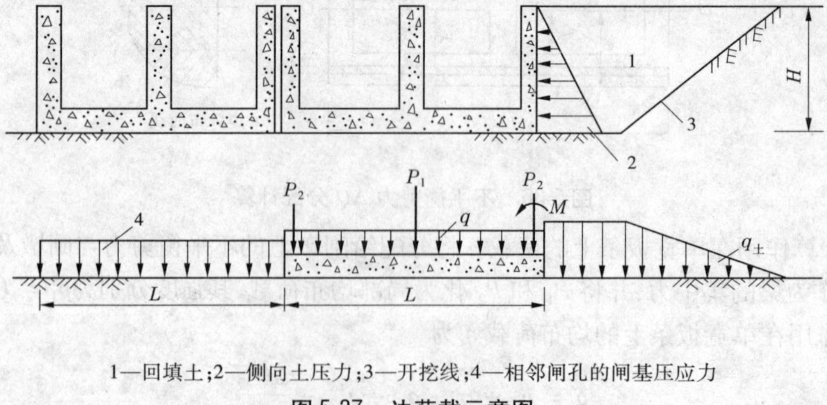

1—回填土；2—侧向土压力；3—开挖线；4—相邻闸孔的闸基压应力

图 5-37 边荷载示意图

《水闸设计规范》(SL 265—2001)规定，无需考虑边荷载是在计算闸段底板浇筑之前还是之后施加的问题，边荷载计算百分数见表 5-7。

(6) 计算地基反力及梁的内力。根据 $2T / L$ 判别所需采用的计算方法，然后利用已编制好的数表计算地基反力和梁的内力，进而验算强度并进行配筋。

表 5-7 边荷载计算百分数

地基类别	边荷载使计算闸段底板内力减少	边荷载使计算闸段底板内力增加
砂性土	50%	100%
黏性土	0	100%

注：1. 对于黏性土地基上的老闸加固，边荷载的影响可按本表规定适当减小。

2. 计算采用的边荷载作用范围可根据基坑开挖及墙后土料回填的实际情况研究确定，通常可采用弹性地基梁长度的 1 倍或可压缩层厚度的 1.2 倍。

第八节　水闸的两岸连接建筑物

一、两岸连接建筑物的作用

水闸两端与河岸或堤、坝等建筑物的连接处，需设置连接建筑物，它们包括上、下游翼墙，边墩或岸墙、刺墙和导流墙等。其作用是：①挡住两侧填土，维持土坝及两岸的稳定；②引导水流平顺进闸，并使出闸水流均匀扩散；③阻止侧向绕渗，防止与其相连的岸坡或土坝产生渗透变形；④保护两岸或土坝边坡不受过闸水流的冲刷；⑤在软弱地基上设有独立岸墙时，可减少地基沉降对闸身应力的影响，改善闸室受力状况。

两岸连接建筑物的工程量占水闸总工程量的 15% ~40%，闸孔愈少，所占比重愈大。因此，应十分重视其形式选择和布置。

二、两岸连接建筑物的布置

(一) 闸室与河岸的连接形式

水闸闸室与两岸（或堤、坝等）的连接形式主要与地基及闸身高度有关。当地基较好、闸身高度不大时，可用边墩直接与河岸连接；当闸身较高、地基软弱时，可在边墩外侧设置轻型岸墙，边墩只起支承闸门及上部结构的作用，而土压力全由岸墙承担。这种连接形式可以减少边墩和底板的内力，同时还可使作用在闸室上的荷载比较均衡，可减少不均匀沉降。当地基承载力过低时，可采用护坡岸墙的结构形式，如图 5-38 所示。

护坡岸墙的优点是边墩既不挡土，也不设岸墙挡土。因此，闸室边孔受力状态得到改善，适用于软弱地基。缺点是防渗和抗冻性能较差。为了挡水和防渗需要，在岸坡段设刺墙，其上游设防渗铺盖。

(二) 上下游翼墙的平面布置

上游翼墙应与闸室两端平顺连接，其顺水流方向的投影长度应大于或等于铺盖长度。下游翼墙的平均扩散角每侧宜采用 7° ~12°，其顺水流方向的投影长度大于或等于消力池长度。上下游翼墙的墙顶高程应分别高于上下游最不利的运用水位。翼墙分段长度应根据结构和地基条件确定，可采用 15 ~20 m。建筑在软弱地基或回填土上的翼墙分段长度可适当缩短。

翼墙的平面布置通常有以下几种形式:

(1)圆弧形翼墙(见图5-39(a))。从边墩开始,向上下游用圆弧形的铅直翼墙与河岸连接。上游圆弧半径为15~30 m,下游圆弧半径为30~40 m。其优点是水流条件好;缺点是施工复杂,工程量大。其适用于上下游水位差及单宽流量较大、闸身高、地基承载力较低的大中型水闸。

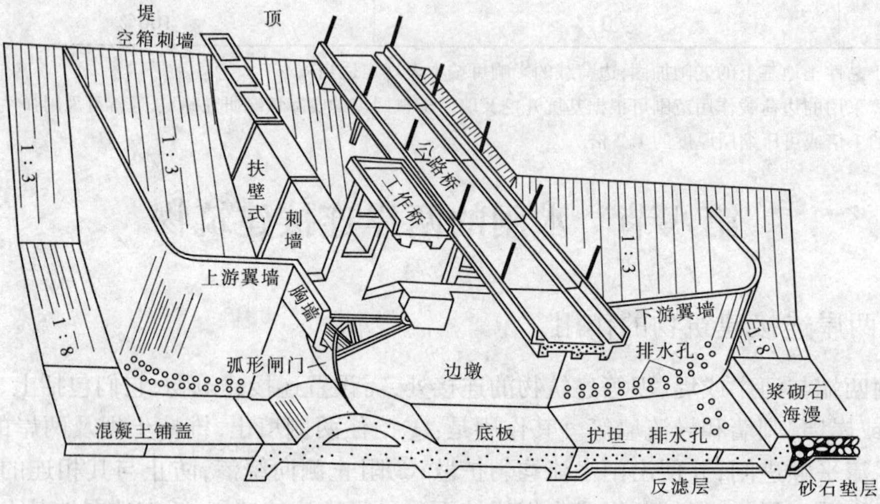

图5-38 护坡岸墙连接形式

(2)反翼墙(见图5-39(b))。翼墙自闸室向上下游延伸一段距离,然后转弯90°插入堤岸,墙面铅直,转弯半径为2~5 m。这种布置形式的防渗效果和水流条件均较好,但工

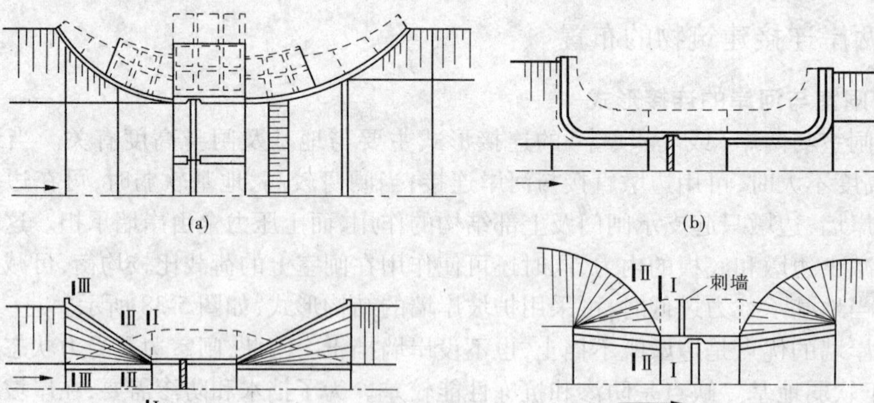

图5-39 翼墙平面布置形式

程量较大,一般适用于大中型水闸。对于渠系小型水闸,为节省工程量可采用一字形布置形式,即翼墙自闸室边墩上下游端即垂直插入堤岸。这种布置形式进出水流条件较差。

(3)扭曲面翼墙(见图5-39(c))。翼墙迎水面是由与闸墩连接处的铅直面,向上下游延伸而逐渐变为倾斜面,直到与其连接的河岸(或渠道)的坡度相同为止。翼墙在闸室端为重力式挡土墙断面形式,另一端为护坡形式。这种布置形式的水流条件好,且工程量小,但施工较为复杂,应保证墙后填土的夯实质量,否则容易断裂。这种布置形式在渠系工程中应用较广。

(4)斜降翼墙(见图5-39(d))。在平面上呈八字形,随着翼墙向上下游延伸,其高度逐渐降低,至末端与河底齐平。这种布置的优点是工程量省,施工简单,但防渗条件差,泄流时闸孔附近易产生立轴旋涡,冲刷河岸或坝坡,一般用于较小水头的小型水闸。

三、两岸连接建筑物的结构形式

两岸连接建筑物的受力状态和结构形式与一般挡土墙基本相同,常用的结构形式有重力式、半重力式、衡重式、悬臂式、扶壁式、空箱式和连拱空箱式等,但在水闸工程中应用最多的是重力式、扶壁式和空箱式三种。

(一)重力式

如图5-40所示,用混凝土或浆砌石等材料筑成,主要依靠自重来维持稳定的一种结构形式。其优点是可就地取材,结构简单,施工方便;缺点是材料用量大。其适用于地基较好,墙高为6 m以下的挡土墙。墙身较高时,可用混凝土做成半重力式的。

为了改善地基压力分布和增强墙的耐久性,浆砌石结构的墙顶需设置高约0.3 m的混凝土盖帽,底板也常用混凝土浇筑。

(二)悬臂式

如图5-41所示,由直墙和底板组成的主要利用底板上的填土维持稳定的一种钢筋混凝土的轻型挡土结构。其断面用做翼墙时为倒T形,用做岸墙时则为L形。其优点是结构尺寸小,自重轻,构造简单。但建筑高度不能太高,适宜高度为6~10 m。

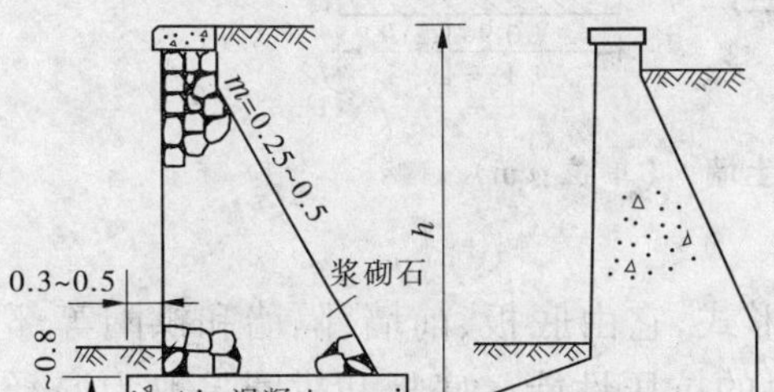

图5-40　重力式挡土墙　(单位:m)

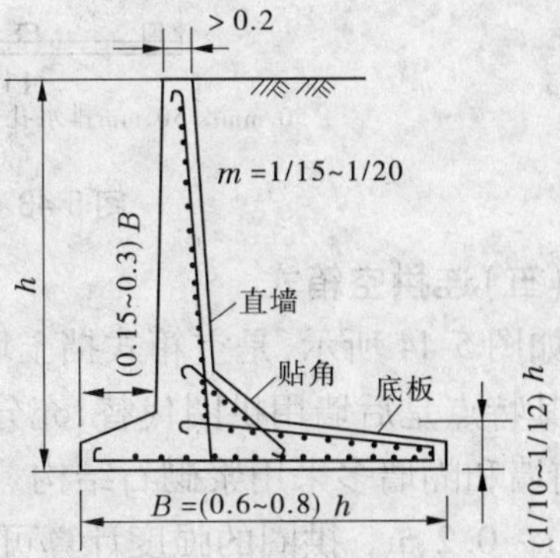

图5-41　悬臂式挡土墙剖面图　(单位:m)

（三）扶壁式

如图 5-42 所示，通常采用钢筋混凝土修建，也是一种轻型结构，它由直墙、扶壁及底板三部分组成，利用扶壁和直墙共同挡土，并可利用底板上的填土维持稳定，适用于墙高大于 10 m 的坚实或中等坚实的地基上的情况。

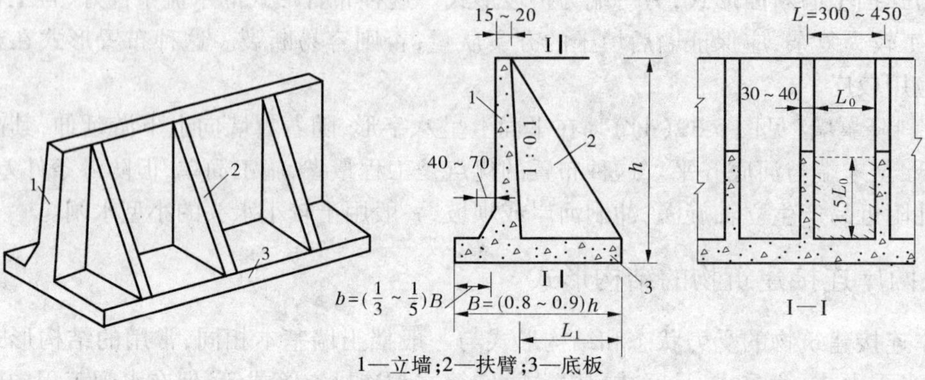

图 5-42　扶壁式挡土墙　（单位：m）

（四）空箱式

如图 5-43 所示，也是一种轻型结构，由顶板、底板、前墙、后墙、扶壁和隔墙等组成，箱内不填土或填少量的土，但可以进水，主要依靠墙体本身的重量和箱内部分土重或水重维持其稳定性。其特点是作用于地基上的单位压力较小，且分布均匀，故适用于墙的高度很大且地基允许承载力较低的情况。但其结构复杂，需用较多的钢筋和木材，施工麻烦，造价较高。因此，在某些较差的松软地基上采用扶壁式挡土墙还不能满足设计要求的情况下，宜采用空箱式挡土墙。

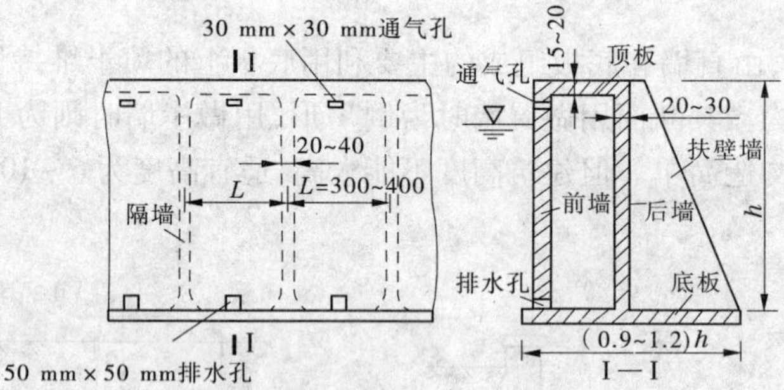

图 5-43　空箱式挡土墙　（单位：cm）

（五）连拱空箱式

如图 5-44 所示，是空箱式挡土墙的一种形式，它由底板、前墙、隔墙和拱圈等部分组成。其特点是后墙用拱圈代替，充分利用材料的抗压性能。底板和拱圈一般为混凝土结构，前墙和隔墙多采用浆砌石结构。拱圈净跨一般为 2～3 m，矢跨比常为 0.2～0.3，厚度为 0.1～0.2 m。拱圈的强度计算可选取单宽拱条，按支承在隔墙（扶壁）上的两铰拱进行计算。其优点是钢筋省、造价低、质量轻，适用于软土地基。缺点是挡土墙在平面布置上需转弯时施工较为困难，预制拼装的拱圈整体性和防渗性均较差。

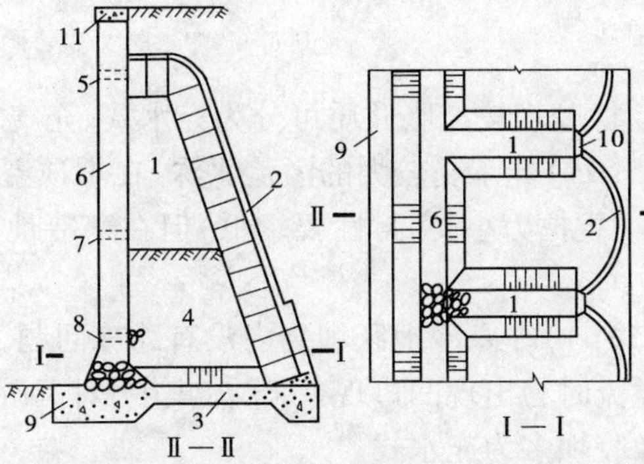

1—隔墙;2—预制混凝土拱圈;3—底板;4—填土;
5—通气孔;6—前墙;7—进水孔;8—排水孔;
9—前趾;10—混凝土;11—盖顶

图5-44　连拱空箱式挡土墙

第九节　橡胶坝

橡胶坝是自20世纪50年代以来,随着高分子合成材料工业的发展而出现的一种新型水工建筑物,是用胶布按照设计规定的尺寸,锚固于底板上成封闭状坝袋,用水或气充胀形成的袋式挡水坝,如图5-45所示。

一、橡胶坝的特点

与常规闸坝相比,橡胶坝有以下特点:

(1)节省三材,造价低。橡胶坝坝袋是以橡胶和作为受力骨架的合成纤维织物等制成的薄壁柔性结构,代替钢、木材及钢筋混凝土结构,节省三材。

(2)施工期短。橡胶坝的坝袋是先在工厂加工制造,然后运到现场安装,施工工艺简单,工期一般为3~6个月,多数橡胶坝工程是当年施工当年受益。

(3)抗震性能好。橡胶坝的坝体为柔性薄壳结构,富有弹性,延伸率可达600%,能抵抗强大地震波和特大洪水的波浪冲击。

(4)不阻水,止水效果好。坝袋锚固于底板和岸墙上,基本能达到不漏水。坝袋内水泄空后,紧贴在底板上,无需建中间闸墩、启闭机架等结构,故不阻水。

(5)管理方便,运行费用低。橡胶坝的挡水主体为充满水(或气)的坝袋,通过向坝袋内充排水(或气)来调节坝高的升降,控制系统仅为水泵(空压机)、阀门等,管理方便。

(6)坚固性较差,易老化。坝袋多为5~20 mm厚的胶布制品,其耐磨和坚固性较差,易受机械损伤。

橡胶坝适用于低水头、大跨度的闸坝工程,坝高一般不高于6.0 m,单跨长度一般为50~100 m。

二、橡胶坝的形式和组成

(一)橡胶坝的形式

(1)按充胀介质分类。橡胶坝按充胀介质可分为充水式、充气式。

充水橡胶坝(见图5-45(a))能承受较大的溢流水深,在坝顶溢流时袋形比较稳定,过水均匀,对下游冲刷较小,坝袋拉力小,密封性要求低;但在寒冷地区,坝袋内有结冰的危险,且充排水时间较长。

充气橡胶坝(见图5-45(b))在寒冷地区坝袋内没有冰冻问题,充排气时间较短;但抗溢流振动能力差,在坝顶溢流时易出现凹口现象,水流集中,对下游河道冲刷较强,且密封性要求高。目前,我国的橡胶坝多为充水式。

(2)按结构形式分类。橡胶坝按岸墙的结构形式可分为直墙式和斜坡式。

直墙式橡胶坝的所有锚固均在底板上,橡胶坝坝袋采用堵头式,坝袋不和直墙锚固,利用堵头与直墙的挤压达到止水的目的,如图5-46所示。

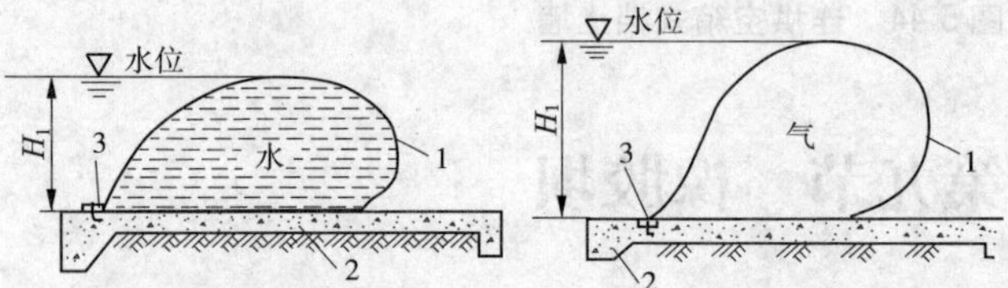

(a)充水橡胶坝　　(b)充气橡胶坝

1—坝袋;2—混凝土底板;3—锚固

图5-45　橡胶坝的剖面图

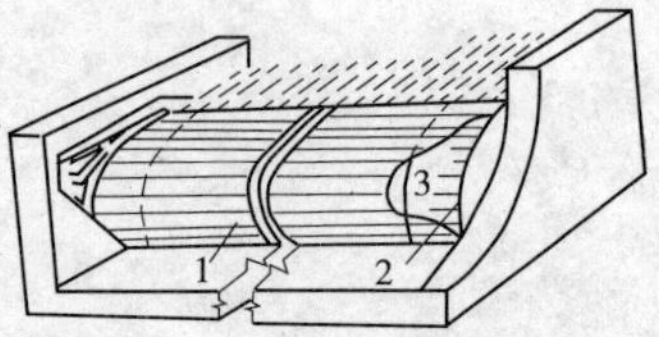

1—坝袋;2—堵头袋;3—粘接线

图5-46　堵头式橡胶坝

斜坡式橡胶坝的端部锚固在岸坡上,这种形式的坝袋在岸墙和底板的连接处易形成褶皱,在护坡式的河道中,与上下游的连接容易处理,如图5-47所示。

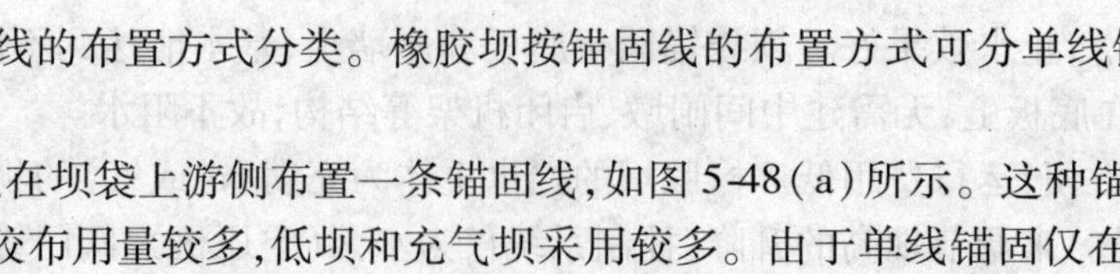

1—坝袋;2—水帽;3—溢流管;4—排气管;5—进水管;6—水泵;7—控制室

图5-47　斜坡式橡胶坝

(3)按锚固线的布置方式分类。橡胶坝按锚固线的布置方式可分单线锚固和双线锚固两种。

单线锚固只在坝袋上游侧布置一条锚固线,如图5-48(a)所示。这种锚固的锚线短,锚固件少,坝袋胶布用量较多,低坝和充气坝采用较多。由于单线锚固仅在上游侧锚固,坝袋可动范围大,对坝袋防振防磨损不利,尤其在坝顶溢流时,有可能在下游坝脚处产生负压,将泥沙(或漂浮物)吸进坝袋底部,造成坝袋磨损。

双线锚固是在坝袋贴地部分的上下游两侧布设锚固线,如图5-48(b)所示。这种锚固的锚线长,锚固件多,安装工作量大,相应地处理密封的工作量也大,但由于其四周锚固，坝袋可动范围小，对坝袋防振防磨损有利。

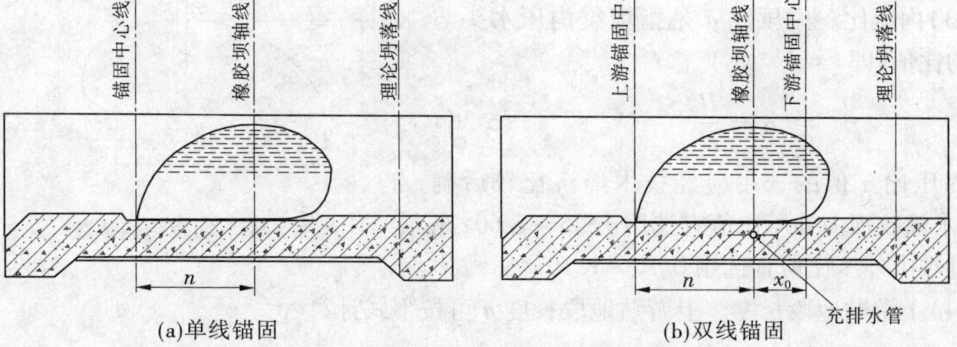

图 5-48　橡胶坝的锚固方式

(二)橡胶坝的组成

橡胶坝由上下游连接段及基础部分、挡水坝段和控制系统等组成，如图 5-49 所示。

(1)上下游连接段及基础部分。包括基础底板、边墩(墙)、上下游翼墙、上下游护坡、上游防渗铺盖或截渗墙、下游消力池、海漫等。主要作用是将上游水流平稳而均匀地引入并通过橡胶坝，并保证水流过坝后不产生淘刷。

(2)挡水坝段。包括橡胶坝袋、底垫片、锚固系统、充排水管和坝基等，主要作用是调节水位和控制流量。

(3)控制及观测系统。包括水泵(鼓风机或空压机)、机电设备、传感器、管道和阀门等，主要作用是控制橡胶坝的高度。

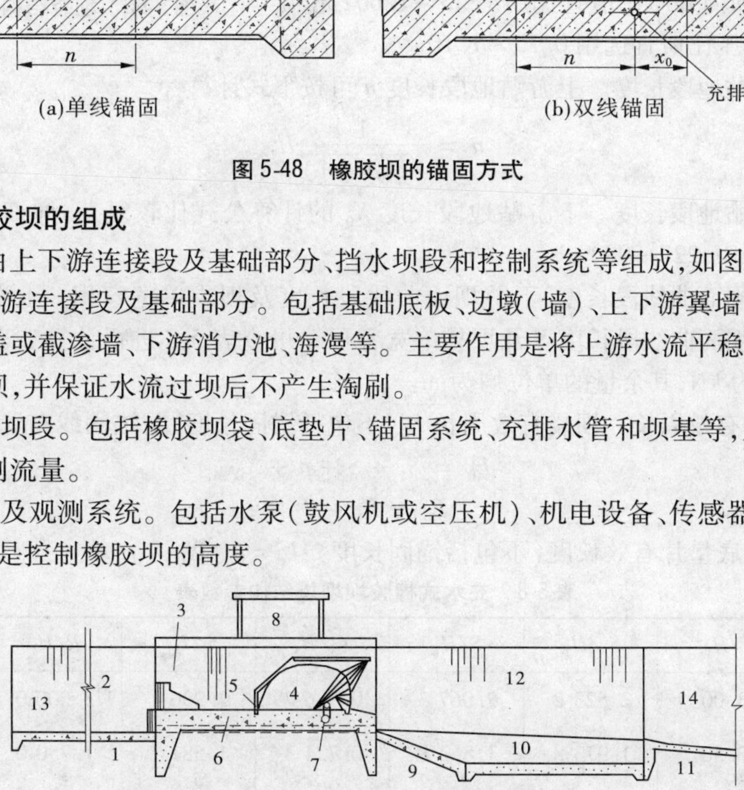

1—铺盖；2—上游翼墙；3—岸墙；4—坝袋；5—锚固；6—基础底板；7—充排管路；8—操作室；
9—斜坡段；10—消力池；11—海漫；12—下游翼墙；13—上游护坡；14—下游护坡

图 5-49　橡胶坝纵剖面图

三、坝袋的结构与材料

(一)坝袋的结构参数

橡胶坝袋的结构设计参数包括坝高 H_1、内压水头 H_0、内压比 a、上游坝面曲线段长度 S_1、下游坝面曲线段长度 S、上游贴地段长度 n、下游贴地段长度 X_0、坝袋有效周长 L_0、坝袋单宽容积 V，如图 5-50 所示。

(1)坝高。橡胶坝的坝高 H_1 是坝顶高程与堰顶高程之差。通常要求，堰顶高程高出河床0.2 ~0.3 m，坝顶高程宜高于上游正常水位 0.1 ~0.2 m。

(2)内压水头。内压水头 H_0 为橡胶坝坝袋内的压力水头。

(3)内压比。内压比 a 是指坝袋内压水头与坝高的比值,即

$$a = \frac{H_0}{H_1} \tag{5-36}$$

内压比 a 值的选用应经技术经济比较后确定,充水橡胶坝内外压比值宜选用1.25~1.60;充气橡胶坝内外压比值宜选用0.75~1.10。

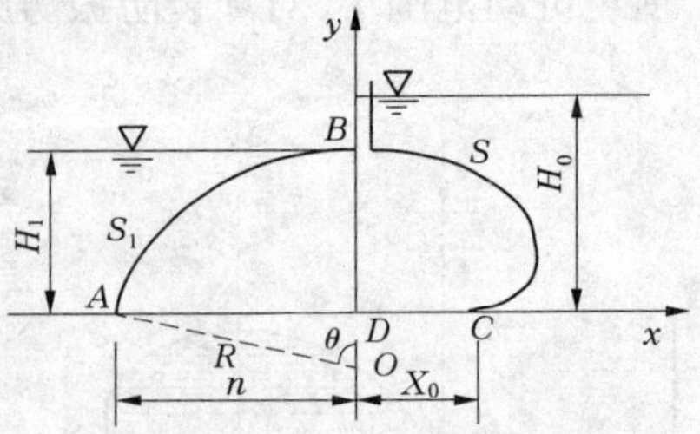

图5-50　坝袋结构参数

(4)上游贴地段长度。上游贴地段长度 n 可按下式计算:

$$n = \frac{1}{\sqrt{2(a-1)}}H_1 \tag{5-37}$$

(5)下游贴地段长度。下游贴地段长度 X_0 的计算公式比较复杂,详细可参阅《橡胶坝技术规范》(SL 227—98)。

(6)上游坝面曲线段长度、下游坝面曲线段长度及坝袋单宽容积。上游坝面曲线段长度 S_1、下游坝面曲线段长度 S 及坝袋单宽容积 V 可查表5-8进行计算。表中 T 为袋壁拉力,其单位为kN,其余量的单位均为m。

(7) 坝袋有效周长。坝袋有效周长 L_0(不包括锚固长度)与锚固线布置方式有关。

单锚固　$L_0 = S_1 + S + n + X_0$

双锚固　$L_0 = S_1 + S$

双锚固的底垫片有效长度(不包括锚固长度):$L_0 = n + X_0$

表5-8　充水式橡胶坝坝袋结构参数表

a	T/H_1^2	S_1/H_1	S/H_1	X_0/H_1	n/H_1	R/H_1	V/H_1^2
1.10	3.00	2.523 2	2.067 3	0.986 7	2.236 1	3.000 0	2.634 2
1.20	3.50	1.973 8	1.862 8	0.724 3	1.581 1	1.750 0	2.003 3
1.30	4.00	1.757 5	1.771 1	0.587 6	1.291 0	1.333 3	1.720 4
1.40	4.50	1.641 9	1.719 0	0.499 5	1.118 0	1.125 0	1.553 0
1.50	5.00	1.570 8	1.685 8	0.436 6	1.000 0	1.000 0	1.440 3
1.60	5.50	1.523 3	1.663 0	0.388 9	0.912 9	0.916 7	1.358 4
1.70	6.00	1.498 8	1.646 6	0.351 2	0.845 2	0.857 1	1.296 0
1.80	6.50	1.465 5	1.636 4	0.320 6	0.790 6	0.812 5	1.246 5

(二)坝袋的材料

制作坝袋的主要材料是橡胶和帆布。

帆布是橡胶坝的主要承载体,对保持橡胶坝的形状、尺寸稳定性、安全和耐久性起着

决定性作用。坝袋是在帆布上浸胶、贴胶、硫化，做成单幅胶布，而后将一幅幅胶布接宽，按需要的尺寸拼成坝袋。目前，在我国坝袋用的胶布采用锦纶6浸胶帆布。橡胶的作用是以防止漏水（或气）、防磨、保护和连接各层帆布共同受力。

四、橡胶坝的锚固结构形式

橡胶坝的锚固结构形式按锚固构件材料可分为螺栓压板式、楔块挤压式和胶囊充水式三种。

（1）螺栓压板式锚固。螺栓压板锚固靠地埋螺栓和钢构件（或铸钢构件、钢筋混凝土构件）将坝袋胶布压紧，锚固构件由螺栓和压板组成，如图5-51所示。按锚紧坝袋的方式可分为穿孔锚固和不穿孔锚固。

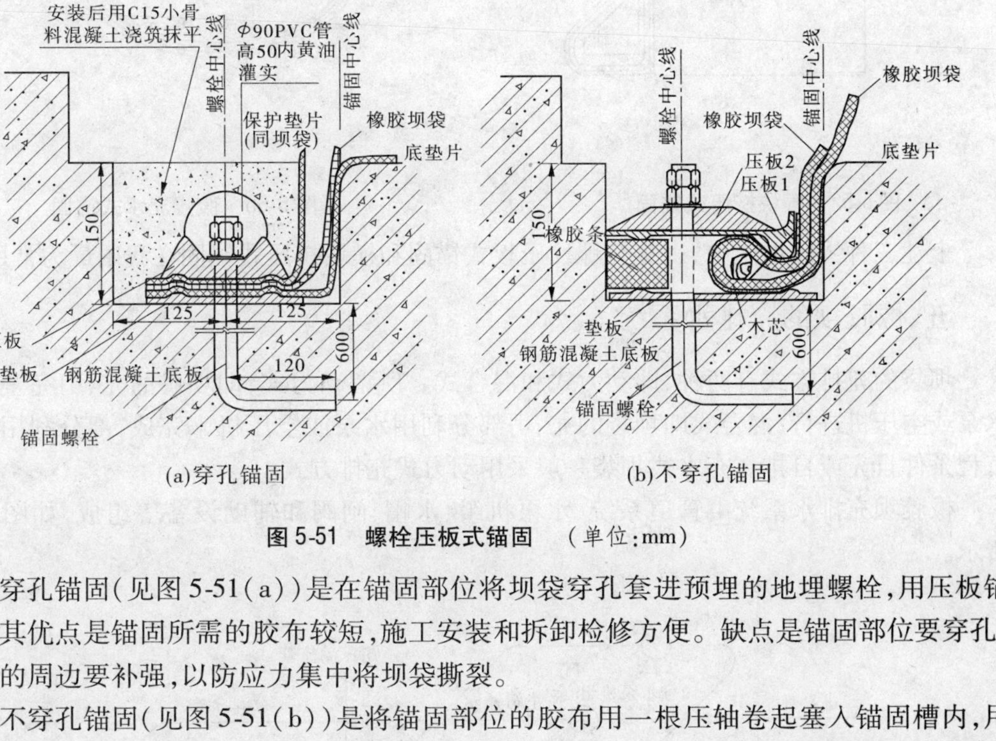

图5-51　螺栓压板式锚固　（单位：mm）

穿孔锚固（见图5-51(a)）是在锚固部位将坝袋穿孔套进预埋的地埋螺栓，用压板锚紧。其优点是锚固所需的胶布较短，施工安装和拆卸检修方便。缺点是锚固部位要穿孔，在孔的周边要补强，以防应力集中将坝袋撕裂。

不穿孔锚固（见图5-51(b)）是将锚固部位的胶布用一根压轴卷起塞入锚固槽内，用压板压紧。压轴材料可用圆木或钢管。其优点是不需在坝袋上打孔和补强，缺点是锚固长度相对较长，施工安装费工。

（2）楔块挤压式锚固。如图5-52所示，楔块挤压式锚固是靠夯击后楔块挤压前楔块，同时还通过压轴共同将坝袋胶布和底垫片锚固部分及止水海绵胶片挤压在锚固槽内壁，以达到锚固坝袋的目的。楔块挤压式锚固系由前楔块、后楔块和压轴组成。锚固槽有靴形和梯形两种，施工时用压轴将坝袋胶布卷塞入槽中，用楔块挤紧。

（3）胶囊充水式锚固。如图5-53所示，胶囊充水式锚固是将坝袋胶布和底垫片的锚固部分置于基础底板的椭圆形和圆形的锚固槽内，再将用胶布制成的两端封闭的管状胶囊放置槽中并充水，利用内水压力作用而体积膨胀的胶囊将坝袋及底垫片挤压在锚固槽内，以胶囊挤压坝袋胶布与混凝土槽壁产生的摩擦力克服坝袋拉力将坝袋拉住，起到锚固作用。

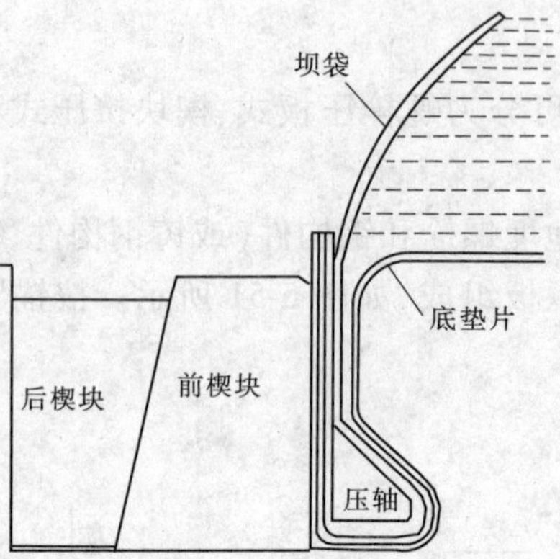

图 5-52 楔块挤压式锚固

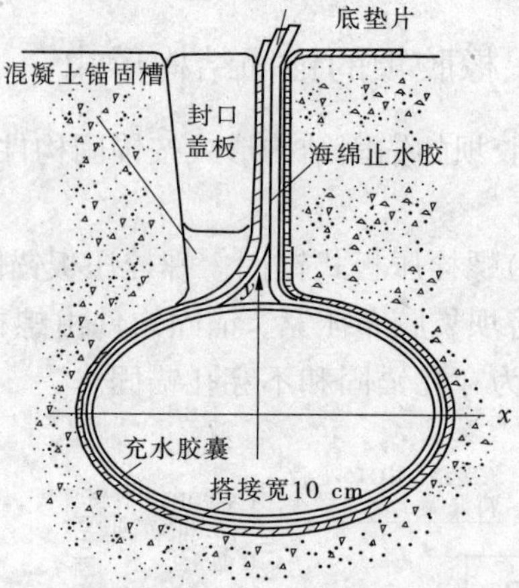

图 5-53 胶囊充水式锚固

上述三种锚固形式中，以穿孔螺栓压板式锚固和楔块挤压式锚固在我国最为常用。

五、橡胶坝的充排水系统

坝袋的充排方式有两种，即动力式和混合式。所谓动力式，即坝袋的充、坍完全利用水泵或空压机进行；混合式即坝袋的充、坍部分利用水泵或空压机来完成，部分利用现有工程条件自充或自排。充水式坝袋一般采用动力式充排方式。

橡胶坝充排水系统由管道系统、水泵机组、水帽、闸阀和辅助设备等组成，如图 5-54 所示。

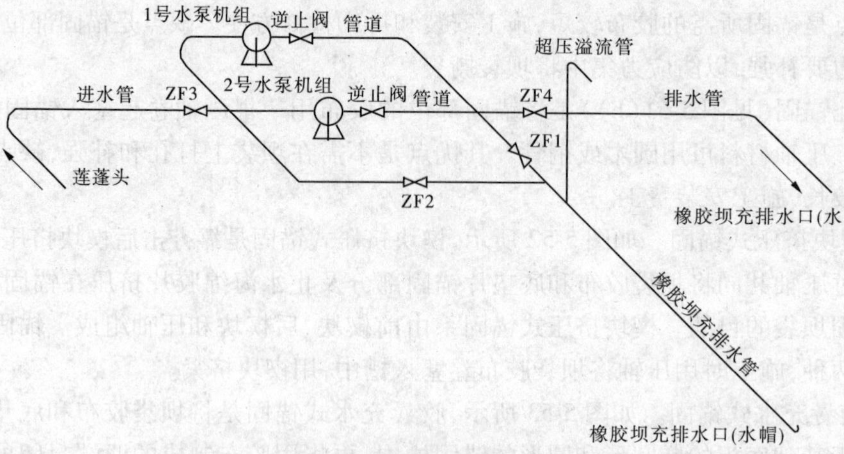

图 5-54 橡胶坝充排水系统

小　结

本章主要介绍了水闸的基本概念、作用、分类、工作特点、结构形式、组成与构造、作用荷载、设计要求、设计内容、设计方法等，并从水闸的闸址选择、孔口设计、消能防冲、防渗排水、闸室布置、稳定计算及地基处理、闸室结构计算、两岸连接建筑物等几个方面进行了较详细的阐述。

复习思考题

一、名词解释

1. 水闸

2. 闸基防渗长度

3. 波状水跃

4. 折冲水流

二、问答题

1. 水闸按其所承担的任务如何分类？

2. 水闸的工作特点有哪些？设计中有哪些要求？

3. 闸孔形式有哪些？如何确定闸孔宽度？

4. 闸孔设计中增加闸孔净宽与降低闸底板高程有何关系？什么情况下宜增加闸孔净宽？什么情况下宜降低闸底板高程？

5. 过闸水流的特点有哪些？

6. 水闸下游的消能方式有哪些？设计中如何选择？

7. 水闸下游可能发生的不利流态有哪些？产生原因是什么？防止措施有哪些？

8. 海漫的作用是什么？对其要求有哪些？结构形式有哪些？

9. 地下轮廓的布置原则、布置形式有哪些？如何进行地下轮廓布置？

10. 水闸的防渗排水设施有哪些？各适用于什么情况？

11. 闸底板的结构形式有哪些？各有什么优缺点？适用于什么情况？

三、画图说明开敞式水闸的组成及各组成部分的作用

四、计算题

某水闸的现有水位、地基土质条件及初拟的地下轮廓线情况如图 5-55 所示。根据钻探资料知地面以下 9.5 m 深处为相对不透水的黏土层。

①试用直线比例法（勃莱法）验算闸基防渗长度；②用改进阻力系数法计算各渗流要素。

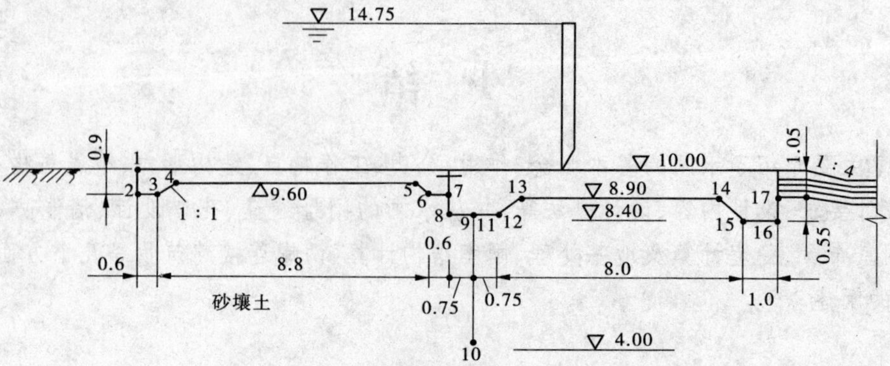

图 5-55　地下轮廓布置　(单位:m)

第六章　河岸溢洪道

【学习重点】　了解并掌握河岸溢洪道的作用、类型、运用条件，掌握正槽式溢洪道和侧槽式溢洪道的组成、优缺点及相应适用条件。

第一节　概　述

在水利枢纽中，为了防止洪水漫过坝顶，危及大坝和枢纽的安全，必须布置泄水建筑物，以宣泄水库按运行要求不能容纳的多余来水量。常用的泄水建筑物有河床式溢洪道、河岸溢洪道。对于土石坝及某些轻型坝等水利枢纽，常在坝体以外的岸边或天然垭口布置溢洪道，称河岸溢洪道。

一、河岸溢洪道的类型与特点

河岸溢洪道分为正常溢洪道和非常溢洪道两大类，正常溢洪道常用的形式主要有正槽式、侧槽式、井式和虹吸式四种，非常溢洪道常用的形式主要有漫流式、自溃式和爆破引溃式三种。

（一）正常溢洪道

（1）正槽式溢洪道，如图 6-1 所示。这种溢洪道的泄槽轴线与溢流堰轴线正交，过堰水流与泄槽轴线方向一致，其水流平顺，超泄能力大，并且结构简单，运用安全可靠，是一种采用最多的河岸溢洪道形式。

（2）侧槽式溢洪道，如图 6-2 所示。这种溢洪道的溢流堰与泄槽的轴线接近平行，过堰水流在侧槽内转弯约 90 °，再经泄槽泄入下游，因而水流在侧槽中的紊动和撞击都很强烈，且距坝头较近，直接关系到大坝的安全。它适宜于坝肩山体高、岸坡较陡的中小型水库。

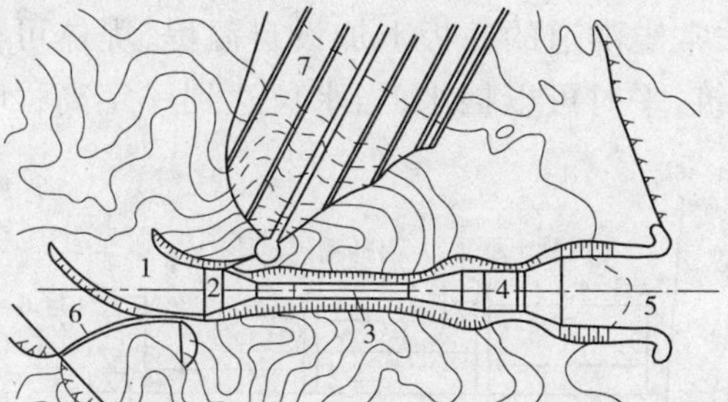

1—进水段；2—控制段；3—泄槽；4—消能防冲段；5—出水渠；6—非常溢洪道；7—土石坝

图 6-1　正槽式溢洪道

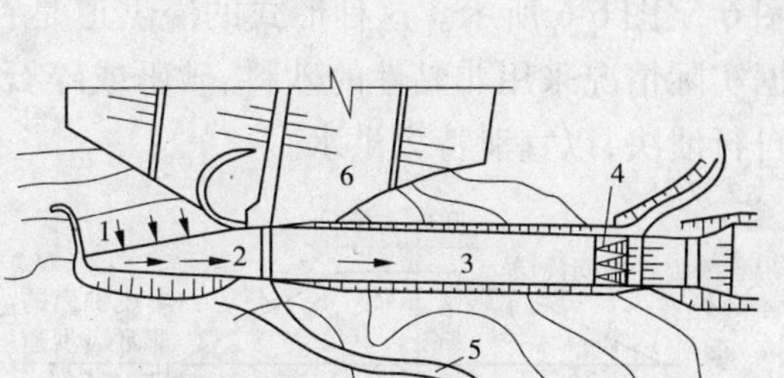

1—溢流堰；2—侧槽；3—泄水槽；4—出口消能段；5—上坝公路；6—土石坝

图 6-2　侧槽式溢洪道

(3)井式溢洪道。其组成主要有溢流喇叭口段、渐变段、竖井段、弯道段和水平泄洪洞段,如图6-3所示。它适用于岸坡陡峻、地质条件良好,又有适宜地形的情况。可避免大量的土石方开挖,但水流条件复杂,超泄能力小,容易产生空蚀和振动。因此,我国目前较少采用。

(4)虹吸式溢洪道,如图6-4所示。其工作原理是利用虹吸的作用泄水。当库水位达到一定高程时,淹没了通气孔,水流将流过堰顶并逐渐将曲管内的空气带出,使曲管内产生真空,形成虹吸作用自动泄水。这种溢洪道的优点是能自动调节上游水位,不需设置闸门。其缺点是超泄能力较小,构造复杂,且进口易堵塞,管内易空蚀,适用于上游淹没高程有严格限制的中小型水库。

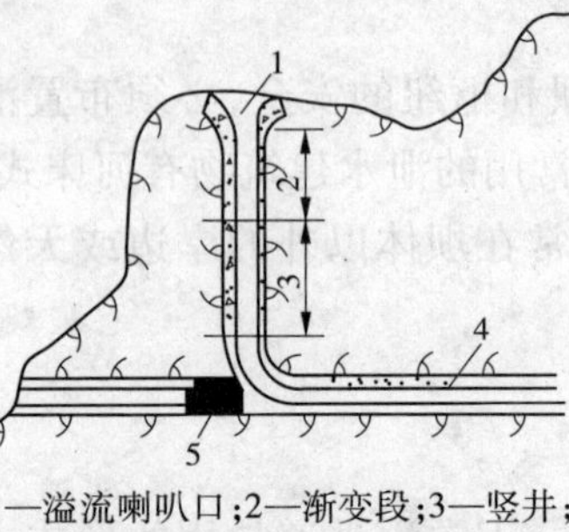

1—溢流喇叭口;2—渐变段;3—竖井;
4—泄水隧洞;5—导流洞(后期封堵)

图6-3　井式溢洪道

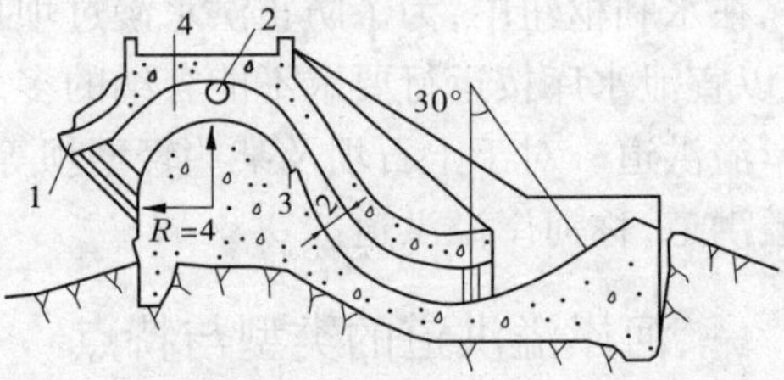

1—遮檐;2—通气孔;3—挑流坎;4—曲管

图6-4　虹吸式溢洪道　(单位:m)

以上四种类型的泄洪设施,前两种整个流程是完全敞开的,故又称为开敞式溢洪道,而后两种又称为封闭式溢洪道。

(二)非常溢洪道

非常溢洪道是一种保坝的重要措施,仅在发生特大洪水,正常溢洪道宣泄不及致使水库水位将要漫顶时才启用。

(1)漫流式非常溢洪道。这种溢洪道与正槽式溢洪道类似,将堰顶建在准备开始溢流的水位附近,而且任其自由漫流。溢流水深一般较小,因而堰长较大,多设于垭口或地势平坦之处,以减少土石方开挖量。

(2)自溃式非常溢洪道。按溃决方式可分为漫顶自溃和引冲自溃两种形式,如图6-5、图6-6所示。这种形式的溢洪道是在非常溢洪道的底板上加设自溃堤,堤体可根据实际情况采用非黏性的砂料、砂砾或碎石填筑,平时可以挡水,当水位达到一定高程时自行溃决,以宣泄特大洪水。

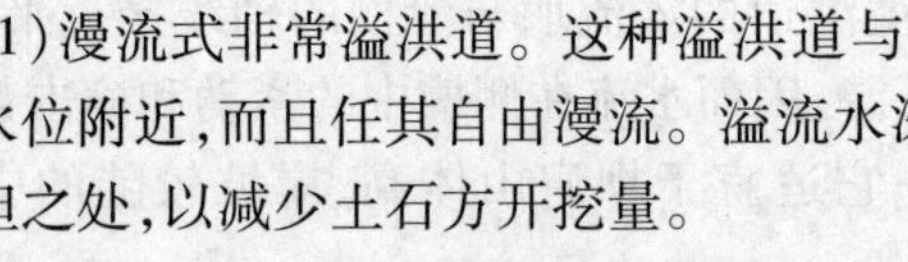

图6-5　漫顶自溃式非常溢洪道　(单位:m)

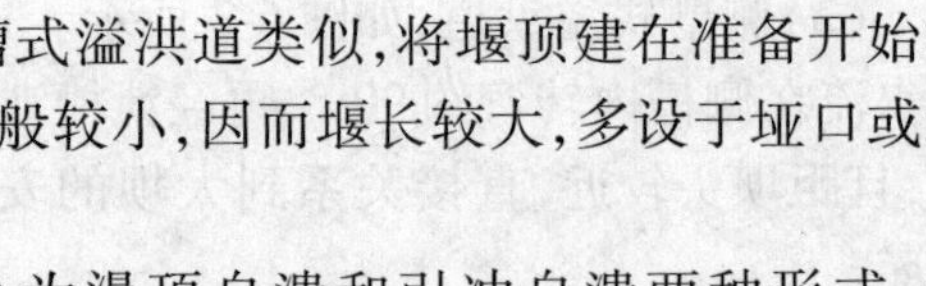

图6-6　引冲自溃式非常溢洪道　(单位:m)

漫顶自溃式构造简单、管理方便，但溢流缺口的位置和自溃时间无法进行人工控制，有可能溃坝提前或滞后。一般用于自溃坝高度较低，分担洪水比重不大的情况。当漫顶自溃坝较长时，可用隔墙将其分成若干段，各段采用不同的坝高，满足不同水位的特大洪水下泄，避免当泄量突然加大时给下游造成损失。

引冲自溃式是在自溃坝的适当位置加引冲槽，当库水位达到启溃水位后，水流即漫过引冲槽，冲刷下游坝坡形成口门并向两侧发展，使之在较短时间内溃决。在工程中应用较广泛。

(3)爆破引溃式非常溢洪道，如图6-7所示。爆破引溃式溢洪道是当需要泄洪时引爆预埋的炸药，使非常溢洪道的坝体形成一定尺寸的爆破漏斗，形成引冲槽，通过坝体引冲作用使其在短时间内迅速溃决，达到泄洪目的。

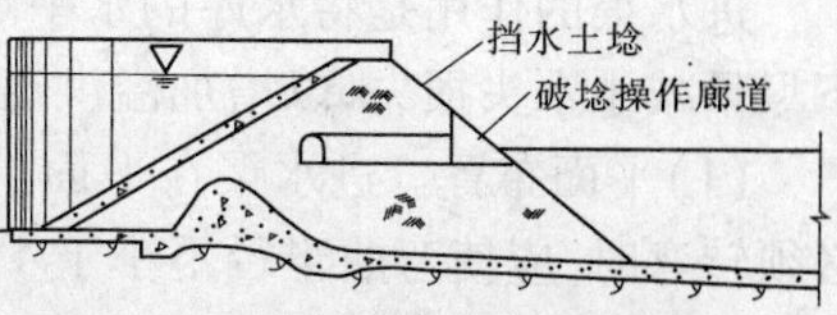

图6-7 爆破引溃式非常溢洪道

由于非常溢洪道的运用几率很小，实践经验还不多，目前在设计中如何确定合理的洪水标准、非常泄洪设施的启用条件及各种设施的可靠性等，尚待进一步研究解决。

二、河岸溢洪道的位置选择

河岸溢洪道的位置选择是否得当，对水库工程的安全和造价有很大影响。溢洪道位置选择，主要应考虑以下条件：

(1)地形条件。是决定溢洪道形式和布置的主要因素。较理想的地形条件是，离大坝不远的库岸有通向下游的马鞍形山垭口，其高程在正常蓄水位附近，垭口后面有长度不大的冲沟直通原河道，出口离下游坝脚较远，这对工程的经济、安全及管理运用均有利，且易于解决下泄水流的归河问题。

如果坝肩具有有利的地形条件，且高程适宜，可将溢洪道布置在坝肩上。这种布置形式工程量省，对于土石坝枢纽还具有利用其开挖料作为筑坝材料的优点，是较常见的布置形式。

当两岸山坡陡峻时，可将溢流堰沿岸坡等高线方向布置，即采用侧槽式溢洪道，以减小开挖工程量。

(2)地质条件。是影响溢洪道安全的关键因素。溢洪道应尽量布置在坚固、完整、稳定的岩石地基上，以减小砌护工程量并有利于工程的安全。溢洪道两侧山坡也必须稳定，以防止泄洪时山坡崩塌堵塞或摧毁溢洪道，危及大坝安全，产生严重后果。

(3)水流条件。溢洪道的轴线一般宜取直线，力求水流顺畅，流态稳定。当因地形条件或地质条件的限制而需转弯时，应尽量将弯道设置在进水渠或出水渠段。为避免冲刷坝体，溢洪道进口距坝端不宜太近，一般最小要在20 m以上。溢洪道出口距坝脚不应小于50～60 m，以免水流冲刷坝脚或其他建筑物。但为了管理方便，溢洪道也不宜距离大坝太远。

(4)施工条件。应避免溢洪道开挖与其他建筑物施工相互干扰，选择出渣路线及堆渣场所便于布置，并尽量利用开挖土石料填筑坝体。

第二节 正槽式溢洪道

正槽式溢洪道一般由进水渠、控制段(溢流堰)、泄槽、消能防冲设施及出水渠五部分组成。

一、进水渠

进水渠的作用是将水库的水平顺地引至溢流堰前。其设计原则是在合理的开挖方量下尽量减小水头损失,以增加溢洪道的泄洪能力。为此,进水渠布置时应注意以下几点:

(1)平面布置。进水渠在平面上宜布置成直线。若受地形或地质条件限制,进水渠必须转弯时,应使弯曲半径不小于4倍的渠底宽度,并力求在控制段前有一直线段,直线段的长度不小于2倍堰上水头,以保证控制段为正向进水。

进水渠长度应尽量短,在不引起其他组成部分工程量增加过多的情况下,应尽量使溢流堰直接面临水库,这样就不需要进水渠,只在堰前做一个喇叭形进水口即可,如图6-8所示。

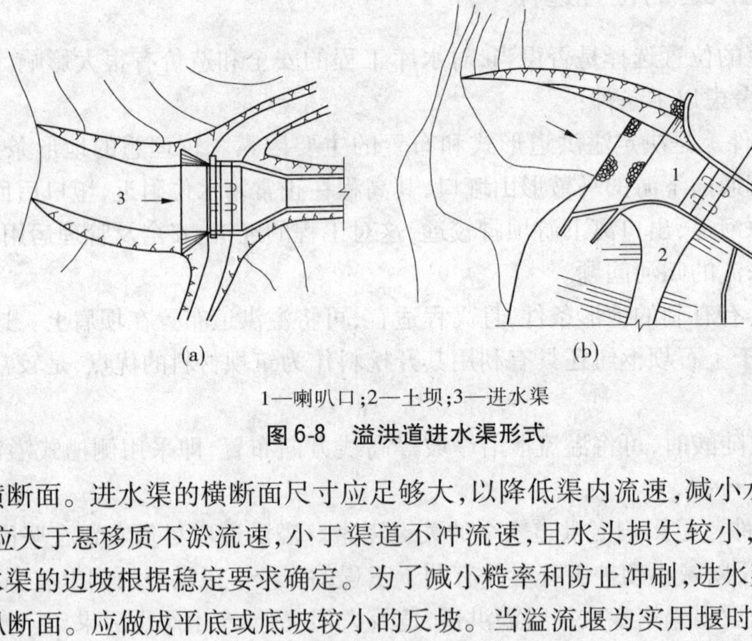

1—喇叭口;2—土坝;3—进水渠

图6-8 溢洪道进水渠形式

(2)横断面。进水渠的横断面尺寸应足够大,以降低渠内流速,减小水头损失。渠内设计流速应大于悬移质不淤流速,小于渠道不冲流速,且水头损失较小,一般采用3~5 m/s。进水渠的边坡根据稳定要求确定。为了减小糙率和防止冲刷,进水渠应做衬砌。

(3)纵断面。应做成平底或底坡较小的反坡。当溢流堰为实用堰时,渠底在溢流堰处宜低于堰顶至少$0.5H_d$(H_d为堰面定型设计水头),但对于宽顶堰则无此要求。

二、控制段

溢洪道的控制段包括溢流堰及两侧连接建筑物,是控制溢洪道泄流能力的关键部位。

(一)溢流堰的形式

溢流堰通常选用宽顶堰、实用堰,有时也采用驼峰堰、折线形堰。溢流堰的体形应尽量满足增大流量系数,在泄流时不产生空穴水流或诱发振动的负压等。

(1)宽顶堰。宽顶堰的特点是结构简单，施工方便，但流量系数较低。由于宽顶堰荷载小，对承载力较差的土基适应能力较强，因此在泄量不大或附近地形较平缓的中小型工程中应用较广，如图 6-9 所示。

(2)实用堰。实用堰与宽顶堰相比较，实用堰的流量系数比较大，在泄量相同的条件下需要的溢流前缘较短，工程量相对较小，但施工较复杂。大中型水库，特别是岸坡较陡时，多采用这种形式，如图 6-10 所示。

溢洪道中的实用堰一般都比较低矮，其流量系数介于溢流重力坝和宽顶堰。实用堰的泄流能力与其上下游堰高、定型设计水头、堰面曲线形式等因素有关。

实用堰的断面形式很多，在溢洪道设计规范中建议优先采用 WES 型堰。溢流堰按上游堰高 P_1 和定型设计水头 H_d 的比值分为高堰（$P_1/H_d>1.33$）和低堰（$P_1/H_d\leqslant1.33$）。高堰的流量系数接近一个常数，一般不随 P_1/H_d 的变化而受影响；低堰的流量系数则随 P_1/H_d 的减小而降低。这是因为进水渠中流速加大，水头损失加大，同时过堰水舌下缘垂直收缩不完全，压能增大，动能减小。为了获得较大的流量系数，一般上游堰高 $P_1\geqslant0.3H_d$。低堰的流量系数还与下游堰高 P_2 有关。当堰顶水头较大，下游堰高 P_2 不足，堰后水流不能保证自由泄流时，将出现流量系数随水头增加而降低的现象。为了消除这种现象，一般要求下游堰高 $P_2\geqslant0.6H_d$。

低堰泄流时由于下游堰面水深比较大，堰面一般不会出现过大的负压，不致发生破坏性的空蚀和振动，因此在设计溢洪道的低堰时，可选择较小的定型设计水头，使高水位时的流量系数加大。根据试验研究，堰面定型设计水头 H_d 可采用 0.6～0.75 倍的堰顶最大水头。

(3)驼峰堰。是一种复合圆弧的溢流低堰，堰面由不同半径的圆弧组成，如图 6-11 所示。其流量系数可达 0.42 以上，设计与施工简便，对地基的要求低，适用于软弱地基。

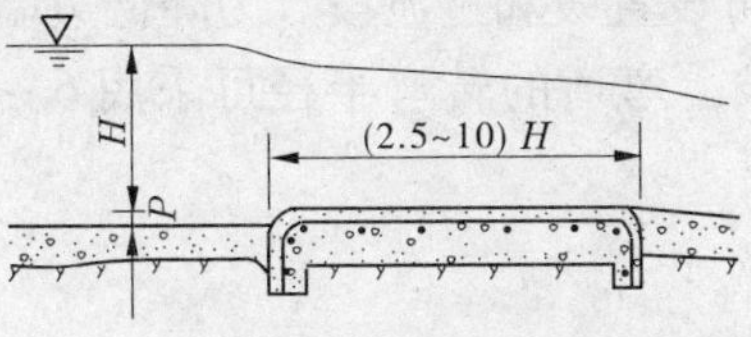

图 6-9　宽顶堰

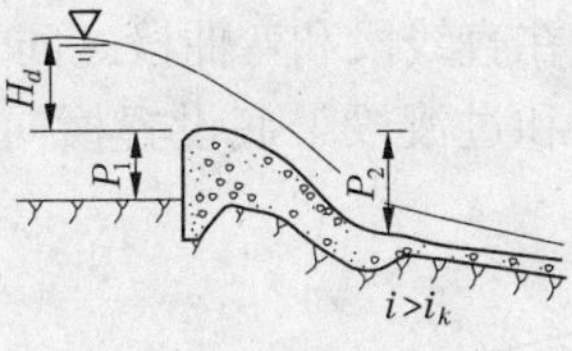

图 6-10　实用堰

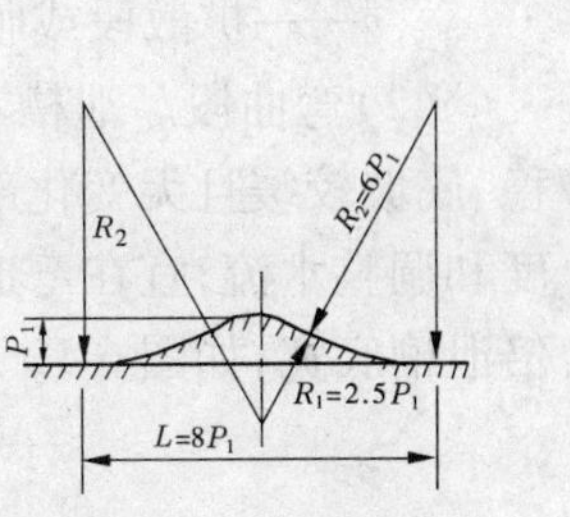

图 6-11　驼峰堰

(4)折线形堰。为获得较长的溢流前缘，在平面上将溢流堰做成折线形，称折线形堰。

(二)溢流孔口尺寸的拟定

溢洪道的溢流孔口尺寸，主要是溢流堰堰顶高程和溢流前缘长度的确定。中小型水库溢洪道，特别是小型水库溢洪道常不设闸门，堰顶高程就是水库的正常蓄水位；溢洪道设闸门时，堰顶高程低于水库的正常蓄水位。堰顶是否设置闸门，应从工程安全、洪水调度、水库运行、工程投资等方面论证确定。侧槽式溢洪道的溢流堰一般不设闸门。

溢流堰前缘长度和孔口尺寸的拟定以及单宽流量的选择，与溢流重力坝基本相同。

但由于溢洪道出口一般离坝脚较远，其单宽流量可以比溢流重力坝所采用数值大一些。

三、泄槽

正槽溢洪道在溢流堰后多用泄槽与消能防冲设施相连，以便将过堰洪水安全地泄向下游河道。河岸溢洪道的落差主要集中在该段。泄槽的底坡常大于水流的临界坡，所以又称陡槽。槽内水流处于急流状态，紊动剧烈，由急流产生的高速水流对边界条件的变化非常敏感。当边墙有转折时就会产生冲击波，并可能向下游移动；当槽壁不平整时，极易产生掺气、空蚀等问题。

(一)泄槽的平面布置

泄槽在平面上应尽可能采用直线、等宽、对称布置，力求使水流平顺、结构简单、施工方便。当泄槽的长度较大，地形、地质条件不允许做成直线，或为了减少开挖工程量、便于洪水归河和有利于消能等原因，常设置收缩段、扩散段或弯道段。

(1)收缩角与扩散角。泄槽段水流属于急流，当泄槽的边墙向内收缩时，将使槽内水流产生陡冲击波。冲击波的波高取决于边墙的偏转角 θ，其值越大，则波高越大。当边墙向外扩散时，水流将产生缓冲击波。若扩散角 θ 过大，水流将产生脱离边墙的现象。因此，应严格控制其边墙的收缩角和扩散角。一般不宜大于6°~8°，也可按下式确定：

$$\tan\theta = \frac{1}{kFr} = \frac{\sqrt{gh}}{kv} \tag{6-1}$$

式中 θ——边墙与泄槽中心线夹角，(°)；

k——经验系数，一般取3.0；

Fr——扩散段或收缩段的起、止断面的平均弗劳德数；

h——扩散段或收缩段的起、止断面的平均水深，m；

v——扩散段或收缩段的起、止断面的平均流速，m/s。

(2)弯曲段。泄槽在平面上需要设置弯道时，弯道段宜设置在流速小、水流比较平稳、底坡较缓且无变化部位。在直线段和弯曲段之间，可设置缓和过渡段。为降低边墙高度和调整水流，宜在弯道及缓和过渡段渠底设置横向坡。弯道的转弯半径可采用6~10倍泄槽底宽，如图6-12所示。

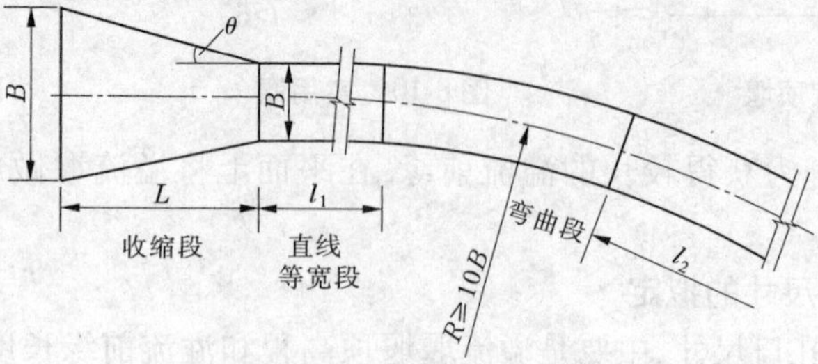

图6-12 泄槽的平面布置

(二)泄槽的纵剖面

泄槽的纵剖面应尽量按地形、地质及工程量少、结构安全稳定、水流流态良好的原则进行布置。泄槽纵坡必须保证槽中的水位不影响溢流堰自由泄流，使水流处于急流状态。

因此,泄槽纵坡必须大于水流临界坡度。常用的纵坡为1% ~5%,有时可达10% ~15%,坚硬的岩石上可以更大,实践中有用到1∶1的。

为了节省开挖方量,泄槽的纵坡通常是随地形、地质条件而改变,但变坡次数不宜过多,而且在不同坡度连接处要用平滑曲面相连接,以免高速水流在变坡处发生脱离槽底引起负压或槽底遭到动水压力的破坏。

当坡度由陡变缓时,可采用半径为(6 ~12)h(h为反弧段水深)的反向弧段连接,流速大者宜选用大值;当底坡由缓变陡时,可采用竖向射流抛物线连接,如图6-13所示。其抛物线方程可按下式计算:

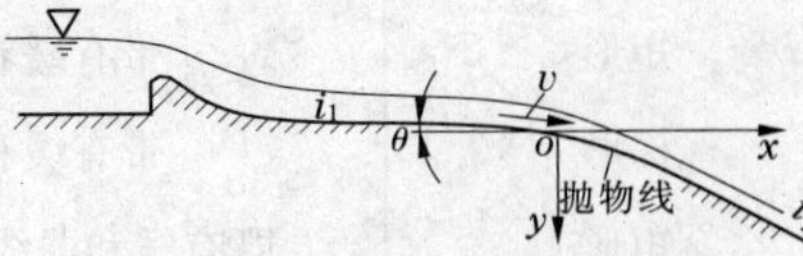

图6-13　变坡处抛物线连接

$$y = x\tan\theta + \frac{x^2}{K(4H_0\cos^2\theta)} \tag{6-2}$$

式中　x、y——以缓坡泄槽末端为原点的抛物线横坐标、纵坐标,m;

θ——缓坡泄槽底坡坡角,(°);

H_0——抛物线起始断面比能m,,$H_0 = h + \frac{\alpha v^2}{2g}$,$h$为抛物线起始断面水深,m,$v$为抛物线起始断面流速,m/s,$\alpha$为流速分布不均匀系数,通常取$\alpha = 1.0$;

K——系数,对于落差较大的重要工程,取1.5,对于落差较小者,取1.1 ~1.3。

(三)泄槽的横剖面

泄槽横剖面形状在岩基上多做成矩形或近似于矩形,以使水流均匀分布和有利于下游消能,边坡坡比为1∶0.1 ~1∶0.3;在土基上则采用梯形,但边坡不宜太缓,以防止水流外溢和影响流态,边坡坡比为1∶1 ~1∶2。

泄槽边墙顶高程,应根据波动和掺气后的水面线,加上0.5 ~1.5 m的超高来确定。对非直线段、过渡段、弯道等水力条件比较复杂的部位,超高应适当增加。掺气程度与流速、水深、边界糙率及进口形状等因素有关。

掺气水深可用下式估算:

$$h_b = \left(1 + \frac{\zeta v}{100}\right)h \tag{6-3}$$

式中　h、h_b——泄槽计算断面不掺气水深、掺气后水深,m;

v——不掺气情况下计算断面的平均流速,m/s;

ζ——修正系数,一般为1.0 ~1.4 s/m,当流速大时宜取大值。

在泄槽转弯处的横剖面,弯道处水流流态复杂,由弯道离心力及冲击波共同作用下形成的外墙水面与中心线水面的高差Δz,如图6-14(a)所示。Δz可按下式计算:

$$\Delta z = K\frac{v^2 b}{gR_0} \tag{6-4}$$

式中　Δz——横向水面差,m;

R_0——弯道段中心线曲率半径,m;

b——按直线段计算所得水面宽度,m;

v——计算断面平均流速,m/s;

K——超高系数,其值可按表 6-1 查取。

表 6-1　不同断面形状泄槽的超高系数 K 值

泄槽断面形状	弯道曲线的几何形状	K 值
矩形	简单圆曲线	1.0
梯形	简单圆曲线	1.0
矩形	带有缓和曲线过渡段的复曲线	0.5
梯形	带有缓和曲线过渡段的复曲线	1.0
矩形	既有缓和曲线的过渡段,槽底又横向倾斜	0.5

为消除弯道段的水面干扰,保持泄槽轴线的原底部高程、边墙高程等不变,以利施工,常将内侧渠底较轴线高程下降 Δz,而外侧渠底则抬高 Δz,如图 6-14 所示。

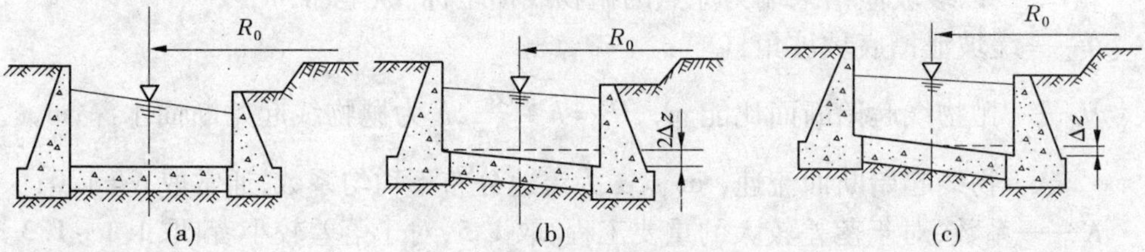

图 6-14　弯道横向水面超高

(四)泄槽的构造

1. 泄槽的衬砌

泄槽通常均需衬砌。为了保证泄槽安全泄水,衬砌必须做到光滑平整、止水可靠、排水通畅、坚固耐用。衬砌表面光滑平整可以防止引起不利的负压和空蚀;衬砌接缝处的止水可靠,可以避免高速水流钻入底板以下,因脉动压力引起破坏;底板下的排水系统通畅,可以减小作用于底板上的扬压力以增加衬砌的稳定性;衬砌材料应能抵抗水流冲刷、适应温度变化、抵御风化剥蚀和冻融循环的作用,以延长使用寿命。

如岩基很好,在离开溢流堰较远的地方也可不衬砌,只需将岩石加以平整即可。

泄槽一般采用混凝土衬砌,流速不大的中小型工程也可以采用水泥砂浆或细石混凝土砌石衬砌,但应适当控制砌体表面的平整度。

衬砌的厚度应满足其稳定、不漏水,以及在气温变化下不裂缝,或当水流挟沙时不致被磨损破坏等要求。由于作用在衬砌上的各种力难以准确计算,目前尚未形成成熟的计算方法和公式,设计中一般是参照条件类似的已建工程拟定,一般取 0.4 ~0.5 m,不应小于 0.3 m。当单宽流量或流速较大时,衬砌厚度应适当加厚,甚至可达 0.8 m。

为了防止温度变化引起温度裂缝,重要的工程常在衬砌临水面配置适量的钢筋网,每个方向的含钢率为 0.1% ~0.2%。岩基上的衬砌,在必要的情况下可布置锚筋插入新鲜岩层,以增加衬砌的稳定性。锚筋的直径为 25 mm 以上,间距 1.5 ~3.0 m,插入基岩 1.0 ~1.5 m。在土基上,由于衬砌与地基之间基本无黏着力,又不能采用锚筋,为增加衬砌的稳定性,可适当增加衬砌厚度或增设上下游齿墙。

2. 衬砌的分缝、止水和排水

为防止产生温度裂缝，除配置温度钢筋外，在衬砌上还应设置横缝和纵缝，并与堰体及边墙贯通。衬砌分缝的缝宽一般采用 1 ~ 2 cm。由于岩基对衬砌的约束力大，所以岩基上的混凝土衬砌分缝的间距不宜太大，一般采用 10 ~ 15 m，衬砌较薄时对温度影响较敏感，应取小值。衬砌的接缝有平接、搭接和键槽接等多种形式，如图 6-15 所示。垂直于流向的横缝比纵缝要求高，宜采用搭接式，岩基较坚硬且衬砌较厚时也可采用键槽缝；纵缝可采用平接的形式。

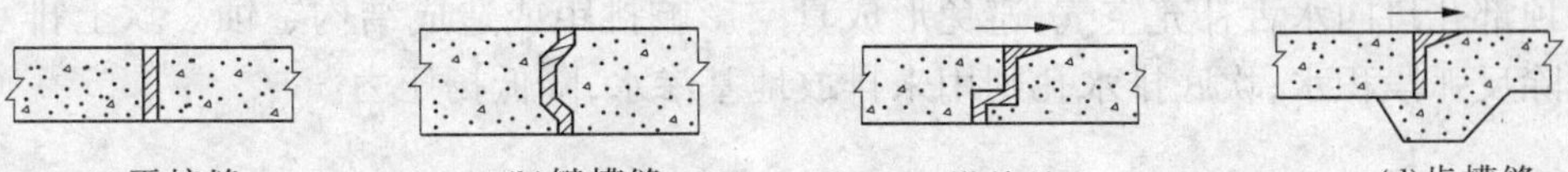

(a)平接缝　(b)键槽缝　(c)搭接缝　(d)齿槽缝

图 6-15　衬砌接缝的形式

为防止高速水流通过缝口钻入衬砌底面，将衬砌掀动，所有的伸缩缝都应布置止水，其布置要求与水闸底板基本相同。

衬砌的纵缝和横缝下面应设置排水设施，且互相连通，渗水集中到纵向排水管内排向下游。岩基上的横向排水通常是在岩石上开挖沟槽并回填不易风化的碎石，沟槽尺寸一般采用 0.3 m×0.3 m，顶面盖上木板或沥青油毛毡，防止浇筑衬砌时砂浆进入而影响排水效果。纵向排水通常是在沟槽内放置透水的混凝土管，管径一般采用 10 ~ 20 cm。管与横向排水沟的接口不封闭，以便收集渗水，管周围用不易风化的卵石或碎石填满。为了防止排水管有可能被堵塞而影响排水，纵向排水管至少应有两排，以确保排水通畅。

土基或破碎软弱的岩基，常在衬砌底板下面设置厚约 30 cm 的碎石垫层，形成平面排水，以减小底板承受的渗透压力，如图 6-16 所示。如果地基为黏性土，先铺一层厚 0.2 ~ 0.5 cm 的砂砾垫层，垫层以上再铺卵石或碎石排水层，或直接在砂砾垫层中做纵、横排水管，管周围做反滤层。如果地基为细砂，应先铺一层 0.2 ~ 0.4 m 的粗砂，再做碎石排水层，以防止渗透破坏。

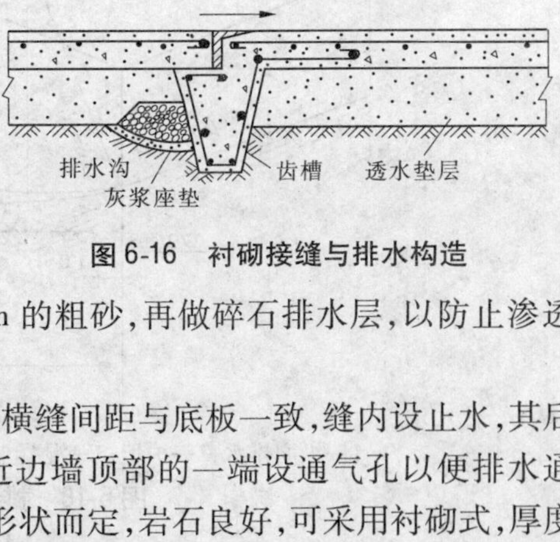

图 6-16　衬砌接缝与排水构造

泄槽边墙的构造基本上与底板相同。边墙的横缝间距与底板一致，缝内设止水，其后设排水并与底板下的排水管连通。在排水管靠近边墙顶部的一端设通气孔以便排水通畅。边墙的断面形式，根据地基条件和泄槽断面形状而定，岩石良好，可采用衬砌式，厚度一般不小于 30 cm，当岩石较弱时，需将边墙做成重力式挡土墙。混凝土边墙顶宽应不小于 0.5 m，以利通行。

四、消能防冲设施

溢洪道宣泄的洪水，单宽流量大，流速高，能量集中。因此，消能防冲设施应根据地形、地质条件、泄流条件、运行方式、下游水深及河床抗冲能力、消能防冲要求、下游水流衔接及对其他建筑物的影响等因素，通过技术经济比较选定。

河岸式溢洪道一般采用挑流消能或底流消能。

挑流消能一般适用于较好岩石地基的高、中水头枢纽，有关计算内容和方法与重力坝类似。

挑流坎的结构形式一般有重力式和衬砌式两种，如图 6-17 所示。前者适用于较软弱岩基，后者适用于坚实完整岩基。挑流坎下游常做一段短护坦以防止小流量时产生贴流而冲刷齿墙底脚。挑流坎上还常设置通气孔和排水孔，如图 6-18 所示。通气孔的作用是从边墙顶部孔口向水舌补充空气，避免形成真空影响挑距或造成结构空蚀。坎上排水孔用来排除反弧段积水；坎底排水孔则用来排放地基渗水，降低扬压力。

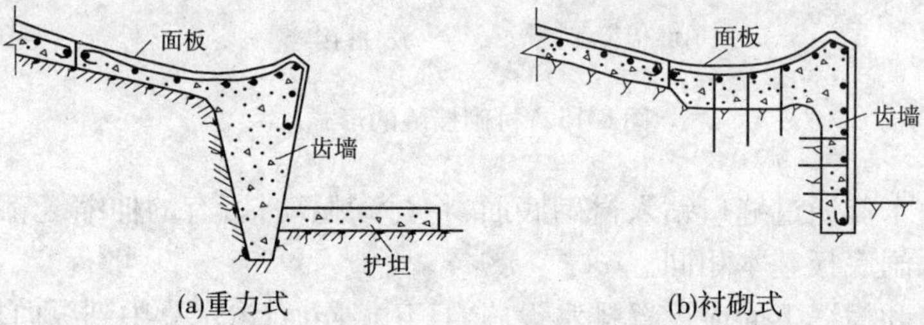

图 6-17　挑流坎结构形式

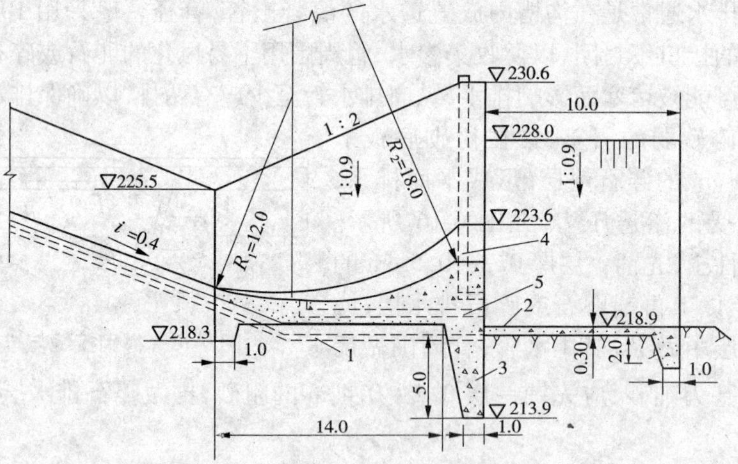

1—纵向排水；2—护坦；3—混凝土齿墙；4—ϕ50 cm 通气孔；5—ϕ10 cm 排水管

图 6-18　挑流坎构造　（单位：m）

底流消能一般适用于土基或破碎软弱的岩基，其消能原理和布置与水闸相应内容基本相同。

五、出水渠

溢洪道下泄水流经消能后，不能直接泄入河道而造成危害时，应设置出水渠。选择出水渠线路应经济合理，其轴线方向应尽量顺应河势，利用天然冲沟或河沟。

第三节　侧槽溢洪道

一、侧槽溢洪道的布置特点

侧槽溢洪道通常由控制段、侧槽、泄槽、消能防冲设施和出水渠等部分组成。

侧槽溢洪道的特点是溢流堰轴线大致顺着河岸等高线布置，水流过堰后即进入一条与堰轴线平行的侧槽内，然后通过侧槽末所接的泄水道泄往下游。其泄水道可以是开敞明槽，也可以是泄水隧洞，如图6-19所示。其主要优点是溢流堰的布置受地形限制小，可大致沿等高线向上游库岸延伸，以减少开挖工程量。其主要缺点是进堰水流首先冲向对面的槽壁，再向上翻腾产生旋涡，逐渐转向再泄往下游，形成一种不规则的复杂流态，与下游水面衔接难以控制，给侧槽的布置造成困难。侧槽溢洪道一般适用于坝址山头较高、岸坡较陡，不利于布置正槽式溢洪道且岩石坚固、泄量较小的情况。

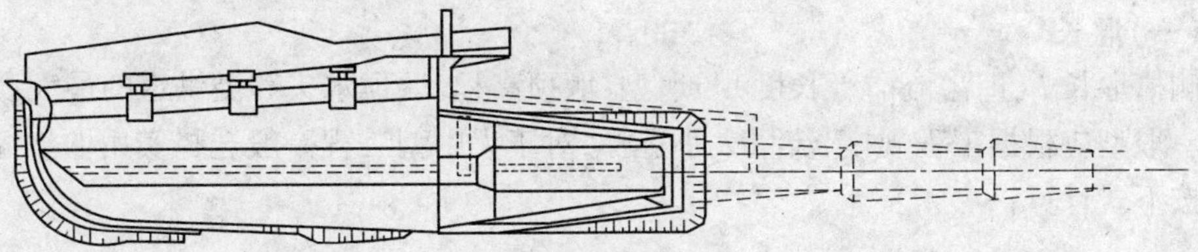

(a)平面图

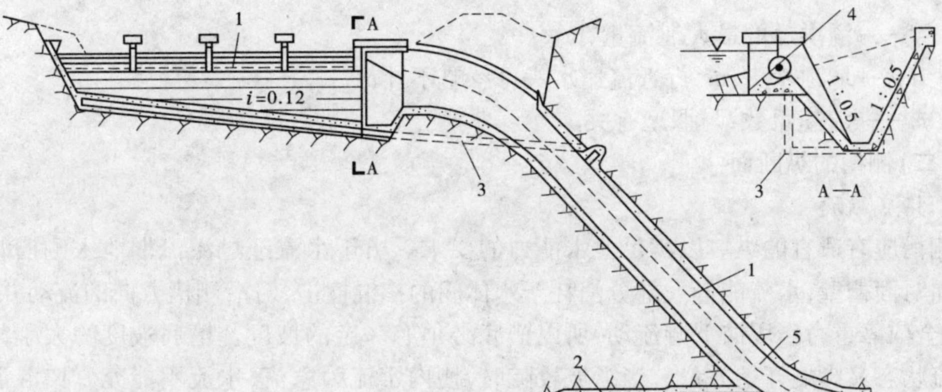

(b)纵剖面图

1—水面线；2—混凝土塞；3—排水管；4—闸门；5—泄水隧洞

图6-19　隧洞泄水的侧槽溢洪道

侧槽溢洪道的溢流堰可采用实用堰、宽顶堰和梯形堰，但采用实用堰较多，堰顶一般不设闸门。

二、侧槽尺寸设计

侧槽设计的要求是满足泄洪条件，保持槽内流态良好，造价低廉和施工管理方便。设计的任务是确定侧槽的槽长(堰长)、断面形式、起始断面高程、槽底纵坡和断面宽度,有关尺寸参数如图 6-20 所示。

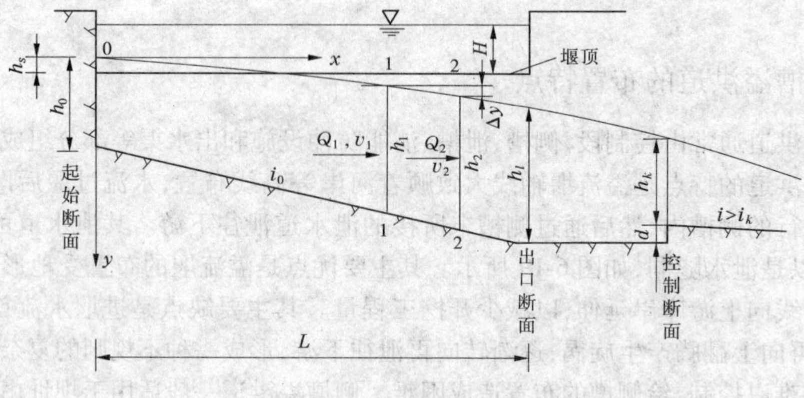

图 6-20　侧槽水面曲线计算简图

(一)堰长

侧槽堰长 L(即溢流前缘长度)与堰型、堰顶高程、堰顶水头和溢洪道的最大设计流量有关。堰型应根据工程规模、流量大小选择,对于大中型工程一般选择实用堰。溢流堰长度可按下式计算:

$$L = \frac{Q}{m\sqrt{2g}H^{3/2}} \tag{6-5}$$

式中　Q——溢洪道的最大泄流量,m^3/s;

H——堰顶水头,m,行近流速水头可忽略不计;

m——流速系数,与堰型有关。

(二)侧槽的纵断面

1. 槽底纵坡

侧槽应有适宜的纵坡以满足泄水能力的要求。由于水流经过溢流堰泄入侧槽时,水股冲向对面槽壁,水流能量大部分消耗于水体间的掺混撞击,对沿侧槽方向的流动并无帮助,完全依靠重力作用向下游流动,所以槽底必须有一定的坡度。槽底坡度的大小,既影响水流状态又影响开挖方量。当纵坡较陡时,槽内水流为急流,水流不能充分掺混消能,并且槽中水深很不均匀,最大水深可高于平均水深的 5% ~20%。因此,槽底纵坡应取单一纵坡,且小于槽末断面水流的临界坡。当槽底纵坡较缓时,槽内水流为缓流,水流流态平衡均匀,并可较好地掺混消能。但如果槽底纵坡过缓,将使侧槽上游段水面壅高过多而影响过堰流量。如能使槽底纵坡近似平行于水面线,可使槽内流速变化不大,水流平稳。初步拟定时,可采用底坡为 0.01 ~0.05。具体数值可根据地形和泄量大小选定。

2. 槽底高程

为了减小开挖工程量,槽底高程不宜过低,但也不宜过高,必须保证溢流堰为自由出流,以确保溢洪道的泄洪能力。侧槽的底部高程,根据侧槽最高水面线的计算成果,使槽内水面高程满足溢流堰为自由出流和减小开挖量的要求确定。

根据试验,若槽内水面线在侧槽始端最高点超出溢流堰顶的高度 h_s(如图 6-21 所示)不超过堰顶水头 H 的 0.5 倍时,可以认为对整个溢流堰来说是非淹没的。为了减少挖方,常以 $h_s=0.5H$ 确定侧槽始端的水位。根据该水位减去水深可得槽首底部高程。槽内各断面水深则根据侧槽末端的水深 h_L 向上游逐段推算而得。

为了控制侧槽末端水深,进一步改善侧槽流态,避免槽内的波动水流直接进入泄槽,保证泄槽和消能设施有较好的水力条件,常在侧槽与泄槽之间设水平调整段。调整段一般采用平底梯形断面,长度取 3 ~4 倍的临界水深。

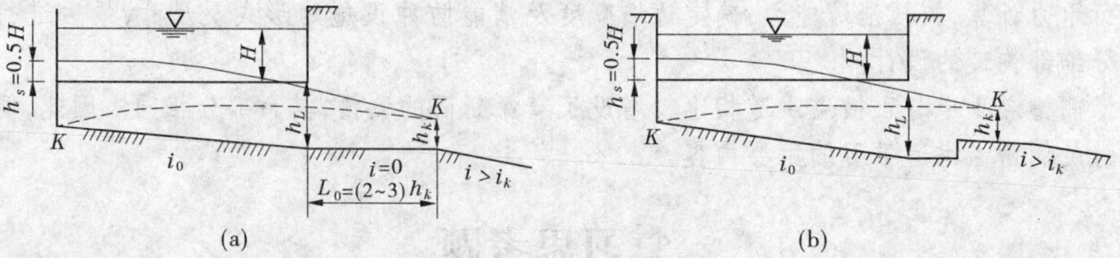

图 6-21　侧槽与泄水槽的连接形式

(三)侧槽的横断面

1. 形状

由于岸坡较陡,侧槽的横断面宜按窄深式布置,以有利于增加槽内水深,并容易使侧向进流与槽内水流混合,水面较为平稳。而且在陡峭的山坡上,窄深断面要比宽浅断面节省开挖量。以图 6-22 为例,如窄深断面过水面积为 ω_1,宽浅断面过水面积为 ω_2,当 $\omega_1=\omega_2$ 时,窄深断面可节省开挖面积 ω_3。

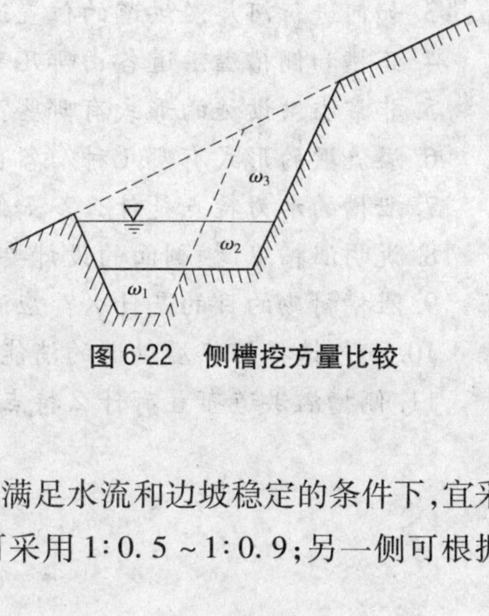

图 6-22　侧槽挖方量比较

2. 边坡

侧槽横断面的侧向边坡越陡越节省开挖量,故在满足水流和边坡稳定的条件下,宜采用较陡边坡。根据模型试验,在溢流堰一侧的边坡可采用 1∶0.5 ~1∶0.9;另一侧可根据岩石的稳定边坡选定,一般取 1∶0.3 ~1∶0.5。

3. 断面尺寸

侧槽的横断面大小应根据流量经过计算确定。由于侧槽内的流量是沿流向不断增加的,所以侧槽底宽亦应沿水流方向逐渐增加。起始断面底宽 b_0 与末端断面底宽 b_l 的比值对侧槽的工程量影响很大。一般 b_0/b_l 越小,则侧槽的开挖量越省,但槽底挖得较深,调整段的工程量也相应增加。所以,应根据地形、地质条件确定比较经济的 b_0/b_l 值,通常 b_0/b_l 采用 1 ~1/2,其中 b_0 的最小值应满足开挖设备和施工要求,b_l 一般选用与泄槽底宽相同。

小　结

本章重点介绍了河岸溢洪道的作用、类型和运用条件，以及正槽溢洪道和侧槽溢洪道组成部分的布置和相关要求。对非常溢洪道作了一般性的介绍。

正槽溢洪道一般由五部分组成：进水渠、控制段、泄槽、消能防冲设施及尾水渠。应明确各部分的设计原理，并结合水力学有关内容予以学习。

正槽溢洪道的设计方法步骤：首先进行位置选择和工程布置，拟定各部分尺寸，然后进行水力计算，校核泄流能力，确定边墙高度及消能防冲设施的形式及尺寸，最后进行各部分细部构造的设计。

侧槽溢洪道与正槽溢洪道相比较增设了窄深断面的侧槽，其余部分相同。因此，侧槽设计是侧槽溢洪道学习的主要内容。

复习思考题

1. 河岸溢洪道有哪几种形式？其特点是什么？
2. 简述正槽溢洪道与侧槽溢洪道的区别。
3. 如何进行河岸溢洪道的位置选择？
4. 正槽和侧槽溢洪道各由哪几部分组成？并说明各部分的作用。
5. 非常溢洪设施的形式有哪些？各自具有什么特点？
6. 溢流堰的形式有哪几种？各自的特点是什么？
7. 泄槽的水力特点是什么？如何进行泄槽的平面布置？
8. 说明泄槽纵、横剖面的设计要求。
9. 泄槽衬砌的目的是什么？应满足哪些要求？
10. 如何选择河岸溢洪道的消能方式？
11. 侧槽溢洪道布置有什么特点？

第七章　水工隧洞与坝下涵管

【学习重点】　熟悉水工隧洞的类型和工作特点,掌握水工隧洞的选线和布置要求、水工隧洞的组成,了解隧洞衬砌的荷载和结构计算方法。掌握坝下涵管的布置与构造。

第一节　水工隧洞的类型、工作特点及组成

一、水工隧洞的类型

水工隧洞是指水利工程中穿越山岩建成的封闭式过水通道,用于泄水、引水或输水,是山区水利枢纽常有的组成建筑物,甚至一个枢纽中有多条隧洞。

(一)按用途分类

(1)泄洪洞。用以配合溢洪道宣泄洪水,保证安全的水工隧洞。

(2)引水洞。用以引水发电、灌溉或供水的水工隧洞。

(3)排沙洞。用以排放水库泥沙,延长水库的使用年限,有利于水电站的正常运行的水工隧洞。

(4)放空洞。用以在必要的情况下放空水库的水工隧洞。

(5)导流洞。用以在水利枢纽的施工期进行施工导流的水工隧洞。

在设计水工隧洞时,应根据枢纽的规划任务,尽量考虑一洞多用,以降低工程造价。如施工导流洞与永久隧洞相结合,枢纽中的泄洪、排沙、放空隧洞的结合等。

(二)按洞内水流状态分类

(1)有压隧洞。有压隧洞的工作闸门布置在隧洞出口,洞身全断面被水流充满,隧洞内壁承受较大的内水压力。有压隧洞能适应水库水位的大幅度升降及水电站引用流量的迅速变化,发电引水隧洞一般为有压隧洞。

(2)无压隧洞。无压隧洞的工作闸门布置在隧洞的进口,水流没有充满全断面,有自由水面。无压输水隧洞的洞内流速较小,不承受内水压力,设计荷载以围岩压力为主;洞身一般较长,往往要穿越多种不同地质条件的岩层,而且经常会遇到极其复杂的不良地质条件;洞身断面形式及护砌结构形式多种多样。远距离输水及灌溉渠道上的隧洞一般均为无压隧洞。

一般说来,隧洞可以设计成有压的,也可设计成无压的,还可设计成前段是有压的而后段是无压的。但应注意的是,在同一洞段内,应避免出现时而有压时而无压的明满流交替现象,以防止引起振动、空蚀等不利流态。

(三)按衬砌方式分类

水工隧洞按衬砌方式分,有不衬砌隧洞,喷锚、混凝土衬砌或钢筋混凝土衬砌等。

（四）按流速大小分类

水工隧洞按流速大小分类，有高速隧洞（流速大于 16 m/s）和低速隧洞（流速小于 16 m/s）。

二、水工隧洞的特点

水工隧洞是地下建筑物，其设计、建造和运行条件，与承担类似任务的建于地面的水工建筑物相比有以下几个特点。

（一）结构特点

隧洞洞身是在岩层中开凿而成的。开凿后，隧洞周围岩体的应力平衡状态受到破坏，岩体可能产生变形和崩塌，常需设置临时性支护或永久性衬砌，以承受围岩压力，保持围岩的稳定，围岩压力与岩体承载能力的大小，主要取决于地质条件。此外，对有压隧洞，衬砌还要承受较大的内水压力及外水压力，故衬砌应有足够的强度与抗渗性。因此，应使隧洞尽量避开软弱岩层和不利的地质构造。

（二）水流特点

隧洞洞身位于深水下，工作闸门是高压闸门，开启时，洞内流速很高，如果过水轮廓体形设计不合理或过流面上有不平整体存在，就会产生空蚀破坏，故要求过水轮廓应有合理的形式和尺寸，并采取必要的措施，如设通气孔等，以免引起空蚀和振动。

泄水隧洞的水流流速高、单宽流量大、能量集中，在出口处有较强的冲刷能力，必须采取有效的消能防冲措施。

（三）施工特点

隧洞洞身断面小，施工场地狭窄，洞线长，施工作业工序多，干扰大，工期一般较长。尤其是兼有导流任务的隧洞，其施工进度往往控制着整个工程的工期。因此，加快施工进度在隧洞工程建设中需要引起足够的重视。地下工程与地面工作不同，如果在运用中出现问题或过水断面不足，要进行加固或扩大断面是很困难的。因此，必须保证质量，安全可靠，并留有一定余地。

第二节　水工隧洞的选线与工程布置

一、水工隧洞的路线选择

隧洞的路线选择关系到工程造价、施工难易、工程进度、运行可靠性等方面。影响隧洞线路选择的因素很多，如地质、地形、施工条件等。隧洞的线路选择主要考虑以下几个方面的因素。

（一）地质条件

隧洞路线应选在地质构造简单、岩体完整稳定、岩石坚硬的地区，尽量避开不利的地质构造，要尽量避开地下水位高、渗水严重的地段。洞线要与岩层、构造断裂面及主要软弱带走向有较大的交角，对胶结紧密的厚岩层走向，其夹角不宜小于30°，对薄层以及层间连接较弱，其夹角不小于45°。在高地应力地区，洞线应与最大水平地应力方向尽量一致，以减少隧洞的侧向围岩压力。隧洞应有足够的覆盖厚度，对于有压隧洞，当考虑弹性抗力时，围岩的最小覆盖厚度不小于3倍洞径。

在隧洞的进、出口处，围岩的厚度往往较薄，一般情况下，进、出口顶部的岩体厚度不宜小于1倍的洞径或洞宽。

（二）地形条件

隧洞的路线在平面上应尽量短而直。当因地形、地质、枢纽布置等原因需要转弯时，对于低流速的隧洞弯道曲率半径不应小于5倍洞径或洞宽，转弯转角不宜大于60°，弯道两端的直线段长度也不宜小于5倍的洞径或洞宽。高流速的隧洞应避免设置曲线段。

（三）水流条件

隧洞的进口应力求水流顺畅，减少水头损失。水流应与下游河道平顺衔接，与土石坝下游坝脚及其建筑物保持足够距离，防止出现冲刷。

（四）施工条件

洞线选择应考虑施工出渣通道及施工场地布置问题。对于长隧洞，还应注意利用地形、地质条件布置施工支洞、斜洞、竖井，增加总工作面，加快施工进度。

此外，洞线选择应满足枢纽总体布置和运行要求，避免在隧洞施工和运行中对其他建筑物产生干扰。如渠道上的输水隧洞，其洞线选择要和整个输水渠道线路布置统筹考虑。

二、水工隧洞的工程布置

水工隧洞布置的主要内容包括：确定进、出口高程及拟定纵剖面布置；选定闸门在隧洞中的位置；通过技术经济比较，确定是一洞专用还是一洞多用。

（一）隧洞进、出口的布置

1. 隧洞进口高程的确定

隧洞进口高程应根据隧洞的用途及实际运用要求来确定。发电引水隧洞的进口，顶部高程应在水库最低工作水位以下0.5~1.0 m，底部应高出水库淤沙高程最少1.0 m以上；灌溉隧洞的进口高程应保证在水库最低工作水位时，能引入设计流量，应满足引水高程的要求，并应与下游灌区布置在同一侧；排沙洞应设置在需要排沙的发电、灌溉引水洞进口附近，其高程宜较低；用于放空水库和施工导流的隧洞进口高程一般较低。

进口的进水方式有深水进口式和表孔溢流式两种。深水进口的隧洞，可以是无压的或有压的，这种布置形式与重力坝上的泄水孔布置形式相似，如图7-1中所示。表孔溢流的进口布置方式与岸边溢洪道相似，只是用隧洞代替了泄槽，泄水时，洞内为无压流，如图7-2中所示。

2. 隧洞的出口布置

隧洞的出口布置应保证水流下泄安全及出流平稳，对于有压隧洞，出口断面面积应小于洞身断面积，以保持洞内有较大的正压。出口的断面面积宜收缩为洞身断面的80%~90%，收缩方式采用洞顶压坡的形式。

隧洞的出口应通过技术经济比较选择消能防冲方式。对于高流速、高水头、大流量的泄水隧洞，常为挑流消能。

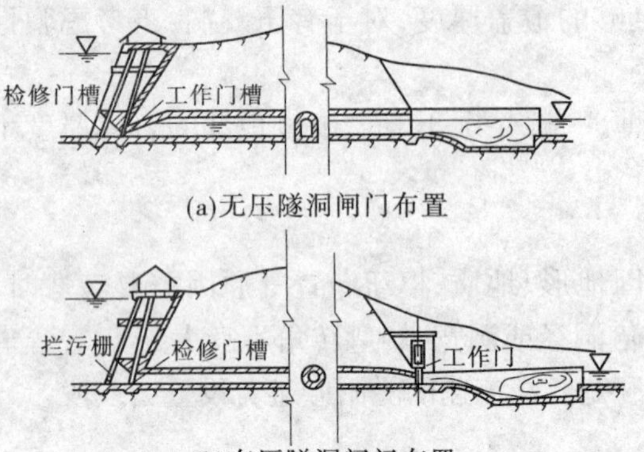

图 7-1　水工隧洞闸门位置布置示意图

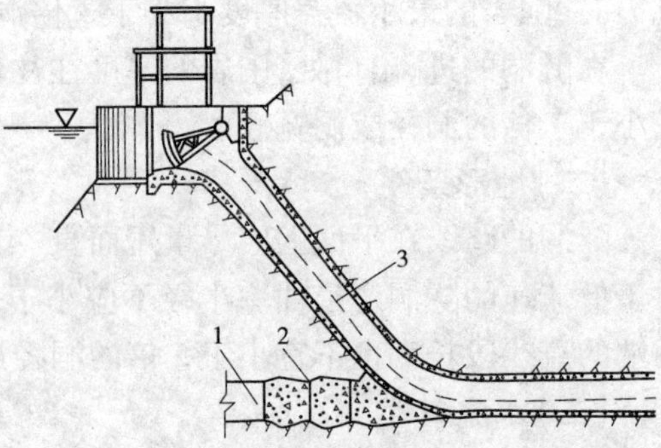

1—导流洞;2—混凝土堵头;3—泄洪洞

图 7-2　泄洪洞与导流洞合一布置

(二)隧洞的纵坡和洞内压力或空间裕幅选择

纵坡的选择主要考虑水力条件、运行维修及施工条件,并通过技术经济比较选定。纵坡沿程不宜变化过多,一般不宜设平坡,要避免设反坡。对于有压隧洞,其纵坡主要从施工运输、排水及检修等方面考虑。

在选择隧洞进、出口高程及纵坡时,对有压隧洞,尚应使洞顶有一定的压力裕幅。一般在最不利的运行条件下,隧洞全线洞顶以上的压力裕幅不宜小于 2 m 水头。对于长隧洞,该值尚需适当增加。若不满足上述要求,可采取降低隧洞设置高程、收缩出口断面尺寸等措施,以提高洞身压力。对于无压隧洞,为保证其无压状态,洞的断面尺寸和纵坡应按最大流量设计,并在水面以上留出必要的净空裕幅。净空面积应不小于断面面积的 15%,且水面上净空裕幅不小于 40 cm。对于高速无压隧洞,应考虑掺气的影响,掺气后水面以上的净空面积应为断面面积的 15% ~25%,且水面线不超出直墙范围(圆拱直墙式)。渠道上的无压隧洞有通航任务时,水面上的净空尚应满足通航要求。

(三)闸门位置布置

闸门在隧洞中的位置选择,应根据隧洞担负的任务、所选定的水流状态(有压或无压)、地形条件及地质条件、运用管理的要求等,通过技术经济比较后确定。水工隧洞中的闸门按其工作性质分为工作闸门、检修闸门及事故闸门。

工作闸门主要用于调节流量和控制孔口,应能在动水中启闭。它可以布置在进口、出口或洞中其他适宜位置上。工作闸门布置在进口,隧洞一般为无压流。其优点是,工作闸门与检修闸门均在首部,运用管理方便。工作闸门如布置在出口,则全洞为有压流。其优点是,洞内水流平稳,门后通气条件好,便于部分开启调节流量。缺点是,检修闸门与工作闸门分设于隧洞首尾,管理不便。具体布置如图 7-1 所示。

检修闸门是在检修主闸门或洞身需要挡水时采用的,设于工作闸门的上游。如设在进口处,整个隧洞洞身的检修更为方便。有时根据下游水位情况,在隧洞出口处也设有叠梁检修闸门。检修闸门一般在静水中启闭。

事故闸门是在工作闸门、隧洞及设备发生事故时,能在动水中关闭的闸门。当需快速关闭时,也称为快速闸门。

(四)多用途隧洞的布置

为了减小工程量,降低工程造价,往往考虑一洞多用或临时任务与永久任务相结合的布置方式。

1. 泄洪洞与导流洞合一布置

这种布置方式在已建工程中较常采用。导流洞的进口高程较低,而泄洪洞进口高程可以较高,常在施工导流任务完成后,将导流洞前段堵塞,而在原导流洞口的上方另设进口,由上部进口向后,隧洞底坡设计为抛物线形式,然后再接一反弧段与原导流洞相衔接。这种布置形式在工程上常形象地称为龙抬头形式,如图 7-2 所示。

2. 泄洪洞与发电洞合一布置

泄洪洞与发电洞的合一布置是在洞前段共用一洞,在后段分岔为两个洞分别来泄洪与发电。对于泄洪量大、经常使用的泄洪洞或重要的水电站,不宜采用这种布置方式。

3. 发电与灌溉隧洞的合一布置

发电与灌溉隧洞的合一布置,水轮机尾水后接灌溉渠道,利用发电尾水进行灌溉。由于发电是经常性的,而灌溉用水是季节性的,所以应在发电尾水的后面设置一弃水设施,将不需灌溉时的发电尾水排入下游河道。

第三节　水工隧洞各组成部分的形式及构造

一、进口段的形式和构造

(一)进口建筑物的形式

按进口位置和闸门位置,进口建筑物有竖井式、塔式及岸塔式(包括斜坡式)三种基本形式及其组合形式。

1. 竖井式进水口

竖井式进水口是在进口附近的岩层中开凿竖井,井底设置闸门,顶部安装启闭设备,拦污栅设于洞外。其特点是,构造简单可靠,不受风浪、冰冻影响,但竖井前的进口段检修时,需在入口处另设检修闸门(或叠梁)。其适用于岩体完整、稳定、坚固的岸坡。布置如图 7-3 所示。

2. 塔式进水口

塔式进水口是在山坡前独立于水库中的封闭式塔或框架式塔。塔底设置检修闸门或检修门与工作闸门。封闭式塔塔身横断面为方形或圆形。这种形式也可做成分层取水式进口,沿塔身不同高程分别设置进水口,根据水库水位的变化启用不同的进水口,以引取表层湿度较高的库水,以利灌溉。塔式进水口的优点是,可在任何水位下检修,方便可行,但造价较高,且需设工作桥与岸坡连接。当工作水头较低或根据运用条件只需在进口处设置一道闸门时,可采用图 7-4(a)所示的框架塔式进水口。这种形式构造简单、施工方便,但只能在低水位时进行维修。布置如图 7-4 所示。

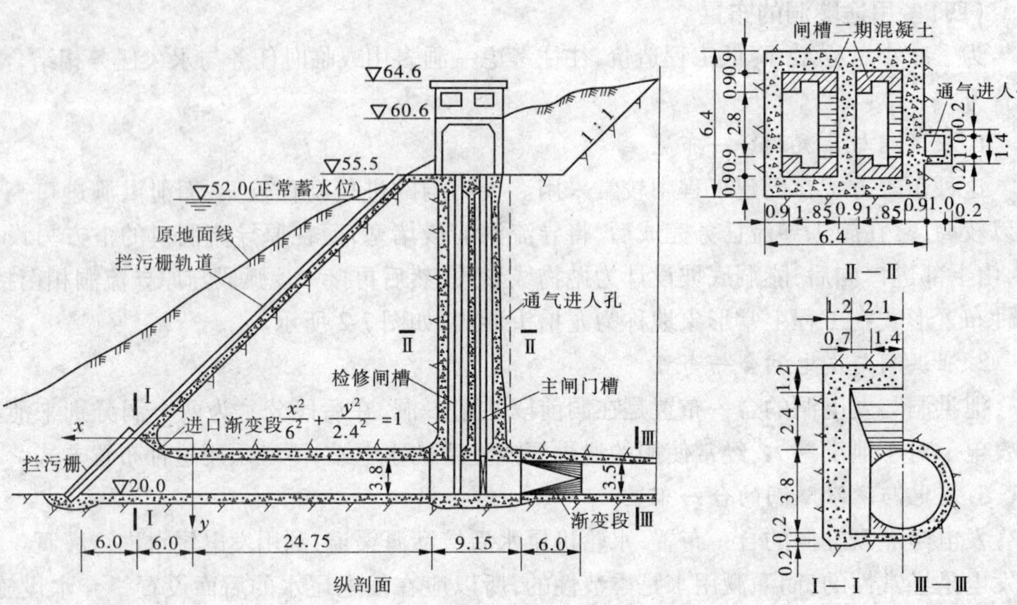

图 7-3　竖井式进水口　（单位：m）

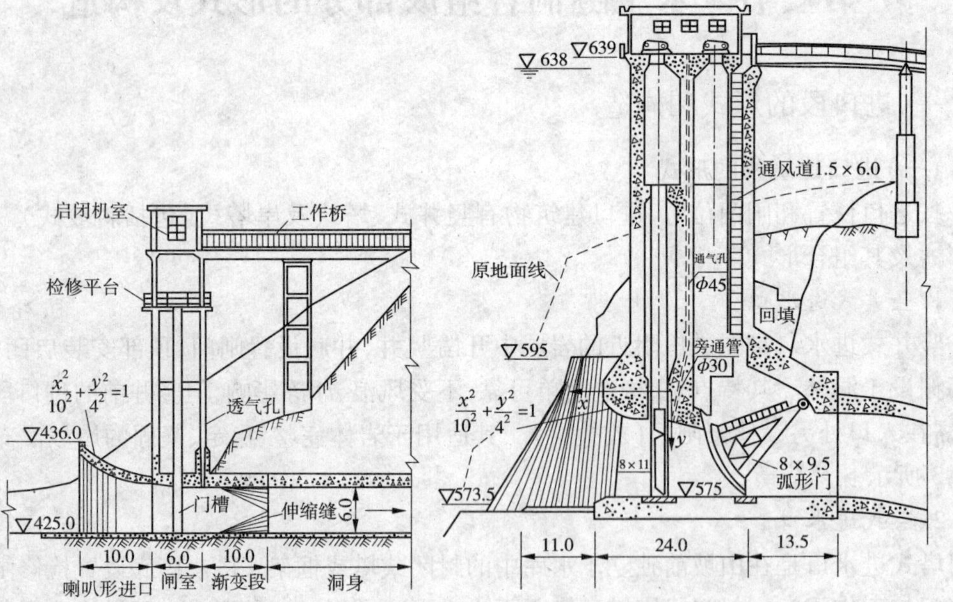

(a)框架塔式进水口　　(b)封闭塔式进水口

图 7-4　塔式进水口　（单位：m）

3. *岸塔式进水口*

岸塔式进水口是将控制塔斜靠在洞口岩坡上的进口建筑物。由于塔身斜靠岩坡，容易满足稳定要求，对岸坡也起一定支撑作用，施工、安装及维修均较方便。由于闸门斜放，故面积较大,不仅启门力大,且难于靠自重下降。岸塔结构可以是框架式也可以是封闭式,前者只能设一道闸门,后者可设两道闸门,而且也可在不同高程设置进水口,成为分层取水式,引取水库表层温度高的库水。这种形式适用于岸坡较陡、岩石坚固的情况。布置如图 7-5 所示。

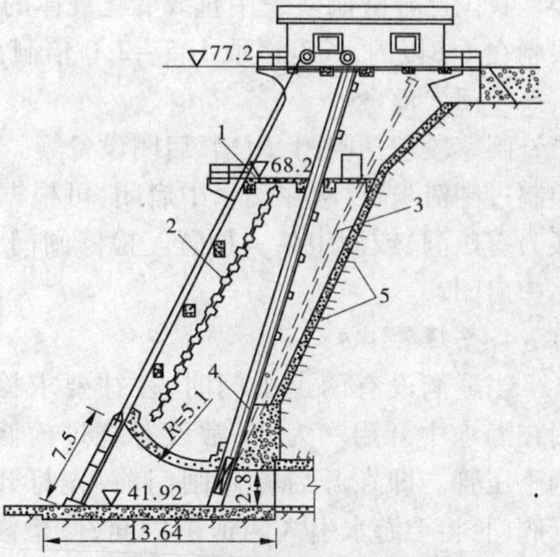

1—清污台;2—固定拦污格栅;
3—通气孔;4—闸门轨道;5—锚筋

图 7-5　岸塔式进水口　(单位:m)

4. 斜坡式进水口

斜坡式进水口是在较完整的岩坡上进行平整、开挖、护砌而修建的一种进水口。优点是,结构简单,施工、安装方便,稳定性好,工程量小。缺点是,由于闸门倾斜,闸门不易依靠自重下降。斜坡式进水口一般只用于中小型工程。布置如图 7-6 所示。

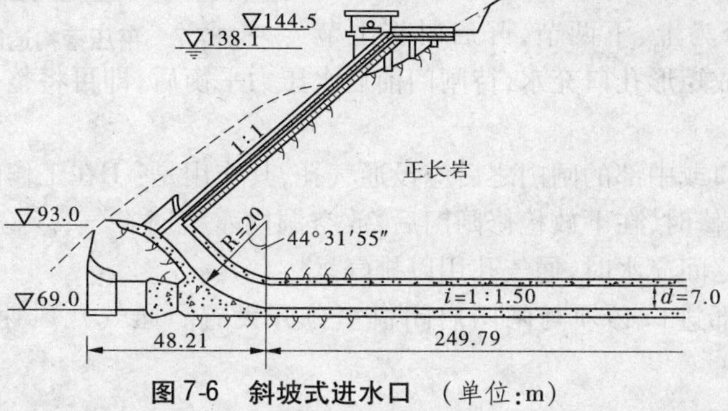

图 7-6　斜坡式进水口　(单位:m)

5. 组合式进水口

在实际工程中常根据地形、地质、施工等具体条件采用。如半竖井半塔式进水口,下部靠岸的塔式进水口等。

(二)水工隧洞进口段的组成及构造

水工隧洞进口段的组成包括进水喇叭口、闸门室、通气孔、平压管和渐变段等。

1. 进水喇叭口

隧洞进水口一般做成断面逐渐缩小的喇叭口形。进水口是隧洞最容易产生空蚀破坏的部位之一。如设计不当,在水头高、流速大的情况下,会导致水流与边界分离而形成低压区,进而产生空穴,造成空蚀破坏,故应特别注意其体形设计。隧洞进口为顶板和边墙顺水流方向三向逐渐收缩的平底矩形断面,形成喇叭口。收缩曲线常采用 1/4 椭圆曲线,如图 7-3、图 7-4 所示。

2. 渐变段

隧洞洞身断面多为圆形或其他形状,而闸门段由于安装闸门的需要,常做成矩形断面。喇叭口断面一般也是矩形。为使流态平顺,减小水头损失,在不同断面间应设置渐变段。我国已建隧洞多采用直线变化规律的渐变段。截面边界的最大收缩率或扩散率一般限制在1:8以内,长度以取1.5～2.0倍洞径为宜。

3. 闸室段

闸室段包括闸门、门槽、启闭设备等。闸门分为工作闸门与检修闸门。工作闸门用来控制过闸流量,要求在动水中启闭,可根据需要设在隧洞进口(一般为无压洞)、出口(一般为有压洞)或洞中某一位置。检修闸门主要用于工作闸门检修时挡水,一般要求在静水中启闭。

4. 平压管

当隧洞设有两道闸门时,往往要求检修闸门在静水中开启。为此,常设置绕过检修门槽的平压管。即在开启检修闸门前,先打开平压管阀门,将上游水引入两道闸门间,使检修闸门前后的水压力平衡,以减小启门力,具体布置如图7-7所示。平压管直径根据灌水时间确定。

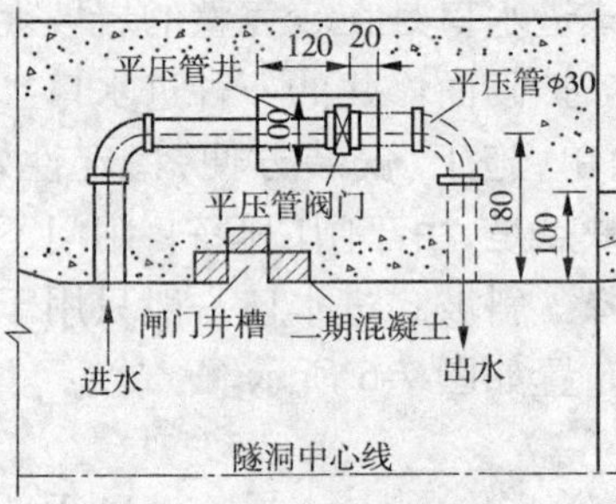

图7-7 平压管构造图 (单位:cm)

平压设施也可采用设在闸门上的短管或窗孔,也可将闸门分为上、下两节,开启时将上节提升一定距离形成矩形孔口充水,待闸门前后水压力平衡后,即可将整个闸门提起。

5. 通气孔

泄水隧洞进口或中部的闸门之后应设通气孔,其作用是:①在工作闸门各级开度下承担补气任务;②检修时,在下放检修闸门后,放空洞内水流时补气;③检修完成后,向检修闸门和工作闸门之间充水时,通气孔用以排气。

通气孔的上部进口必须与闸门启闭机室分开设置。通气孔风速应保持在20 m/s左右。

6. 拦污栅

进口处的拦污栅是为了防止水库中的漂浮物进入隧洞。泄水隧洞一般不设拦污栅,当需拦截大浮沉物时可设粗栅,避免进入隧洞卡堵闸门槽。发电引水隧洞进口应设细栅,避免污物堵塞破坏阀门与水轮机叶片。

二、洞身段的形式与构造

(一)洞身断面形式及尺寸

隧洞洞身断面形式选择涉及的因素很多,就水力条件而言,要求洞身断面具有平顺的轮廓,力求减小水头损失,能以最经济的断面通过设计流量;就静力条件而言,应根据围岩特性、地应力的分布特点,选择合理的断面形状和几何尺寸,以改善围岩受力条件,保持围岩稳定;同时还应照顾到施工方便等诸方面的要求。

1. 无压隧洞的断面形式及尺寸

无压隧洞洞身的断面形式在很大程度上取决于围岩特性和地应力分布情况,如图7-8所示,常采用城门洞形(圆拱直墙形)、马蹄形、蛋形及圆形等断面形式。

城门洞形断面(见图7-8(d)、(e)、(i)、(j))的优点是圆拱适宜承受铅直围岩压力,便于开挖和衬砌，应用较广，适用于垂直山岩压力较大，而无侧向山岩压力或侧向山岩压力很小的情况；马蹄形（见图7-8（f）、（h））及蛋形断面适用于岩石比较软弱破碎，垂直山岩压力和侧向山岩压力均较大的情况；圆形断面（见图7-8（a）、（b）、（c）、（g）、（k）、（l））适用于围岩条件较差，且外水压力较大，用掘进机施工的情况。

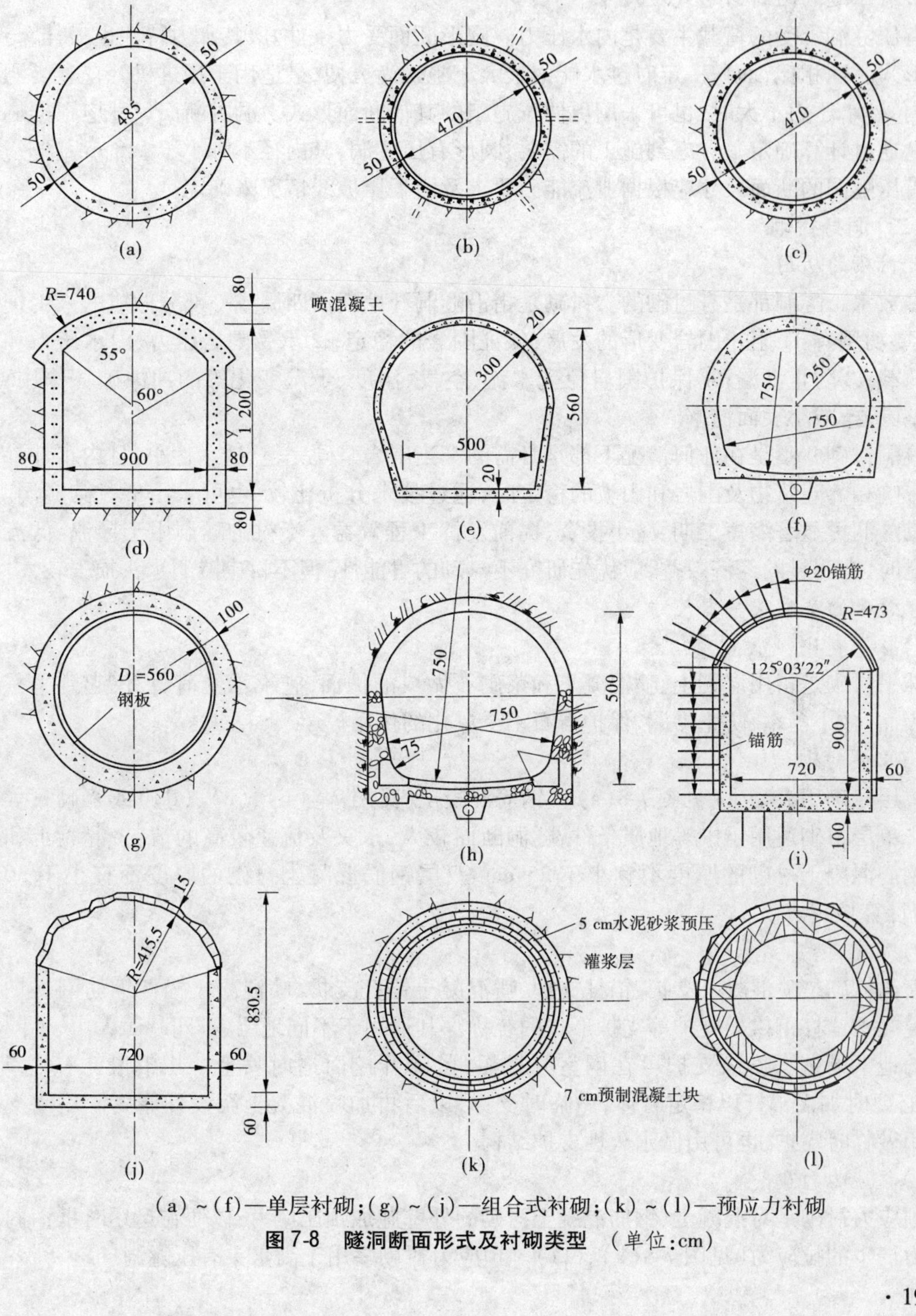

（a）~（f）—单层衬砌；（g）~（j）—组合式衬砌；（k）~（l）—预应力衬砌

图7-8　隧洞断面形式及衬砌类型　（单位：cm）

无压隧洞的断面尺寸主要根据其泄流能力要求及洞内水面线来确定。流速较低、通气良好的隧洞,要求水面以上净空不小于洞身断面面积的15%～25%,冲击波波峰高不应超过城门洞形断面的直墙范围。在确定隧洞断面尺寸时,还应考虑到洞内施工和检查维修等对最小尺寸的要求。

2. 有压隧洞的断面形式及尺寸

有压隧洞承受的荷载主要是内水压力。圆形断面受力条件好,其水力特性也最佳,与其他形式断面相比,面积一定时过水能力最大。施工尚方便,最适用于掘进机开挖。当洞径和内、外水压力不大时,也可采用更便于施工的其他断面形式。洞身断面尺寸应根据隧洞用途通过计算确定。考虑到施工的需要,圆形有压隧洞,其内径不宜小于1.8 m。

有压隧洞的断面尺寸应根据泄流能力要求及沿程压坡线情况来确定。

(二)洞身衬砌

1. 衬砌的功用

多数水工隧洞都是有衬砌的。衬砌是指沿隧洞开挖断面四周或一部分做成的人工护壁,主要功用有:①阻止围岩变形的发展,保证围岩的稳定;②承受围岩压力、内水压力和其他荷载;③防止渗漏;④保护围岩免受水流、空气、温度、干湿变化等的冲蚀破坏作用;⑤平整围岩,减小表面糙率。

隧洞衬砌并不是在任何情况下都是必需的。当围岩坚硬完整、透水性小,且内水外渗不致影响相邻建筑物及围岩和山坡的稳定时,通过技术分析比较,也可采用不衬砌隧洞。不衬砌隧洞可显著缩短工期、减小投资、提前发挥工程效益。不衬砌隧洞用于导流、低流速放空时,有明显的经济效益,应优先研究不衬砌的可能性,但不衬砌隧洞水头损失较大。

2. 衬砌的类型及基本尺寸

1)抹平衬砌(也称护面)

抹平衬砌是指用混凝土、喷混凝土和浆砌石做成的护面,它不承受荷载,仅起到平整隧洞表面、减小糙率、防止渗漏、保护岩石不受风化的作用。

2)单层衬砌

单层衬砌用混凝土(见图7-8(a))、钢筋混凝土(见图7-8(b)、(c)、(d))或浆砌石等做成。单层衬砌适用于中等地质条件,隧洞断面较大,水头及流速较高的情况,混凝土和单层钢筋混凝土衬砌的厚度不宜小于25 cm,双层钢筋混凝土衬砌的厚度不宜小于30 cm,由计算核定。

3)喷锚衬砌

喷锚衬砌是喷混凝土支护、锚杆支护、喷混凝土锚杆支护、喷混凝土锚杆钢筋网支护和喷混凝土锚杆钢拱架支护等支护形式的统称。其适用于不同地层、不同断面大小、不同用途的地下硐室。喷锚支护可在硐室开挖后,紧随开挖面适时喷上一层混凝土(3～5 cm),必要时加设锚杆以稳定岩体,做临时支撑,以后再加喷混凝土至设计厚度。喷锚支护可用做临时支护,也可用做永久性支护结构。

4)预应力衬砌

预应力衬砌是对混凝土、钢筋混凝土衬砌的外壁施加预压应力,以便在运用时抵消内水压力产生的拉应力(见图7-8(k)、(l))。预应力衬砌多用于高水头有压隧洞。

5）组合式衬砌

在开挖断面周边不同部位采用不同的衬砌材料组合而成。如内层为钢板、钢筋网喷浆，外层为混凝土或钢筋混凝土（见图7-8(g)）；如顶拱为混凝土，边墙和底板采用浆砌石（见图7-8(h)）；如顶拱为喷锚支护，边墙及底板为混凝土及钢筋混凝土（见图7-8(i)）等。

3. 衬砌的构造

1）分缝及止水

混凝土及钢筋混凝土衬砌，需根据结构特点、施工方法、浇筑能力、构造破碎带位置及温度收缩影响等进行分缝，并根据相应要求，对接缝进行处理。

衬砌施工时需分段、分块进行，形成纵缝和环向施工缝。环向施工缝的间距根据浇筑能力决定。纵向施工缝必须设在衬砌拉应力较小的部位，缝面需严格处理，以保证衬砌结构的整体性。在隧洞穿过断层、破碎带处、岩性变化处及竖井与平硐交会处，或其他可能发生较大相对变位处，应设置永久性变形缝，以适应不均匀沉降和相对变形。为防止混凝土因干缩和温度应力而产生细缝，沿洞线方向应设置永久性横向伸缩缝，其间距一般为6～12 m，并根据需要做好止水处理，如图7-9所示。

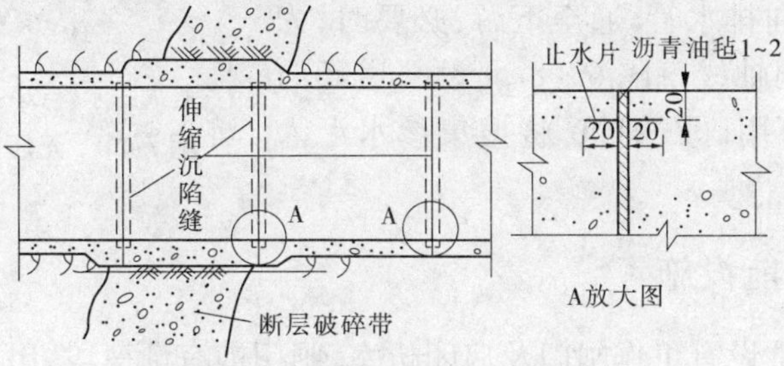

图7-9 伸缩沉陷缝 （单位：cm）

2）灌浆

根据灌浆目的不同，灌浆分为回填灌浆和固结灌浆两种。具体布置如图7-10所示。

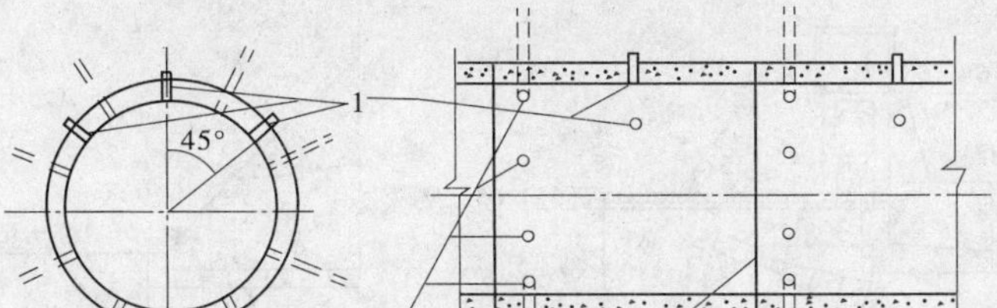

1—回填灌浆孔；2—固结灌浆孔；3—伸缩缝

图7-10 灌浆孔布置图

回填灌浆的作用是堵塞衬砌与岩石之间的空隙，使衬砌与岩石紧密结合，以改善衬砌的受力条件。由于受施工条件的限制，衬砌顶部常不易填满，故回填灌浆孔大多布置在顶拱中心角范围90°～120°内，孔距和排距一般为2～6 m，灌浆压力一般为0.2～0.3 MPa，灌浆孔应深入岩石5 cm以上。

固结灌浆的目的是加固围岩，提高围岩的承载力和不透水性。固结灌浆的参数，可通过工程类比法或现场试验决定。一般排距为 2 ~ 4 m，每排不宜少于 6 孔，作对称布置。深入围岩的孔深约等于隧洞半径，灌浆压力为 1.5 ~ 2.0 倍内水压力。

3）防渗和排水

根据隧洞沿线的工程地质和水文地质条件及隧洞的水力条件等，针对具体情况可采取堵（如衬砌、灌浆）、截（如设防渗帷幕）、排（如设排水孔）等措施，以改善衬砌结构和围岩的工作条件。

设置排水是为了降低作用在衬砌外壁上的外水压力。对于无压隧洞衬砌，当地下水位较高时，外水压力成为衬砌的主要荷载。可在洞底设纵向排水管通向下游，或在洞内水面线以上，通过衬砌设置排水孔，将地下水直接引入洞内，排水孔间距、排距及孔深一般为 2 ~ 4 m。具体布置如图 7-11 所示。

对于有压圆形隧洞，可不设置排水设备。当外水位很高，外水压力很大，对衬砌设计起控制作用时，可在衬砌底部外侧设纵向排水管，通至下游，必要时，为提高排水效果，可沿洞轴线每隔 6 ~ 8 m 设一道环向排水槽，环向排水槽可用砾石铺筑，将搜集渗水汇入纵向排水管。

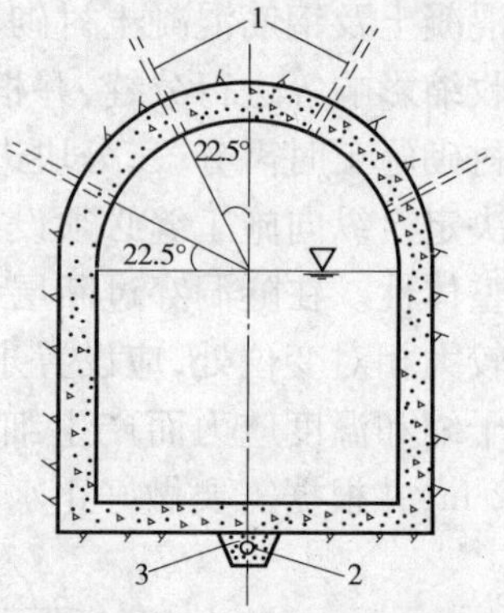

1—径向排水管；2—纵向排水管；3—碎石

图 7-11　无压隧洞排水布置图

三、出口段及消能设施

有压隧洞的出口常设有工作闸门及启闭机室，闸门前有渐变段，出口之后即为消能设施。无压隧洞出口仅设有门框，其作用是防止洞脸及其以上岩石崩塌，并与扩散消能设施的两侧边墙相衔接，具体布置如图 7-12 所示。常见的消能方式有以下几种。

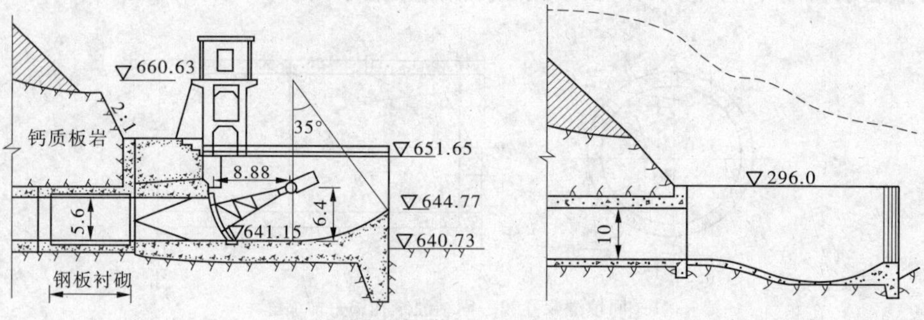

图 7-12　有压隧洞与无压隧洞的出口形式　（单位：m）

（一）挑流消能

当隧洞出口高程高于或接近下游水位，且地形地质条件允许时，采用挑流消能比较经济合理，因为它结构简单，施工方便，国内外泄洪、排沙隧洞广泛采用这种消能方式。目前，挑流鼻坎的方式主要有横向扩散挑坎、斜切式挑流鼻坎、收缩式窄缝挑坎。

(二)底流消能

当隧洞出口高程接近下游水位时,也可采用扩散式底流水跃消能。底流消能具有工作可靠、消能比较充分、对下游水面波动影响范围小的优点,但缺点是开挖量大、施工复杂、材料用量多、造价高。

(三)洞中突扩消能

洞中突扩消能也称为孔板消能,它是在有压隧洞中设置过流断面较小的孔板,利用水流流经孔板时突缩和突扩造成的旋滚,在水流内部产生摩擦和碰撞,削减大量能量。小浪底工程的压力泄洪洞,在直径为 $D=14.5$ m 的洞中布置了三道孔板,孔板间距为 $3D=43.5$ m,经过三级孔板消能,可将140 m水头消煞去60 m水头,洞内平均流速仅10 m/s。

第四节　水工隧洞衬砌上的荷载及结构计算

一、隧洞衬砌的荷载及其组合

(一)荷载

作用在隧洞衬砌上的荷载,分为基本荷载和特殊荷载两类。基本荷载是长期或经常作用在衬砌上的荷载,包括衬砌自重,围岩压力,设计条件下的内水压力,稳定渗流情况下的外水压力、预应力等。特殊荷载即出现机遇较少的、不经常作用在衬砌上的荷载,包括校核洪水位时的内水压力和相应的外水压力、地震荷载、灌浆压力、温度荷载等。

隧洞衬砌的荷载计算取单位洞长为计算的对象。

1. 围岩压力

在岩体中开挖隧洞,破坏了岩体的平衡状态,引起围岩的应力重新分布,围岩发生变形,甚至塌落,衬砌承受的这些可能崩塌围岩的压力称为围岩压力,也称为山岩压力。围岩压力按作用的方向可分为作用于衬砌顶部的垂直围岩压力和作用于衬砌两侧的侧向围岩压力。

对于不同的围岩类别,用不同的方法来估算围岩压力:①对于Ⅰ类围岩,可不计围岩压力;②对于Ⅱ、Ⅲ类围岩,可用经验估算法来估算围岩压力,在隧洞开挖后,应根据补充的地质资料和实际情况,进行必要的修正;③对于Ⅳ、Ⅴ类围岩,可按松散介质平衡理论,采用塌落拱法估算围岩压力;④块状、中厚层或厚层状结构的围岩,可根据围岩中不稳定块体的重量来确定围岩压力;⑤对于不能形成稳定塌落拱的浅埋隧洞,围岩压力可按隧洞拱顶上面岩体的重量来估算;⑥采用喷锚支护或钢支撑等围岩加固措施,已使围岩处于稳定状态,可少计或不计围岩压力。

下面仅就经验估算法作一介绍。围岩压力视为均布,计算公式如下:

$$q=(0.2\sim0.3)\gamma_R B \tag{7-1}$$

$$e=(0.05\sim0.10)\gamma_R H \tag{7-2}$$

式中　q、e——垂直均布、侧向均布围岩压力强度,kN/m^2;

γ_R——岩体重度,kN/m^3;

B、H——洞室的开挖宽度、高度,m。

2. 弹性抗力

当衬砌承受荷载后,向围岩方向变形时,会受到围岩的抵抗,这个抵抗力称为弹性抗力。弹性抗力是当衬砌受力后向围岩变形,围岩反作用于衬砌,而使衬砌受到的被动抗力。弹性抗力的存在,对于衬砌是有利的。影响弹性抗力的因素主要是围岩的岩性、构造、强度及厚度,同时还必须保证衬砌与围岩紧密结合。

围岩的弹性抗力计算式为

$$p_0 = K\delta \tag{7-3}$$

式中 p_0——围岩的弹性抗力强度,kN/m^2;

K——围岩的弹性抗力系数,kN/m^3;

δ——围岩受力面的法向位移,cm,可根据衬砌的荷载(包括弹性抗力在内),经计算求得。

弹性抗力的存在要求围岩有足够的厚度,对于有压洞,只有在围岩厚度大于3倍开挖洞径时,才可考虑弹性抗力。对于无压洞,如果两侧有足够的厚度且无不利的滑动面,可以考虑弹性抗力。为有效地利用弹性抗力,常对围岩进行灌浆加固并填实衬砌与围岩间的空隙。由于弹性抗力对衬砌是有利的,故对弹性抗力的估算不能过高。

3. 内水压力

内水压力垂直作用于衬砌内壁,是有压隧洞的主要荷载。其数值可根据隧洞压坡线确定。如为发电隧洞,尚应计入水击引起的压力增值。对无压隧洞,则根据洞内水面线按静水压力计算。对有压隧洞,内水压力可分解为两部分相叠加,即均匀内水压力加非均匀内水压力,如图7-13所示。

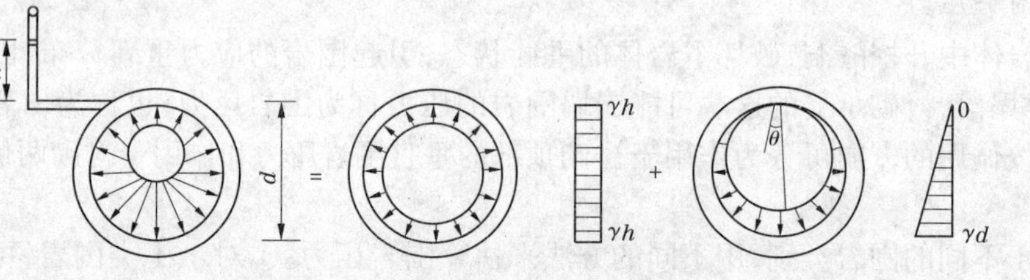

图7-13 有压隧洞内水压力计算图

均匀内水压力是由洞顶内壁以上的水头产生的,计算式为

$$p_1 = \gamma h \tag{7-4}$$

式中 γ——水的重度,kN/m^3;

h——高出衬砌内壁顶点以上的内水压力水头,m。

非均匀内水压力是指洞内充满水,洞顶处水压力为零,洞底处的水压力为 $2\gamma R_i$ 时的水压力,计算式为

$$p_2 = \gamma R(1 - \cos\theta) \tag{7-5}$$

式中 R——衬砌内半径,m;

θ——计算点半径与洞顶半径的夹角,(°)。

非均匀内水压力的合力,方向向下,数值等于单位洞长内的总水重。

4. 外水压力

外水压力是指作用于衬砌外壁上的水压力。它等于衬砌外壁的水头值。对于无压隧洞,一般采用在衬砌外壁布置排水措施来消除外水压力。对于有压隧洞,外水压力有抵消内水压力的作用,需要慎重考虑。

外水压力值主要取决于地下水面线,故也称为地下水压力。地下水面线是决定外水压力的基本资料,应根据水文地质条件、工程布置并考虑工程投入运行后可能引起的地下水位变化等因素分析确定。对一般水文地质条件较简单的隧洞,目前均采用地下水位线以下的水柱高度乘以相应的折减系数的方法。实际观测资料表明,衬砌外壁处的实际水压力常小于相应的地下水位的静水压力,故引申出折减系数 β 的概念,即 $\beta = h_w/h'$(h_w 为从衬砌外壁顶点算起的外水压力水头,h'为高出衬砌外壁顶点的地下水层高度,如图 7-14 所示)。

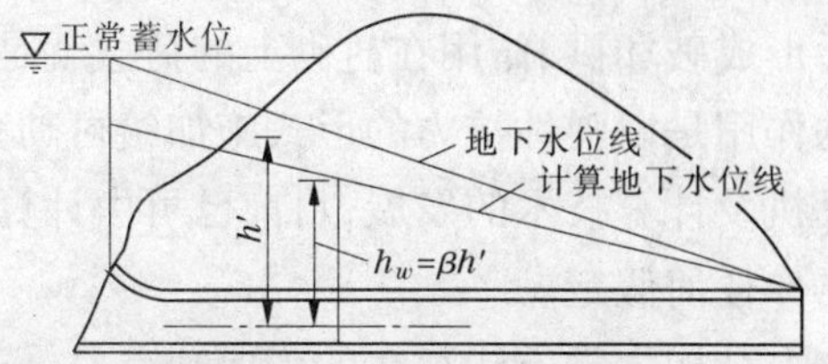

图 7-14　外水压力计算图

折减系数 β 与围岩和衬砌的相对透水性及二者的结合程度有关,与有无排水措施有关,是一综合性指标,取值变化范围较大,难以掌握。水工隧洞设计规范建议根据地下水活动状态及对围岩稳定的影响程度来选用 β 值。

5. 衬砌自重

衬砌重力指隧洞沿轴线 1 m 长的衬砌的重力,它均匀作用在衬砌厚度的平均线上。厚度计算中应计入超挖回填部分。其平均超挖一般按 0.1 ~ 0.3 m 计。但在进行衬砌计算时则不计超挖,因衬砌计算是校核它的强度,而强度是由最小断面控制的。

单位面积自重为

$$g = \gamma_c \delta \tag{7-6}$$

式中　γ_c——衬砌材料的重度,kN/m^3,混凝土为 24 kN/m^3,钢筋混凝土为 25 kN/m^3;

δ——衬砌厚度,应考虑超挖回填的影响,m。

作用位置:均匀作用在衬砌厚度的平均线上。

6. 其他荷载

灌浆压力、温度荷载、地震荷载等一些其他荷载,或为施工期临时作用或对衬砌影响较小或出现几率很小,在设计中较少考虑。

(二)荷载组合

设计中常考虑的荷载组合有以下几种:

(1)正常运用情况。围岩压力 + 衬砌自重 + 宣泄设计洪水时内水压力 + 外水压力。

(2)施工、检修情况。围岩压力 + 衬砌自重 + 可能出现的最大外水压力。

(3)非常运用情况。围岩压力 + 衬砌自重 + 宣泄校核洪水时内水压力 + 外水压力。

正常运用情况属于基本组合,在衬砌设计时往往以正常运用情况来确定衬砌的厚度、材料强度等级和配筋量,用其他情况来作校核。

二、衬砌结构计算

衬砌结构计算的目的是确定衬砌厚度、材料强度等级及配筋量。衬砌结构计算的对象是根据隧洞沿线荷载、断面形状与尺寸的不同将其分为若干段，每段选取一代表的单位洞长。

衬砌结构计算步骤主要包括：选择衬砌形式并初步拟定其厚度；分别计算单位洞长上各种荷载产生的内力，并按不同的荷载组合叠加；进行强度校核、确定配筋量，判定初拟衬砌厚度是否合理并进行修改。当前，隧洞的结构计算有以下两种方法。

（一）结构力学方法

结构力学方法是将衬砌与围岩相互分开，以研究衬砌本身为主。该法假定围岩开挖后形成破坏拱，作用在衬砌上的荷载就是破坏拱以下的岩体重力及内外水压力等。围岩的作用是以弹性抗力的形式施加给衬砌，并按文克尔假定考虑，与实际出入较大。随着计算机及计算技术的发展，目前已可由计算机进行迭代计算，自动求得弹性抗力分布，不需再作任何假定。

结构力学方法存在的主要缺点是，仅能求得衬砌的应力，而不能求出围岩的应力，也无法对围岩的稳定进行分析。其次，这种方法将围岩与衬砌相互分开，衬砌消极地随受假定的坍塌荷载，不仅使衬砌断面设计过大，也无法反映隧洞开挖后即所采取的加固措施和大限度发挥围岩的自承作用。此外，弹性抗力系数的理论假定也与实际不符。

尽管结构力学方法存在上述问题，但由于其在多年应用过程中已形成了一套完整的体系，故在一定程度上反映了隧洞工作状态，并为广大设计人员所熟悉。

（二）弹性力学方法

弹性力学方法是将围岩与衬砌视为整体作为分析对象。其特点是能对围岩进行分析，并能严格按衬砌与围岩共同工作进行分析而无须采用弹性抗力的概念。但由于弹性理论仅能对某些特定条件下的隧洞给出精确解，其使用受到了较大限制。随着电子计算机的发展，弹性力学的数值方法，如有限元法，已迅速发展成为隧洞计算最有效的方法，它对复杂的岩体结构基本上能模拟，并能得出较为实际的结果。有限元法的计算成果正确与否，取决于原始参数和计算模型，由于岩体状态复杂、多变，岩体力学的测试技术还不够先进，选择围岩计算参数还较困难，因而原始参数及计算模型难以精确确定，这种方法仍在继续研究发展中。

第五节　坝下涵管

坝下涵管主要用于土石坝水库枢纽中，起引水、泄洪、冲沙、放空等作用。由于结构简单、施工方便、工期较短、造价低，因此在中小型工程中应用较多。

一、涵管的类型和工作特点

与隧洞的情况类似，坝下涵管因担负任务的不同，也可分为取水及泄水两大类；按工作时的水力条件不同，也可分为有压及无压两种。涵管一般由进口段、管身段及出口段组成，如图 7-15 所示。

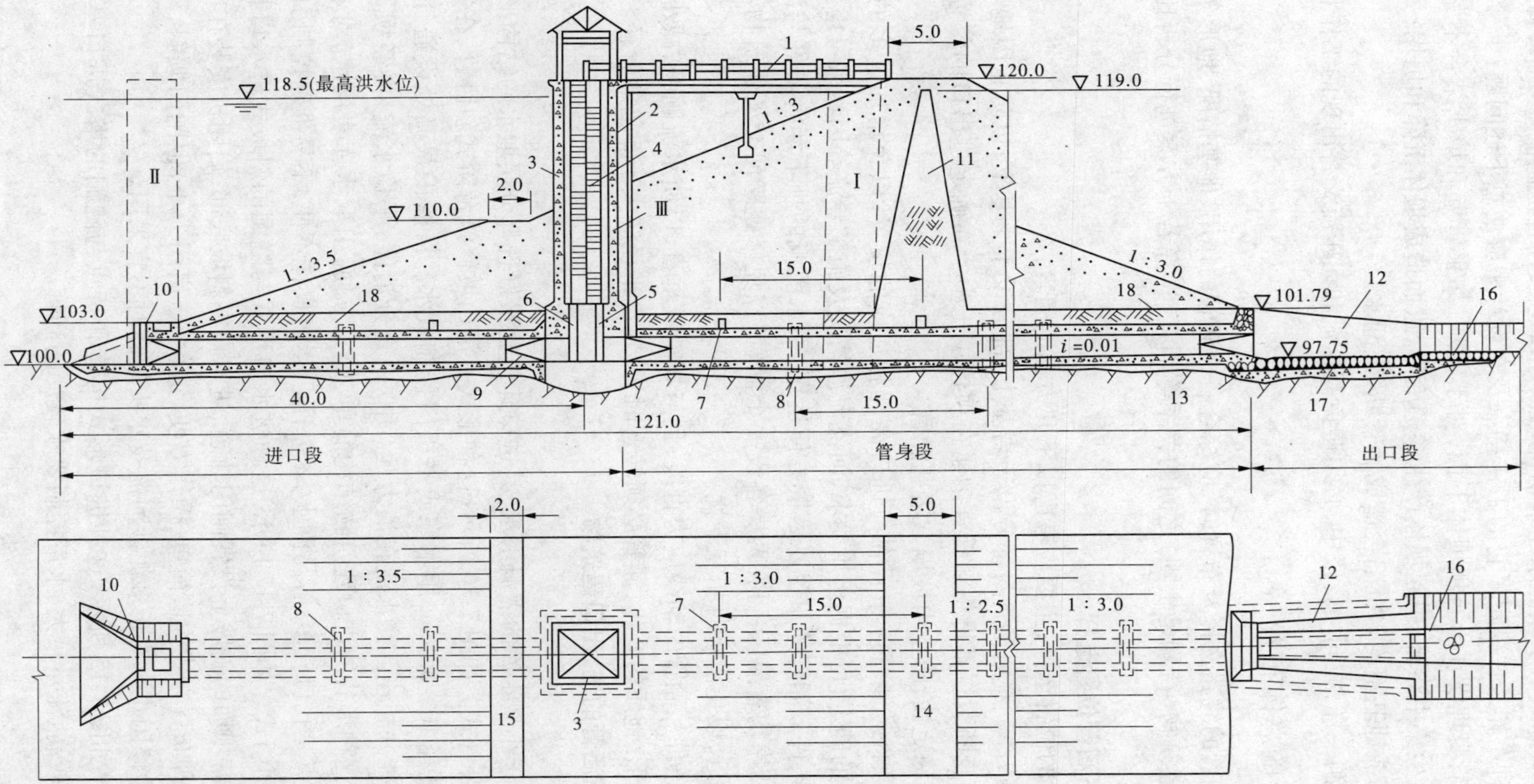

1—工作桥;2—通气孔;3—控制塔;4—爬梯;5—主闸门槽;6—检修门槽;7—截水环;8—伸缩缝;9—渐变段;
10—拦污栅;11—黏土心墙;12—消力池;13—岩基;14—坝顶;15—马道;16—干砌石;17—浆砌石;18—黏土

图 7-15 涵管布置 （单位:m）

坝下涵管属深式取水或泄水建筑物,水头一般较大,且有控制流量要求,管身深埋在土石坝下,这种工作条件决定了它的工作特点及在设计中应注意下述问题:

(1)涵管管身埋设在土石坝坝体下面,对于土坝,如果管壁和填土结合不紧密,将沿管的外壁面产生集中渗流,引起坝体产生渗透变形,进而造成坝体沉降和坍塌;另外,管道接缝处理不好或地基不均匀沉陷会造成涵管断裂、漏水。

(2)与隧洞一样,在同一管段中,必须避免有压流和无压流交替出现的工作状态。

二、涵管的总体布置

在进行涵管的线路选择及布置时,应综合考虑涵管的作用、地基情况、地形条件、水力条件、与其他建筑物(特别是土坝)之间的关系等因素,选择若干方案进行分析比较,以确定较优的方案。

(一)坝下涵管位置选择

坝下涵管的位置选择,主要应考虑以下几方面的因素:

(1)地质条件。避免将管身部分设于岩基上、部分设于土基上,以防止因地基的不均匀沉降而使管身断裂。不得将涵管直接建在坝体填土中。在确定进出口的位置时,要注意山坡坡体的稳定性,防止山坡塌方堵塞涵管。

(2)地形条件。涵管应布置在与进口高程相适应的位置,以免增加过多的挖方量。涵管进口高程的确定,可根据运用要求、河流泥沙情况及施工导流等因素来考虑。

(3)运用条件。涵管的布置要尽量方便运用,引水灌溉的坝下涵管最好与灌区布置在同一岸,如两岸均有灌区,可在两岸各设一个涵管,以免修建跨河交叉建筑物。涵管不宜离溢洪道太近,以免泄水时相互干扰。

(4)水流条件。涵管的轴线应为直线,且与坝轴线垂直,以使水流顺畅,减小工程量。当为了适应地形、地质的变化,涵管必须转弯时,其转弯半径应大于5倍的管径。

(二)坝下涵管的进、出口建筑物

1.进口建筑物

涵管多用于小型水库的灌溉引水,其进口建筑物最好选择分层取水的结构形式。

(1)分级卧管式。如图7-16所示,这种形式是沿山坡修筑台阶式斜卧管,在每个台阶上设进水口,孔径10~50 cm,用木塞或平板门控制放水。卧管的最高处设通气孔,下部与消力池或消能井相连。使水流在消力池(井)内充分消能,平稳水流,再经坝下涵管送至下游渠道。这种形式的进口建筑物结构简单、施工方便,引取水库表层水,对农作物生长有利。其缺点是孔口较多,容易漏水,木塞闸门运行操作不便,不易准确控制引水流量。

(2)斜拉闸门式。如图7-17所示,这种进水口形式与隧洞的斜坡式进水口相似。沿库区山坡或上游坝面的斜坡上设置闸门轨道,进水口在斜坡底部,启闭机安装在山坡平台上或坝顶。这种布置方式构造简单、操作方便、造价低、启闭力小,但闸门倾斜,不易靠自重关闭闸门,检修困难。对于多泥沙河流及水头较高时不宜采用。

(3)塔式。如图7-15所示,这种进口形式构造和特点与隧洞的塔式进口基本相同。主要用于水头较高、流量较大、水量控制要求较严的涵管。

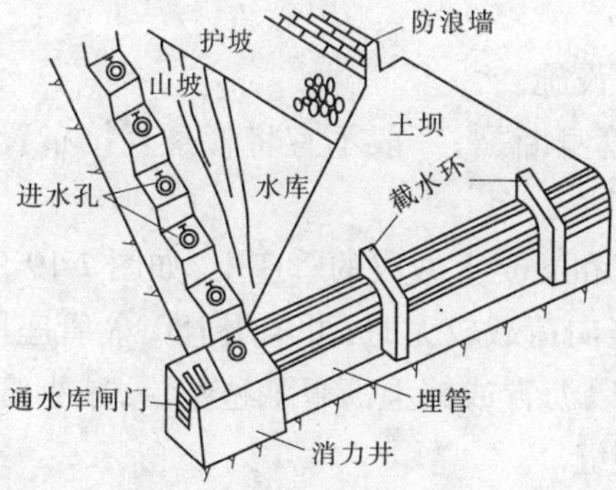

图 7-16　分级卧管式进口

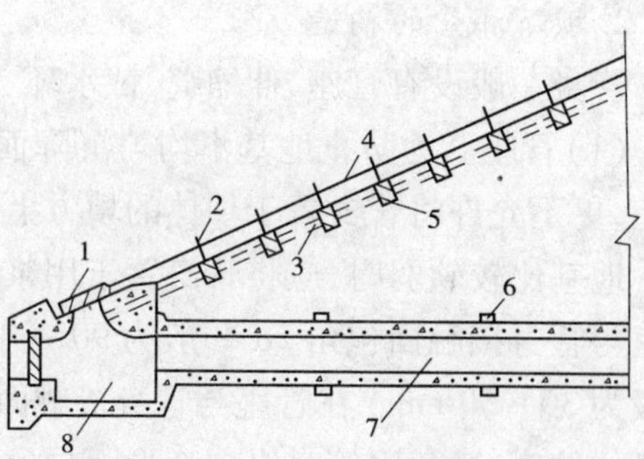

1—斜拉闸门;2—支柱;3—通气孔;4—拉杆;
5—混凝土块体;6—截水环;7—涵管;8—消能井

图 7-17　斜拉闸门式

2. 出口建筑物

涵管的出口建筑物包括渐变段及消能设施两部分。由于涵管内流量不大,水头较低,涵管出口消能方式常采用底流消能。

(三)坝下涵管的管身形式及构造

1. 坝下涵管的管身形式

管身断面通常有圆形、矩形及拱形等,如图 7-18 所示。有压涵管多为预制或现浇的混凝土圆管,具有水流及受力条件好、施工快、工期短的优点,但管节接头处止水难处理。对无压涵管,多采用矩形断面管,通常为现浇的混凝土箱形结构,具有结构简单、施工方便、整体性好的优点。管身的断面尺寸由水力计算确定,为便于维修,最小尺寸不宜小于 1.0 ~ 1.2 m,当引水要求的断面尺寸较大时,为提高管身的刚度,可做成双箱或多箱的形式。在小型水库中,为节省材料、降低造价,也可采用浆砌石做成圆拱直墙式(见图 7-18(c))或钢筋混凝土盖板式矩形断面(见图 7-18(d))。浆砌块石的抗渗性较差,对较重要的工程一般不宜采用。

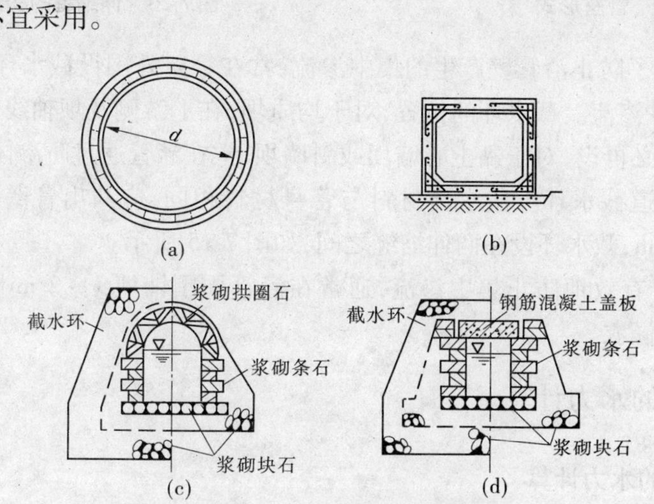

图 7-18　坝下涵管管身断面形式

2. 坝下涵管的构造

管身一般设有管座、伸缩缝、截水环、涵衣等设施。

(1)管座。为防止地基不均匀沉降而导致管身断裂，一般不宜将管身直接布置于土基上，更不允许将管身置于坝体的填方上。

地基比较软弱时，应将管身置于用浆砌块石和混凝土做成的管座上，如图7-19所示。管座与管身接触面包角2α一般为90°~135°，竖向荷载较大时，可采用180°。管座厚度，一般为30~50 cm。在管座与管身接触面上，涂以沥青或铺上沥青油毡垫层，减小管座对管身的约束，避免因管身纵向变形而导致管身裂缝。

(2)伸缩缝。土基上涵管，为适应变形，需设沉降缝。为防止管身在温度变化时产生横向裂缝，需设温度伸缩缝。一般伸缩缝与沉降缝统一考虑，沿管轴线方向设置，统称为伸缩缝。缝的间距，对现浇混凝土管，不大于3~4倍管径，且不大于15 m，预制管的接头即为伸缩缝。缝宽一般为1~3 cm，伸缩缝的构造如图7-20(b)、(c)所示，缝内必须做好止水。对于预制管，通常采用套管装头，在连接处填充止水材料，当管壁较薄，不易设止水时，可将接头处的管壁加厚，以便设置止水，如图7-20(a)所示。

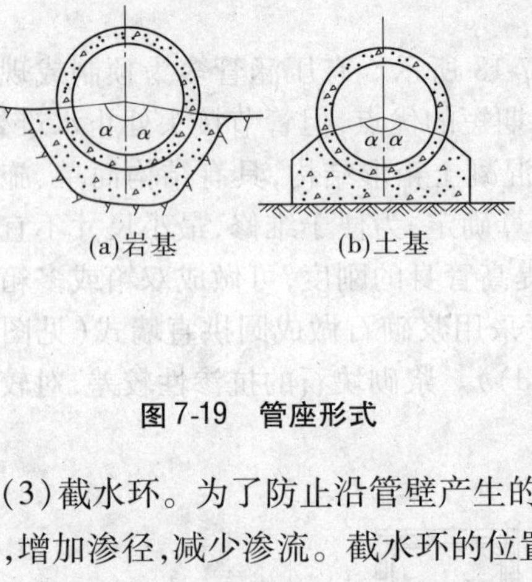

图7-19　管座形式

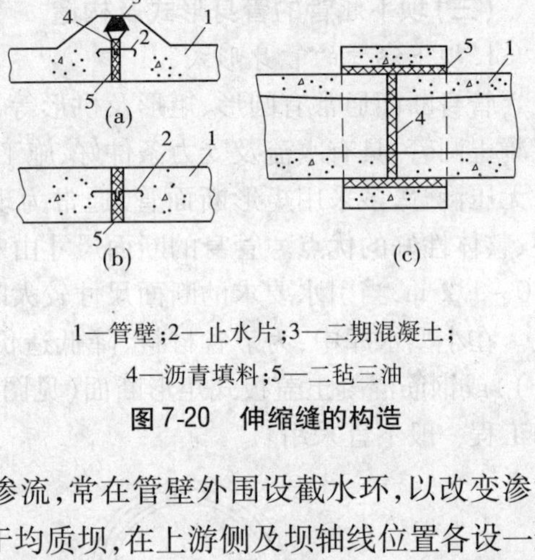

1—管壁；2—止水片；3—二期混凝土；
4—沥青填料；5—二毡三油

图7-20　伸缩缝的构造

(3)截水环。为了防止沿管壁产生的集中渗流，常在管壁外围设截水环，以改变渗流方向，增加渗径，减少渗流。截水环的位置，对于均质坝，在上游侧及坝轴线位置各设一道截水环，下游侧可不必再设；对于黏土心墙坝或斜墙坝，常在涵管通过防渗体部位加厚，在两者相交处设2~3道截水环。截水环材料与管身材料相同，应凸出管壁高度为0.5~1.0 m，厚0.3~0.6 m，截水环设在两伸缩缝之间，如图7-15所示。

(4)涵衣。为了有效地防止集中渗流，通常在涵管周围铺填1~2 m厚黏土作防渗层，这个防渗层称为涵衣。

三、坝下涵管的水力计算

(一)分级卧管的水力计算

1. 进水口的尺寸

分级卧管的进水口，通常采用相同大小的圆形孔口，水流由孔口进入后为明流，如

图 7-21 所示,因此水流为自由式孔口出流。每个孔口进水流量的计算公式为

$$Q = \mu \frac{\pi d^2}{4} \sqrt{2gH} \qquad (7\text{-}7)$$

式中 Q——孔口设计过水流量,m^3/s;

μ——流量系数,与孔口形状有关,对小孔口,一般为 0.60 ~ 0.62;

d——孔口的过水断面直径,m;

H——孔口以上的水深,m。

在实际运用中,常同时开启两孔来过流,此时的过流量为

$$Q = \mu \frac{\pi d^2}{4} \sqrt{2g}(\sqrt{H_1} + \sqrt{H_2}) \qquad (7\text{-}8)$$

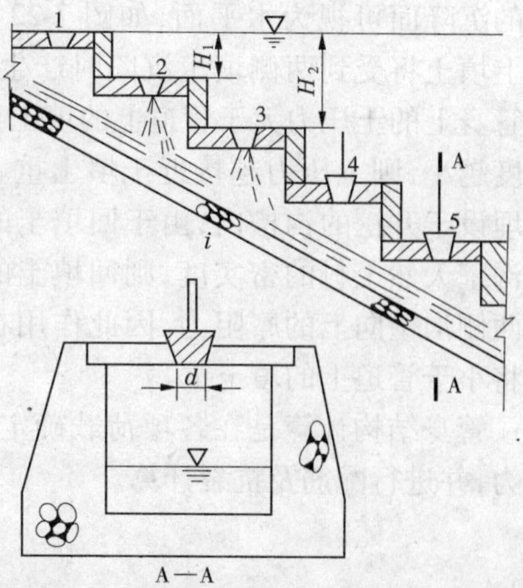

图 7-21 分级卧管式进水口的水力计算

根据式(7-7)或式(7-8)来确定孔口直径 d。

2. 卧管及坝下涵管的尺寸确定

通常将设计流量增加 20% ~ 30% 作为加大流量。卧管及涵管均按加大流量用明渠均匀流公式确定断面尺寸。当采用两孔同时放水时,为避免水流由进水口跌入卧管形成水柱跃起后淹没进水孔底缘而在卧管内形成有压流,要求卧管内的净高为管内正常水深的 3 ~ 4 倍。涵管的底坡一般为 1% ~ 3%,涵管高度应为管内正常水深的 1.25 倍,以保证坝下涵管内的水流为明流。

3. 消力池(井)

卧管中的水流为陡坡急流,冲击力很大,所以必须在卧管的底端设置消能设施,以使水流平顺进入涵管。消力井的容积,通常按每立方米容积削减 7.5 ~ 8 kW 能量来确定。

(二)塔式进水口涵管的水力计算

这种形式进水口的涵管,一般设计成无压流涵管。其计算方法是:按水库在运用期的最低水位和设计流量用明渠均匀流公式定出涵管的坡度及断面尺寸,然后按其他高水位及相应流量来确定闸门开启高度和洞内水面曲线。

四、坝下涵管的结构计算

作用在涵管上的荷载主要有土压力、自重、内外水压力、地基反力、温度荷载等,此处仅介绍土压力的计算方法,其他荷载参考隧洞有关内容。

管身上所受到土压力的大小,主要与填土高度、填土性质等因素有关,另外还与管道本身的刚度、基础的形式及管道的埋设方式有关。坝下涵管的埋设方式分为上埋式与沟埋式两种。上埋式是将管道直接埋设于地基上或浅沟中,然后填土,由于管身刚度较大,管顶填土的沉陷量将小于两侧填土的沉陷量,管顶填土的沉陷不是平面,而是曲面,在管顶处曲率最大,从管顶向上越高,沉陷面的曲率就越小。当填土较厚时,超过高度 H 后以

上的沉降面可视为水平面,如图 7-22 所示。因此,管顶上填土将受到两侧填土沉陷时产生向下的摩擦力,使管身上的土压力大于管道上的填土重。管道本身的刚度越小,则土压力越接近于填土重。沟埋式是将管道埋设于开挖的沟槽内,由于回填土的密实度小于两侧沟壁天然土料的密实度,则回填土的沉降变形会受到两侧沟壁向上的摩阻力,因此作用在管身上的土压力将小于管道上的填土重。

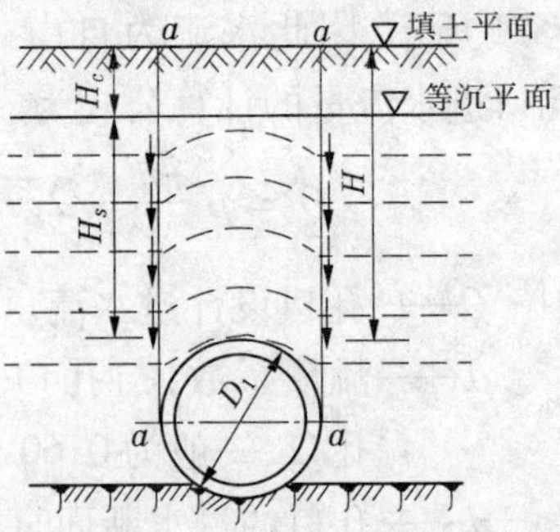

图 7-22 上埋式涵管

管身结构计算是在各项荷载确定后,求出管身的内力,并进行配筋及抗裂计算。

小 结

本章介绍了水工隧洞和坝下涵管的功用、类型、组成、工作特点,以及两者的总体布置、路线选择、进出水口的形式和特点、出口的消能方式、洞身断面形式及构造要求、水工隧洞衬砌的荷载及计算、坝下涵管的水力计算等内容。

复习思考题

一、填空题

1. 水工隧洞进口建筑物按其布置及结构形式分为竖井式、______式、岸塔式和______式。其中,______受风浪、冰、地震的影响大,稳定性相对较差,需要较长的工作桥。

2. 水工隧洞按水流状态可分为______、______两种形式,______更能适应地质条件较差的情况,但其______复杂,所以应避免平面转弯。

3. 回填灌浆是填充______与______之间的空隙,使之结合紧密,共同受力,以改善______条件和减少______。

4. 坝下涵管为了有效地防止集中渗流,在涵管 1 ~ 2 m 的范围内用回填黏土做防渗层,这个防渗层称为______。

5. 无压隧洞多采用______断面。有压隧洞多采用______断面。

6. 坝下涵管的进口建筑物形式有______、______、______。

7. 有压洞的工作闸门通常布置在隧洞的______,工作闸门要求常在______中启闭,检修闸门常在______中启闭。

二、简答题

1. 什么叫隧洞的内水压力?分别写出圆形隧洞所受的均匀内水压力强度和非均匀内水压力强度计算公式,并指出公式中字母的含义,画出分布图形。

2. 坝下涵管与水工隧洞相比较各有什么特点?

3. 涵管管身的细部构造有哪些?各有什么作用?

4. 水工隧洞衬砌的作用是什么?衬砌有哪些种类?

第八章　渠系建筑物

【学习重点】　熟悉渠系建筑物的分类、组成和特点。掌握渠道的纵、横断面设计；渡槽的布置、水力计算与结构设计；倒虹吸管的布置、构造和水力计算；桥梁的组成、类型和特点；跌水与陡坡的类型、组成和布置。

第一节　概　述

输配水渠道一般路线长，沿线地形起伏变化大，地质情况复杂，为了准确调节水位、控制流量、分配水量、穿越各种障碍，满足灌溉、水力发电、工业及生活用水的需要，在渠道上兴建的水工建筑物统称为渠系建筑物。

一、渠系建筑物的种类和作用

渠系建筑物的种类较多，按其主要作用可分为以下几种：

(1)控制建筑物。主要作用是调节各级渠道的水位和流量，以满足各级渠道的输水、配水和灌水要求，如进水闸、节制闸、分水闸等。

(2)泄水建筑物。主要作用是保护渠道及建筑物安全，用以排放渠中余水、入渠的洪水或发生事故时的渠水，如退水闸、溢流堰、泄水闸等。

(3)交叉建筑物。渠道经过河谷、洼地、道路、山丘等障碍时所修建的建筑物，主要作用是跨越障碍、输送水流。如渡槽、倒虹吸管、桥梁、涵洞、隧洞等。常根据建筑物运用要求、交叉处的相对高程，以及地形、地质、水文等条件，经比较后合理选用。

(4)落差建筑物。渠道通过地面坡度较大的地段时，为使渠底纵坡符合设计要求，避免深挖高填，调整渠底比降，将渠道落差集中所修建的建筑物，如跌水、陡坡等。

(5)量水建筑物。为了测定渠道流量，达到计划用水、科学用水而修建的专门设施，如量水堰、量水槽、量水喷嘴等。工程中，常利用符合水力计算要求的渠道断面或渠系建筑物进行量水，如水闸、渡槽、陡坡、跌水、倒虹吸等。

(6)防沙建筑物。为了防止和减少渠道的淤积，在渠首或渠系中设置冲沙和沉沙设施，如冲沙闸、沉沙池等。

(7)专门建筑物。方便船只通航的船闸、利用落差发电的水电站和水力加工站等。

(8)利民建筑物。根据群众需要，结合渠系布局，修建方便群众出行、生产的建筑物，如行人桥、踏步、码头、船坞等。

二、渠系建筑物的布置原则

在渠系建筑物的布置工作中，一般应当遵循以下原则：

(1)布局合理，效益最佳。渠系建筑物的位置和形式，应根据渠系平面布置图、渠道纵横断面图及当地的具体情况,合理布局,使建筑物的位置和数量恰当,水流条件好,工程效益最大。

(2)运行安全,保证需求。满足渠道输水、配水、量水、泄水和防洪等要求,保证渠道安全运行,提高灌溉效率和灌水质量,最大限度地满足作物需水要求。

(3)联合修建,形成枢纽。渠系建筑物尽可能集中布置,联合修建,形成枢纽,降低造价,便于管理。

(4)独立取水,便于管理。结合用水要求,最好做到各用水单位有独立的取水口,减少取水矛盾,便于用水管理。

(5)方便交通,便于生产。在满足灌溉要求的同时,应考虑交通、航运和群众的生产、生活的需要,为提高劳动效率和建设新农村创造条件。

三、渠系建筑物的特点

在灌区工程中,渠系建筑物是重要组成部分,其主要特点如下:

(1)量大面广、总投资多。渠系建筑物的分布面广,数量较大,总工程量和投资往往很大。如韶山灌区的总干渠和北干渠上,渠系建筑物的造价为枢纽工程造价的6.3倍。所以,应对渠系建筑物的布局、选型和构造设计进行深入研究与决策,降低工程总造价。

(2)同类建筑物较为相似。渠系建筑物一般规模较小、数量较多,同一类型的建筑物工作条件、结构形式、构造尺寸较为相近。因此,在同一个灌区,应尽量利用同类建筑物的相似性,采用定型设计和预制装配式结构,简化设计和施工程序,确保工程质量,加快施工进度和便于维修运用。对于规模较大、技术复杂的建筑物,应进行专门的设计。

(3)受地形环境影响较大。渠系建筑物的布置,主要取决于地形条件,与群众的生产、生活环境密切相关。例如,渡槽的布置既要考虑长度最短,又要考虑与进出口渠道平顺连接,这样将会增加填方渠道与两岸连接的长度,多占用农田及多拆迁房屋,影响群众切身利益。所以,进行渠系建筑物布置时,必须深入实地进行调查研究。

四、渠系建筑物的定型设计

渠系建筑物一般为小型建筑物,在其设计过程中,可以直接使用定型设计图集中的尺寸和结构,不再进行复杂的水力和结构计算。采用定型设计,不仅可以缩短设计时间,而且可以保证工程质量,加快施工进度,节省工程费用。

实际工程中,建筑物轮廓和控制性尺寸的确定,常以简单的水力计算为主进行验算。对一般构件的构造和尺寸,可参考工程设计经验拟定。

为了总结灌区渠系建筑物的建设经验,提高工程设计质量,促进水利建设,更好地发挥工程效益,我国已经出版了多种渠系建筑物设计图册。这些图册中的设计图件,都经过实践的检验,它们技术先进,经济合理,运行安全可靠,在同类建筑物中具有一定典型性和代表性。在使用定型设计图件时,一定要根据各地区的具体条件,因地制宜,取其所长。

第二节 渠 道

渠道是灌溉、发电、航运、给水、排水等水利工程中广为采用的输水建筑物。渠道遍布整个灌区,线长面广,其规划和设计是否合理,将直接关系到土方量的大小、渠系建筑物的多少、施工和管理的难易及工程效益的大小。因此,一定要搞好渠道的规划布置和设计工作。灌溉渠系一般分为干、支、斗、农、毛五级渠道,构成灌溉系统,如图 8-1 所示。其中,前四级为固定渠道,最后一级多为临时性渠道。一般干、支渠主要起输水作用,称为输水渠道;斗、农渠主要起配水作用,称为配水渠道。

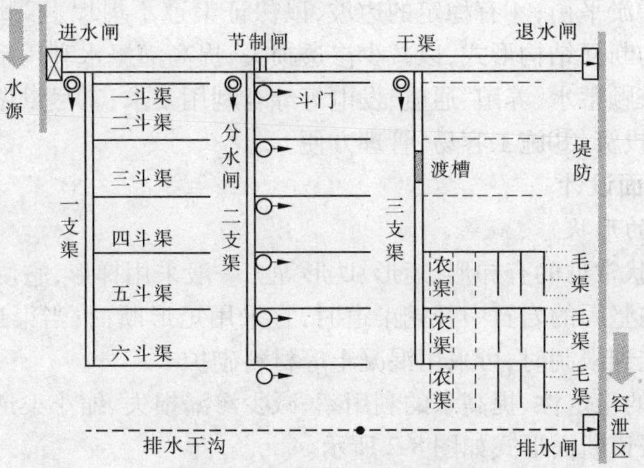

图 8-1 灌区渠系布置示意

渠道设计的任务是在完成渠系布置之后,推算各级渠道的设计流量,确定渠道的纵横断面形状、尺寸、结构和空间位置等。

一、渠道的选线

渠道的路线选择,关系到灌区合理开发、渠道安全输水及降低工程造价等关键问题,应综合考虑地形、地质、施工条件及挖填平衡、便于管理养护等各因素。

(1)地形条件。渠道顺直,尽量应与道路、河流正交,减少工程量。在平原地区,渠道路线最好选为直线,并力求选在挖方与填方相差不大的地方。如不能满足这一条件,应尽量避免深挖方和高填方地带。转弯也不应过急,对于有衬砌的渠道,转弯半径应不小于 $2.5B$(B 为渠道水面宽度);对于不衬砌的渠道,转弯半径应不小于 $5B$。在山坡地区,渠道路线应尽量沿等高线方向布置,以免过大的挖填方量。当渠道通过山谷、山脊时,应对高填、深挖、绕线、渡槽、穿洞等方案进行比较,从中选出最优方案。

(2)地质条件。渠道路线应尽量避开渗漏严重、流沙、泥泽、滑坡及开挖困难的岩层地带,必须通过时,应比较确定。如采取防渗措施以减少渗漏,采用外绕回填或内移深挖以避开滑坡地段,采用混凝土或钢筋混凝土衬砌以保证渠道安全运行等方案。

(3)施工条件。应全面考虑施工时的交通运输、水和动力供应、机械施工场地、取土和弃土的位置等条件,改善施工条件,确保施工质量。

(4)管理要求。渠道的路线选择要和行政区划与土地利用规划相结合，确保每个用水单位均有独立的用水渠道，以便于运用和管理维护。

渠道的路线选择必须重视野外踏勘工作，从技术、经济等方面仔细分析比较。

二、渠道的纵、横断面设计

渠道的断面设计包括横断面设计和纵断面设计，二者是互相联系、互为条件的。在实际设计中，纵、横断面设计应交替，并且反复进行，最后经过分析比较确定。

合理的渠道断面设计，应满足以下几方面的具体要求：①有足够的输水能力，以满足灌区用水需要；②有足够的水位，以满足自流灌溉的要求；③有适宜的流速，以满足渠道不冲、不淤或周期性冲淤平衡；④有稳定的边坡，以保证渠道不坍塌、不滑坡，以满足纵向稳定要求；⑤有合理的断面结构形式，以减少渗透损失，提高灌溉水利用系数；⑥尽可能在满足输水的前提下，兼顾蓄水、养殖、通航、发电等综合利用要求；⑦尽量做到工程量最小，以有效地降低工程总投资；⑧施工容易，管理方便。

(一)渠道横断面设计

1. 渠道横断面的形状

渠道横断面形状常见的有梯形、矩形、U 形等。一般采用梯形，它便于施工，并能保持渠道边坡的稳定；在坚固的岩石中开挖渠道时，宜采用矩形断面；当渠道通过城镇工矿区或斜坡地段，渠宽受到限制时，可采用混凝土等材料砌护。

为了提高渠道的稳定性、提高水的利用率、减少渗漏损失、缩小渠道断面，一般采取各种防渗措施，防渗渠道断面形式如图 8-2 所示。

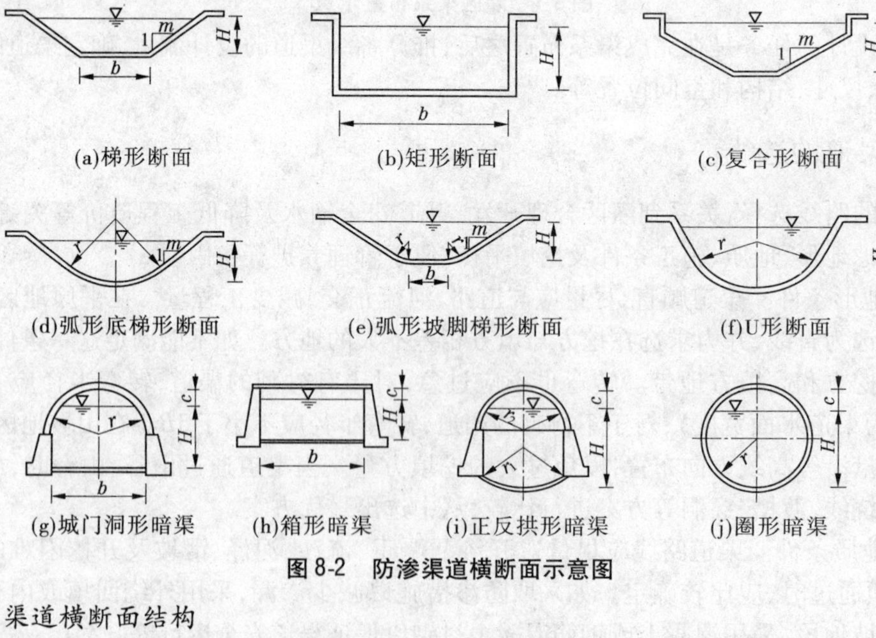

图 8-2　防渗渠道横断面示意图

2. 渠道横断面结构

渠道横断面结构有挖方断面、填方断面和半挖半填断面三种形式（见图 8-3），主要是渠道过水断面和渠道沿线地面的相对位置不同造成的。规划设计中，常采用半挖半填的结构形式,或尽量做到挖填平衡,避免深挖、高填,以减少工程量,降低工程费用。

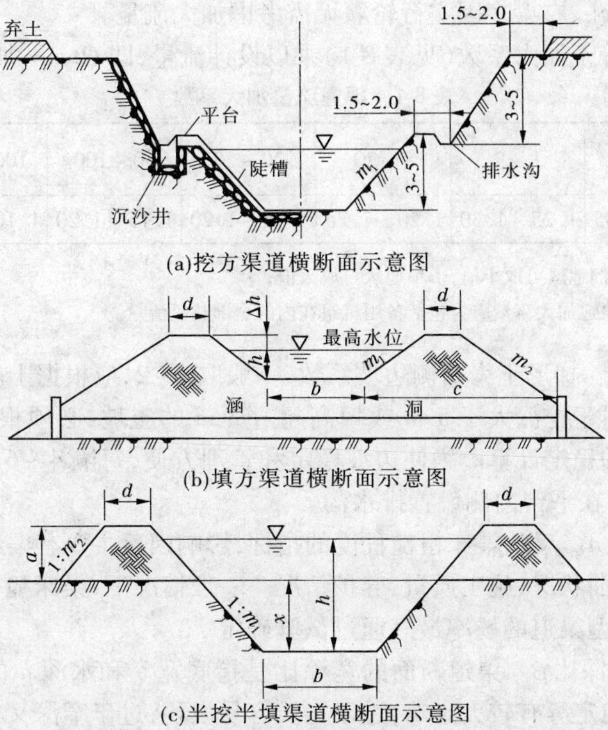

图 8-3　渠道横断面结构示意图　(单位:m)

3. 渠道横断面设计

渠道横断面设计的主要内容是确定渠道设计参数,通过水力计算确定横断面尺寸。对于梯形渠道,横断面设计参数主要包括渠道流量、边坡系数、糙率、渠底比降、断面宽深比及渠道的不冲、不淤流速等。当渠道的设计参数已确定时,即可根据明渠均匀流公式确定渠道横断面尺寸。

4. 渠道设计参数

(1)渠道流量。渠道流量是渠道和渠系建筑物设计的基本依据。设计渠道时,需要设计流量、最小流量和加大流量,分别作为设计和校核之用。

渠道设计流量。是指设计年内作物灌水时期渠道需要通过的最大流量,是渠道正常工作条件下需要通过的流量。渠道设计流量是设计渠道纵横断面的主要依据,与渠道的灌溉面积、作物组成、灌溉制度、渠道的工作制度及渠道的输水损失等因素有关。

渠道最小流量。是在设计标准条件下,渠道正常工作中输送的最小流量。渠道最小流量用于校核下一级渠道的水位控制条件,确定节制闸的修建位置。对于同一条渠道而言,其设计流量与最小流量相差不要过大,以免下级渠道因水位不足而造成引水困难。一般渠道最小流量≥渠道设计流量的40%,相应的渠道最小水深≥设计水深的70%。

渠道加大流量。灌溉工程运行期,可能出现规划设计之外的情况,如作物种植比例变更、灌溉面积扩大、气候特别干旱、渠道发生事故后需要短时间加大输水量等,都需要渠道通过比设计流量更大的流量。通常把短时期内渠道需要通过的最大灌溉流量称为渠道加大流量,它是确定渠道堤顶高程、校核渠道输水能力和不冲流速的依据。一般干、支渠需要考虑加大流量,而斗、农渠多因实行轮灌无需考虑加大流量。

渠道加大流量等于加大系数(见表8-1)乘以设计流量,即 $Q_{加大}$ = 加大系数 × $Q_{设计}$。

表8-1 渠道流量加大系数

设计流量(m^3/s)	<1	1~5	5~20	20~50	50~100	100~300	>300
加大系数	1.30~1.35	1.25~1.30	1.20~1.25	1.15~1.20	1.15~1.20	1.10~1.15	<1.10

注:①表中加大系数,湿润地区可取小值,干旱地区可取大值;

②泵站供水的续灌渠道加大流量应为包括备用机组在内的全部装机流量。

(2)边坡系数 m。梯形土渠两侧边坡系数,一般取1~2,应根据土质情况和开挖深度或填土高度确定。对于挖深大于5 m或填高超过3 m的土坡,必须根据稳定条件确定。计算方法同土石坝的稳定计算。为使边坡稳定和管理方便,每隔4~6 m深应设一平台,平台宽1.5~2 m,并在平台内侧设置排水沟。

(3)渠道的糙率 n。反映渠床粗糙程度的指标,影响因素主要有渠床状况、渠道流量、渠水含沙量、渠道弯曲状况、施工质量、养护情况。一般情况下,渠床糙率参考水力计算相应的糙率表选用,大型渠道的糙率最好通过试验确定。

(4)渠道断面宽深比 β。渠道断面的宽深比是指底宽 b 和水深 h 的比值。宽深比对渠道工程量和渠床稳定等有较大影响,过于宽浅容易淤积,过于窄深又容易产生冲刷。宽深比与渠道流量、水流含沙情况、渠道比降等因素有关,比降小的渠道应选较小的宽深比,以增大水力半径,加快水流速度;比降大的渠道应选较大的宽深比,以减小流速,防止渠床冲刷。为了节省输水渠道土石方及衬砌工程量,尽量少占地,一般采用窄深式断面;而配水渠道为使水流较为稳定,不易产生冲刷和淤积,多采用宽浅式断面。一般情况下,流量大,含沙量小,渠床土质较差时多用宽浅式渠道;反之,宜采用窄深式渠道。对于中小型渠道,可以根据渠道流量,参照表8-2所列经验数据选定。

表8-2 渠道断面宽深比

设计流量(m^3/s)	<1	1~3	3~5	5~10	10~30	30~60
宽深比 β	1~2	1~3	2~4	3~5	5~7	6~10

有通航要求的渠道,应根据船舶吃水深度、错船所需的水面宽度及通航的流速要求等确定。渠道水面宽度应大于船舶宽度的2.6倍,船底以下水深应不小于15~30 cm。

(5)渠道的不冲不淤流速。在稳定渠道中,允许的最大平均流速称为临界不冲流速,简称不冲流速,用 $v_{不冲}$ 表示;允许的最小平均流速称为临界不淤流速,简称不淤流速,用 $v_{不淤}$ 表示。为了维持渠床稳定,渠道通过设计流量时的平均流速(设计流速)$v_{设计}$ 应满足以下条件:

$$v_{不淤} < v_{设计} < v_{不冲} \tag{8-1}$$

渠道不冲流速。水在渠道中流动时,具有一定的能量,这种能量随水流速度的增加而增加,当流速增加到一定程度时,渠床上的土粒就会随水流移动,土粒将要移动而尚未移动时的水流速度就是临界不冲流速或简称不冲流速。一般渠道可按表8-3的数值选用,渠水含沙量越大，且渠床有薄层淤泥时，可将表 8-3 中所列数值适当提高后选用。

表 8-3　渠道允许不冲流速　（单位：m/s）

防渗衬砌结构类别			$v_{不冲}$	防渗衬砌结构类别		$v_{不冲}$
土料	黏土、黏砂混合土		0.75～1.00	膜料（土料保护层）	砂壤土、轻壤土	<1.45
	灰土、三合土、四合土		<1.00		中壤土	<0.60
水泥土	现场填筑		<2.50		重壤土	<0.65
	预制铺砌		<2.00		黏土	<0.70
					砂砾料	<0.90
砌石	干砌卵石（挂淤）		2.50～4.00	沥青混凝土	现场浇筑	<3.00
	浆砌块石	单层	2.50～4.00		预制铺砌	<2.00
		双层	3.50～5.00	混凝土	现场浇筑	<8.00
	浆砌料石		4.00～6.00		预制铺砌	<5.00
	浆砌石板		<2.50		喷射法施工	<10.00

渠道的不淤流速。渠道水流的挟沙能力随流速减小而减少，当流速小到一定程度时，部分泥沙就开始在渠道内淤积。泥沙将要沉积而尚未沉积时的流速就是临界不淤流速或简称不淤流速。渠道不淤流速主要取决于渠道含沙情况和断面水力要素。含沙量很小的清水渠道虽无泥沙淤积威胁，但为了防止渠道杂草滋生，影响输水能力，要求大型渠道的平均流速不小于 0.5 m/s，中小型渠道的平均流速不小于 0.3～0.4 m/s。

（二）渠道纵断面设计

灌溉渠道不仅要满足输送设计流量的要求，而且要满足水位控制的要求。渠道纵断面设计的任务是根据灌溉水位要求确定渠道的空间位置。一般纵断面设计主要内容包括确定渠道纵坡比降、设计水位线、最低水位线、最高水位线、渠底高程线、渠道沿程地面高程线和堤顶高程线，绘制渠道纵断面图。渠道的纵断面如图 8-4 所示。

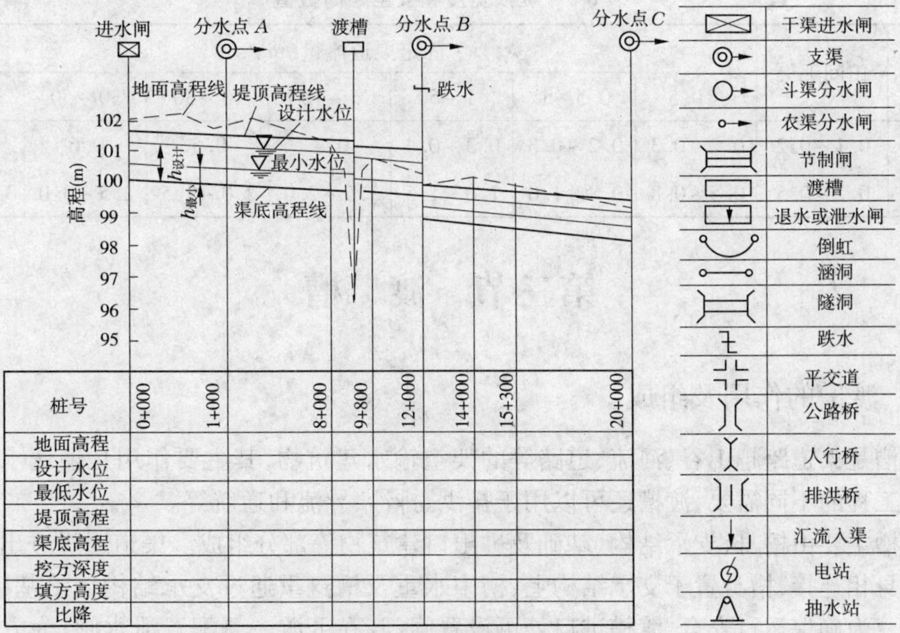

图 8-4　渠道纵断面示意图与渠系建筑物图例

渠底纵坡比降是指单位渠长的渠底降落值。渠底比降不仅决定着渠道输水能力的大小、控制灌溉面积的多少和工程量的大小，而且关系着渠道的冲淤、稳定和安全，必须慎重选择确定。在规划设计中，渠底比降应根据渠道沿线地面坡度、下级渠道分水口要求水位、渠床土质、渠道流量、渠水含沙量等情况，参照相似灌区的经验数值(见表8-4)，初选一个渠底比降，进行水力计算和流速校核，若满足水位和不冲不淤要求，便可采用。否则应重新选择比降，再计算校核，直到满足要求为止。

表8-4　渠道比降的经验数值

渠道级别	干渠	支渠	斗渠	农渠
丘陵灌区	1/2 000 ~ 1/5 000	1/1 000 ~ 1/3 000	土渠1/2 000，石渠1/500	土渠1/1 000，石渠1/300
平原灌区	1/5 000 ~ 1/10 000	1/3 000 ~ 1/7 000	1/2 000 ~ 1/5 000	1/1 000 ~ 1/3 000
滨湖灌区	1/8 000 ~ 1/15 000	1/6 000 ~ 1/8 000	1/4 000 ~ 1/5 000	1/2 000 ~ 1/3 000

渠道纵坡选择时应注意以下几项原则：①地面坡度。渠道纵坡应尽量接近地面坡度，以避免深挖高填。②地质情况。易冲刷的渠道，纵坡宜缓，地质条件较好的渠道，纵坡可适当陡一些。③流量大小。流量大时纵坡宜缓，流量小时可陡些。④含沙量。水流含沙量小时，应注意防冲，纵坡宜缓；含沙量大时，应注意防淤，纵坡宜陡。⑤水头大小。提水灌区水头宝贵，纵坡宜缓；自流灌区水头较富裕，纵坡可以陡些。

干渠及较大支渠，上、下游渠段流量变化较大时，可分段选择比降，而且下游段的比降应大些。支渠以下的渠道一般一条渠道只采用一个比降。

为了便于渠道的运用管理和保证渠道的安全，应设置一定的堤顶宽度和安全超高，参考表8-5选定。若渠道的堤顶有交通要求，则堤顶宽度应根据交通要求确定。

表8-5　堤顶宽度和安全超高数值　(单位：m)

项目	田间毛渠	固定渠道流量(m^3/s)						
		<0.5	0.5 ~ 1	1 ~ 5	5 ~ 10	10 ~ 30	30 ~ 50	>50
超高	0.1 ~ 0.2	0.2 ~ 0.3	0.2 ~ 0.3	0.3 ~ 0.4	0.4	0.5	0.6	0.8
宽度	0.2 ~ 0.5	0.5 ~ 0.8	0.8 ~ 1.0	1.0 ~ 1.5	1.5 ~ 2.0	2.0 ~ 2.5	2.5 ~ 3.0	3.0 ~ 3.5

第三节　渡　槽

一、渡槽的作用及组成

渡槽是渠道跨越山谷、河流、道路等的架空输水建筑物，其主要作用是输送水流。根据水利工程的不同需要，渡槽还可以用于排洪、排沙、导流和通航等。

渡槽主要由槽身、支承结构、基础及进出口建筑物等部分组成。渠道通过进出口建筑物与槽身相连接，槽身置于支承结构上，槽中水重及槽身重通过支承结构传给基础，再传至地基。为确保运行安全，渡槽进口处可设置闸门，在上游一侧配置泄水闸；为方便群众生产生活，可以在有拉杆渡槽的顶端设置栏杆、铺设人行道板，方便群众出行。

渡槽一般适用于跨越河谷(断面宽深、流量大、水位低)、宽阔滩地或洼地等情况。它与倒虹吸管相比具有水头损失小、便于管理运用及可通航等优点,是交叉建筑物中采用最多的一种形式。与桥梁相比,渡槽以恒载为主,不承受桥梁那样复杂的活载,故结构设计相对简单,但对防渗和止水构造要求较高,以免影响运行管理和结构安全。

二、渡槽的类型

人类应用渡槽距今有 2 700 多年的历史,公元前 700 多年亚美尼亚人就运用石块砌造渡槽。随着水泥的不断应用,高强度、抗渗漏的钢筋混凝土渡槽便应运而生。随着混凝土渡槽形式的不断演变,渡槽从单一的梁式(见图 8-5)、拱式(板拱、肋拱、双曲拱、箱形拱、桁架拱、折线拱)、斜拉式、悬吊式,发展到组合式(拱梁和斜撑梁组合式等)。

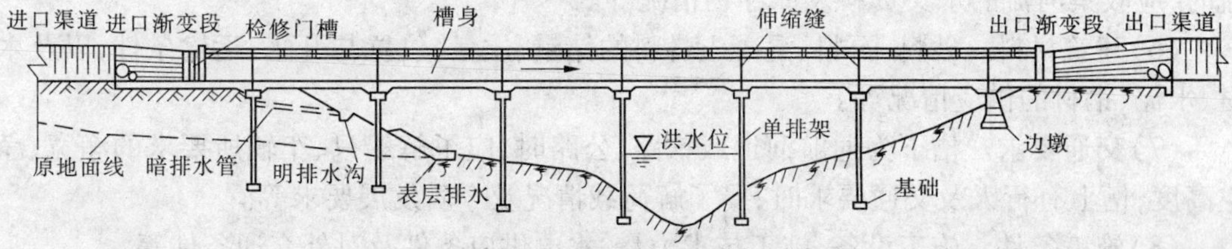

图 8-5　梁式渡槽纵剖面

渡槽按槽身断面形式分类,有 U 形、矩形、梯形、椭圆形和圆形等;按支承结构分类,有梁式、拱式、桁架式、悬吊式、斜拉式等;按所用材料分类,有木制渡槽、砖石渡槽、混凝土渡槽、钢筋混凝土渡槽、钢丝网水泥渡槽等;按施工方法不同,有现浇整体式、预制装配式及预应力渡槽。

三、渡槽的总体布置

渡槽的总体布置,主要包括槽址选择、渡槽选型、进出口布置等内容。一般是根据规划确定的任务和要求,进行勘探调查,取得较为全面的地形、地质、水文、建材、交通、施工和管理等方面的基本资料,通过经济技术分析,选出最优的布置方案。

渡槽总体布置的基本要求是:流量、水位满足灌区规划需要;槽身长度短,基础、岸坡稳定,结构选型合理;进出口与渠道连接顺直通畅,避免填方接头;少占农田,交通方便,就地取材等。

(一)基本资料

基本资料是渡槽设计的依据和基础,主要包括以下几个方面的内容:

(1)灌区规划要求。在灌区规划阶段,渠道的纵横断面及建筑物的位置已基本确定,可据此得到渡槽上下游渠道的各级流量和相应水位、断面尺寸、渠底高程及预留的渠道水流通过渡槽的允许水头损失值等。

(2)设计标准。根据渡槽所属工程等别及其在工程中的作用和重要性确定。对于跨越铁路、重要公路及墩架很高或跨度很大的渡槽,应采用较高的级别。对于跨越河道、山溪的渡槽,应根据其级别、地区的经验,并参考有关规定选择洪水标准计算决定相应的槽址洪水位、流量及流速等。凡能直接应用于渡槽设计的规范,如《水工混凝土结构设计规范》(SL/T 191—96)等的规定必须遵守。

(3)地形资料。应有1/200～1/2 000的地形图。测绘范围应满足渡槽轴线的修正和施工场地布置需要,在渡槽进出口及有关附属建筑物布置范围外,至少应有50 m的富裕。对小型渡槽,也可只测绘渡槽轴线的纵剖面及若干横剖面图。跨越河道的渡槽,应加测槽址河床纵、横断面图。

(4)地质资料。通过挖探及钻探等方法,探明地基岩土的性质、厚度、有无软弱层及不良地质隐患,观察河道及沟谷两岸是否稳定,并绘制沿渡槽轴线的地质剖面图;通过必要的土工试验,测定基础处岩土的物理力学指标,确定地基承载力等。

(5)水文气象等资料。调查槽址区的最大风力等级及风向,最大风速及其发生频率;多年平均气温,月平均气温,冬夏季最高、最低气温,最大温差及冰冻情况等。渡槽跨越河流时,应收集河流的水文资料及漂浮物情况等。

(6)建筑材料。砂料、石料、混凝土骨料的储量、质量、位置与开采、运输条件,以及木材、水泥、钢材的供应情况等。

(7)交通要求。槽下为通航河道或铁路、公路时,应了解船只、车辆所要求的净宽、净空高度;槽上有行人及交通要求时,要了解荷载情况及今后发展要求等。

(8)施工条件。施工设备、施工技术力量、水电供应条件及对外交通条件等。

(9)运用管理要求。如运用中可能出现的问题及对整个渠系的影响等。

以上各项资料并非每一渡槽设计全需具备。每项资料调查、收集的深度和广度,随工程规模的大小、重要性及设计阶段的不同逐步深入。

(二)槽址选择

渡槽轴线及槽身起止点位置选择的基本要求是:渠线及渡槽长度较短,地质条件较好,工程量最省;槽身起止点尽可能选在挖方渠道上;进出口水流顺畅,运用管理方便;满足所选的槽跨结构和进出口建筑物的结构布置要求等。对地形、地质条件复杂,长度较大的渡槽,应通过方案比较,择优选用。

(三)渡槽选型

渡槽选型,应根据地形、地质、水流条件,建筑材料和施工技术等因素,综合研究决定。一般中小型渡槽,可采用一种类型的单跨渡槽或等跨渡槽。对于地形、地质条件复杂而长度较大的大中型渡槽,可选用一种或两种类型和不同跨度的布置方式,但变化不宜过多,以免影响槽墩受力状况和增加施工难度。具体选择时,应考虑以下几方面:

(1)地形、地质条件。当地形平坦、槽高不大时,宜采用梁式渡槽;窄深的山谷地形,当两岸地质条件较好,且有足够强度与稳定性时,宜建大跨度单跨拱式渡槽;地形、地质条件比较复杂时,应进行具体分析。如跨越河道的渡槽,若河道水深流急、水下施工较难,而且滩地高大时,在河床部分可采用大跨度的拱式渡槽,在滩地则宜采用梁式或中小跨度的拱式渡槽。当地基承载能力较低时,可采用轻型结构或适当减小跨度。

(2)建筑材料。当槽址附近石料丰富且质量符合要求时,应就地取材,优先采用石拱渡槽。由于这种渡槽对地基条件要求高,需要较多的人力,因此应综合分析各种条件,采用经济合理的结构形式。

(3)施工条件。如具备吊装设备和吊装技术,应尽可能采用预制构件装配的结构形式，以加快施工速度，节省劳力。同一渠系布置有多个渡槽时，应尽量采用同一种结构形式，以便利用同一套吊装设备，使设计和施工定型化。

(四)进出口段布置

为了减小渡槽过水断面，降低工程造价，一般槽身纵坡较渠底坡度陡。为使渠道水流平顺地进入渡槽，避免冲刷和减小水头损失，渡槽进出口段布置应注意以下几方面：

(1)与渠道直线连接。渡槽进出口前后的渠道上应有一定长度的直线段，与槽身平顺连接，在平面布置上要避免急转弯，防止水流条件恶化，影响正常输水，造成冲刷现象。对于流量较大、坡度较陡的渡槽，尤其要注意这一问题。

(2)设置渐变段。为使水流平顺衔接，适应过水断面的变化，渡槽进出口均需设置渐变段。渐变段的形式，主要有扭曲面式、反翼墙式、八字墙式等。扭曲面式水流条件较好，应用也较多；八字墙式施工简单，小型渡槽使用较多。渐变段的长度 L_j 通常采用下列经验公式计算：

$$L_j = C(B_1 - B_2) \tag{8-2}$$

式中 B_1——渠道水面宽度，m；

B_2——渡槽水面宽度，m；

C——系数，进口取 $C=1.5\sim2.0$，出口取 $C=2.5\sim3.0$。

对于中小型渡槽，进口渐变段长度可取 $L_1 \geqslant 4h_1$（h_1 为上游渠道水深）；出口渐变段长度可取为 $L_2 \geqslant 6h_3$（h_3 为出口渠道水深）。渡槽水力计算示意，如图 8-6 所示。

四、渡槽的水力计算

渡槽水力计算的目的，就是确定渡槽过水断面形状和尺寸、槽底纵坡、进出口高程，校核水头损失是否满足渠系规划要求。

渡槽的水力计算，是在槽址中心线及槽身起止点位置已选择的基础上进行的，所以上下游渠道的断面尺寸、水深、渠底高程和允许水头损失均要为已知。

(一)槽身断面尺寸的确定

槽身的过水断面尺寸，一般按设计流量设计，按最大流量校核，通过水力学公式进行计算。当槽身长度 $L \geqslant (15\sim20)h_2$（$h_2$ 为槽内水深）时，按明渠均匀流公式计算；当 $L < (15\sim20)h_2$ 时，可按淹没宽顶堰公式进行计算。

槽身过水断面的深宽比选择，工程中多采用窄深式断面，一般矩形槽取 0.6～0.8，U 形槽取 0.7～0.8。为防止风浪或其他原因而引起侧墙顶溢流现象，侧墙应有一定的超高 Δh，一般选用 0.2～0.6 m，对于有通航要求的渡槽，超高值应根据通航要求确定。

(二)渡槽纵坡 i 的确定

进行渡槽的水力计算，首先要确定渡槽纵坡。在相同的流量下，纵坡的选择对渡槽过水断面大小、工程造价高低、水头损失多少、通航要求、水流冲刷及下游自流灌溉面积等有直接影响。因此，确定一个适宜的底坡，使其既能满足渠系规划允许的水头损失，又能降低工程造价，常常需要试算。一般初拟时，常采用 $i=1/500\sim1/1\,500$，槽内流速 1～2 m/s；对于通航的渡槽，要求流速在 1.5 m/s 以内，底坡 $i=1/3\,000\sim1/10\,000$。

（三）水头损失与水面衔接计算

水流通过渡槽时，由于克服局部阻力、沿程阻力及水流能量的转换，都会产生水头损失，水流进出渡槽产生变化，这种水流现象可分为三段分析计算，如图 8-6 所示。

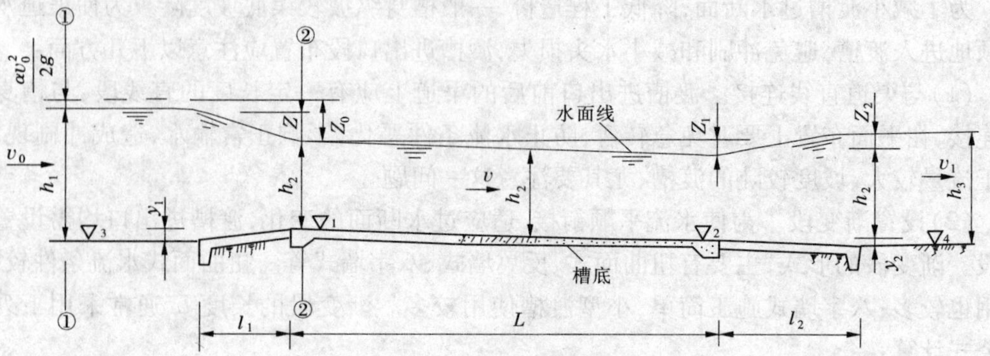

图 8-6　渡槽水力计算示意

水流经过进口段时，随着过水断面的减小，流速逐渐加大，水流的位能一部分转化为动能，另一部分消耗于因水流收缩而产生的水头损失，因此形成进口段水面降落 Z；槽中基本保持均匀明流，水面坡等于槽底坡，产生沿程水头损失 Z_1；水流经过出口段时，随着过水断面的扩大，流速逐渐减小，水流的动能一部分消耗于因水流扩散而产生的水头损失，另一部分转化为位能，因此形成出口段水面回升 Z_2。水流经过渡槽的总水头损失，要求满足规划设计所允许的水头损失，其水头损失与水面衔接计算见表 8-6。

表 8-6　渡槽水头损失与水面衔接计算

序号	项目名称	计算公式	说明
1	进口段水面降落值 Z	$Z=\frac{Q^2}{(\sigma\varphi\omega\sqrt{2g})^2}-\frac{v_0^2}{2g}$ 或 $Z=\frac{1+K_1}{2g}(v^2-v_0^2)$	σ、φ——侧收缩系数、流速系数，均可取 0.9～0.95； v_0、v——上游渠道、槽身的平均流速，m/s； ω——渡槽过水断面面积，m^2； K_1——进口段局部水头损失系数，与渐变段形式有关，见表 8-7
2	槽身段沿程降落值 Z_1	$Z_1=iL$	i——槽底比降；L——槽身长度
3	出口段水面回升值 Z_2	$Z_2=\frac{1-K_2}{2g}(v^2-v_1^2)$ $Z_2=\frac{1-K_2}{1+K_1}Z\approx\frac{1}{3}Z$	v_1——下游渠道的平均流速，m/s； K_2——出口段局部水头损失系数，常取0.2。 当上下游渠道断面相等时，也可以按第二个式子计算
4	渡槽总水面降落值 ΔZ	$\Delta Z=Z+Z_1-Z_2\leqslant[\Delta Z]$	ΔZ——规划所允许的水头损失
5	进口槽底高程	$\nabla_1=\nabla_3+y_1$	抬高值：$y_1=h_1-Z-h_2$
6	出口槽底高程	$\nabla_2=\nabla_1-Z_1$	
7	出口渠底高程	$\nabla_4=\nabla_2-y_2$	降低值：$y_2=h_3-Z_2-h_2$

表 8-7　进口段局部水头损失系数 K_1 值

渐变段形式	长扭曲面	八字斜墙	圆弧直墙	急变形式
渐变段示意图（渠道→渡槽）	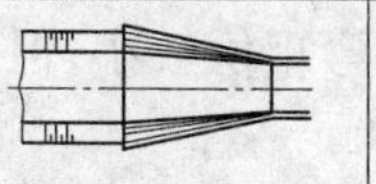	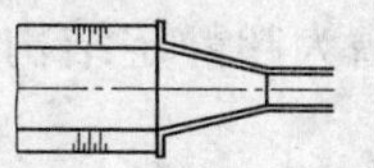	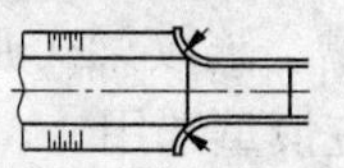	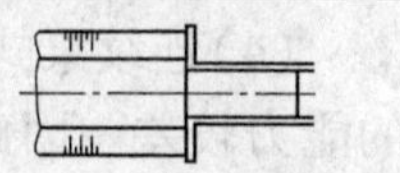
K_1	0. 1	0. 2	0. 2	0. 4

五、梁式渡槽设计

（一）梁式渡槽的类型

梁式渡槽的槽身置于槽墩或槽架上，纵向受力与梁相同。梁式渡槽的槽身根据其支承位置的不同，可分为简支梁式、双悬臂梁式、单悬臂梁式和连续梁式等几种形式。前三种是较为常用的静定结构，连续梁式为超静定结构。

（1）简支梁式渡槽。其特点是结构形式简单，施工吊装方便，但是跨中弯矩较大，整个底板受拉，不利于抗裂防渗。对于矩形槽身（见图 8-7（a）、（b）），跨度一般为 8 ~ 15 m；U 形槽身（见图 8-7（c）），跨度为15 ~ 20 m；其经济跨度一般为墩架高度的 0. 8 ~ 1. 2 倍。槽身高度大、修建槽墩困难，宜采用较大的跨度；槽身高度较小且地基条件又较差，宜选用较小的跨度。

（2）双悬臂梁式渡槽（见图 8-8（a））。按照悬臂长度的大小，双悬臂梁式又可分为等跨度、等弯矩和不等跨不等矩三种形式，一般前两种情况较为常用。设一节槽身总长度为 L，悬臂长度为 B，对于等跨式 $B = 0.25L$，在纵向均布荷载水重和自重的作用下，其跨中弯矩为零，底板全部位于受压区，有利于抗裂防渗。等弯矩式 $B = 0.207L$，跨中弯矩与支座弯矩相等，结构受力合理，但需上、下配置受力钢筋，总配筋量不一定最小。双悬臂梁式渡槽的跨度较大，一般每节槽身长度为 25 ~ 40 m，由于其质量大，施工吊装较困难，当悬臂顶端变形时，接缝处止水容易被拉裂。

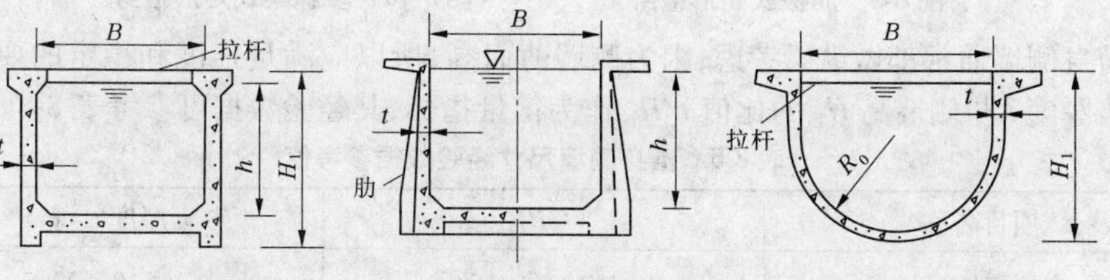

图 8-7　矩形、U 形槽身断面形式

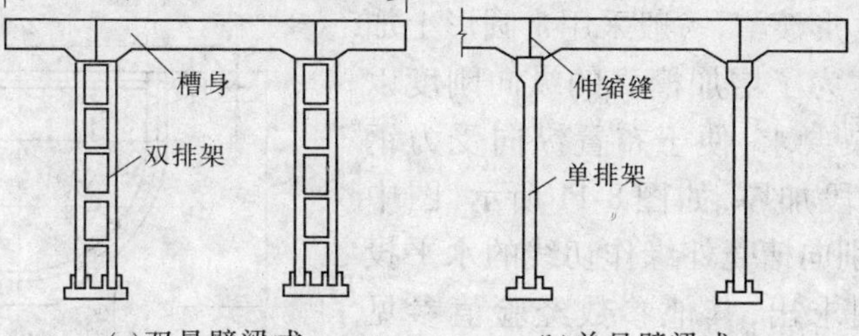

图 8-8　悬臂梁式渡槽

(3)单悬臂梁式渡槽(见图 8-8(b))。一般用在靠近两岸的槽身,或双悬臂梁向简支梁式过渡时采用。其悬臂的长度不宜过长,以保证槽身的另一端支承处有足够的压力。

(4)连续梁式渡槽。连续梁式渡槽为超静定结构,弯矩值较小,但是适应不均匀沉陷的能力较差。因此,应慎重选用。

(二)槽身设计

1. 槽身横断面形式选择

在进行槽身横断面形式选择时,一般应考虑水力条件、结构受力、施工条件及通航要求等因素。一般大流量渡槽,多采用矩形断面,中小流量可采用矩形也可采用 U 形断面。矩形槽身多用钢筋混凝土或预应力钢筋混凝土结构,U 形槽身还可采用钢丝网水泥或预应力钢丝网水泥结构。

对于中小型渡槽,流量较小而且又无通航要求时,可在槽顶设置拉杆,其间距一般为 1~2 m,以改善槽身横向受力条件和增加侧墙稳定性;如有通航要求,则不能设置拉杆,而应适当加大侧墙厚度,也可做成变厚度侧墙。为了增加侧墙的稳定,也可沿槽长方向每隔一定距离加一道肋,构成肋板式槽身,如图 8-9 所示。肋间距可按侧墙高的 0.7~1.0 倍,肋的宽度一般不应小于侧墙厚度 t,肋的厚度一般为(2~2.5)t。对于大流量(40~50 m^3/s以上)的渡槽,或者因通航需要较大的槽宽时,为了减小底板厚度,可在底板下面设置边纵梁或中纵梁,而建成多纵梁式矩形槽,如图 8-10 所示。

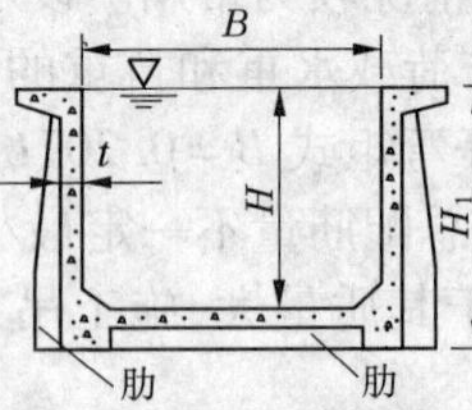

图 8-9 肋板式矩形槽身

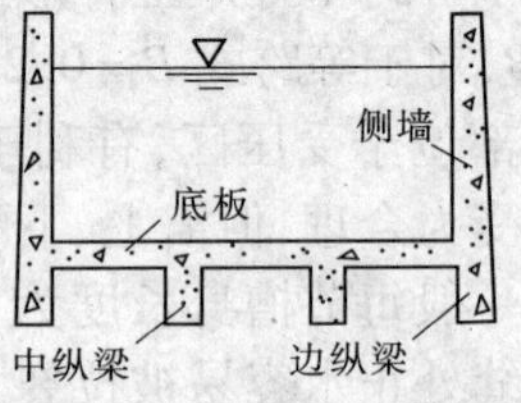

图 8-10 多纵梁式矩形槽身

槽身侧墙通常都做纵梁考虑,因为侧墙薄而高,所以应满足强度和稳定的要求,一般以侧墙厚度 t 与侧墙高 H_1 的比值 t/H_1 作为衡量指标,其经验数据可参考表 8-8。

表 8-8 槽身侧墙尺寸经验数据参考值

项目名称	t/H_l	厚度 t(cm)
有拉杆矩形槽	1/12~1/16	10~20
有拉杆 U 形槽	1/10~1/15	5~10
肋板式矩形槽	1/18~1/21	12~15

钢筋混凝土 U 形渡槽,一般采用半圆形上加直段的断面形式。为了增加槽壳的纵向刚度以利于满足底部抗裂要求、便于布置纵向受力钢筋,常将槽底弧形段加厚,如图 8-11 所示,图中 s_0 是从 d_0 两端分别向槽壳外缘作切线的水平投影长度,可由作图求出,其他参数经验值参见表 8-9。

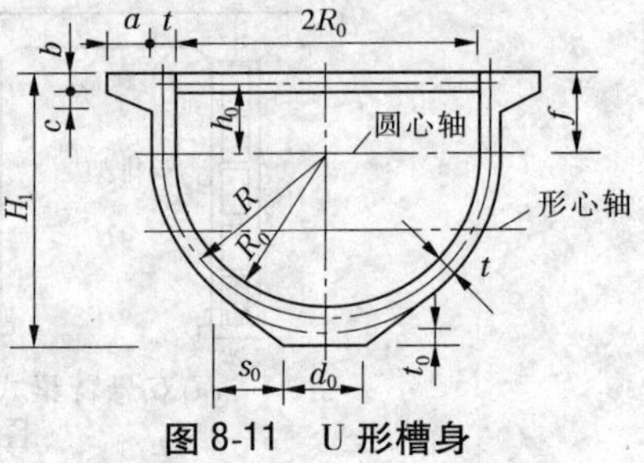

图 8-11 U 形槽身

表 8-9　U 形槽经验参数

参数	h_0	a	b	c	d_0	t_0
经验数据	$(0.4\sim0.6)R_0$	$(1.5\sim2.5)t$	$(1\sim2)t$	$(1\sim2)t$	$(0.5\sim0.6)R_0$	$(1\sim1.5)t$

2. 槽身一般构造

槽身设计中，除选择断面形式、确定断面尺寸外，还应注重槽身的分缝、止水及与墩台的连接等一般构造。

（1）分缝。为了适应槽身因温度变化引起的伸缩变形和允许的沉降位移，应在渡槽与进出口建筑物之间及各节槽身之间设置变形缝，缝宽一般为 3～5 cm。

（2）止水。渡槽分缝应填堵止水材料，以适应变形和防止漏水。槽身接缝止水材料和构造形式较多，有橡皮压板式止水、塑料止水带压板式止水、沥青填料式止水、黏合式止水、套环填料式止水及木糠水泥填塞式止水等。

（3）支座。梁式渡槽槽身搁置在墩架上，当跨径在 10 m 以内时，一般不设专门的支座，直接支承在油毡或水泥砂浆的垫层上，垫层厚度不应小于 10 mm。为防止支承处混凝土拉裂，可设置钢筋网进行加固。当跨径较大时，为使支点接触面的压力分布比较均匀并减小槽身摩擦时所产生的摩擦力，常在支点处设置支座钢板。每个支点处的支座钢板有两块，分别固定于槽身及墩（架）的支承面上，一般要求每块钢板上先焊上直径不小于 10 mm 的锚筋，钢板厚不小于 10 mm，面积大小根据接触面处混凝土的局部压力决定。对于跨度及纵坡较大的简支梁式槽身，其支座形式最好能做成一端固定（不能水平移动但可以转动）一端活动（能水平移动和转动）。

3. 槽身纵向结构计算

一般按满槽水情况设计。对矩形槽身，可将侧墙视为纵向梁，梁截面为矩形或 T 形，按受弯构件计算纵向正应力和剪应力，并进行配筋计算和抗裂验算。

4. 槽身横向结构计算

由于荷载沿槽长方向的连续性和均匀性，在槽身横向计算时，如表 8-10 所示，通常可沿槽长方向取长度为 1 m 的脱离体，按平面问题进行分析。

（1）无拉杆矩形槽。对于无拉杆矩形槽身，侧墙可作为固定于底板上的悬臂板，侧墙和底板仍按刚性连接处理。

（2）有拉杆矩形槽。其槽身横向结构计算时，假定设拉杆处的横向内力与不设拉杆处的横向内力相同，将拉杆“均匀化”，拉杆截面尺寸一般较小，不计其抗弯作用及轴力对变位的影响，根据结构对称性，槽身设置拉杆后，可显著地减小侧墙和底板的弯矩。计算表明，侧墙底部和底板跨中的最大弯矩值均发生在满槽水深的情况，可以近似地将水位取至拉杆中心。有拉杆的矩形槽身属一次超静定结构，可按力矩分配法进行计算。但必须注意，求出拉杆拉力（拉杆“均匀化”后）以后，应再乘以拉杆的间距，才是拉杆的实际拉力。

（3）U 形槽。一般设有拉杆，横向结构计算时取单位长度槽身按平面问题分析。作用于单位长槽身的荷载有槽身、水的重力和两侧截面上的剪力，其剪力分布呈抛物线形，方向沿槽壳厚度中心线的切线方向，对槽壳产生弯矩和轴向力。该力产生的弯矩与其他荷载产生的弯矩的方向相反，起抵消作用。因其结构及荷载对称，取一半进行分析。

表 8-10　渡槽横断面结构计算简图一览表

无拉杆矩形槽计算简图	有拉杆矩形槽计算简图	U 形渡槽计算简图
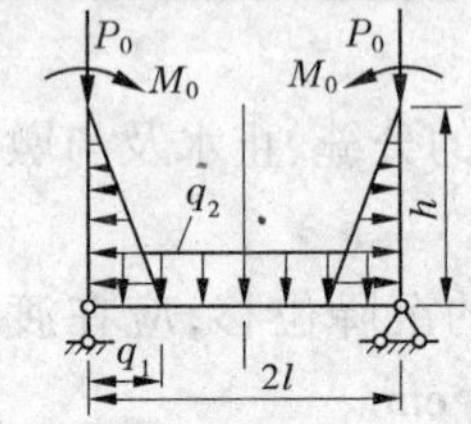	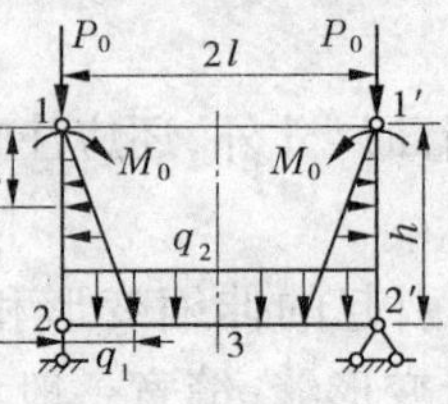	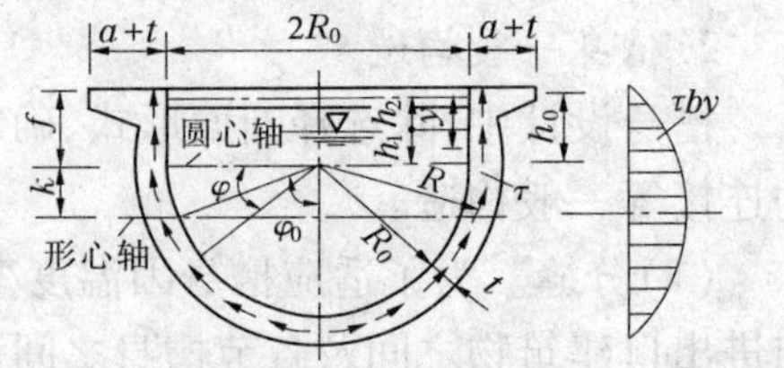
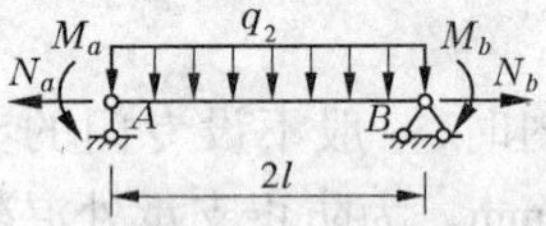	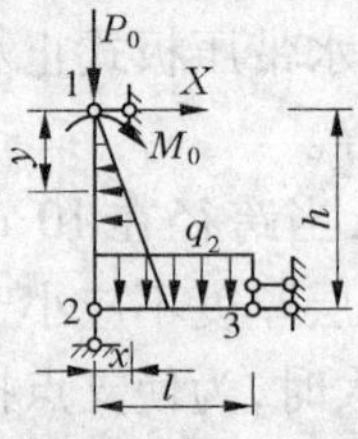	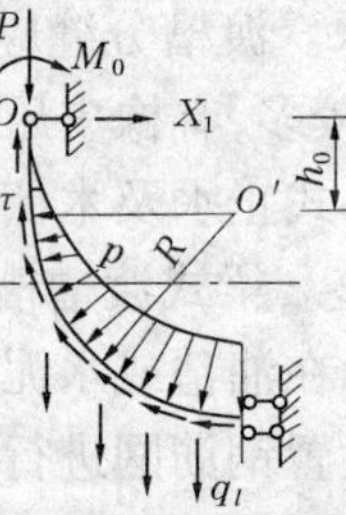

为使槽身便于支承在槽墩(架)上及增加 U 形槽身支承点处的刚度，常在支点处设支承肋，对于简支梁式槽身即为端肋。对于端肋，可以近似地视为一简支梁，梁高为端肋中部截面的高度，梁宽为端肋厚度，计算跨度取支承之间的距离 L，即可得图 8-12(b)。假定槽身全部作用于两端肋简支梁上，荷载为均匀分布，取跨中最不利截面进行内力计算及配筋。槽身及端肋配筋如图 8-12 所示。在风较大的地区，若槽身较轻，受风面积及高度均较大时，应验算槽身空槽时的倾覆稳定性，以防止槽身在风荷载作用下的倾倒掉落。

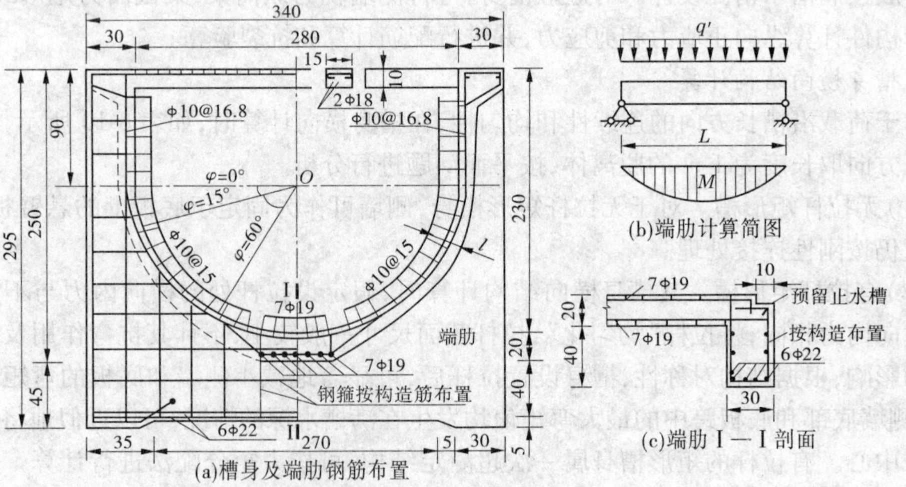

(a)槽身及端肋钢筋布置　(b)端肋计算简图　(c)端肋 Ⅰ—Ⅰ 剖面

图 8-12　某 U 形槽身及端肋钢筋布置　(单位：cm)

(三)支承结构设计

支承结构设计主要包括形式选择、尺寸确定、排架与基础连接及结构计算等内容。

1. 支承结构形式选择、尺寸确定

梁式渡槽的支承结构，一般有槽墩式和排架式两种形式，如表 8-11 所示。

表 8-11　渡槽支承结构形式一览表

	实体墩	空心墩	槽台
槽墩式	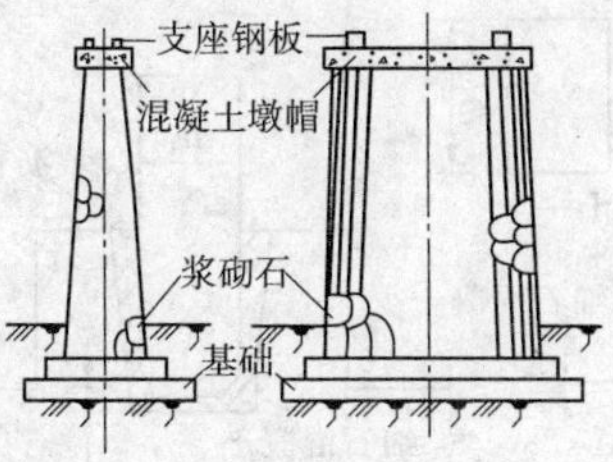	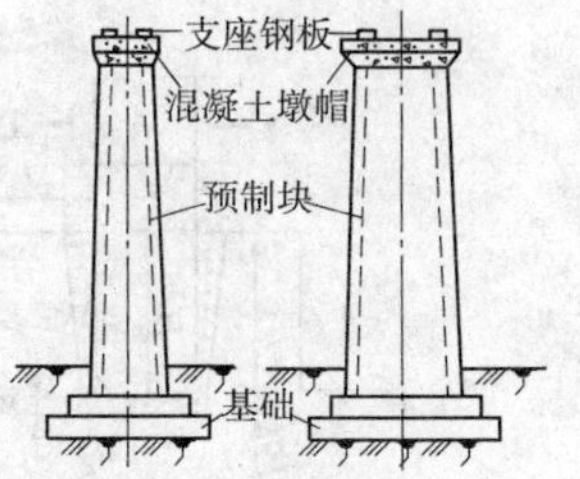	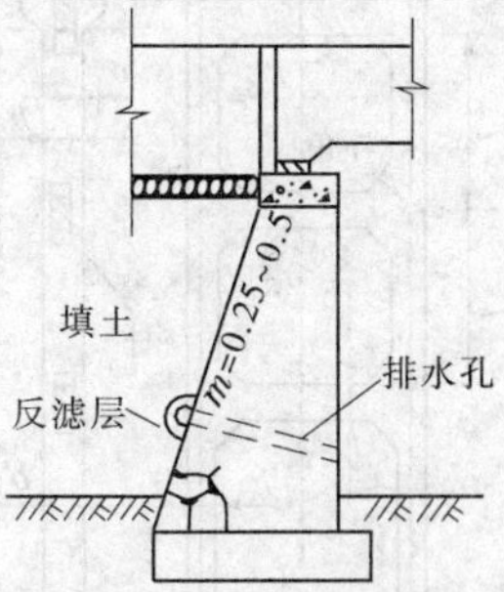
	单排架	双排架	A 字形排架
排架式	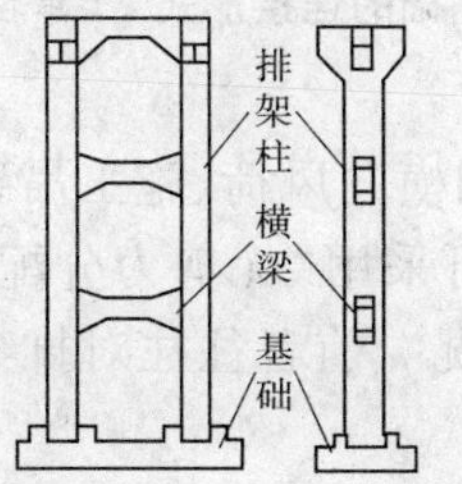	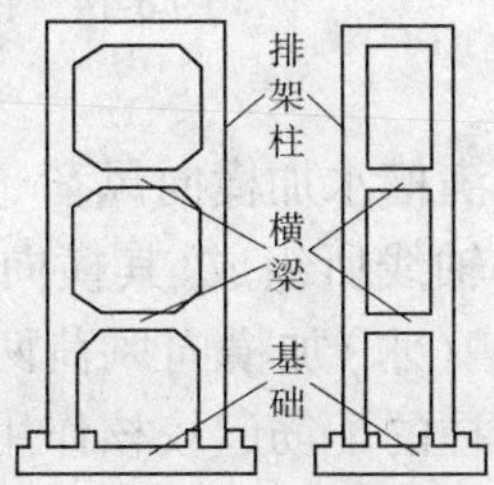	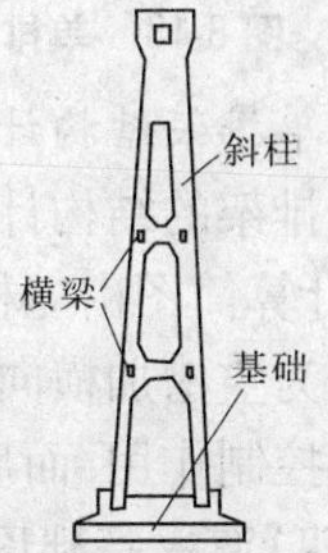

(1)槽墩式。槽墩一般为重力式,包括实体墩和空心墩两种形式。①实体墩。实体墩的墩头多为半圆形或尖角形,建筑材料为混凝土或浆砌石,构造简单,施工方便,但使用材料较多,自身重力大,故高度不宜太大,当槽墩较高又承受较大荷载时,要求地基应有较大的承载能力。这种墩的高度一般为 8 ~ 15 m。②空心墩。截面形式有圆矩形、矩形、双工字形、圆形等。空心墩墩身,可采用混凝土预制块砌筑,也可将墩身分段预制现场安装。与实体墩相比可节省材料,与槽架相比可节省钢材。其自身重力小,但刚度大,适用于修建较高的槽墩。③槽台。渡槽与两岸连接时,常用重力式边槽墩,亦简称槽台。槽台起着支承槽身和挡土的双重作用,其高度一般不超过 5 ~ 6 m。为减小槽台背水压力,常在其体内设置排水孔,孔径为 5 ~ 8 cm,并做反滤层予以保护。

(2)排架式。排架式主要有单排架、双排架、A 字形排架和组合式槽架等形式。①单排架。由两根支柱和横梁所组成的多层刚架结构(见图 8-13)。具有体积小、质量轻、可现浇或预制吊装等优点,在工程中被广泛应用。单排架高度一般为 10 ~ 20 m。②双排架。由两个单排架及横梁组合而成,属于空间框架结构。在较大的竖向及水平荷载作用下,其强度、稳定性及地基应力均较单排架容易满足要求。可适应较大的高度,通常为 15 ~ 25 m。③A字形排架。常由两片 A 字形单排架组成,其稳定性能好,适应高度大,但施工较复杂,造价也较高。④组合式槽架。适用于跨越河道主河槽部分,在最高洪水位以下为重力式墩,其上为槽架,槽架可为单排架,也可为双排架。

2. 排架与基础的连接

排架与基础的连接形式,通常有固接和铰接两种,如图 8-14 所示。一般现场浇筑时,排架与基础常整体结合,排架竖向钢筋直接伸入基础内,应按固结考虑。预制装配排架,根据排架吊装就位后的杯口处理方式而定。

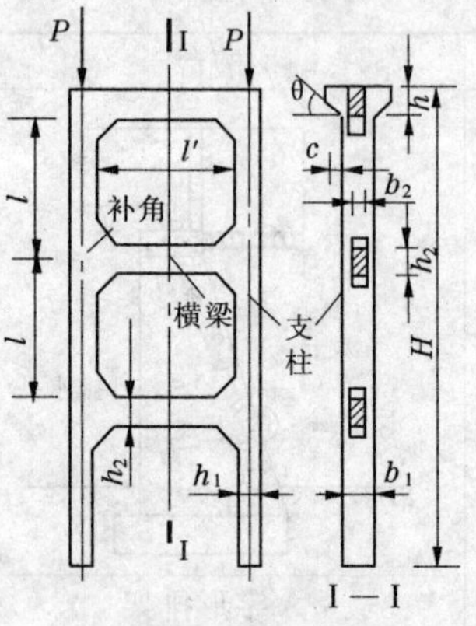

图 8-13　单排架构造

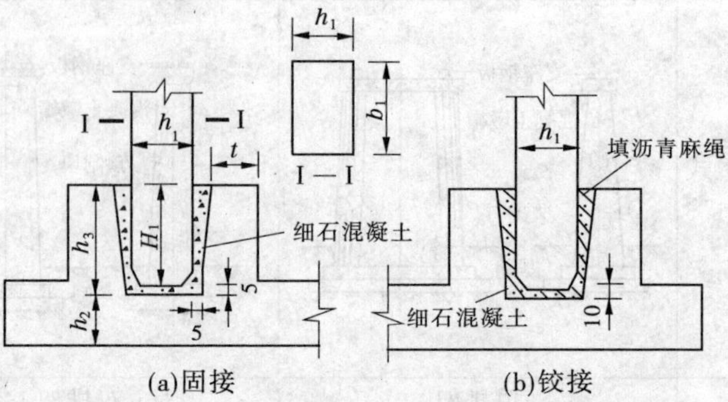

图 8-14　排架与基础的连接形式　（单位：cm）

3. 单排架结构计算

单排架的结构计算，一般分满槽水加横向风荷、空槽加横向风荷、施工吊装等情况进行，其计算简图由立柱和横梁的轴线所组成，其横向计算可采用“无剪力分配法”。荷载组合分为空槽加横向风荷和满槽（水）加横向风荷两种情况。前者往往对排架的内力及配筋起控制作用，而后者则对立柱的配筋起校核作用。

（四）渡槽基础设计

渡槽基础，是将渡槽的全部重量传给地基的底部结构。渡槽基础的类型较多，根据埋置深度可分为浅基础和深基础，埋置深度小于 5 m 时为浅基础，大于 5 m 时为深基础；按照结构形式可分为刚性基础、整体板式基础、钻孔桩基础和沉井基础等。渡槽的浅基础一般采用刚性基础及整体板式基础，深基础多为桩基础和沉井基础，如图 8-15 所示。

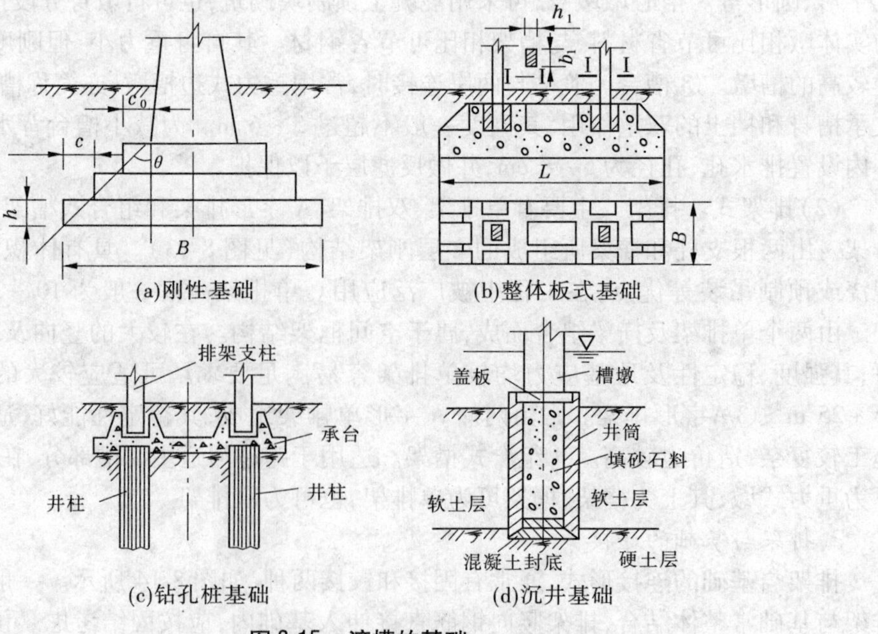

图 8-15　渡槽的基础

对于浅基础,基底面高程(或埋置深度),一般应根据地形、地质、水文、气象条件和使用要求等条件选定。软土地基上基础埋置深度,一般为 1.5 ~ 2.0 m。冰冻地区,基底面埋入冰冻层以下不少于 0.3 ~ 0.5 m,以免因冰冻而降低地基承载力。耕作地区的基础,基础顶面应设在地面以下 0.5 ~ 0.8 m。河槽中受到水流冲刷的基础,基底面应埋入最大冲刷线之下,以免基底受到淘刷而危及工程的安全。对于深基础,入土深度应从稳定坡线、耕作层深度、最大冲刷深度处开始算起,以确保深基础有足够的承载能力。

六、拱式渡槽

拱式渡槽,是指槽身置于拱式支承结构上的渡槽。其支承结构由槽墩、主拱圈、拱上结构组成。主拱圈是拱式渡槽的主要承重结构,其受力特征为槽身荷载通过拱上结构传给主拱圈,再由主拱圈传给槽墩或槽台。主拱圈主要承受压力,故可用石料或混凝土建造,并可采用较大的跨度,但拱圈对支座的变形要求严格。对于跨度较大的拱式渡槽应建在比较坚固的岩石地基上。

拱式渡槽按照主拱圈的结构形式,可分为板拱、肋拱、双曲拱及桁架拱等拱式渡槽;拱式渡槽的拱上结构,有实腹式和空腹式两种(如图 8-16 和图 8-17 所示),是设置在主拱圈之上,用来传递槽身荷载的重要结构。

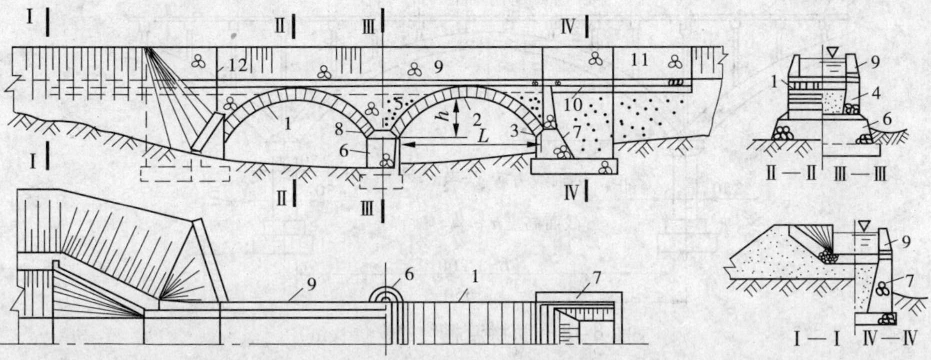

1—拱圈;2—拱顶;3—拱脚;4—边墙;5—拱上填料;6—槽墩;7—槽台;
8—排水管;9—槽身;10—垫层;11—渐变段;12—变形缝

图 8-16 实腹式石拱渡槽

(1)板拱渡槽。渡槽的主拱圈横截面形状为矩形,结构形式像一块拱形的板,一般为实体结构,多采用粗料石或预制混凝土块砌筑,故常称石拱渡槽。对于小型渡槽,主拱圈也可采用砖砌。其主要特点是可以就地取材,结构简单,施工方便,故在水利工程中被广泛采用。但因自重较大、对地基要求较高,一般用于较小跨度的渡槽。

(2)肋拱渡槽。其主拱圈由几根分离的拱肋组成,为了加强拱圈的整体性和横向稳定性,在拱肋间每隔一定的距离设置刚度较大的横系梁进行联结,拱上结构为排架式。当槽宽不大时,多采用双肋。肋拱渡槽一般采用钢筋混凝土结构,小跨度的拱圈也可采用少筋混凝土或无筋混凝土。对于大中跨径的肋拱结构可分段预制吊装拼接,无需支架施工。这种形式的渡槽外形轻巧美观,自重较轻,工程量较小,如图 8-18 所示。

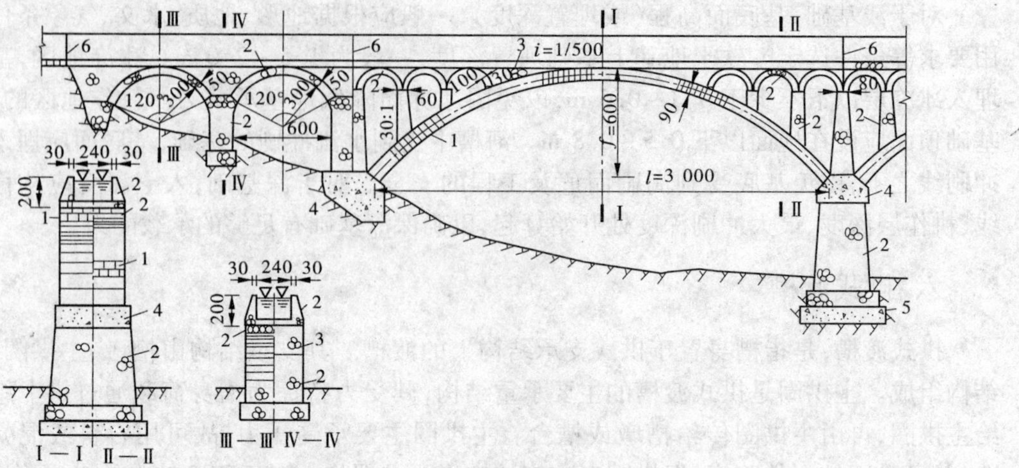

1—水泥砂浆砌条石;2—水泥砂浆砌块;3—水泥砂浆砌块石;4—C20 混凝土;5—C10 混凝土;6—伸缩缝

图 8-17　空腹石拱渡槽　(单位:cm)

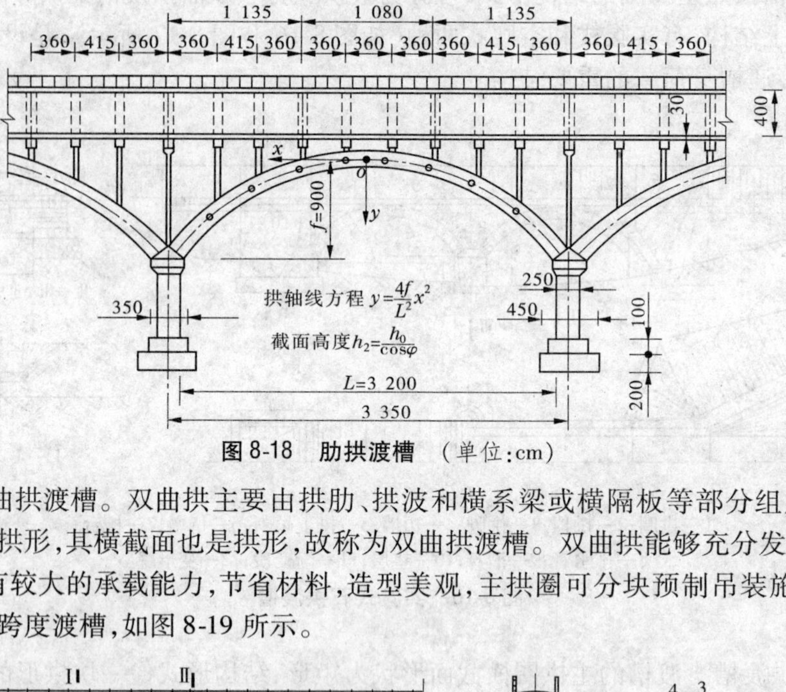

图 8-18　肋拱渡槽　(单位:cm)

(3)双曲拱渡槽。双曲拱主要由拱肋、拱波和横系梁或横隔板等部分组成。因主拱圈沿纵向是拱形,其横截面也是拱形,故称为双曲拱渡槽。双曲拱能够充分发挥材料的抗压性能,具有较大的承载能力,节省材料,造型美观,主拱圈可分块预制吊装施工,一般适用于修建大跨度渡槽,如图 8-19 所示。

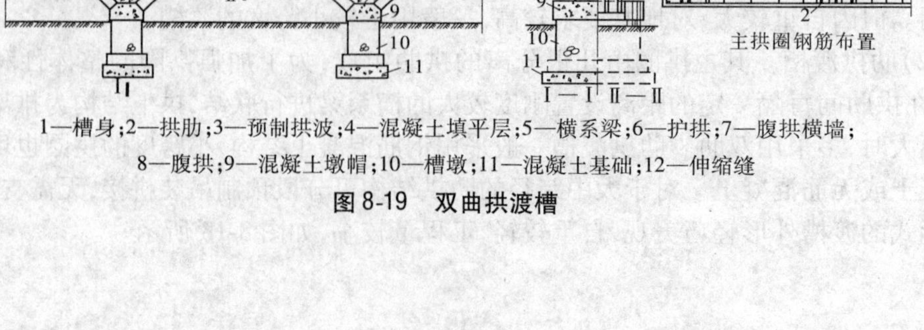

1—槽身;2—拱肋;3—预制拱波;4—混凝土填平层;5—横系梁;6—护拱;7—腹拱横墙;
8—腹拱;9—混凝土墩帽;10—槽墩;11—混凝土基础;12—伸缩缝

图 8-19　双曲拱渡槽

第四节　倒虹吸管

一、倒虹吸管的特点和适用条件

倒虹吸管属于交叉建筑物,是指设置在渠道与河流、山沟、谷地、道路等相交叉处的压力输水管道。其管道的特点是两端与渠道相接,而中间向下弯曲。与渡槽相比,具有结构简单、造价较低、施工方便等优点,水头损失较大、运行管理不便等缺点。

倒虹吸管的适用条件:①渠道跨越宽深河谷,修建渡槽、填方渠道或绕线方案困难或造价较高时;②渠道与原有渠、路相交,因高差较小不能修建渡槽、涵洞时;③修建填方渠道,影响原有河道泄流时;④修建渡槽,影响原有交通时等。

二、倒虹吸管的组成和类型

倒虹吸管的组成,一般分为进口段、管身段和出口段三大部分。

倒虹吸管的类型,根据管路埋设情况及高差的大小,倒虹吸管通常可分为竖井式、斜管式、曲线式和桥式四种类型。

(一)竖井式

竖井式倒虹吸管由进出口竖井和中间平硐所组成,如图 8-20 所示。竖井式倒虹吸管构造简单、管路较短、占地较少、施工较容易,但水力条件较差。一般适用于流量不大、压力水头小于 3 ~ 5 m 的穿越道路倒虹吸。

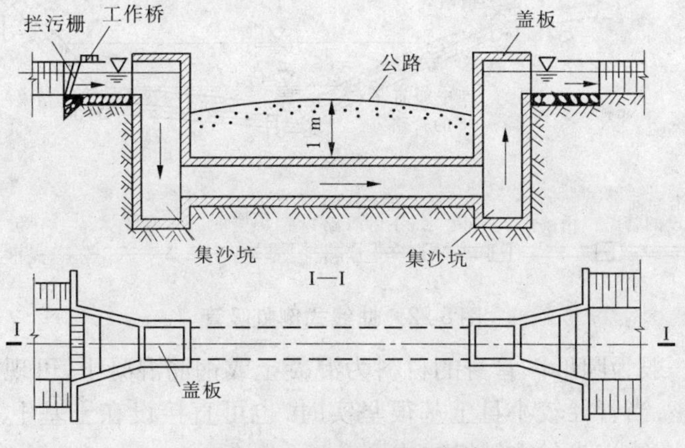

图 8-20　竖井式倒虹吸管

竖井断面为矩形或圆形,一般采用砖、石或混凝土砌筑,其尺寸稍大于平硐,竖井底部设置深约 0.5 m 的集沙坑,以便于清除泥沙及检修管路时排水。

平硐的断面一般为矩形、圆形或城门洞形。为了改善平硐的受力条件,管顶应埋设在路面以下 1.0 m 左右。

(二)斜管式

斜管式倒虹吸管,进出口为斜卧段,中间为平直段,如图 8-21 所示。一般用于穿越渠道、河流而两者高差不大,且压力水头较小、两岸坡度较平缓的情况。

斜管式倒虹吸管,与竖井式相比,水流畅通,水头损失较小,构造简单,实际工程中采用较多。但是,斜管的施工较为不便。

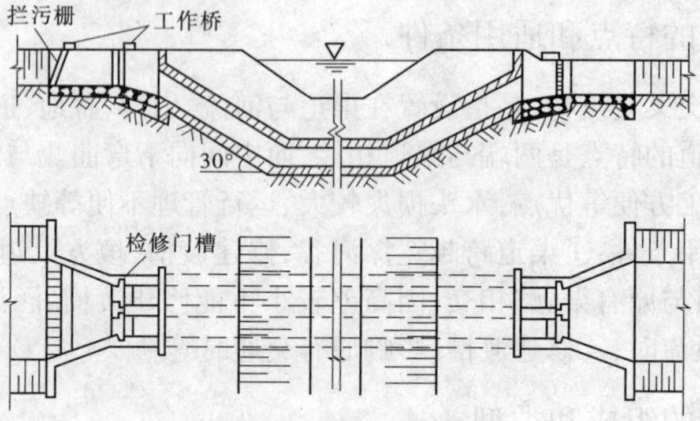

图 8-21　斜管式倒虹吸管

(三)曲线式

曲线式倒虹吸管,一般是沿坡面的起伏爬行曲线铺设,如图 8-22 所示。其主要适用于跨越河谷或山沟,且两者高差较大的情况。为了保证管道的稳定性,减少施工的开挖量,铺设管道的岸坡应比较平缓,对于土坡 $m \geqslant 1.5 \sim 2.0$,岩石坡 $m \geqslant 1.0$。

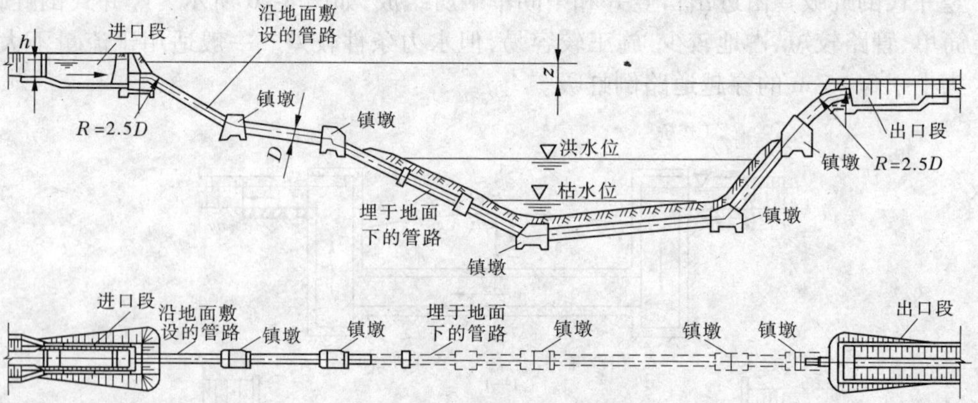

图 8-22　曲线式倒虹吸管

管身的断面一般为圆形。管身的材料为混凝土或钢筋混凝土,可现浇也可预制安装。管身一般设置管座,当管径较小且土基很坚实时,也可直接设在土基上。在管道转弯处,应设置镇墩,并将圆管接头包在镇墩之内。

为了防止温度变化而引起管道产生过大的温度应力,管身顶部应埋置于地面以下 0.5 ~ 0.8 m,为减小工程量,埋置深度也不宜过大。在寒冷地区,管道应埋置于冻土层以下 0.5 m。通过河道水流冲刷部位的管道,管顶应埋设在冲刷线以下 0.5 m。

(四)桥式

与曲线式倒虹吸相似,在沿坡面爬行铺设曲线形的基础上,在深槽部位建桥,管道铺设在桥面上或支承在桥墩等支承结构上,如图 8-23 所示。桥式多用于渠道与较深的复式断面或窄深河谷交叉的情况,主要特点是可以降低管道承受的压力水头,减小水头损失,缩短管身长度，并可避免在深槽中进行管道施工的困难。

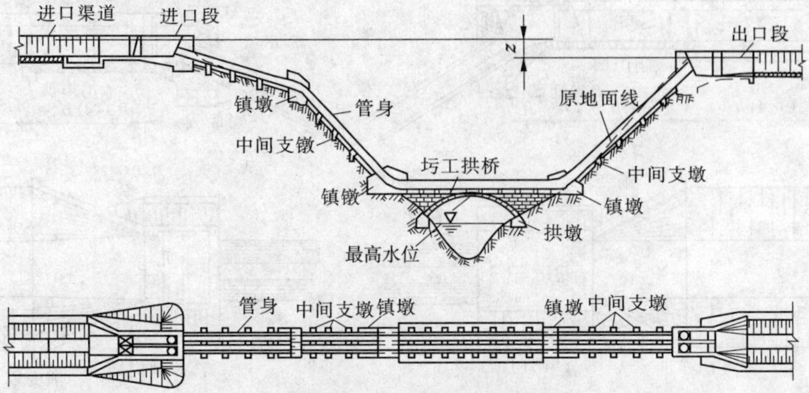

图 8-23　桥式倒虹吸管

桥下应有足够的净空高度，以满足泄洪要求，通航的河道，还应满足通航要求。

三、倒虹吸管的布置要求

倒虹吸管的总体布置应根据地形、地质、施工、水流条件，以及所通过的道路、河道洪水等具体情况经过综合分析比较确定。一般要求如下：

(1)管身长度最短。管路力争与河道、山谷和道路正交，以缩短倒虹吸管道的总长度。还应避免转弯过多，以减少水头损失和镇墩的数量。

(2)岸坡稳定性好。进、出口及管身应尽量布置在地质稳定的挖方地段，避免建在高填方地段，并且地形应平缓，以便于施工。

(3)开挖工程量少。管身沿地形坡度布置，以减少开挖的工程量，降低工程造价。

(4)进、出口平顺。为了改善水流条件，虹吸管进、出口与渠道的连接应当平顺。

(5)管理运用方便。结构的布置应安全、合理，以便于管理运用。

四、进口段布置和构造

(一)进口段的组成

进口段主要由渐变段、进水口、拦污栅、闸门、工作桥、沉沙池及退水闸等部分组成，如图 8-24(a)所示。

进口段的结构形式，应保证通过不同流量时管道进口处于淹没状态，以防止水流在进口段发生跌落、产生水跃而使管身引起振动。

进口段的轮廓应当平顺，以减小水头损失，并应满足稳定、防冲和防渗等要求。

进口段应修建在地基较好、透水性小的地基上。当地基较差、透水性大时应作防渗处理。通常做 30 ~ 50 cm 厚的浆砌石或做 15 ~ 20 cm 厚的混凝土铺盖，其长度为渠道设计水深的 3 ~ 5 倍。

(二)进口段的布置和构造

(1)进口渐变段。倒虹吸管的进口，一般设有渐变段，主要作用是使其进口与渠道平顺连接，以减少水头损失。渐变段长度一般采用 3 ~ 5 倍的渠道设计水深。

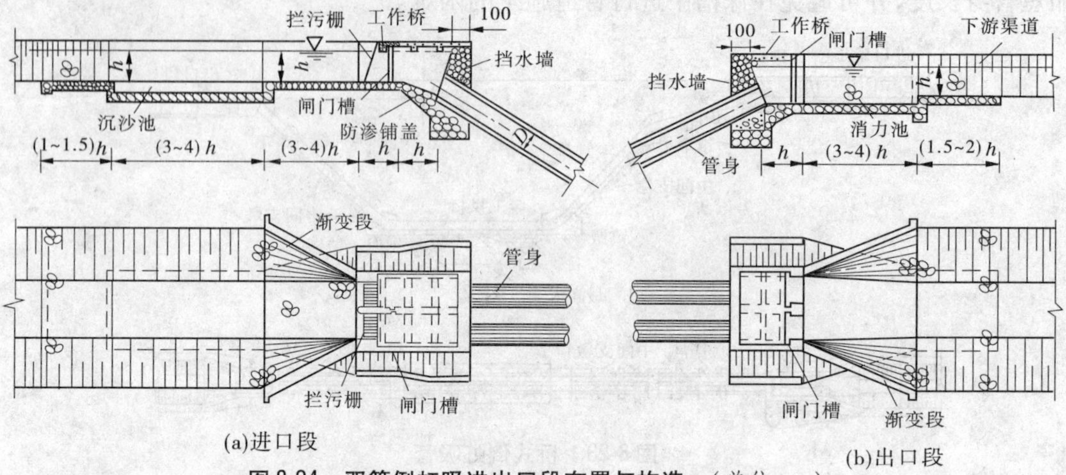

图 8-24　双管倒虹吸进出口段布置与构造　（单位：cm）

（2）进水口。倒虹吸的进水口是通过挡水墙与管身相连接而成的。挡水墙可常用混凝土浇筑或圬工材料砌筑，砌筑时应与管身妥善衔接好。

（3）闸门。对于单管倒虹吸，其进口一般可不设置闸门，有时仅在侧墙留闸门槽，以便在检修和清淤时使用，需要时临时安装插板挡水。双管或多管倒虹吸，在其进口应设置闸门。当过流量较小时，可用一管或几根管道输水，以防止进口水位跌落，同时可增加管内流速，防止管道淤积。闸门的形式，可用平板闸门或叠梁闸门。

（4）拦污栅。为了防止漂浮物或人畜落入渠内被吸入倒虹吸管道内，在闸门前需设置拦污栅。栅条可用扁钢做成，其间距一般为 20 ~ 25 cm。

（5）工作桥。为了启闭闸门或进行清污，在有条件的情况下，可设置工作桥或启闭台。为了便于运用和检修，工作桥或启闭台面应高出闸墩顶足够的高度，通常为闸门高加 1.0 ~ 1.5 m。

（6）沉沙池。对于多泥沙的渠道，在进水口之前，一般应设置沉沙池。主要作用是拦截渠道水流挟带的粗颗粒泥沙和杂物进入倒虹吸管内，以防止造成管壁磨损、淤积堵塞，甚至影响倒虹吸管道的输水能力。对于以悬移质为主的平原区渠道，也可不设沉沙池。

（7）进口退水闸。大型或较为重要的倒虹吸管，应在进口设置退水闸。当倒虹吸管发生事故时，为确保工程的安全，可关闭倒虹吸管前的闸门，将渠水从退水闸安全泄出。

五、出口段的布置和构造

出口段包括出水口、闸门、消力池、渐变段等，如图 8-24（b）所示。

（1）闸门。为了便于管理，双管或多管倒虹吸的出口应设置闸门或预留检修门槽。

（2）消力池。一般设置在渐变段的底部，主要用于调整出口流速分布，以使水流平稳地进入下游渠道，防止造成下游渠道的冲刷。

（3）渐变段。出口一般设有渐变段，以使出口与下游渠道平顺连接，其长度一般为 4 ~ 6 倍的渠道设计水深。为了防止水流对下游渠道的冲刷现象，应在渐变段下游 3 ~ 5 m 内进行渠道的护砌保护。

六、管路布置和构造

管路的布置和构造，主要内容包括管身断面、材料选择，管壁厚度、管段长度确定，分缝止水，泄水冲沙孔，进人孔及支承结构等。应根据流量大小、水头高低、运用要求、管路埋设情况、高差的大小及经济效益等因素，综合进行考虑。

（一）管身断面

倒虹吸的管身断面，一般为圆形，因其水力条件和受力条件较好。对于低水头的管道，也可使用矩形或城门洞形断面。

（二）管身材料

倒虹吸管的材料应根据压力大小及流量的多少、就地取材、施工方便、经久耐用等原则综合分析选择。常用的材料主要有混凝土、钢筋混凝土、预应力钢筋混凝土、铸铁和钢材等。对于水头小于3 m的矩形或城门洞形小型管道，也可采用砖、石等材料砌筑。

（三）管段长度和分缝止水

为防止管道因地基不均匀沉陷、温度变化及混凝土的干缩而产生过大的纵向应力，使管身发生横向裂缝，应将管身进行分段，设置沉陷缝或伸缩缝，并在缝内设置止水。

（1）缝的间距。管段长度，即为横缝的间距，应根据地基、管材、施工、气温等条件确定。现浇钢筋混凝土管缝的间距，土基上一般为15～20 m；岩基上一般为10～15 m。预制钢筋混凝土管及预应力钢筋混凝土管，管节长度可达5～8 m。

（2）伸缩缝的形式。主要有平接、套接、企口接以及预制管的承插式接头等。缝的宽度一般为1～2 cm，缝中堵塞沥青麻绒、沥青麻绳、柏油杉板或胶泥等。

（四）泄水冲沙孔、进人孔

为了泄空管内积水、清除管内淤积泥沙以及便于检查维护，一般要在管身设置泄水冲沙孔，其底部标高应与河道枯水位齐平。对于桥式倒虹吸管道，泄水冲沙孔可设在管道的最低部位。对于大型倒虹吸管，为了便于观察检修，应设置进人孔。通常进人孔与泄水冲沙孔结合布置，并尽可能布置在镇墩上，进人孔的孔径不应小于60 cm。

（五）支承结构

倒虹吸管的支承结构，按其构造和受力特征，分为管床、管座、支墩及镇墩等形式。

（1）管床和管座。对于小型钢筋混凝土倒虹吸管，若地基条件较好，可采用弧形土基管床、三合土管床或分层夯实的碎石管床。对于大中型的倒虹吸管，应采用砌石或混凝土刚性管座，以增加管身的抗滑稳定性，并改善地基的受力条件。在岩石地基上修建倒虹吸管时，可以在岩石中直接开槽，将管身直接浇筑在岩基上，也可在槽内浇混凝土垫层，然后敷设管道，如图8-25所示。

（2）支墩。在承载力较大的地基上敷设中小型倒虹吸管道时，可以不设连续式的管座，而采用设置中间支墩的形式。支墩的构造，应保证管道轴向位移的可能性，一般采用摆动或滑动的形式，管径小于100 cm时，也可采用鞍形支墩。支墩的间距，可根据地基、管径大小、管节的长度等情况而定，一般采用2～8 m。包角2φ一般为90°～135°，管身与支墩间铺沥青油毛毡。支墩的建造材料，一般采用浆砌石、混凝土等。

（3）镇墩。镇墩是为了连接和固定管道而专门设置的支承结构。设置镇墩的位置，

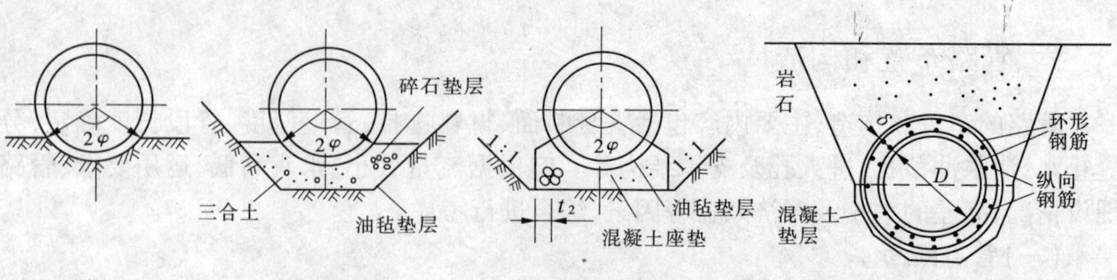

(a)弧形土基　(b)碎石垫层　(c)刚性管座　(d)整体混凝土垫层(岩基)

图 8-25　管床、管座示意图

一般在倒虹吸管的变坡处、转弯处、不同管壁厚度的连接处、管身分段分缝处或管坡较陡长度较大的斜管中部。设置个数应结合地形、地质条件而定。

镇墩的结构形式，一般为重力式。镇墩所承受的荷载，主要包括管身传来的荷载、水流产生的动荷载、填土压力及自身重力等。镇墩的材料，主要为砌石、混凝土或钢筋混凝土。对于砌石镇墩，可在管道周围包一层混凝土，多用于小型倒虹吸管。在岩基上的镇墩，为了提高管身的稳定性，也可以加设锚杆与岩基相连接。

七、倒虹吸管的水力计算

倒虹吸管水力计算的任务，主要是根据上游渠底高程、水位、流量和允许的水头损失，确定倒虹吸管的断面尺寸、水头损失、下游渠底高程及进出口的水面衔接形式。

(一)断面尺寸的确定

倒虹吸管的断面设计应根据自然条件和用水高程的要求，从技术上的可能性和经济上的合理性进行比较。倒虹吸管的断面尺寸与管内流速有关，若流速选得过小，不仅管径偏大，而且管内容易产生淤积现象；若流速选得过大，虽然可以减小管径，但是水头损失增大，还容易造成出口的冲刷。倒虹吸管水力计算公式见表 8-12。

表 8-12　倒虹吸管水力计算公式

序号	公式名称	计算公式	说明
1	管道直径	$D=\sqrt{4Q/(\pi v)}$	D——倒虹吸的管径，m； Q——倒虹吸的设计流量，m^3/s； v——初选流速，m/s
2	倒虹吸管的流量	$Q=\mu\omega\sqrt{2gz}$	μ——流量系数； ω——倒虹吸管过水断面面积，m^2； z——总水头损失，m； λ——沿程水头损失系数； l——管道的总长度，m； D——管道直径，m； $\sum\xi$——局部水头损失系数的总和； v——管内平均流速，m/s； n——糙率系数； R——水力半径，m
3	流量系数	$\mu=1/\sqrt{\lambda l/D+\sum\xi}$	
4	沿程水头损失	$h_f=\lambda\dfrac{l}{D}\dfrac{v^2}{2g}$	
5	沿程水头损失系数	$\lambda=8g/C^2, C=\dfrac{1}{n}R^{\frac{1}{6}}$	
6	局部水头损失	$h_j=\sum\xi\dfrac{v^2}{2g}$	
7	上下游渠道水位差	$z=h_f+h_j=\dfrac{v^2}{2g}\left(\dfrac{\lambda l}{D}+\sum\xi\right)$	

(二)水头损失计算

根据初步确定的管径、相应于设计流量的流速及管道的布置等情况,即可计算管道的沿程水头损失、局部水头损失及总水头损失 z。然后,按照有压管流的流量公式验算倒虹吸的过水能力。关于倒虹吸管的水力计算公式,如表 8-12 所示。

当通过加大流量时,进口水面可能壅高,应核算其壅水高度是否超过挡水墙顶和上游渠顶,以及有无一定的超高值。

当通过小流量时,应验算上下游渠道实际水位差 Z_1,是否大于计算得出的水头损失值 Z_2,若 $Z_1 > Z_2$,说明实有的水头大于所需水头,即管道进口处的水位低于上游水位。所以,进口水面将会产生跌落,从而在管道内产生水跃衔接,如图 8-26 所示。由于水跃的脉动和掺气,将引起管身的振动,影响管道正常输水,严重时会导致管身破坏。为避免这种现象发生,可根据倒虹吸管总水头的大小,采取以下不同的进口结构布置形式。

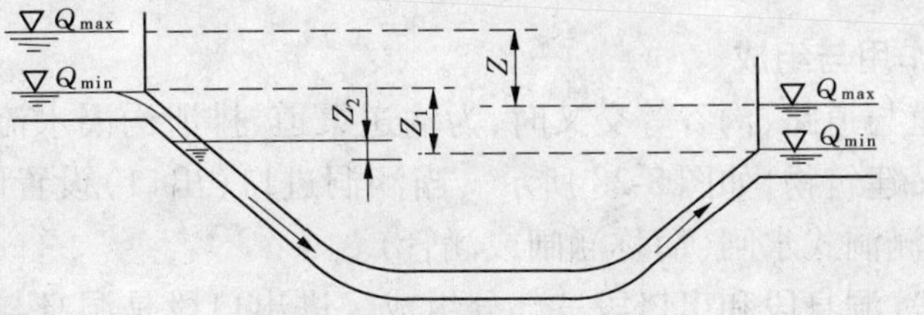

图 8-26 倒虹吸管水力计算

(1)当 $Z_1 - Z_2$ 值较大时,可适当降低管身的进口高程,并在进口前设置消力池,池中的水跃应为进口处水面所淹没,如图 8-27(a)所示。

(2)当 $Z_1 - Z_2$ 值不大时,可略降低管身的进口高程,并在进口前设置斜坡段,使渠道的水面与管口水面在斜坡段衔接,如图 8-27(b)所示。

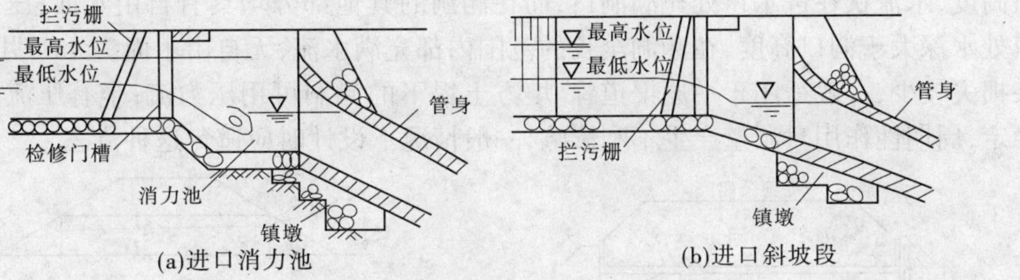

图 8-27 倒虹吸管进口水面衔接

(3)当 $Z_1 - Z_2$ 值很大时,如在进口设置消力池不便于布置或不经济,可考虑在出口处设置闸门,以抬高出口水位,使倒虹吸管进口淹没,消除管内水跃现象。此时,应加强运行管理,以保证倒虹吸管正常工作。

当通过加大流量,上下游渠道水位差值 Z 小于倒虹吸管通过加大流量时所需的水位差值时,应通过计算,适当加大挡水墙及上游渠道堤顶的高度,增加超高值。

(三)下游渠底高程及进出口水面衔接

下游渠底高程的确定及进出口水面衔接,应在上游渠底高程确定的基础上,通过各种特征流量时的水头损失计算成果，以综合分析选定适当的水头损失值 Z 作为依据。

(1)上游水面高程 = 上游渠底高程 + 渠道水深；

(2)下游水面高程 = 上游水面高程 - 水头损失值 Z；

(3)下游渠底高程 = 下游水面高程 - 渠道水深。

倒虹吸管的断面尺寸和上下游渠道底部高程确定后，应当核算通过小流量时是否满足不淤要求。当计算出的管身断面尺寸较大或通过小流量时管内流速过小，可考虑布设双管或多管。

第五节　其他渠系建筑物

一、涵洞

(一)涵洞的作用与组成

涵洞是指渠道与道路、沟谷等交叉时，为输送渠道、排泄沟溪水流，在道路、填方渠道下面所修建的交叉建筑物，如图 8-28 所示。当涵洞进口(出口)设置闸门用以控制流量、调节水位时，称为涵洞式水闸(简称涵闸或涵管)。

涵洞由进口段、洞身段和出口段三部分组成。进出口段是洞身与填土边坡相连接的部分，主要作用是保证水流平顺、减少水头损失、防止水流冲刷；洞身段是输送水流，其顶部往往有一定厚度的填土。

(二)涵洞的类型

(1)涵洞按水流形态可分为无压涵洞、半压力涵洞和有压涵洞，如图 8-29 所示。无压涵洞入口处水深小于洞口高度，洞内水流均具有自由水面；半压力涵洞入口处水深大于洞口高度，水流仅在进水口处充满洞口，而在涵洞的其他部分均具有自由水面；压力涵洞入口处水深大于洞口高度，在涵洞全长的范围内都充满水流，无自由水面。无压明流涵洞水头损失较少，一般适用于平原渠道；高填方土堤下的涵洞可用压力流；半有压流的状态不稳定，周期性作用对洞壁产生不利影响，一般情况下设计时应避免这种流态。

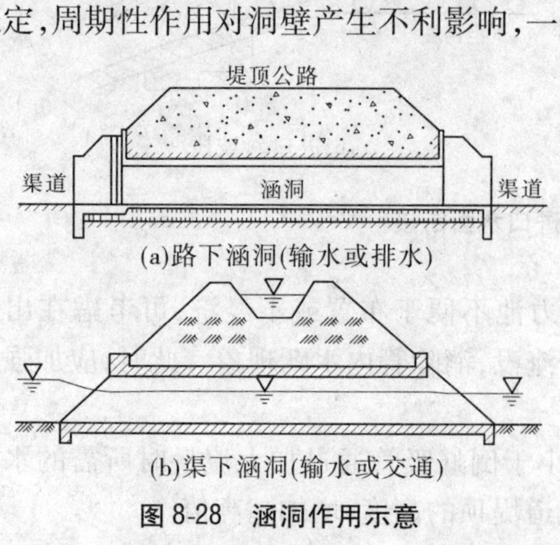

图 8-28　涵洞作用示意

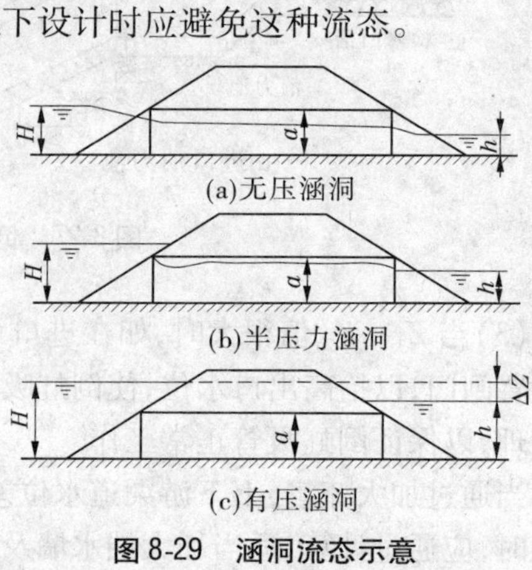

图 8-29　涵洞流态示意

(2)按涵洞断面形式可分为圆管涵、盖板涵、拱涵、箱涵，如图 8-30 所示。圆形适用于顶部垂直荷载大的情况,可以是无压,也可以是有压。方形适用于洞顶垂直荷载小,跨径小于1 m的无压明流涵洞。拱形适用于洞顶垂直荷载较大,跨径大于1.57 m的无压涵洞。

(3)涵洞按建筑材料可分为砖涵、石涵、混凝土涵和钢筋混凝土涵等。

(4)按涵顶填土情况可分为明涵(涵顶无填土)和暗涵(涵顶填土大于50 cm)。

选择上述涵洞类型时要考虑净空断面的大小、地基的状况、施工条件及工程造价等。

(三)涵洞的布置

涵洞进、出口段形式多样,如图8-31所示。洞身段根据洞内水流净空要求、洞顶填土厚度、伸缩缝设置和洞体防渗等要求进行布置。涵洞的走向一般应与渠堤或道路正交,以缩短洞身的长度,并尽量与原沟溪渠道水流方向一致,以保证水流顺畅,为防止冲刷或淤积,洞底高程应等于或接近于原渠道水底高程,坡度稍大于原水道坡度。

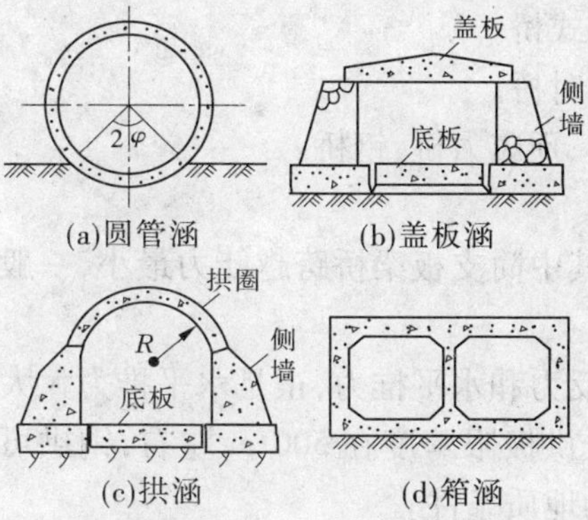

图8-30 涵洞的断面形式

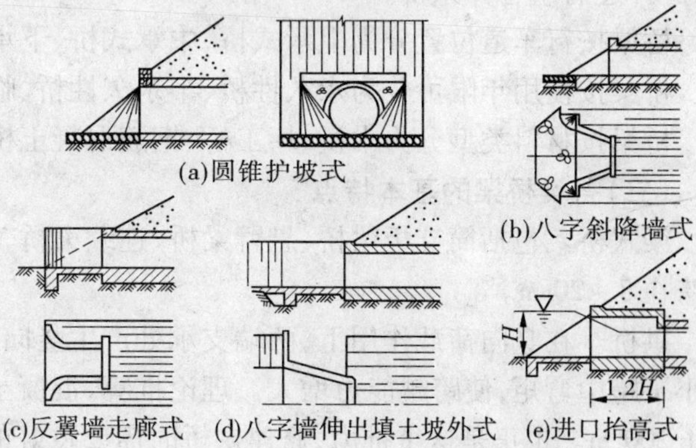

图8-31 涵洞的进、出口形式

(四)涵洞的水力计算及结构计算

涵洞的水力计算的主要目的是确定横截面尺寸、上游水位及洞身纵坡。计算时先要判别涵洞内的水流流态,然后进行水力计算。

涵洞的结构计算的荷载有填土压力、自重、外水压力、洞内外水压力、洞内水重、填土上的车辆行人荷载。涵洞的进出口结构计算与其形式有关,一般按挡土墙设计。

二、桥梁

桥梁指的是为道路跨越天然或人工障碍物而修建的建筑物,是灌区百姓生产、生活的重要建筑物,随着农村经济的发展,桥梁的设计标准应适当提高。

灌区各级渠道上配套的桥梁具有量大面广、结构形式相似的特点,采取定型设计和装配式结构较为适宜。

(一)桥梁的组成

桥梁一般来说由五大部件和五小部件组成。

五大部件是指桥梁承受汽车或其他车辆运输荷载的桥跨上部结构与下部结构,是桥梁结构安全的保证。其包括桥跨结构(或称桥孔结构、上部结构)、支座系统、桥墩、桥台、墩台基础,与渡槽有很多相似之处。五小部件是指直接与桥梁服务功能有关的部件,过去称为桥面构造,包括桥面铺装、防排水系统、栏杆、伸缩缝、灯光照明。

(二)桥梁的分类

桥梁按用途分为公路桥、公铁两用桥、人行桥、机耕桥、过水桥。

桥梁按跨径大小和多跨总长(单孔跨径 L_0,m,多孔跨径总长 L,m)分为

特大桥:$L \geqslant 500$ m 或 $L_0 \geqslant 100$ m;

大桥:$L \geqslant 100$ m 或 $L_0 \geqslant 40$ m;

中桥:30 m $< L <$ 100 m 或 20 m $\leqslant L_0 <$ 40 m;

小桥:8 m $\leqslant L \leqslant$ 30 m 或 5 m $< L_0 <$ 20 m。

桥梁按结构分为梁式桥、拱桥、钢架桥、缆索承重桥(斜拉桥和悬索桥)四种基本体系,此外还有组合体系桥。

桥梁按行车道位置分为上承式桥、中承式桥、下承式桥。

桥梁按使用年限可分为永久性桥、半永久性桥、临时桥。

桥梁按材料类型分为木桥、圬工桥、钢筋混凝土桥、预应力桥、钢桥。

(三)各类桥梁的基本特点

梁式桥。包括简支板梁桥、悬臂梁桥、连续梁桥,其中简支板梁桥跨越能力最小,一般一跨在 8~20 m。

拱桥。在竖向荷载作用下,两端支承处产生竖向反力和水平推力,正是水平推力大大减小了跨中弯矩,使跨越能力增大。理论推算,混凝土拱极限跨度在 500 m 左右,钢拱可达 1 200 m。也正是这个推力,修建拱桥时需要良好的地质条件。

刚架桥。有 T 形刚架桥和连续刚构桥,T 形刚架桥主要缺点是桥面伸缩缝较多,不利于高速行车。连续刚构主梁连续无缝,行车平顺,施工时无体系转换。

缆索承重桥(斜拉桥和悬索桥)。是建造跨度非常大的桥梁最好的设计。道路或铁路桥面靠钢缆吊在半空,缆索悬挂在桥塔之间。

组合体系桥。有梁拱组合体系,如系杆拱、桁架拱、多跨拱梁结构等。梁刚架组合体系,如 T 形刚构桥等。

桁梁式桥。有坚固的横梁,横梁的每一端都有支撑。最早的桥梁就是根据这种构想建成的。它们不过是横跨在河流两岸之间的树干或石块。现代的桁梁式桥,通常是以钢铁或混凝土制成的长型中空桁架为横梁。这使桥梁轻而坚固。利用这种方法建造的桥梁叫做箱式梁桥。

拉索桥。有系到桥柱的钢缆。钢缆支撑桥面的重量,并将重量转移到桥柱上,使桥柱承受巨大的压力。

廊桥。加建亭廊的桥,称为亭桥或廊桥,可供游人遮阳避雨,又增加桥的形体变化。

三、跌水

当渠线通过陡坎或坡度较陡的地段时,为防止渠道受冲,在陡坎处或适宜地点将渠道底突然降低,利用消力池来消除水流的多余能量,这种建筑物称为跌水。

(一)作用与类型

跌水的作用是将上游渠道或水域的水安全地自由跌落入下游渠道或水域,将天然地形的落差适当集中修筑,从而调整引水渠道的底坡,克服过大的地面高差引起的大量挖方或填方。跌水多设置于落差集中处,用于渠道的泄洪、排水和退水。

跌水可分为单级跌水和多级跌水,如图 8-32、图 8-33 所示。

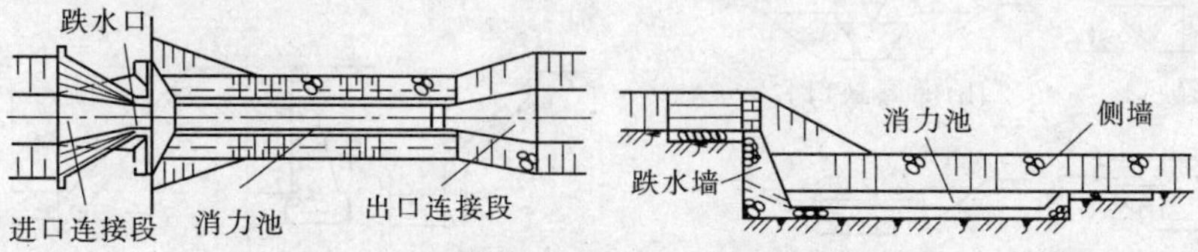

图 8-32　单级跌水

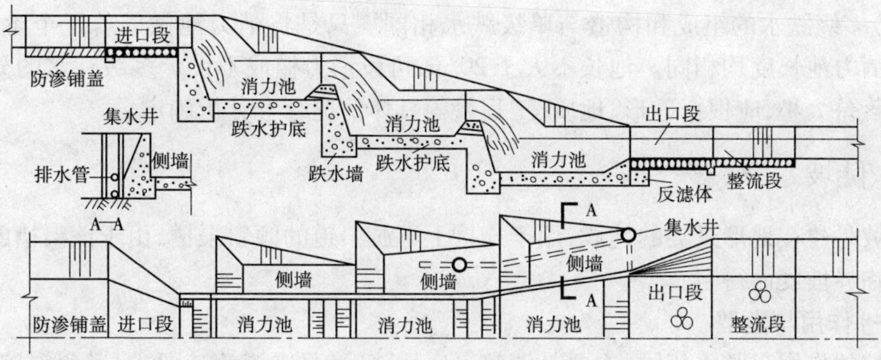

图 8-33　多级跌水

(二)组成与布置

跌水应根据工程需要进行布置,既可以单独设置,也可以与其他建筑物结合布置,一般情况下,跌水应尽量与节制闸、分水闸或泄水闸布置在一起,方便运行管理。

在跌差较小处选用单级跌水,在跌差较大处(跌差大于 5 m)选用多级跌水。

跌水常用的建筑材料多为砖、砌石、混凝土和钢筋混凝土。

跌水主要由进口、跌水口、跌水墙、消力池、海漫、出口等部分组成。

(1)进、出口。进、出口连接段须以渐变段连接,以保持良好的水力条件,如扭曲面、八字墙、圆锥形等。连接段常用片石和混凝土组砌。

(2)跌水口。由底板和边墙组成,构造与闸室相似,一般不设闸门,是一个自由泄流的堰。跌水口是设计跌水的关键,形式有矩形、梯形和底部抬堰式,如图 8-34 所示。

(3)跌水墙。是跌水口和消力池间的连接。属挡土墙形式,但断面比一般挡土墙小。有直立式和倾斜式,一般多采用重力式挡土墙。侧墙间常设沉降缝,并设排水设施。

(4)消力池。通常宽度比跌水口宽一些,但不宜宽太多。以免引起回流,降低消能效果。横断面一般为矩形、梯形和折线形,底板厚可取 0.4 ~0.8 m。结构设计同闸后消力池,消力池的横断面形式如图 8-35 所示。

(5)海漫。起着消除消力池出口余能和使断面流速分布均匀的作用。一般用干砌石做成。其护砌长度不小于3倍下游水深。

(6)分缝与排水。为避免跌水各部分不均匀沉降而产生裂缝，在各部分之间应设沉陷缝，缝内填塞沥青、油毡或沥青麻丝止水。当跌水下游水位高于消力池底板时，应在侧墙背面设排水措施。如埋管、反滤层等。

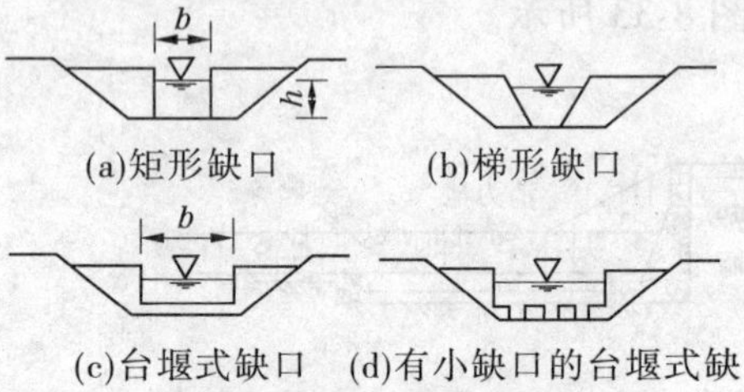

图8-34　跌水口形式

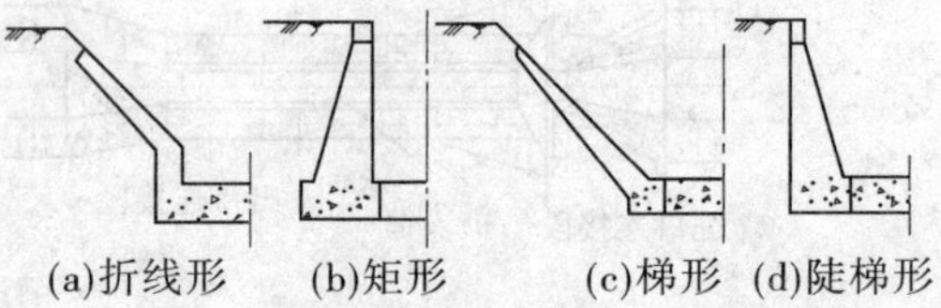

图8-35　消力池的横断面形式

(7)多级跌水的组成和构造与单级跌水相同。只是将消力池做成若干个阶梯，多级落差和消力池长度均相同。池长不大于20 m，可设消力槛或不设。多级跌水的分级数目和多级落差大小，应根据地形、地质、工程量等具体情况综合分析确定。

四、陡坡

陡坡是建在地形过陡的地段，用于连接上下游渠道的倾斜渠槽，由于该渠槽的坡度一般陡于临界坡度而得名。

(一)作用与类型

陡坡的作用与跌水相同，主要是调整渠底比降，满足渠道流速要求，避免深挖高填，减小挖填方工程量，降低工程投资。

根据地形条件和落差的大小，陡坡的形式分为单级陡坡和多级陡坡两种。对于多级陡坡，往往建在落差较大且有变坡或有台阶地形的渠段上。

(二)组成与布置

陡坡由进口连接段、控制堰口、陡坡段、消力池和出口连接段五部分组成。陡坡的构造与跌水类似，所不同的是以陡坡段代替跌水墙，水流不是自由跌落而是沿斜坡下泄。

陡坡的落差、比降，应根据地形、地质及沿渠调节分水需要等进行确定。一般陡坡的落差比跌水大，陡坡的比降不陡于1∶1.5。

在陡坡段水流速度较高，因此应做好进口和陡坡段的布置，以使下泄水流平稳、对称且均匀地扩散，以利于下游的消能和防冲。

陡坡段的横断面形式，主要有矩形和梯形，梯形断面的边墙可以做成护坡式。

在平面布置上，陡坡可做成等宽度、扩散形(变宽度)和菱形三种。

(1)等宽度陡坡。布置形式较为简单，水流集中，不利于下游的消能，所以对于小型渠道和跌差小的情况较为常用。

(2)扩散形陡坡。扩散形陡坡是指在陡坡段采用扩散形布置，如图8-36所示，这种形式可以使水流在陡坡上发生扩散，单宽流量逐渐减小，因此对下游消能防冲较为有利。陡坡的比降，应根据地形地质情况、跌差及流量的大小等条件进行确定。对于流量较小、跌差小且地质条件较好的情况，其比降可陡一些。在土基上陡坡比降一般可取 1:2.5 ~ 1:5。对于土基上的陡坡，单宽流量不能太大，当落差不大时，多从进口后开始采用扩散形陡坡。陡坡平面扩散角，一般为 5° ~ 7°。

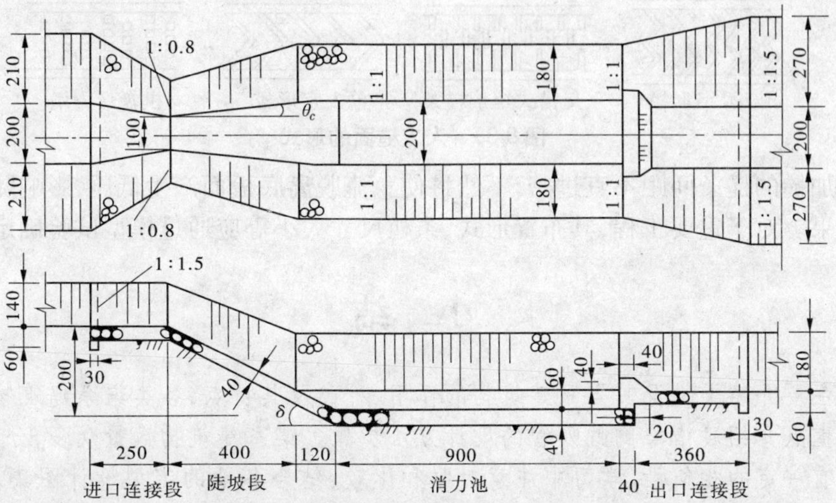

图 8-36　扩散形陡坡　（单位：cm）

(3)菱形陡坡。菱形陡坡是指在平面布置上呈菱形，即上部扩散而下部收缩，如图 8-37 所示。这种布置一般用于跌差 2.5 ~ 5.0 m 的情况。为了改变水流条件，一般在收缩段的边坡上设置导流肋，并使消力池段的边墙边坡向陡槽段延伸，使其成为陡坡边坡的一部分，确保水跃前后的水面宽度相同，两侧不产生平面回流旋涡，使消力池平面上的单宽流量和流速分布均匀，从而减轻了对下游的冲刷。

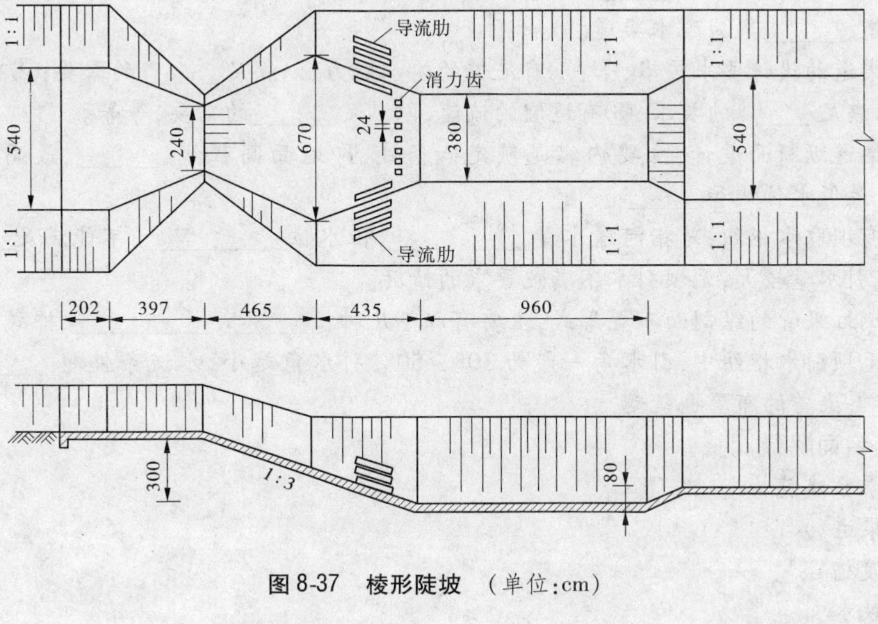

图 8-37　棱形陡坡　（单位：cm）

(4)人工加糙陡坡。为了促使水流紊动扩散、降低流速、改善下游流态及利于防冲消能,可在陡坡段上进行人工加糙。常见的加糙形式有双人字形槛、单人字形槛、交错式矩形糙条、棋盘形方墩等,如图 8-38 所示。

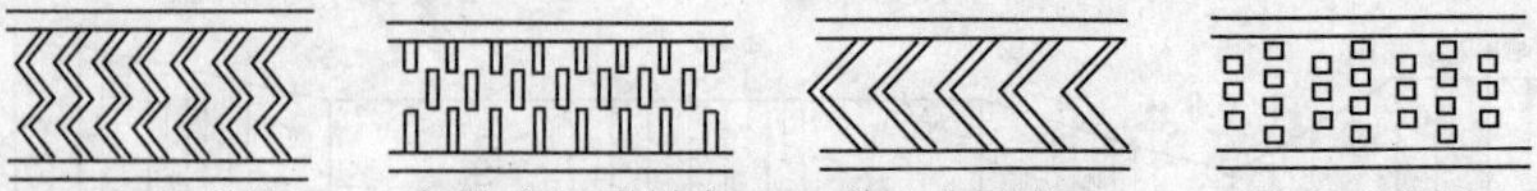

图 8-38　人工糙面的形式

人工加糙的糙条间距不宜过密,不然将使急流脱离底板而产生低压,影响陡坡的安全和消能效果。对于重要工程,其布置形式、条槛尺寸大小等应通过模型试验确定。

小　结

本章主要介绍渠道及其渠系建筑物的作用、种类及其特点,各类渠系建筑物的构造及其布置。重点介绍渡槽与倒虹吸管的设计方法步骤。渠系建筑物数量众多,分布面广,相互之间具有一定的相似性,学习中注意对照和比较,结合各地的定型设计图集,掌握渠系建筑物的形式、组成、构造和设计方法。

复习思考题

一、填空题

1. 渠系建筑物的类型较多,按其作用可以分为:______建筑物、______建筑物、落差建筑物、______建筑物、冲沙建筑物和沉沙建筑物以及量水建筑物等。

2. 渠道系统,一般由______级固定渠道所组成。各自的作用不同,其中,______渠为输水渠道,______渠为配水渠道。

3. 渠道的设计要求较多,如:①有足够的输水能力,以满足______的需要;②有足够的水位,以满足______的要求;③有适宜的流速,以满足______的需要,等等。

4. 渠道纵断面设计,主要内容是确定六条线,即地面高程线、______、最高水位线、______、最低水位线和______。

5. 有坝取水枢纽,是指河道水量__________,但水位__________,不能满足________要求,或引水量较大,无坝引水不满足要求的情况。

6. 倒虹吸管的纵剖面布置形式,主要有以下几种:______、__________、桥式倒虹等。

7. 无坝引水枢纽中,引水角一般为 30°~50°,引水角越小,水流条件越______,冲刷越______,渠首的布置也就越__________。

二、名词解释

1. 渠系建筑物

2. 渠道

3. 渡槽

4. 跌水

5. 陡坡

6. 倒虹吸

三、简答题

1. 简述渠系建筑物的种类、作用和布置原则，各种渠系建筑物的类型、组成和特点。

2. 倒虹吸管的适用条件主要是什么？

3. 根据跌差大小，跌水可分为哪几种类型？跌水口的作用是什么？

4. 渠道设计的要求有哪些？在设计时应如何考虑？

5. 梁式渡槽的支承形式有哪几种？各有何优缺点？适用条件是什么？

6. 跌水与陡坡有何区别？

四、计算题

1. 某干渠从水库取水，设计流量为 30 m^3/s，比降为 1/3 000，渠床为砂壤土，边坡系数为 1.5。试设计确定渠道过水断面尺寸。

2. 某矩形渡槽上游渠道，渠底高程为 657.85 m，设计流量为 3.5 m^3/s，加大流量为 4.4 m^3/s。渡槽上下游渠道，比降为 1/3 500，底宽 2.0 m，糙率 0.017，内外边坡系数为 1.0、1.5，渡槽规划时允许水头损失为 0.25 m，渡槽总长度 120 m。试进行该矩形渡槽的水力计算。

第九章　过坝建筑物

【学习重点】 了解通航建筑物、过木建筑物和过鱼建筑物的工作原理及布置，掌握船闸通航能力、耗水量的计算、船闸各组成部分尺寸的拟定及构造特点。

大坝的建成阻断了天然河道中船只、鱼类和木材的正常通行，需要修建专门的建筑物，引导它们顺利过坝。

第一节　船　闸

一、船闸的组成和工作原理

(一)船闸的组成

船闸是为船舶克服水道落差而设置的一种结构简单、使用方便的通航建筑物。一般由上下游闸首、闸室和上下游引航道组成。还布置有输水系统、靠航建筑物和引航建筑物等，如图 9-1 所示。

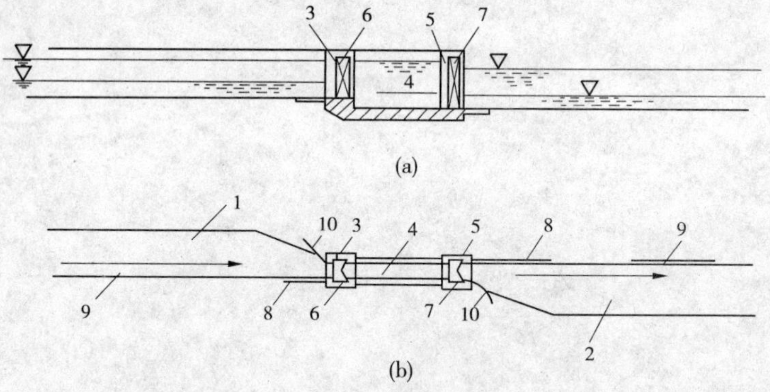

1—上游引航道；2—下游引航道；3—上闸首；4—闸室；5—下闸首；6—上闸门；7—下闸门；8—主导建筑物；9—靠船建筑物；10—辅导建筑物

图 9-1　船闸组成示意图

1. 上下游闸首

将闸室与上下游引航道或闸室隔开，利用闸门使闸室内维持一定水位，方便船只通过。多级船闸中闸首兼有上下闸首的作用。闸首由两侧边墩、底槛和闸门组成，闸首设有工作闸门、检修闸门、输水系统、闸门启闭系统，此外还可设交通桥及其他辅助机械设备。

2. 闸室

闸室是船闸的主要组成部分，介于上下闸首及两侧边墩供船只过坝时停泊的场所。

主要由闸底板、闸墙组成,用闸首的闸门与上下游引航道隔开。

3.上下游引航道

为了保证过闸船只顺利通过,连接闸室与主航道的一段航道,分上下游设置,并设有导航及靠船建筑物。

(二)船闸的工作原理

船闸的工作原理是利用输水系统使闸室内水位依次与上下游平齐,使船只顺利从上游到下游,或从下游到上游,如图9-2所示。

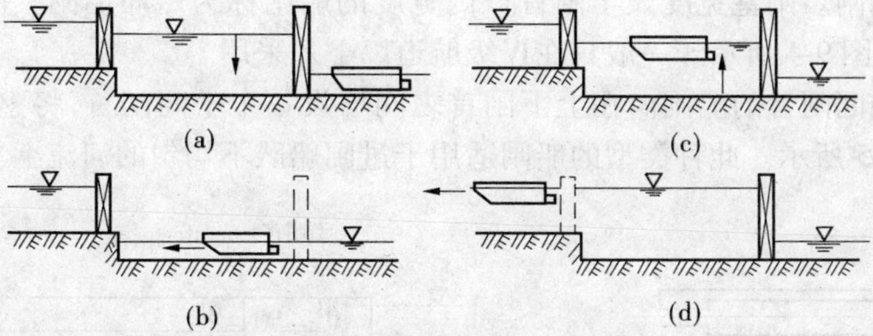

图9-2　船闸工作原理示意

以向上游通行的船只通过单级船闸为例,具体过程如下:首先开启下闸首的输水系统阀门,闸室内的水流向下游河道,水位下降至与下游水位平齐时开启下游闸门,船只驶入闸室随后关闭下游闸门,开启上游输水系统阀门向闸室充水,待水位逐渐上升至上游水位平齐后开启上游闸门,船只驶出闸室。向下游通航的船只过闸过程和与上述过程相反。

二、船闸的类型

(一)按船闸级数分类

(1)单级船闸。只有一级闸室,适用于水头15~20 m以内,过闸时间短、通过能力较大、设备集中、方便管理,我国已建成的900多座船闸中,绝大多数为单级船闸。

(2)多级船闸。具有两级或两级以上的闸室,适用于高水头,按水头分若干级,逐级建造船闸,如图9-3所示。多级船闸的充泄水设备和操作管理较单级船闸复杂得多。我国已建成的总水头30 m以上的多级船闸有湖南潇水双排二级船闸,水头43 m;福建闽江水口三级船闸,水头59 m;湖南沅水五强溪三级船闸,水头60.9 m;湖南三汶江酒埠江二级船闸,水头38.5 m;长江三峡五级船闸,水头113 m等。

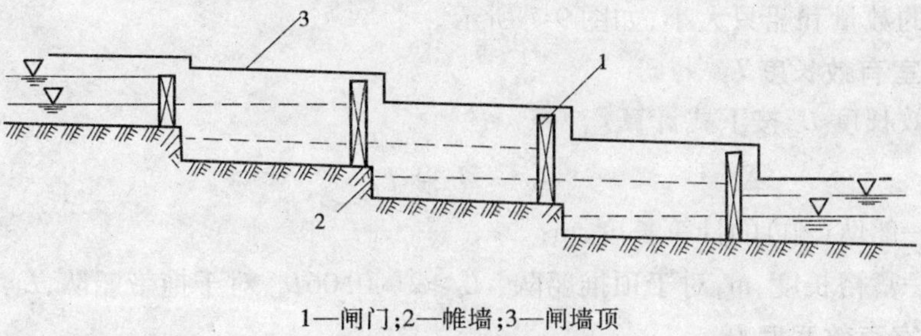

1—闸门;2—帷墙;3—闸墙顶

图9-3　多级船闸示意

(二)按船闸的线数分类

(1)单线船闸。一个枢纽内只有一条通航线路,适用于通航船只数量不多的河流上。

(2)多线船闸。一个枢纽内设有两条以上的通航线路。多线船闸的线数取决于货运量和船只,采用多线船闸可加快通航时间,减少船舶等待时间。葛洲坝水电站为三线船闸,三峡水电站为双线船闸。

(三)按船闸的形式分类

(1)普通船闸。区别于特殊形式的船闸而言,是目前应用最多的船闸。

(2)广厢船闸。闸室宽度大于闸首口门宽度的船闸称为广厢船闸。闸门尺寸小,启闭设备简单,如图9-4所示。一般只在Ⅳ级航道以下才采用。

(3)具有中间闸首的船闸。在上下闸首之间增设一个中间闸首,将整个闸室分隔成两部分,如图9-5所示。此种类型的船闸适用于过闸船队不均匀的河流上。

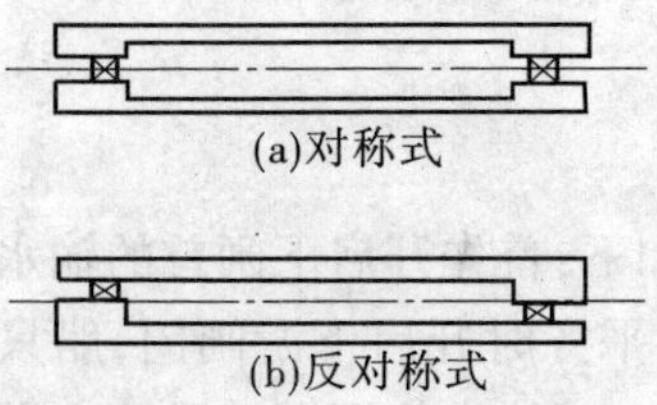

图9-4　广厢船闸平面示意图

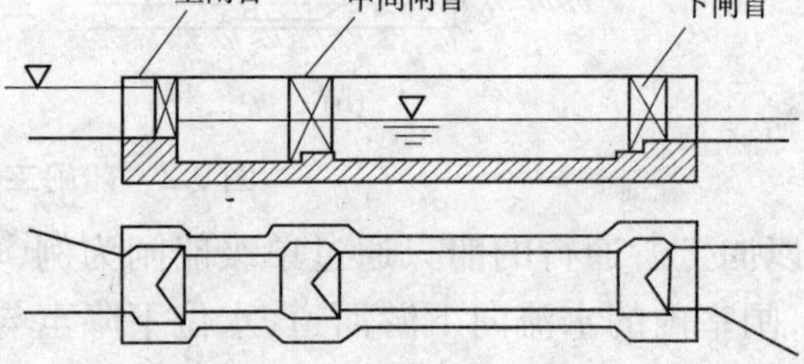

图9-5　具有中间闸首的船闸示意图

(4)井式船闸。在下游闸首建一胸墙,减小闸门高度,胸墙下留有过闸船只所必需的通航净空,适用于水头较高,地基条件好的情况。单级船闸和多级船闸均可采用井式船闸,如图9-6所示。国外最大水头的单级船闸就是井式船闸,水头达42 m。

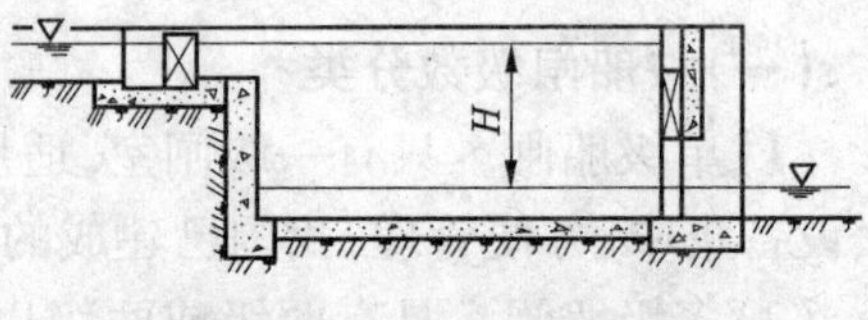

图9-6　井式船闸示意图

三、船闸的基本尺寸

船闸的基本尺寸包括闸室有效长度与宽度,闸槛上最小水深。船闸的基本尺寸取决于过闸船队的数量和船只大小,如图9-7所示。

(一)闸室有效长度 L_x

闸室有效长度 L_x 按下式计算:

$$L_x = L_c + L_f \tag{9-1}$$

式中　L_c——船队(舶)的计算长度,m;

L_f——富裕长度,m,对于顶推船队,$L_f \geqslant 2 + 0.06L_c$,对于拖带船队,$L_f \geqslant 2 + 0.03L_c$。

(二)闸室有效宽度 B_x

闸室有效宽度 B_x 按下式计算:

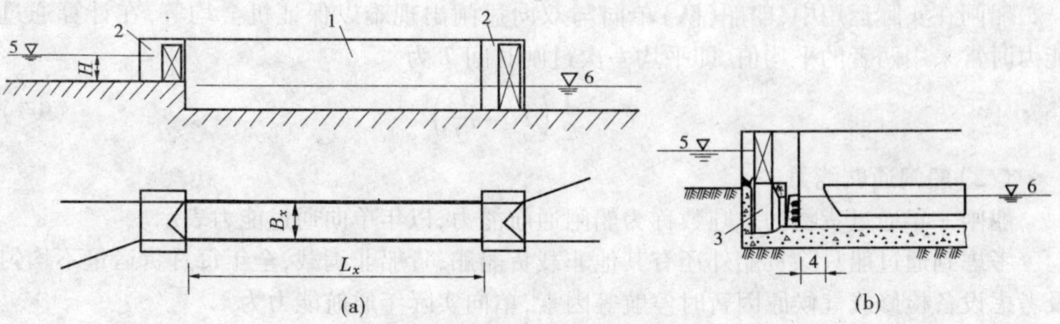

1—闸室；2—闸首；3—消能室；4—镇静段；5—上游最低通航水位；6—下游最低通航水位

图 9-7　船闸基本尺寸示意

$$B_x = \sum b_c + b_f \tag{9-2}$$

$$b_f = \Delta b + 0.025(n-1)b_c \tag{9-3}$$

式中　$\sum b_c$——并列过闸船只的最大总宽度，m；

b_f——富裕宽度，m；

Δb——富裕宽度附加值，m，当 $b_c \leqslant 7$ m 时，$\Delta b \geqslant 1$ m，当 $b_c > 7$ m 时，$\Delta b \geqslant 1.2$ m；

n——过闸停泊在闸室的船舶的列数。

（三）闸槛上最小水深 H

设计最低通航水位至门槛顶部的最小水深，并满足设计船舶（队）满载时的最大吃水加富裕深度的要求：

$$H \geqslant 1.6T \tag{9-4}$$

式中　H——门槛最小水深，m；

T——设计船舶（队）满载时的最大吃水，m。

四、船闸的通航能力和耗水量

（一）船只过闸时间

每一船舶（队）单向过闸所需时间为

$$T_1 = 4t_1 + t_2 + 2t_3 + t_4 + t_5 \tag{9-5}$$

式中　t_1——闸门启闭的时间；

t_2——单向第一个船队进闸时间；

t_3——闸室灌水或泄水时间；

t_4——单向第一个船队出闸时间；

t_5——船舶（队）进闸或出闸间隔时间，当一闸次只通过一个船舶（队）时，$t_5 = 0$。

一次双向过闸（一个船队从上游到下游，另一个船队紧接着从下游驶向上游）所需总时间为

$$T_2 = 4t_1 + 2t'_2 + 2t_3 + 2t'_4 + 4t_5 \tag{9-6}$$

式中　t'_2——船舶（队）由上游（或下游）进闸时间；

t'_4——船舶（队）向下游（或上游）出闸时间。

船闸在实际运用中，船舶(队)单向与双向过闸出现难以保证机会均等，在计算通过能力时常采用两者的平均值，即平均一次过闸时间 T 为

$$T = \frac{1}{2}\left(T_1 + \frac{T_2}{2}\right) \tag{9-7}$$

(二)船闸通航能力

船闸一年通过货物的总吨数称为船闸通航能力，以年单向通过能力表示。

考虑到通过船只除货船外还有其他非载货船舶，货船非满载，全年每月货运量不均匀及考虑设备检修或气候原因暂时停航等因素，单向实际年通航能力为

$$P = \frac{1}{2}(n - n_0)\frac{NG\alpha}{\beta} \tag{9-8}$$

$$n = \frac{\tau \times 60}{T} \tag{9-9}$$

式中 P——单向年过货运量，t；

n——日平均过闸次数；

τ——日工作小时，一般取 20 ~ 22 h；

n_0——日非货运船舶过闸次数；

N——船闸全年工作天数，d；

α——船舶装载系数，0.5 ~ 0.8；

β——货运量不平衡系数，1.3 ~ 1.5；

G——次过闸平均载重吨位，t。

(三)船闸的耗水量

船闸耗水量包括通航用水与闸、阀门漏水两部分。单级船闸(闸室墙为直立式)单向一次过闸的耗水量可按下式计算：

$$V_0 = (1.15 \sim 1.20)L_x B_x H \tag{9-10}$$

式中 H——船闸的设计水头，m。

双向一次过闸耗水量：

$$V = \frac{1}{2}V_0 \tag{9-11}$$

日平均耗水量：

$$\overline{Q} = \frac{nV}{86\ 400} + q \tag{9-12}$$

式中 q——闸门、阀门的漏水损失，m^3/s。

五、船闸的布置形式

按船闸与所在枢纽中的拦河坝、溢流坝、电站等的相互关系，一般可分为并列式布置和分开式布置两大类，如图 9-8 所示。

(一)闸坝并列式

当河床宽度足够布置拦河坝、泄水建筑物、电站及船闸时，往往将船闸布置在河床或河滩上，即为并列式。其优点是占地较少，开挖工程量较小，同时可与其他建筑物在同一围堰内施工。采用这种形式布置时，船闸中心线最好与坝轴线垂直相交。若不能正交，偏角应尽量小，以避免下泄水流对过闸船舶造成不利影响。

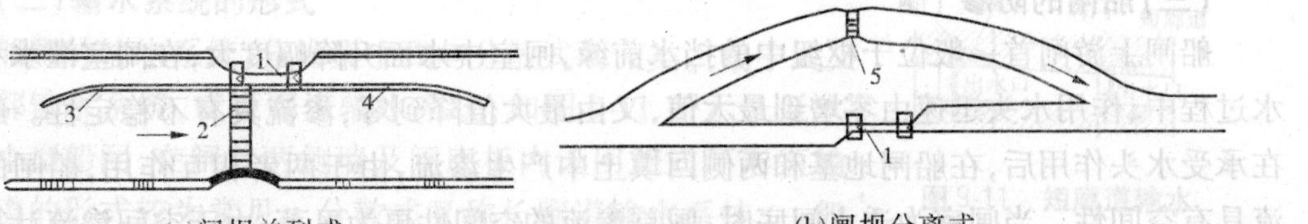

(a)闸坝并列式　　(b)闸坝分离式

1—船闸；2—泄水闸；3—上导墙（堤）；4—下导墙（堤）；5—节制闸

图 9-8　船闸布置形式

（二）闸坝分离式

船闸另开挖引河，或利用河中小岛与拦河坝、电站等建筑物分开，即为分离式。采用这种布置方式，宜将引航道中心线与河道原航线较平顺连接，航线与水流的交角要尽量减小。其优点是施工可省去围堰工程量，船闸不占河床宽度，有利于泄水建筑物布置，但开挖工程量较大，占地较多。

六、船闸的结构

（一）闸首结构及布置

闸首的结构布置主要取决于闸门、输水系统的形式和布置，以及地基性质。

闸门是船闸的挡水设施，对船闸完成船舶过闸起着重要作用，国内大中型船闸多采用钢质的闸门，小型船闸也有采用钢丝网水泥面板门，常用闸门有人字闸门、升降式平面闸门、横拉闸门、三角闸门、一字式闸门等。人字闸门是承受单向水头的船闸中最常用的门型。

采用人字闸门和短廊道输水的闸首，其长度沿轴线方向由前沿部分 L_1、门库部门 L_2 和支持部分 L_3 构成，如图 9-9 所示。闸首的宽度等于闸首口门宽度加上两侧边墩宽度，边墩宽度取决于门龛深度及输水廊道的断面尺寸与布置，同时应满足边墩强度要求。

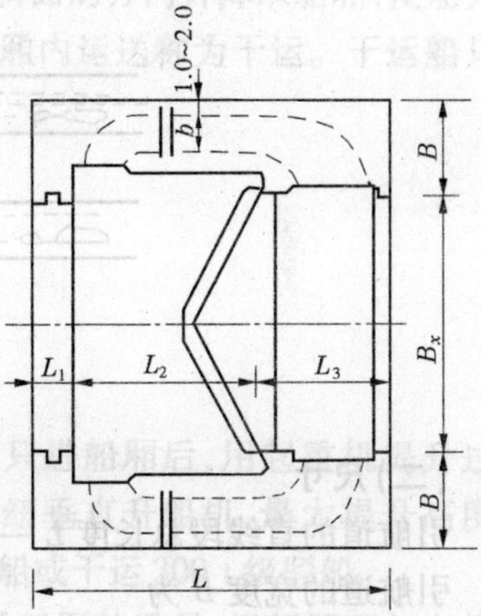

图 9-9　人字闸门平面图

（二）闸室的结构形式

船闸闸室有斜坡式和直立式两种。斜坡式闸室虽结构简单、造价低，但耗水量大，使用不方便，目前已很少采用。直立式闸室结构按闸底板与闸墙的连接方式不同，分为整体式结构和分离式结构。

闸墙和底板分别设置的称为分离式结构，底板多为透水的，闸墙适宜高度为 6 ~ 8 m。类型较多，按结构受力特征可分为衡重式、扶壁式、连拱式、拉杆镇定式、板墙式等。分离式闸室闸底比较经济，但只适用于水头小、地基对渗透变形不敏感的情况，当水头较大，地基为粉砂、细砂时，则可采用双铰式不透水底板或采用整体式结构。

闸墙和底板浇筑在一起的为整体式结构，适用于水头较大、闸墙较高且地基较差或有软弱夹层的情况。通常有钢筋混凝土船坞式与悬臂式两种。

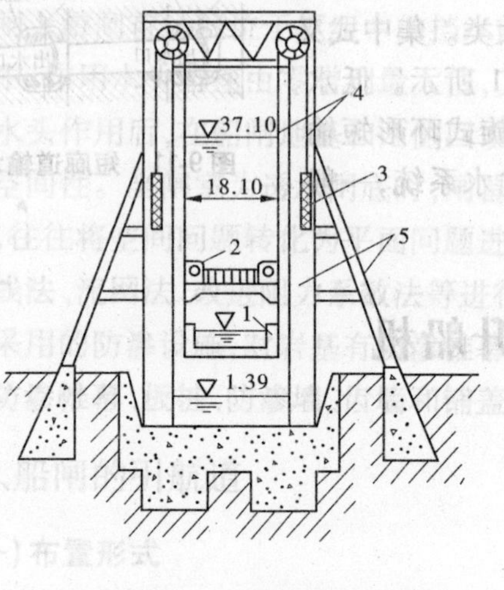

1—承船厢;2—传动机械;3—平衡铊;

4—钢索;5—钢排架

图 9-12 平衡重式垂直升船机 (单位:m)

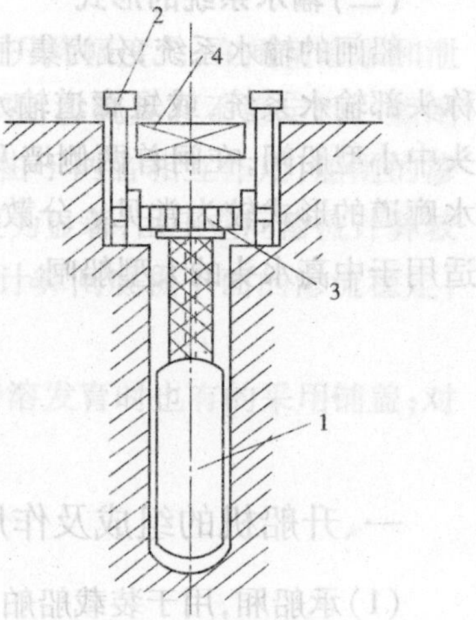

1—浮筒;2—船厢导向柱;

3—船厢;4—上游闸门

图 9-13 浮筒式升船机

(二)斜面升船机

斜面升船机是将船只装在承船车或船厢中,沿着铺在斜坡上的轨道升降,运送船只过坝。由船厢(承船车)、斜坡轨道及卷扬设备等部分组成。中小河流上修建的较多,过船吨位一般很小,我国已建成的提升高度最大的斜面升船机为湖南柘溪水电站的斜面升船机,最大提升高度 80 m,载船吨位 50 t。

四、升船机的适用条件

升船机相比船闸的适用条件,要通过工程经济、通航能力和运行安全等因素来考虑。

同船闸相比,在高水头情况下船只升降过坝所需的时间相对船闸较少,具有优势。但升船机的工程量和投资随着提升重量的增加而增大,且机械设备难度增加。所以,当通航量很大,提升量很大时,升船机不适用,需要用船闸。耗水量方面,船闸耗水量大,而升船机基本上不耗水,所以在水量缺乏的航道上采用升船机。

此外,在中小河道上,若船只少、吨位小,采用斜面升船机比垂直升船机经济。当运输量大,采用单级船闸或升船机不能满足要求时,可采用双线甚至多线船闸或升船机。

第三节 其他过坝建筑物

一、过木建筑物

为了解决木材过坝,需在枢纽中修建过木建筑物,常用的有筏道、漂木道和过木机。

(一)筏道

筏道是一种泄水的陡槽,用于浮运木排。筏道具有通过能力大、结构简单、使用管理方便等优点,但需要消耗水量,适用于低中水头且上游水位变幅不大的水利枢纽。筏道由进口段、槽身段、出口段和进口段导漂设施组成。

1. 进口段

筏道的进口段必须适应水库的水位变化,准确调节筏道流量,以达到节省水量和安全过筏的目的。进口段根据上游水位变化幅度有活动式进口和固定式进口两种形式。活动式进口与漂木道的进口相类似,由活动筏槽及叠梁闸门两部分组成。叠梁除用于挡水及检修活动筏槽外,与活动筏槽联合运行,调节过筏流量。固定式进口和船闸相似,进口段设有两道闸门,在两道闸门之间形成一个筏闸室,结构简单,用水量少,但运送效率低,用于水位变动不大的情况。

2. 槽身段

槽身段是一个宽浅的陡槽,宽度不宜太大,常用的槽宽为 4 ~ 8 m。槽中水深一般为木筏厚度的 2/3,常用水深为 0.3 ~ 0.8 m,纵坡与槽身结构、排型和上下游水位有关,一般用 $i = 0.03 \sim 0.06$。槽身纵坡可采用几种不同的坡度,但坡度变化不宜太大。槽中的排(筏)速,在保证安全的前提下,可尽量选择得大些,一般选用 5 m/s 左右,最大可达到 7 ~ 8 m/s。欲加大槽底坡度,应加大槽底的粗糙度,并减小槽内的水流流速,底部加糙可用木材或钢筋混凝土做成高 0.1 ~ 0.2 m 的坎,呈横条形、人字形或梅花形布置。木排在槽中处于悬浮状态,排速一般为段面平均流速的 1.5 ~ 3.0 倍。

3. 出口段

出口段应能保证在下游水位变化范围内,顺利流放木排,既不能搁浅,又不能产生钻水现象。筏道的出口部分一般按原有坡度延长至最低过排水位以下 1.5 ~ 2.5 m,斜坡末端以后布置一水平段,形成消能池的水深最好接近临界水深,防止出现淹没水跃,以保证木材漂浮并送出池外。同时,还要根据具体情况决定是否设置下游引航道。

(二)漂木道

漂木道是输送单木过坝的斜槽式过木设施。多用于不通航河流的低中水头水利枢纽。由进口段、槽身段、出口段和上下游导漂设施组成。进口段在平面上应布置成喇叭口形,两侧布置诱导漂子;槽身段横断面有矩形、梯形和三角形。纵坡一般缓于 10%,避免过陡的纵坡使木材撞击槽底造成损坏,而且流速控制在 5 m/s 以内;下游出口应避开河道的回流区,水流衔接要顺畅。

(三)过木机

当通过高坝修建筏道及漂木道有困难或不经济时,可采用过木机。过木机是机械输送木材过坝的一种过木设施。过木机按木材的运送方式,分为过排机和单根原木过坝机。过木机按机械设备的运行方式可分为连续式过木机和往复式过木机。连续式过木机运距较长、通过能力较大,多布置在非溢流坝段、副坝或岸边。往复式过木机有垂直、斜面卷扬提升架式,一般多用于木排过坝。

二、过鱼建筑物

鱼道是沟通鱼类洄游路线的一项重要补救措施,为此,需在河川水利枢纽和平原地区闸、站枢纽中修建过鱼建筑物,以保护鱼类的洄游路线。过鱼建筑物有鱼道、鱼闸、升鱼机等。目前,世界上已建成数百座过鱼建筑物,其中以鱼道为最多。

(一)鱼道

鱼道按照其结构形式不同,可分为水池式和斜槽式。

1. 水池式鱼道

水池式鱼道由一连串分开的水池组成,一般都是利用天然地形绕岸修建,各水池之间用短的渠道连接,如图 9-14 所示。一般在地形、地质条件有利时建造,否则不经济。

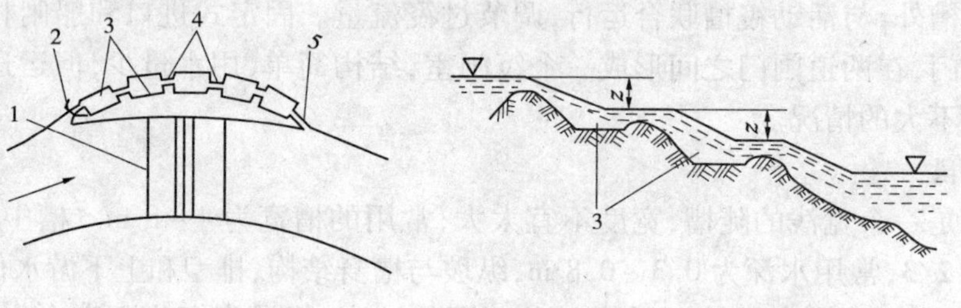

1—坝;2—设有闸门的出口;3—水池式鱼道;4—连接渠;5—鱼道进口

图 9-14 水池式鱼道示意图

2. 斜槽式鱼道

斜槽式鱼道使用最多,它是一条人工建成的斜坡式水槽或阶梯式水槽,按其消能原理的不同,有光面、人工加糙及设置横隔板三种形式。其中,横隔板式鱼道(如图 9-15 所示),是在水槽中交错地布置横隔板,以增加水流阻力,并加长水流的行程以降低槽内流速。隔板将水位差分级,并利用水垫、水流沿程摩阻或水流对冲来削减能量,减缓流速。这种鱼道的优点是水流条件好,能用于水位差较大的工程,结构简单,维修费用低,故目前在我国采用广泛。

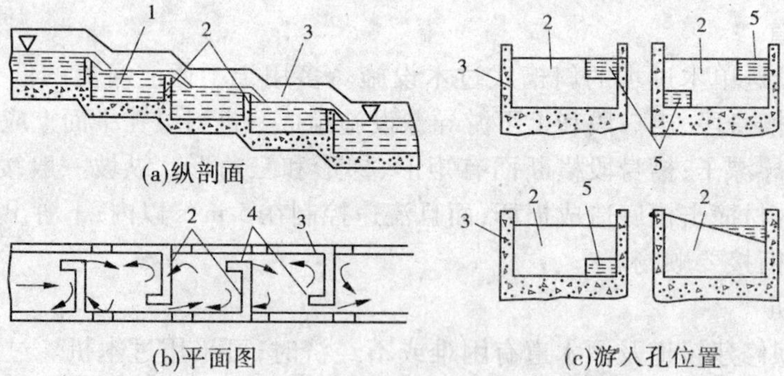

1—水池;2—横隔板;3—纵向墙;4—防护门;5—游入孔

图 9-15 隔板式鱼道示意

(二)鱼闸

鱼闸类似于船闸,采用控制水位升降的方法输送鱼类通过闸、坝。鱼闸的主要组成部分有上下闸室及闸门、斜(或竖)井、闸室充泄水管道及阀门、诱鱼水流管道等。按其布置形式可分为斜井式和竖井式两种。

鱼闸的优点是鱼类过坝消耗体力小,有利于底层鱼类过坝,可用于中高水头;其缺点是不能连续过鱼。金属结构、电气设备较多,管理不及鱼道方便。

(三)升鱼机

升鱼机利用专门机械设备提升、运输鱼类过坝。升鱼机既可为鱼类过坝提供通道,也可与运鱼车配合作业将鱼送到鱼类人工繁殖厂。

升鱼机基本不受枢纽水头及坝高的限制,属往复循环的工作方式,不能连续过鱼。在枢纽中可以布置在坝域或水力发电站的一侧,也可以单独设在坝下岸边。

小　结

过坝建筑物是专门为满足通航、过木、过鱼等方面的要求而修建的水工建筑物。本章重点阐述了通航建筑物中的船闸,船闸是利用水力使船只过坝,通航能力强,应用较广,学习中应重点掌握通航能力、耗水量计算、各组成部分尺寸拟定及其构造特点。对其他过坝建筑物,应了解工作原理、构造与特点。

复习思考题

1. 试说明船闸的类型及组成。
2. 说明船闸的工作原理。
3. 船闸基本尺寸拟定包括哪些方面?如何拟定?
4. 船闸通航能力和耗水量如何计算?
5. 船闸的布置形式有哪些?主要特点是什么?
6. 闸室按闸底板与闸墙的连接方式不同分哪几类?说明各自的适用条件。
7. 升船机的类型及主要特点是什么?
8. 过木建筑物主要有哪些类型?各自的主要特点及适用条件是什么?
9. 过鱼建筑物主要有哪些类型?各自的主要特点及适用条件是什么?

第十章　水利枢纽布置

【学习重点】　了解水利枢纽的设计阶段和布置要求，理解蓄水枢纽的布置规律，理解取水枢纽的布置规律。

第一节　设计阶段的划分和枢纽布置要求

为综合利用水资源，发展防洪、灌溉、发电、航运、工业及民用供水、养鱼等水利事业，需要修建不同类型和功能的水工建筑物。水利枢纽布置就是研究这些建筑物之间的相互位置，是枢纽设计中的一项重要的、繁重而复杂的工作。枢纽布置是否合理，不仅影响到工程的造价和能否顺利地按期完成，还关系到工程运用是否安全和工程效益能否充分发挥。所以，枢纽布置必须在充分掌握基本资料的基础上，进行综合分析，做多方案比较，选出最优方案。

一、水利枢纽的设计阶段

（一）预可行性研究阶段

在流域综合利用规划、河流（河段）水电规划和电网规划基础上进行的设计阶段为预可行性研究阶段。其任务是论证拟建工程在国民经济发展中的必要性、技术可行性、经济合理性。其主要内容包括：河流概况及水文气象等基本资料的分析；工程地质与建筑材料的评价；工程规模、综合利用及环境影响的论证；初拟坝址、厂址及引水系统线路；初步选择坝型、电站、泄洪、通航等主要建筑物的基本形式与枢纽布置方案；初拟主体工程的施工方法、施工总体布置及工程总投资估算、工程效益的分析和经济评价等。

预可行性研究阶段的成果，将为国家和有关部门作出投资决策提供基本依据。

（二）可行性研究阶段

可行性研究阶段的任务是进一步论证拟建工程的技术可行性和经济合理性，并解决工程建设中重要的技术经济问题。其主要设计内容包括：对水文、气象、工程地质及天然建筑材料等基本资料作进一步分析与评价；论证本工程及主要建筑物的等级；进行水文水利计算，确定水库的各种特征水位及流量，选择电站的装机容量、机组机型和电气主接线以及主要机电设备；论证并选定坝址、坝轴线、坝型，确定枢纽总体布置和其他主要建筑物的形式和控制性尺寸；选择施工导流方案，进行施工方法、施工进度和总体布置的设计，提出主要建筑材料、施工机械设备、劳动力、供水、供电的数量和供应计划；提出水库移民安置规划；提出工程总概算，进行技术经济分析，阐明工程效益。最后提交可行性研究报告文件，包括文字说明和设计图纸及有关附件。

(三) 招标设计阶段

招标设计阶段是在批准的可行性研究报告的基础上,详细定出总体布置和各建筑物的轮廓尺寸、材料类型、工艺要求和技术要求等。要求做到可以根据招标设计图较准确地计算出各种建筑材料的规格、品种和数量,混凝土浇筑、土石方填筑和各类开挖、回填的工程量,各类机械电气和永久设备的安装工程量等。

根据招标设计图所确定的各类工程量和技术要求及施工进度计划,进行施工规划,并编制出工程概算,作为编制标底的依据。编标单位可以据此编制招标文件,包括合同的一般条款、特殊条款、技术规程和各项工程的工程量表。施工投标单位也可据此进行投标报价和编制施工方案及技术保证措施。

(四) 施工详图设计阶段

施工详图设计阶段是在招标设计的基础上,对各建筑物进行结构和细部构造设计,最后确定地基处理方案,确定施工总体布置及施工方法,编制施工进度计划和施工预算等,并提出整个工程分项分部的施工、制造、安装详图。

施工详图是工程施工的依据,也是工程承包或工程结算的依据。

二、水利枢纽的布置要求

枢纽布置是从若干具有代表性的枢纽布置方案中选择一个最优方案,最终达到技术上先进且可能、经济上合理、施工期短、运用安全、管理维修方便等要求。这是一个复杂而繁重的工作,且十全十美的方案是很少的,必须对各个方案具体分析,全面论证,综合比较,慎重选定。

(一) 运用方面

枢纽布置应满足各建筑物在布置上的要求,并应避免运行时相互干扰,确保各建筑物在任何工作条件下都能正常工作。

(二) 施工方面

枢纽布置应同时考虑合理选择施工导流的方式、施工程序和标准,合理选择主要建筑物的施工方法。工程实践证明,在某种情况下,配合得当不仅能方便施工,还能使部分建筑物提前发挥效益(提前蓄水、发电等)。

(三) 环境方面

水利枢纽的兴建将使周围环境发生明显的改变。大型水库的修建为发展水电、农业灌溉、供水、养殖、旅游等事业创造了有利条件,同时也带来了不利的影响。水利枢纽布置要求尽量避免或减轻对周围环境的不利影响,如减轻对上游的淤积、减小淹没损失、降低对下游河床冲刷等,同时还要注意建筑物的美观,使枢纽的外观与周围环境协调一致。

(四) 经济方面

枢纽布置应在满足安全和运用管理要求的前提下,尽量降低枢纽总造价和年运行费用。如有可能,应考虑使一个建筑物能发挥多种作用。应对枢纽建筑物进行优化设计或采用先进的技术、工艺和材料。例如,结合实际条件尽量选用双曲拱坝、堆石面板坝、碾压混凝土坝等新坝型。

第二节 蓄水枢纽布置

一、坝址和坝型选择

坝址、坝型选择和枢纽布置关系密切,不同的坝轴线可选用不同的坝型和枢纽布置,对同一条坝轴线,也可采用几种坝型和枢纽布置方案。在优选坝址、坝型时,一般应考虑以下几个因素:

(1)地质条件。地质条件是建库建坝的基础,是衡量坝址优劣的重要条件之一,在某种程度上决定着枢纽工程的结构和投资。在该阶段作为宏观决策,关键是不能疏漏重大地质问题,对重大地质问题要有正确的定性判断,以便决定坝址的取舍或定出防护处理的措施,或在坝型选择和枢纽布置上设法适应坝址的地质条件。一般情况下,拱坝对两岸坝基地质条件要求较高,重力坝或支墩坝次之,土石坝要求最低;高坝要求较严格,低坝要求较低。坝址选择还必须对区域地质稳定性及库区的渗漏、库岸塌滑、岸坡及山体稳定等地质条件作出评价。

(2)地形条件。坝址地形条件必须满足开发任务对枢纽布置的要求。一般说,坝址河谷狭窄,坝轴线短,坝体工程量较小,但河谷太窄则不利于泄水建筑物、发电建筑物、施工导流及施工场地的布置,是否经济应根据枢纽总造价来衡量。通常,河谷两岸有适宜的高度和必需的挡水前缘宽度时,则对枢纽布置有利。对于多泥沙河流及有漂木要求的河道,应注意坝址位置对取水、防沙及漂木是否有利。对于通航河道,还应考虑通航建筑物的布置。对坝址上游,希望河谷开阔,争取在淹没损失较小的情况下获得较大库容。

坝址地形条件还应与坝型相互适应,拱坝要求河谷窄狭;土石坝要求河谷宽阔、岸坡平缓,坝址附近或库区内有高程合适的天然山垭口,可供布置河岸式溢洪道,以及坝址附近有开阔的地形,便于布置施工场地。

(3)建筑材料。坝址附近应有数量足够、质量符合要求的建筑材料,应便于开采、运输,且施工期间料场不会被淹没。

(4)施工条件。坝址和坝型选择要考虑易于施工导流,施工交通运输、能源供应及便于布置施工场地。

(5)综合效益及环境影响。对不同坝址要综合考虑防洪、灌溉、发电、通航、过木、城市和工业用水、渔业及旅游等各部门的经济效益,并考虑兴建水库后,原来的陆相地表和河流型水域变为湖泊型水域,改变了地区自然景观,对自然生态和社会经济产生多方面的环境影响。其有利的是发展了水电、灌溉、供水、养殖、旅游等水利事业和消除了洪水灾害、改善气候条件等。但是,也会带来淹没损失、浸没损失、土壤沼泽化、水库淤积、诱发地震、生态平衡受到破坏及造成下游冲刷、河床演变等不利影响。虽然水库对环境的不利影响与其社会、经济效益相比是次要的,但处理不当也可能造成严重的后果,故在进行水利规划和坝址选择时,必须进行认真研究。

二、各种水工建筑物对枢纽布置的要求

(一)挡水建筑物和泄水建筑物

一般情况下,挡水建筑物在平面上都布置成直线形(拱坝除外),以使坝轴线最短,坝身体积最小,简化建筑物的受力状态,有利于相邻建筑物的连接。但有时受地质、地形条件的限制,有的坝轴线也布置成折线或曲线形。

泄水建筑物包括溢流坝、河岸溢洪道、泄水孔及泄水隧洞等。溢流坝是挡水建筑物的一部分,溢流坝的进水方向应与上游来水主流方向一致,其下泄水流方向也要与河流轴线一致,以保持上下游河流的自然情况不受或少受破坏。由于溢流坝的下泄水流速度较高,往往在下游形成回流,引起冲刷和淤积,影响发电、通航、过木等建筑物的运行。为了减少溢流坝泄水对其他建筑物的运行干扰,常在溢流坝的端部设置导墙与其他建筑物隔开。当溢流坝与土石坝连接时,还应设法避免坝前水流对端部的冲刷及下游回流对坝脚的冲刷。

岸边式溢洪道应尽量布置在高程较低的垭口处。要求进口水流平顺,溢流堰及泄槽的布置要结合地形、地质条件及水流条件综合考虑,出口除应采用适当的消能外,还应防止对水电尾水及航道出口的干扰。

泄洪隧洞的布置,主要取决于地形、地质、施工及枢纽布置等条件。进口应力求使水流平顺,出口布置应注意消能及防止对其他建筑物的影响。

(二)水电站建筑物

水电站建筑物对枢纽布置的要求,主要是保证足够的引水量,水头损失应尽量小。为此,电站通向上下游的水道应尽量短;进出口水流应尽量平顺,同时避免溢流坝下泄水流对电站尾水产生壅水。电站厂房应布置在基础好、可以最先施工的位置上,以便早日投入运转。电站最好靠近有交通线的一岸,以便于施工与管理。

(三)取水建筑物

取水建筑物在枢纽中的位置视灌区或用水部门位置而定,尽量避免使用跨河建筑物。如两岸都有灌区,则取水口应分别布置在两岸。取水口的高程应保证取得所需的水量和适应灌区高程的要求,避免泥沙进入渠道。

(四)通航建筑物

船闸的布置应能使船只顺利通航,有足够的过船能力。引航道应有足够的宽度和水深,并与原河道平顺连接。通常,船闸与溢流坝、水电站并列布置,为了避免相互干扰,船闸宜与电站厂房分别布置于两岸,并应便于安排交通线路和布置停船码头。

筏道的布置要求基本上与船闸相似。筏道也应布置在水电站的对岸,以免漂浮木材对电站进水口和尾水带来危害。在筏道的上游应布置绑扎木材的停泊场所。当枢纽中有船闸时,也可以不设筏道,而由船闸过筏。

过鱼建筑物应根据鱼类的习性进行布置,要求能诱导鱼类顺利到达过鱼建筑物的入口并安全游到上游。

三、枢纽布置举例

修建在河流中下游的丘陵或平原地区的水利枢纽一般是位于河床坡度平缓、河谷宽

阔的河段上，其主要建筑物是拦河闸（坝），由于其上下游水头差不大，称做中、低水头水利枢纽。此时，挡水建筑物可建在岩基或软基上，由于地形开阔，通常是将挡水建筑物、过坝建筑物、泄水建筑物和电站厂房一字摆开。枢纽布置的关键问题是妥善处理好泄洪消能及防淤排沙问题。

长江葛洲坝水利枢纽是我国在长江干流上修建的第一座大坝，位于三峡出口南津关下游2.3 km处，下距宜昌市约6 km。枢纽主要任务是对三峡水电站进行反调节，解决未来三峡水电站日调节不稳定流对下游航道及宜昌港的不利影响及发电。主体建筑物有泄水闸、船闸、电站厂房、冲沙闸及挡水坝段等，如图10-1所示。枢纽总库容15.8亿 m^3，最大闸坝高47 m，大坝全长2 595 m。电站总装机容量271.5万kW。1、2号大型船闸可通过万吨级货驳船及客轮，是世界最大船闸之一。葛洲坝工程坝址处河宽2 200 m。江中有葛洲坝和西坝两座小岛自右向左将长江分为大江、二江和三江。

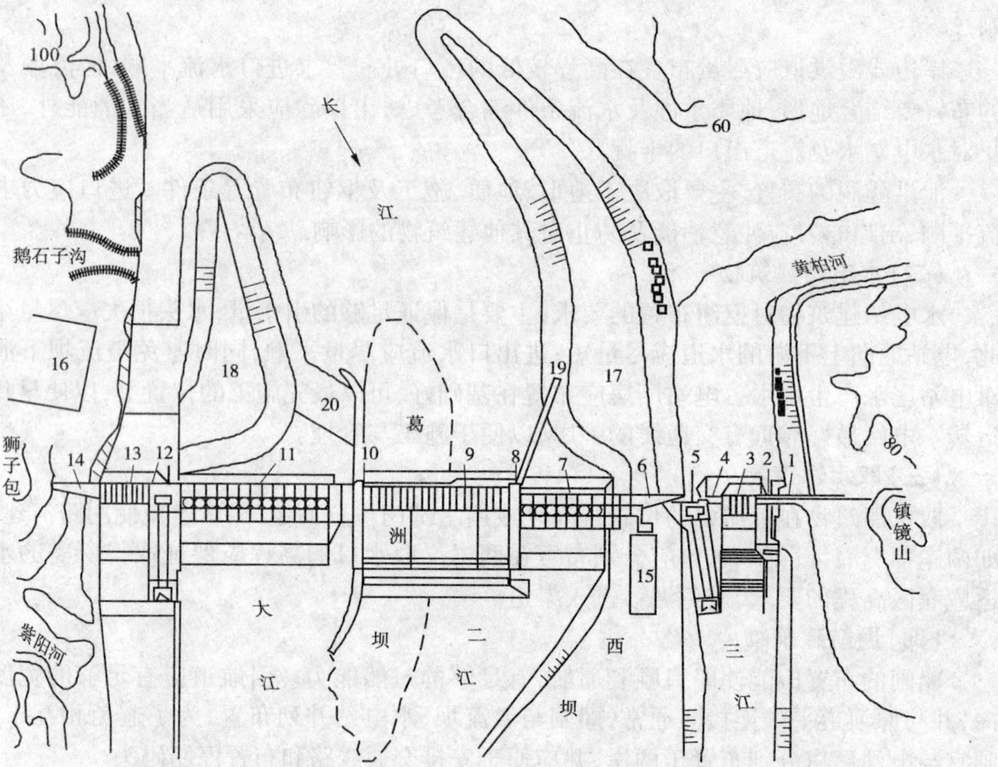

1—土石坝；2—3号船闸；3—三江冲沙闸；4—三江混凝土坝；5—2号船闸；6—混凝土坝；7—二江电站；8—左导墙；9—泄水闸；10—右导墙（纵堰）；11—大江电站；12—1号船闸；13—大江冲沙闸；14—右岸土石坝；15、16—开关站；17、18—防淤堤；19、20—导沙坎

图10-1 长江葛洲坝水利枢纽布置

大江是主河槽，二、三江枯水期断流。其坝址地形条件和水文条件的主要问题是，长江出南津关后自东转向南流，南津关以上峡谷河宽约300 m到坝址处急剧扩展至2 200 m，水流流速减缓，向下至宜昌市江面又缩至800 m。坝址又位于河流弯道，泥沙较多，如

枢纽布置不当,将淤塞航道和影响发电。因而,在枢纽布置时,首先应适应长江河势,妥善安排好主流位置,以利于通航、发电、排沙和泄洪。经过多种方案比较和水工、泥沙模型试验,最后确定枢纽布置如下:挖掉江中葛洲坝,将枢纽中的关键建筑物即27孔泄水闸居中布置在正对主流的深槽位置,以利于泄洪、排沙和满足河势要求。在上游,左右各设置一道防淤堤,既可束窄主流河道,有利于拉沙、稳定主槽和消除回流淤积,又能在两侧形成与主流分开的三江和大江两条独立的人工航道(大江下游并设导航墙)。在大江航道中设有1号大型船闸;三江航道中设有2号和3号大、中型船闸各一座。为防止上游航道淤积,在大江航道1号船闸右侧布置9孔泄洪冲沙闸;在三江航道2、3号船闸之间布置6孔泄洪冲沙闸一座,在需要时可开闸拉沙、冲沙。为提前发挥发电效益,将枢纽电站分设在大江、二江两处,二江电站装机容量2×17万kW+5×12.5万kW,大江电站装机为14×12.5万kW。第一期工程建二江电站,使其提前投产发电。为防止厂前泥沙淤积和减少粗砂通过水轮机,在两座厂房进水口上游均布置了导沙坎,进水口下部设置排沙底孔。在西坝和大江右岸,分别布置220 kV和500 kV开关站。

该工程坝址的主要工程地质问题是坝基存在着黏土岩类软弱夹层,其抗剪强度低,且产状和倾角对抗滑和抗渗透均不利。因而,沿夹层的深层滑动是闸室抗滑稳定的控制条件。此外,地层中还存在着规模较大的缓倾角断层所构成的强透水带,亦需处理。对抗滑稳定的加固措施,曾研究过多种方案,并对泥化夹层进行了野外大型抗力体试验,经分析比较,最后采用防渗板、混凝土齿墙、尾岩抗力(部分抗力体还加设钢筋混凝土加固桩)和加强防渗排水等综合性阻滑措施。

对于溯河洄游性鱼类中珍稀的中华鲟鱼的保护问题,经长期的调查、研究和试验,证明中华鲟鱼已适应了环境的变化,在坝下进行了有效的自然繁殖,同时,辅以人工繁殖放流后,可取得良好效果。

实践证明,虽然葛洲坝工程坝址的地形、水文和地质条件比较复杂,并有重大地质缺陷,但采用了合理的优化设计方案和地基处理措施,枢纽布置非常成功。

第三节　取水枢纽布置

取水枢纽的作用是把河流中的水引入渠道,以满足灌溉、发电、工业及生活用水等需要。由于取水枢纽一般位于引水渠道首部,故又称渠首工程。取水枢纽布置的基本要求是满足引水流量、控制水位并防止或减少有害泥沙进入渠道。

一、取水枢纽的种类

取水枢纽分为无坝取水枢纽和有坝取水枢纽两种类型。

无坝取水枢纽是一种最简单的引水方式,在河道上选择适宜地点开渠并修建必要的建筑物引水,称无坝取水枢纽。其优点是工程简单、投资少、施工容易、工期短及收效快,而且不影响航运、发电及渔业,对河床演变影响小。通常由进水闸、冲沙闸、沉沙池、河道整治建筑物及泄水排沙渠等组成。无坝取水枢纽在大江、大河的下游或山区河流上采用较多。

当河道水量比较丰富，但水位较低，不能自流灌溉，或引水量较大，无坝取水不能满足要求时，则应修建拦河坝（闸），以抬高水位，保证引取灌溉所需的流量。通常由溢流坝（亦称壅水坝）或拦河闸、进水闸、防沙冲沙措施、船闸、阀道、鱼道、电站等组成。其优点是引水保证率高，而且不受引水率限制，在我国被广泛采用。

二、取水枢纽布置中的泥沙问题

取水枢纽必须避免渠道淤积、建筑物及设备磨损等危害。在多泥沙河流上引水，对泥沙处理的好坏，可能成为工程成败的关键。

泥沙的分布规律是水流的表层泥沙少而颗粒细，底层多而颗粒粗。水流具有挟带泥沙的能力，流速越大，挟带泥沙的能力越大。当水中含沙量小于挟带泥沙能力时产生冲刷，当水流中含沙量大于其挟沙能力时就产生淤积。

天然河道都是弯曲的，对于土质河床，由于流量的随机性、地形及地质的千差万别，只有10% ~20%的直线段河道能保证其在不冲、不淤的稳定状态，而弯道均处于冲淤演变、摆动状态。其泥沙与弯道的关系如图10-2所示。

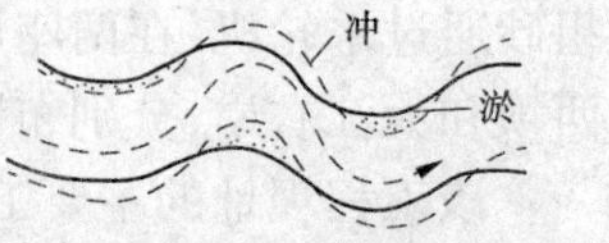

图10-2　泥沙与弯道的关系

河流在直线段上的水深、流速及含沙量的分布是比较均匀的。弯道则不然，在弯道受离心力的作用下，使表层的水流向凹岸水面壅高，凸岸水面降低，形成横向比降，如图10-3(b)所示，因水流所受离心力的大小是和水流流速的二次方成正比，而河道水流流速的分布是表层大、底层小，故表层水流所受离心力较大，并沿水深逐渐减小。因离心力的方向与横向水位差所引起的水压力的方向相反，这两种作用力的合力方向如图10-3(c)所示。在其合力作用下，表层的水流向凹岸，底层的水流向凸岸，从而形成横向环流，横向环流与纵向流合成为螺旋状前进水流，如图10-3(a)所示。

当横向环流由上向下流动时，流速增大、含沙量较小，当流速大于凹岸的抗冲流速时，凹岸就产生冲刷。而底流流向凸岸时，含沙量大增，在岸坡处，底流转而向上流动，因重力作用，流速减小而使泥沙淤积。当水流到达表层后，改变方向再流向凹岸，周而复始。这样发展的结果，凹岸便成为水深流急的主流深槽，而凸岸则成为水浅流缓的浅滩。如凹岸不够坚固，则会使弯道逐渐向下游移动，如图10-3所示。

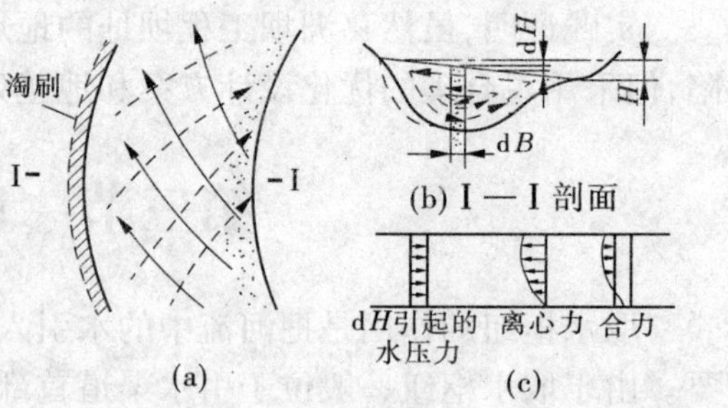

图10-3　横向环流

根据弯道环流的特性，引水枢纽应布置在凹岸，引取表层较清水流，有效防止泥沙入渠，并可防止引水口被淤积，保证引水量要求。如果没有天然弯道可以利用，则可以采取工程措施，创造凹岸引水条件，使横向环流有利于引水防沙，或控制不利环流的影响范围，以减轻泥沙危害的程度。

三、取水枢纽布置的要求

(1)取水口处河床及河岸稳定性要好。河床河岸坚固稳定,可以减少护岸工程量,降低工程造价;可以防止河道主流偏离取水口,使引水通畅,保证引水数量和质量。

(2)适应河水涨落变化。枯水期应能保证取水设计流量,洪水期应保证引水质量及工程安全。洪水期水流含沙量大、水位高,必须采取防洪防沙措施。

(3)保证正常引水。在多泥沙河流上的取水枢纽,有时要在运用期进行冲洗泥沙,但是要做到不间断供水,并保证推移质不进入渠道。寒冷地区的取水枢纽,在冬季取水时,一是要保证冰盖下能引水,二是要防止冰冻或浮冰对建筑物的危害。

四、无坝取水枢纽布置

(一)弯道凹岸取水枢纽

在河床稳定、河岸土质坚固的凹岸,当引水量小于河道流量的25% ~35%时,可以采用这种布置形式。一般由进水闸、拦沙坎、引水渠及沉沙设施等建筑物组成,如图10-4所示。

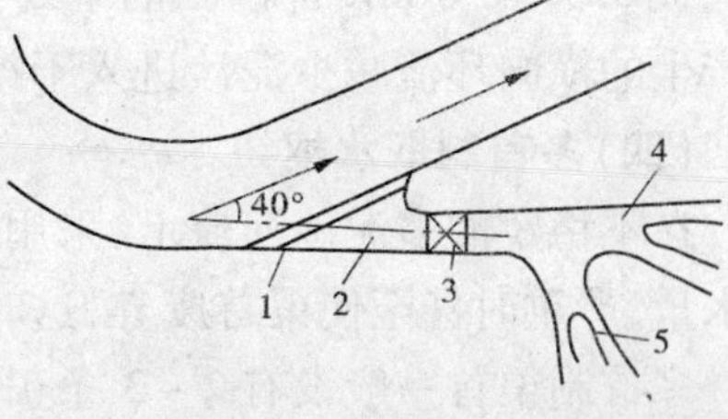

1—拦沙坎;2—引水渠;3—进水闸;4—东沉沙条渠;5—西沉沙条渠

图10-4 某取水枢纽示意

进水闸。其作用是控制入渠水流,一般布置在引水口处,应尽量减少引渠的长度,以减小水头损失和减轻清淤工程量。引水口两侧的土堤应为喇叭口的形状,以使入渠水流平顺,避免出现旋涡,减少水头损失。进水闸的中心线与河道水流所成的夹角,叫引水角。一般应为锐角,通常为了使水流平顺,增大引水量,常采用30° ~45°。进水闸堰顶高程应高于河床1.0 ~1.5 m,与干渠渠底齐平或略高。

拦沙坎。其作用是用来加强天然河道环流,使底沙顺利排走,一般布置在引水口的岸边。坎的形状通常采用Γ形。坎顶高出渠底的高度为0.5 ~1.0 m。

沉沙设施。一般布置在进水闸后面适当的地方。通常将总干渠加宽加深而成沉沙池,也可建成厢形的,或利用天然洼地布置成条渠沉沙。

(二)导流堤式取水枢纽

在不稳定的河流上及山区河流坡降较陡,引水量较大的情况下,采用导流堤式渠首来控制河道流量,保证引水。导流堤式渠首由导流堤、进水闸及泄水冲沙闸等建筑物组成。

导流堤的作用是束窄水流,抬高水位,保证进水闸能引取所需要的水量。导流堤轴线与主流方向夹角成10° ~20°,向上游延长,接近主流。

进水闸与泄水排沙闸的位置一般按正面引水排沙的形式布置,如图10-5(a)所示,进水闸轴线与河流主流方向一致,冲沙闸轴线多与水流方向成接近90°的夹角,以加强环流,有利排沙。当河流来水量较大,含沙量较小时,也可按侧面引水、正面排沙的形式布置,如图10-5(b)所示,泄水排沙闸方向与水流方向一致,进水闸的中心线与主流方向以30° ~40°为宜。

(三)引水渠式取水枢纽

为了便于冲沙闸的水流归入原河道,可将进水闸布置在离河岸较远的地方,如图10-6

所示。这种布置形式还可防止河岸冲刷变形，保证取水枢纽建筑物的安全。

引水渠可适当加宽加深兼作沉沙池之用，但引水渠在冲沙时应有足够的冲洗水头，以达到水力冲洗泥沙的目的。

进水闸前设有拦沙坎及冲沙闸。冲沙闸的底板高程低于进水闸底板 0.5 ~ 1.0 m。冲沙闸的中线与引水渠水流方向成 30° ~ 60°夹角，以便利用侧面排沙产生的横向环流减少泥沙进入干渠。

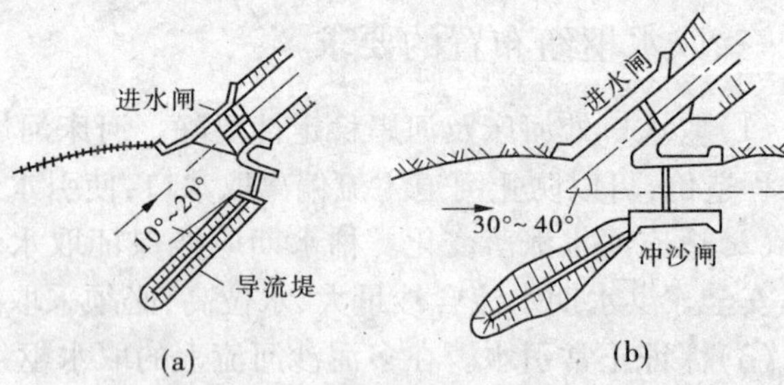

图 10-5　导流堤式取水枢纽示意

(四) 多首制取水枢纽

在不稳定的多泥沙河流上，采用一个引水口时，常常由于泥沙的淤塞而不能引足所需的水量，严重时甚至使渠首废弃，这时应采用多首制渠首。

多首制渠首一般设有 2 ~ 3 条引水渠，各渠相距 1 ~ 2 km，甚至更远些。洪水期仅从一引水口引水，其余引水口关闭。枯水期，由于水位较低，则由几个引水口同时引水，以保证引取所需水量。在图 10-7 所示的布置中有两条引水渠与进水闸相连。其优点是：某一个引水口淤塞后可由其他引水口进水，不致停止供水；引水渠淤积后，可以轮流清淤、引水。其主要缺点是清淤工作量大，维修费用大。

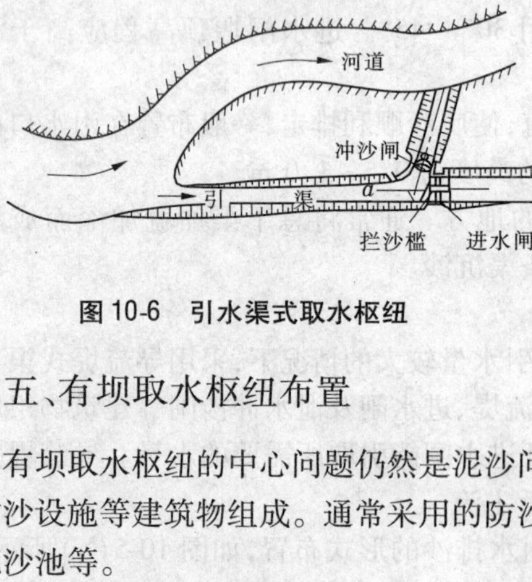

图 10-6　引水渠式取水枢纽

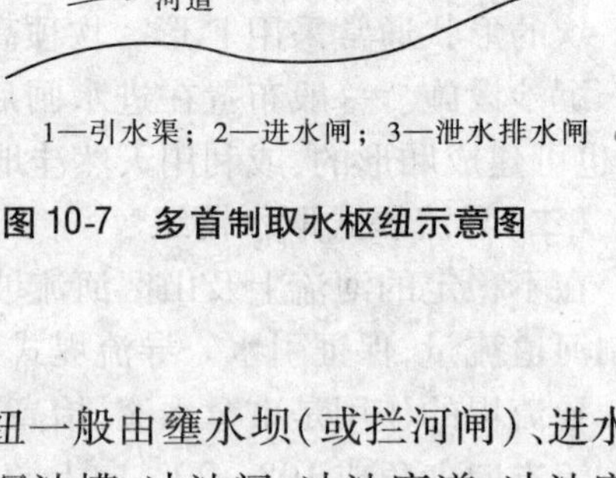

1—引水渠；2—进水闸；3—泄水排水闸

图 10-7　多首制取水枢纽示意图

五、有坝取水枢纽布置

有坝取水枢纽的中心问题仍然是泥沙问题。枢纽一般由壅水坝（或拦河闸）、进水闸及防沙设施等建筑物组成。通常采用的防沙设施有沉沙槽、冲沙闸、冲沙廊道、冲沙底孔及沉沙池等。

(一) 沉沙槽式取水枢纽

这种取水枢纽一般由溢流坝、冲沙闸、沉沙槽、导水墙及进水闸等建筑物组成，如图 10-8 所示。

溢流坝。抬高水位，以便引水灌溉；宣泄河道多余的洪水。根据河宽及上游允许壅高可建成带闸门的溢流坝或拦河闸。

进水闸。控制入渠流量，位于坝端河岸上。多泥沙河道上，进水闸的引水角多为70°～75°的锐角，以减少水头损失和减弱横向环流，使入渠泥沙减少。

冲沙闸。既可以定期冲洗水闸前的泥沙，又可以宣泄河道部分洪水，使河道主流趋向进水闸，保证进水闸能引取所需的水量。

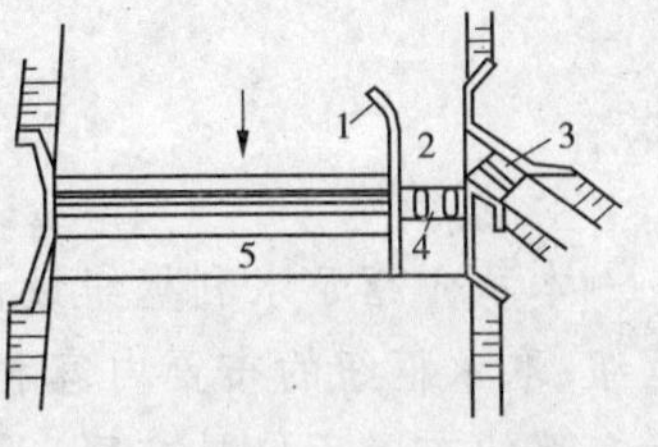

1—导水墙；2—沉沙槽；3—进水闸；4—冲沙闸；5—溢流坝

图 10-8　有坝取水枢纽布置示意

导水墙与沉沙槽。导水墙位于冲沙闸与溢流坝连接处，并与进水闸的上游翼墙共同组成沉沙槽。当冲沙闸冲沙时，槽内水流应有较高流速，以便冲走沉沙槽内的泥沙。此外，导水墙还可拦阻坝前的泥沙，以免经沉沙槽进入渠道。

（二）冲沙廊道式取水枢纽

这种取水枢纽主要由拦河闸（坝）、冲沙闸、进水闸及冲沙廊道组成。根据水流泥沙分层原理，进水闸引取表层较清的水流，底层含沙量较多的水流经底部冲沙廊道排到下游，其布置如图10-9所示。其适用于缺少冲沙流量、坝前水位有一定壅高的河流。其缺点是结构复杂，廊道易被淤塞，检修困难。平面布置有侧面引水式和正面引水式两种形式。

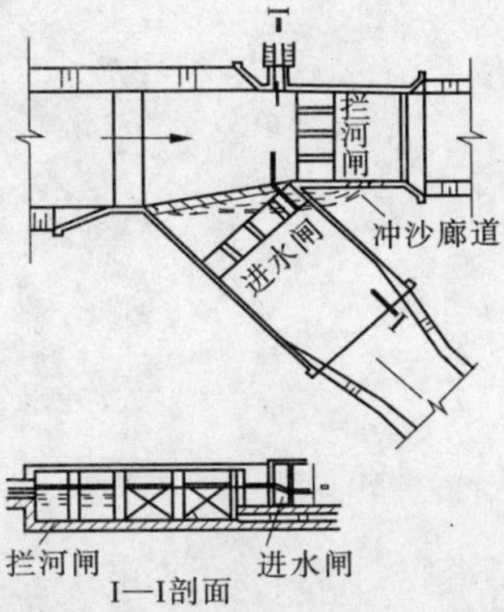

(a)

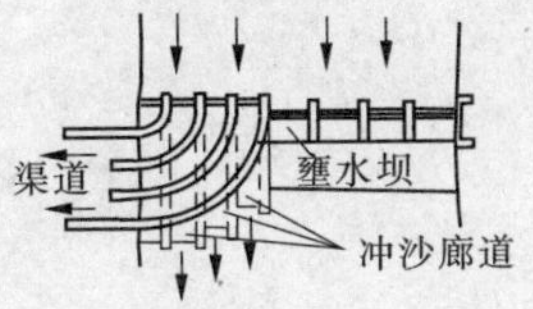

(b)

图 10-9　冲沙廊道式取水枢纽

（1）侧面引水式渠首。侧面进水闸的引水角采用锐角，如图10-9（a）所示。由于引水口引水时水流的弯曲，产生横向环流，使泥沙淤积在引水口上唇附近，为更有效排沙，在靠近引水口上唇部分，廊道应布置较密，而靠近坝端部分则较稀。

（2）正面引水、正面排沙式渠首。渠首进水闸与壅水坝位于同一轴线上，如图10-9（b）所示，闸底板下设尺寸较大的冲沙廊道。进水闸引水时，进口水流无弯曲现象，可以减少泥沙入渠。同时，廊道尺寸较大，亦可用来宣泄部分洪水，即便在上下游水位差较小时，也能保证通过冲沙流量。

（三）综合利用的取水枢纽

综合利用的取水枢纽，除进水闸和溢流坝外，根据用途不同还要修建一种或几种专门的水工建筑物，这种取水枢纽的布置基本上与蓄水枢纽相同，这里不再赘述。

小 结

本章介绍了水利枢纽设计阶段的划分、各阶段的任务，坝址及坝型的选择因素，蓄水枢纽、取水枢纽的布置内容和一般原则，并结合工程实例对不同枢纽的布置作了一般分析。枢纽布置不仅具有同一性，又具有个别性，在遵守枢纽布置一般原则的前提下，应结合实际、具体分析、充分论证，优化枢纽布置方案。

复习思考题

1. 水利枢纽设计阶段是如何划分的？各阶段的设计任务是什么？
2. 水利工程对环境的影响有哪些？
3. 影响坝址和坝型选择的条件有哪些？
4. 水利枢纽布置的一般原则是什么？
5. 各类水工建筑物对布置的要求是什么？

参 考 文 献

[1] 中华人民共和国水利部、能源部. SDJ 12—78 水利水电枢纽工程等级划分及设计标准(山区、丘陵部分)(试行)补充规定[S]. 北京:水利电力出版社,1990.

[2] 中华人民共和国水利部、能源部. SDJ 217—87 水利水电枢纽工程等级划分及设计标准(平原、滨海部分)(试行)[S]. 北京:水利电力出版社,1988.

[3] 中华人民共和国水利部. SL 282—2003 混凝土拱坝设计规范[S]. 北京:中国水利水电出版社,2005.

[4] 中华人民共和国水利部. SL 319—2005 混凝土重力坝设计规范[S]. 北京:中国水利水电出版社,2005.

[5] 中华人民共和国电力工业部. DL 5077—1997 水工建筑物荷载设计规范[S]. 北京:中国电力出版社,1998.

[6] 中华人民共和国水利部. SL 279—2002 水工隧洞设计规范[S]. 北京:中国水利水电出版社,2002.

[7] 中华人民共和国水利部. GB 50288—99 灌溉与排水工程设计规范[S]. 北京:中国计划出版社,2005.

[8] 中华人民共和国水利部. SL 253—2000 溢洪道设计规范[S]. 北京:中国水利水电出版社,2006.

[9] 中华人民共和国水利部. SL 265—2001 水闸设计规范[S]. 北京:中国水利水电出版社,2001.

[10] 中华人民共和国国家发展和改革委员会. DL/T 5395—2007 碾压式土石坝设计规范[S]. 北京:中国电力出版社,2008.

[11] 郑万勇,杨振华. 水工建筑物[M]. 郑州:黄河水利出版社,2003.

[12] 杨邦柱,焦爱萍. 水工建筑物[M]. 北京:中国水利水电出版社,2005.

[13] 白继中,王长运. 水工建筑物设计与习题[M]. 北京:地图出版社,2006.

[14] 程兴奇,王志凯. 水工建筑物[M]. 北京:中国水利水电出版社,2007.

[15] 祁庆和. 水工建筑物[M]. 3 版. 北京:中国水利水电出版社,1997.

[16] 张光斗,王光伦,等. 水工建筑物[M]. 北京:水利电力出版社,1992.

[17] 左东启,王世夏,林益才. 水工建筑物[M]. 南京:河海大学出版社,1996.

[18] 郭宗闵. 水工建筑物[M]. 北京:水利电力出版社,1987.

[19] 华东水利学院. 水工设计手册[M]. 北京:水利电力出版社,1983.

[20] 钱家欢. 土力学[M]. 南京:河海大学出版社,1988.

[21] 潘家铮. 重力坝[M]. 北京:水利电力出版社,1983.

[22] 水利电力部第五工程局,等. 土坝设计[M]. 北京:水利电力出版社,1978.

[23] 中华人民共和国水利部. SL/T 191—96 水工混凝土结构设计规范[M]. 北京:中国水利水电出版社,1996.